UNIX Administration

Jean-François BOUCHAUDY
Gilles GOUBET

2e édition

Tsoft EDITEUR

EYROLLES

ÉDITIONS EYROLLES
61, Bld Saint-Germain
75240 Paris Cedex 05
www.editions-eyrolles.com

Avant-propos

L'administration d'un système d'exploitation est une tâche complexe. Celle du système UNIX n'échappe pas à la règle.

Les administrateurs d'autres systèmes d'exploitation ont à apprendre une manière différente de faire mais n'ont pas à apprendre pourquoi il faut le faire ! Ils le savent déjà. Les utilisateurs qui abordent l'administration d'un système à travers celle du système UNIX ont les deux objectifs à atteindre.

A cela s'ajoutent les particularités de chacun des systèmes UNIX. Elles sont peu significatives pour l'utilisation et la programmation en shell mais ne peuvent être ignorées en administration.

Il est plus efficace d'apprendre l'administration fondamentale et de savoir retrouver les particularités d'un système que d'étudier individuellement chaque système, au prix de redondances importantes, surtout que les administrateurs sont de plus en plus confrontés à des environnements hétérogènes.

En dehors de toutes les connaissances qu'il nous est possible d'apporter dans cet ouvrage, il est des règles que les administrateurs doivent respecter, discipline et méthodologie. Leur tâche s'en trouvera d'autant facilitée, surtout avec un soupçon d'intuition.

Bon courage !

Table des matières

MODULE 1 : INTRODUCTION 1-1

Les caractéristiques d'UNIX 1-2
Le rôle de l'administrateur 1-4
Comment être « root » 1-6
Comment administrer 1-7
Quelques éléments de méthodologie 1-9
Le dialogue avec les utilisateurs 1-11
Le man 1-13
Autres sources de documentation 1-18
Atelier 1 : Introduction 1-21

MODULE 2 : LA GESTION DES UTILISATEURS 2-1

Les comptes d'utilisateurs et de groupes 2-2
Les commandes de gestion des utilisateurs 2-5
Atelier 2 : La gestion des utilisateurs 2-12

MODULE 3 : LES FICHIERS 3-1

L'arborescence des fichiers 3-2
Les principaux répertoires 3-3
Les types de fichiers 3-5
Les droits 3-8
Les commandes de gestion de l'arborescence 3-12
Atelier 3 : Les fichiers 3-15

MODULE 4 : LES SYSTÈMES DE FICHIERS 4-1

Arborescence et système de fichiers 4-2
Le montage des systèmes de fichiers 4-4
La notion d'inode 4-5
Les différents types de systèmes de fichiers 4-8
La gestion de l'espace disque, la commande **df** 4-12
Panorama des commandes de gestion des systèmes de fichiers 4-14
Automatiser le montage des systèmes de fichiers 4-23
Les quotas 4-26
Atelier 4 : Les systèmes de fichiers 4-29

MODULE 5 : LA SAUVEGARDE 5-1
Les outils de sauvegarde 5-2
La sauvegarde par **tar** 5-5
La sauvegarde par **cpio** 5-10
La sauvegarde par **dd** 5-13
Les autres outils de sauvegarde 5-15
Les bandes 5-20
Atelier 5 : La sauvegarde 5-22

MODULE 6 : LA GESTION DES PROCESSUS 6-1
La gestion des applications 6-2
Les processus (1/2) : les signaux 6-5
Les processus (2/2) : l'environnement 6-9
Panorama des commandes de gestion de processus 6-12
crontab (1/2) 6-16
crontab (2/2) 6-18
Les bibliothèques dynamiques 6-21
Les IPC 6-24
Le logiciel libre 6-27
Installer une application, les paquetages 6-33
Les patches 6-39
Atelier 6 : La gestion des processus 6-42

MODULE 7 : L'ARRÊT ET LE DÉMARRAGE 7-1
Le démarrage du système UNIX 7-2
L'activation des processus : init (1/2) 7-4
L'activation des processus : init (2/2) 7-6
Les scripts de démarrage : /etc/*rc* (1/2) 7-10
Les scripts de démarrage : /etc/*rc* (2/2) 7-12
Les sessions 7-15
SAF 7-17
Le fichier */etc/termcap* 7-18
L'arrêt du système : **shutdown** 7-20
Atelier 7 : L'arrêt et le démarrage 7-22

MODULE 8 : L'IMPRESSION 8-1
Les commandes d'impression AT&T (rappel) 8-2
Les « spools » d'impression AT&T 8-4
Les commandes de gestion d'impression AT&T 8-7

Les commandes d'impression BSD 8-13
Les spools d'impression BSD 8-16
Les impressions déportées 8-21
Atelier 8 : L'impression 8-23

MODULE 9 LES DISQUES PHYSIQUES ET LOGIQUES 9-1
Les disques 9-2
Ajout d'un disque 9-4
Les disques RAID et les « *striped disks* » 9-9
Les groupes de volumes 9-11
Le « swap » 9-15
Les « raw device » 9-17
L'installation et la réinstallation d'un système UNIX 9-18
Atelier 9 : Les disques physiques et logiques 9-22

MODULE 10 : LA GESTION DES PÉRIPHÉRIQUES 10-1
Introduction à la gestion des périphériques 10-2
Les fichiers spéciaux 10-3
Atelier 10 : La gestion des périphériques 10-8

MODULE 11 : LE NOYAU 11-1
Le rôle du noyau 11-2
Pourquoi modifier ou construire un nouveau noyau 11-4
La construction d'un nouveau noyau 11-8
Les paramètres système 11-9
Informations sur le système, les périphériques 11-14
Le service « syslog » 11-17
Atelier 11 : Le noyau 11-20

MODULE 12 : LA GESTION DES PERFORMANCES 12-1
Les ressources à surveiller 12-2
Panorama des commandes de surveillance du système 12-4
Surveiller le système avec la commande **sar** 12-9
La comptabilité BSD 12-15
La comptabilité AT&T 12-18
Atelier 12 : La gestion des performances 12-21

MODULE 13 : LE RÉSEAU 13-1
TCP/IP, panorama des protocoles 13-2
Ajouter un système dans un réseau IP 13-4

Les services réseaux 13-8
Les commandes **remote** 13-13
NFS (présentation), les RPC 13-17
NIS, NIS+ 13-22
in.ftpd, le transfert de fichiers 13-34
Le courrier électronique 13-36
sendmail 13-41
DHCP 13-46
Apache 13-48
Samba 13-61
Serveur DNS (named) 13-71
Atelier 13 : Le réseau 13-78

MODULE 14 : X-WINDOW 14-1

Le système X-Window 14-2
Démarrage d'une session X, d'un client X 14-5
Panorama des clients X (« MIT ») 14-10
xterm 14-13
twm 14-15
Les ressources 14-17
Administrer CDE 14-20
Atelier 14 : X-Window 14-25

MODULE 15 : LA SÉCURITÉ 15-1

La sécurité informatique 15-2
La cryptologie 15-5
La sécurité de connexion 15-9
PAM 15-12
La sécurité pour les utilisateurs 15-15
Les droits d'endossement et la sécurité 15-16
L'audit du système 15-17
SSH 15-18
Kerberos 15-23
Atelier 14 : La sécurité 15-25

PARTICULARITÉS DES SYSTÈMES UNIX : AIX HP-UX IRIX LINUX SCO SOLARIS TRU64 UNIXWARE U-1

Les particularités du système AIX U-2
Les particularités du système HP-UX U-14
Les particularités du système IRIX U-20

Les particularités du système Linux U-24
Les particularités du système SCO U-30
Les particularités du système Solaris U-36
Les particularités du système Tru64 .... U-47
Les particularités du système Unixware U-51

ANNEXES A-1

ANNEXE A : Les commandes POSIX 2 .... A-2
ANNEXE B : sh - Le shell POSIX A-14
ANNEXE C : ksh – Le Korn shell A-18
ANNEXE D : awk – Le processeur de texte A-26
ANNEXE E : sed – Editeur en mode flot A-31
ANNEXE F : Les principaux fichiers d'administration A-34
ANNEXE G : Solutions des exercices A-35
ANNEXE H : Dépannage (« *Troubleshooting* ») A-58

INDEX I-1

RÉFÉRENCES INTERNET ET BIBLIOGRAPHIQUES B-1

Références Internet B-2
Bibliographie B-13

Préambule

Ce guide a pour objectif de former les utilisateurs, ayant déjà une bonne pratique du système UNIX, à son administration. Il n'est pas nécessaire de savoir programmer en shell pour mener à bien l'étude de l'administration, mais nous le conseillons fortement aux utilisateurs qui souhaitent être rapidement opérationnels.

Support de formation

Le guide de formation concerne tous les utilisateurs d'un système UNIX qui ont fréquemment à exécuter des tâches de gestion et qui souhaitent être autonomes pour les réaliser, les exploitants qui ont besoin d'une connaissance assez approfondie du système et, bien évidemment, tous les futurs administrateurs de systèmes UNIX.

Pour être le plus général et, en même temps, le plus précis possible, la stratégie retenue a été de s'appuyer sur les commandes «System V» et de présenter, en annexe, les commandes propres à certains systèmes : AIX, HP-UX, Solaris, Linux, IRIX, SCO, Tru64 et Unixware. Nous avons aussi approfondi les chapitres consacrés aux services fondamentaux : réseau, sécurité et gestion des applications.

Le système UNIX utilisé pour le guide est un système UNIX « Solaris ». En dehors des annexes, des exemples illustrent parfois, dans les modules, des comportements propres à certains systèmes UNIX. Chaque module se termine par un atelier composé d'exercices dont le dernier consiste en la réalisation d'un script. Cet exercice nécessite évidemment la connaissance d'un shell. La durée indiquée pour la réalisation des ateliers est donnée à titre indicatif et ne tient pas compte du temps nécessaire à l'écriture des scripts et à la réalisation des exercices longs. Ces derniers relèvent d'ailleurs plus d'une démarche personnelle que d'exercices à effectuer pendant la formation.

Les thèmes abordés sont donc universels et peuvent être mis à profit dans des cursus proposés par certains éditeurs de systèmes UNIX et qui conduisent à des certifications.

Le support convient à des formations dont la durée peut être comprise entre quatre et cinq jours.

Progression pédagogique

Introduction
La gestion des utilisateurs
Les fichiers
Les systèmes de fichiers
La sauvegarde
La gestion des processus
L'arrêt et le démarrage
L'impression
Les disques physiques et logiques
La gestion des périphériques
Le noyau
La gestion des performances
Le réseau
X-Window
La sécurité

TSOFT - UNIX Administration   Préambule - 1.2

Introduction

Le lecteur acquiert une vision globale du système UNIX, sait le rôle de l'administrateur, ce qu'il peut faire et comment le faire.

La gestion des utilisateurs

Le lecteur connaît les attributs d'un compte utilisateur. Il sait le créer, le modifier et le supprimer.

Les fichiers

On rappelle au lecteur l'arborescence des fichiers, les droits d'accès fondamentaux. Le lecteur apprend à identifier tous les types de fichiers et sait tous les droits existants.

Les systèmes de fichiers

Le lecteur apprend à gérer les systèmes de fichiers du système UNIX. Il sait leur architecture, les monter et les démonter.

La sauvegarde

Le lecteur apprend les différents types de sauvegarde existant sur UNIX et les commandes associées. Il est capable de définir ensuite une stratégie de sauvegarde.

La gestion des processus

Le lecteur complète sa connaissance de la gestion des processus. Il sait exécuter des commandes avec une identité spécifique et configurer l'environnement des utilisateurs.

L'arrêt et le démarrage

Le lecteur connaît les phases du démarrage et de l'arrêt du système, les actions essentielles exécutées. Il sait paramétrer l'arrêt et le démarrage du système.

L'impression

Le lecteur sait administrer le système d'impression d'un système UNIX. La connexion d'une imprimante distante est présentée.

Les disques physiques et logiques

Le lecteur apprend la définition d'un disque au sens d'UNIX. Il en apprend les différents usages et les formes physiques ou logiques.

La gestion des périphériques

Le lecteur apprend à identifier les périphériques installés et actifs. Il en connaît les principaux attributs.

Le noyau

Le lecteur approfondit sa connaissance des fonctions du noyau. Il apprend à modifier les paramètres du système et la procédure générique d'intégration d'un pilote au noyau UNIX.

La gestion des performances

Le lecteur apprend les commandes de surveillance des performances du système et les éléments de définition d'une stratégie de surveillance.

Le réseau

Le lecteur apprend les éléments fondamentaux nécessaires à l'intégration d'un système UNIX dans un réseau TCP/IP. Le module apprend à utiliser et à configurer simplement les principaux services TCP/IP. Ce n'est cependant pas un cours complet sur TCP/IP.

X-Window

Le lecteur apprend les composants du système graphique X-Window. Il est aussi capable d'en effectuer la configuration de base.

La sécurité

Le lecteur est sensibilisé aux problèmes liés à la sécurité et apprend les règles de base pour veiller à la sécurité et à l'intégrité du système.

- *Le rôle de l'administrateur*
- *root*
- ***su**, **man***
- *Arrêt du système,* ***shutdown***

1

Introduction

Objectifs

Après l'étude de ce chapitre, le lecteur connaît le rôle de l'administrateur du système UNIX. Il sait se connecter en tant qu'administrateur, utiliser et configurer la documentation.

Contenu

Les caractéristiques d'UNIX
Le rôle de l'administrateur
La connexion en tant que root, les commandes **login** et **su**
Comment administrer
Quelques éléments de méthodologie
Le dialogue avec les utilisateurs
Le man
Les autres sources de la documentation

Références

Man

man(1)

Livre

Les Bases de l'administration système

Internet

http://www.unix-systems.org

ftp://rtfm.mit.edu/pub/usenet/news.answers/unix-faq

Les caractéristiques d'UNIX

- **Système multi-tâche, multi-utilisateur**
- **Arborescence de fichiers et de systèmes de fichiers (FS)**
- **Processus et noyau, fichiers périphériques**
- **Shell et commandes, scripts**
- **Origine AT&T et BSD**
- **Système ouvert : Unix 95, 98 de l'Open Group**
- **Les Unix : HP-UX (HP), Solaris (Sun), AIX (IBM), Unix SCO (SCO), LINUX (Red Hat, Slackware,...), etc.**

TSOFT - UNIX Administration Module 1 : Introduction - 1.2

Systèmes multi-tâches, multi-utilisateurs

UNIX autorise la connexion simultanée de plusieurs utilsateurs, c'est un système multi-utilisateur. Les utilisateurs se connectent à partir d'un terminal passif relié à l'ordinateur par une liaison physique ou à partir d'un poste de travail, souvent un micro-ordinateur, connecté à la machine UNIX par l'intermédiaire d'un réseau.

Comme un utilisateur a le droit de faire exécuter plusieurs commandes en même temps ou qu'une tâche, appelée également processus, peut créer d'autres tâches, le système UNIX est multi-tâche.

Une tâche peut être composée de plusieurs unités d'exécution, appelées également processus légers ou « threads ». Ces unités s'exécutent en parallèle au sein de l'espace virtuel de la tâche.

Les systèmes UNIX sont bien adaptés aux ordinateurs multiprocesseurs, chaque processeur exécutant un processus ou une unité d'exécution. Plusieurs ordinateurs reliés en réseau peuvent former des « clusters », qui correspondent à une autre forme de multi-tâche, les tâches sont réparties sur un réseau.

En tout état de cause, les grandes possibilités d'UNIX en termes de multi-tâche en font un système excessivement performant. C'est la principale raison de sa présence dans les entreprises.

Arborescence de fichiers et de «FS»

L'appellation système de fichiers ou son acronyme « FS » *(« File System »)* a une double signification dans le système UNIX. Pour les utilisateurs et l'administrateur, elle représente l'arborescence des fichiers du système UNIX. Un nœud de l'arbre est de type répertoire et contient d'autres fichiers, y compris des sous-répertoires, ou d'un autre type et c'est alors un élément terminal de l'arborescence (une feuille). Pour l'administrateur, un système de fichiers est aussi une structure d'accueil pour une arborescence de fichiers, créée sur un disque. C'est l'unification, par l'administrateur, des arborescences des disques du système UNIX, qui constitue l'arborescence unique vue par les utilisateurs.

Le principe de l'unification des arborescences a été étendu aux réseaux. Un fichier peut résider localement mais aussi sur un disque distant (*cf. Module 13 : Le réseau*).

Processus et noyau, fichiers périphériques

Le noyau (*« Kernel »*) est un fichier chargé au démarrage de l'ordinateur. Le noyau est responsable de la gestion des ressources du système UNIX, en particulier des processus qu'il crée pour exécuter les commandes des utilisateurs et des périphériques qui lui sont connectés. Les processus font appel au noyau par l'intermédiaire de primitives issues d'une API (*« Application Program Interface »*).Ils désignent les périphériques auxquels ils accèdent par un nom de fichier défini dans l'arborescence. Dans UNIX, les périphériques sont vus comme des fichiers (*cf. Module 10 : La gestion des périphériques, Module 11 : Le noyau*).

Shell et commandes, scripts

Le shell est associé à une session de travail en mode commande. L'administrateur, plus que les autres utilisateurs, automatisera l'exécution des tâches d'administration en écrivant des procédures, des scripts d'exploitation.

Origine AT&T et BSD

Le système UNIX a été conçu au sein de la société AT&T. L'université californienne de Berkeley a ensuite développé son propre système UNIX, connu sous l'acronyme de « BSD » (« *Berkeley Software Development* »). Ces deux systèmes ont fortement marqué de leur empreinte les choix des organismes qui ont procédé à des normalisations dans le monde UNIX et des constructeurs. Les commandes d'administration font souvent référence à AT&T ou à « BSD » autant qu'à des normes *(cf. UNIX Utilisateur)*.

Système ouvert : UNIX 95, UNIX 98 de l'Open Group

L'Open Group est un organisme qui a en charge la normalisation dans le monde des systèmes ouverts. Le standard promu a été UNIX 95 et son évolution récente UNIX 98. Il comprend les principales normes du monde UNIX et plus généralement des systèmes ouverts. De nombreux constructeurs s'y rattachent, même si leur documentation, plutôt que de le mentionner explicitement, préfère citer les normes individuellement.

Les UNIX : HP-UX (HP), Solaris (SUN), AIX (IBM), UNIX SCO (SCO), LINUX, IRIX, Tru64, Unixware

Les constructeurs ont développé leur propre système UNIX, en s'appuyant au départ sur les systèmes AT&T ou BSD. Ils intègrent aujourd'hui les principaux standards du monde UNIX mais continuent à offrir des particularités qui tiennent souvent plus à la forme qu'au fond.

Le rôle de l'administrateur

- Créer, modifier, supprimer un utilisateur
- Gérer les fichiers et les disques
- Surveiller l'espace disque
- Organiser les sauvegardes
- Ajouter un périphérique
- Améliorer les performances du système
- Installer de nouveaux produits
- Veiller à la sécurité du système
- Paramétrer le démarrage et l'arrêt du système

Créer, modifier, supprimer un utilisateur

L'administrateur doit gérer les comptes des utilisateurs. Outre la création et la suppression des comptes qui s'effectuent avec des commandes standard, il doit être capable de modifier l'environnement de travail des utilisateurs. Cette dernière opération recouvre un large éventail d'actions : changement du mot de passe, appropriation de fichiers,...

Gérer les fichiers et les disques

La gestion des fichiers et des disques comprend principalement les actions suivantes :

- Veiller à l'intégrité des systèmes de fichiers.
- Organiser l'arborescence.
- Protéger l'arborescence en positionnant et contrôlant les droits sur les fichiers.
- Gérer les systèmes de fichiers (création, montage, démontage,...).
- Gérer les disques (initialisation, partitionnement,...).

Surveiller l'espace disque

La surveillance de l'espace disque consiste à contrôler le taux d'occupation des disques contenant des systèmes de fichiers et des disques utilisés pour le *«swapping»* et éventuellement l'espace occupé individuellement par les utilisateurs.

Organiser les sauvegardes

L'organisation des sauvegardes comprend un ensemble d'éléments qui ne sont pas propres au système UNIX et parmi lesquels on peut citer : le choix des types de sauvegarde et des commandes à utiliser, la fréquence et le type de support.

Ajouter un périphérique

L'ajout d'un périphérique amène à savoir créer un fichier spécial pour ce périphérique, ajouter éventuellement un pilote de périphérique au noyau (*« device driver »).*

Améliorer les performances du système

Le rôle de l'administrateur est aussi de surveiller et d'améliorer les performances du système en sachant paramétrer les ressources utilisées par le noyau pour son propre fonctionnement ou les services offerts aux processus.

Gérer les services standard et installer de nouveaux produits

L'administrateur doit savoir configurer et utiliser les principaux services du système UNIX :

- Le service CRON des travaux périodiques.
- Le service d'impression.
- Le service comptable.

Il doit aussi savoir installer de nouveaux produits en utilisant la procédure standard de son système ou la procédure spécifique au logiciel.

Veiller à la sécurité du système

L'administrateur doit veiller à la sécurité en utilisant les moyens standard que lui fournit le système UNIX, en particulier la sécurité de connexion. Il doit éduquer les utilisateurs et se contraindre à une discipline sévère.

Paramétrer le démarrage et l'arrêt du système

L'administrateur doit être capable de paramétrer l'arrêt et le démarrage du système pour automatiser le démarrage des nouveaux services et produits.

Comment être « root »

- **Connexion en tant qu'utilisateur « root »**

```
Login: root
password:
#
```

- **Prise des droits de « root »**

```
$ su
password:
# chown  pierre  fichier
# exit
$
```


Le nom de l'administrateur d'un système UNIX est *«root»*. Pour avoir les privilèges de *« root »*, encore appelé le *« super user »*, il faut prendre l'identité de *« root »*.

Pour cela, on peut se connecter en tant que *« root »*. Quel que soit le shell de connexion de l'administrateur, l'invite est le symbole #.

```
login : root
password : xxxxx
#
# exit
```

Il est aussi possible de prendre temporairement, quand on est déjà connecté, l'identité de l'administrateur grâce à la commande **su**.

```
$ su
password : xxxxx
#
# exit
$
```

Remarques

- Si *« root »* modifie l'invite du shell, il est conseillé d'y conserver le caractère « # ».
- Si *« root »* choisit de modifier le shell de connexion, il le change en appliquant la même démarche que pour un utilisateur ordinaire.
- Il n'est pas conseillé de toujours travailler connecté en tant que *« root »*. Il est préférable de disposer d'un compte ordinaire et d'exécuter la commande **su** si nécessaire.
- La commande **su** change l'identité mais pas l'environnement. Pour changer d'environnement (exécuter le fichier .profile), il faut saisir **su –** (*cf. Module 6 : La gestion des processus*).

Comment administrer

- **Les commandes d'administration**
  `# date 02151030`
- **Les fichiers d'administration**
  `# vi /etc/group`
- **Les scripts**
  `# shutdown`
- **Les outils intégrés d'administration**

sam	HP
smit	IBM
admintool	Sun
scoadmin	SCO
...	

TSOFT - UNIX Administration — Module 1 : Introduction - 1.5

A la différence des systèmes propriétaires, il existe plusieurs manières d'administrer le système UNIX, qui s'expliquent par l'origine et les évolutions du système.

Editer les fichiers d'administration

C'est le moyen primitif imaginé par les créateurs du système. Il consiste à éditer, avec **vi**, le fichier d'administration concerné, dans l'exemple, le fichier */etc/group*, qui décrit les groupes d'utilisateurs. C'est pour cela que tous les fichiers de configuration et d'administration du système UNIX sont de type texte. Cette méthode nécessite, dès que l'on sort des sentiers battus, de bien connaître la structure du fichier et les connexions éventuelles avec d'autres fichiers, au risque d'introduire des incohérences graves dans les bases de données du système.

Cela reste, en dernier recours, un moyen très utile quand les autres méthodes ont échoué.

Exécuter les commandes d'administration

C'est la méthode la plus adaptée pour les administrateurs expérimentés qui souhaitent ensuite automatiser l'exécution de ces commandes dans des scripts. L'exemple illustre ainsi la modification de la date système par la simple exécution de la commande **date**.

Exécuter les scripts d'administration

Dans la forme, il n'y a pas de différence entre l'exécution d'une commande binaire et d'un script. Le programme **shutdown** est d'ailleurs, dans certains systèmes UNIX, une commande binaire. La différence tient au fait que l'administrateur a la possibilité d'en visualiser le contenu et d'appliquer le même principe pour automatiser des tâches répétitives d'administration. L'écriture d'un script simplifie le travail de l'administrateur en même temps qu'il sécurise le fonctionnement du système en permettant la programmation de nombreux contrôles, préalables à l'exécution d'une commande. Les scripts permettent l'édition des fichiers d'administration.

Utiliser les outils intégrés d'administration

Les constructeurs et les éditeurs de systèmes UNIX ont rapidement développé des outils intégrés qui permettent de réaliser les principales tâches d'administration avec des menus déroulants et des boîtes de dialogue. Ces outils évitent de mémoriser la syntaxe des commandes et procurent une convivialité aujourd'hui recherchée. Les outils, s'ils diffèrent sensiblement dans la forme selon les systèmes UNIX, procurent à peu près les mêmes fonctionnalités. La différence de forme n'est pas un handicap, compte tenu de la convivialité des produits. Ils fonctionnent aussi bien dans un environnement graphique qu'en mode texte.

UNIX	Commande
HP-UX	# sam
AIX	# smit
Solaris	# admintool &
SCO Open Server	# scoadmin
Tru64	# setup
IRIX	# cadmin
Linux	# linuxconf # RedHat
	# yast # Suse

Remarques

Le nom de l'outil intégré d'administration des systèmes qui, en natif, sont SVR4, est **sysadm**.

Le nom de l'outil intégré d'administration des systèmes SCO, antérieur à la version « SCO Open Server », est **sysadmsh**.

Les outils Web, Webmin

Les outils d'administration en mode texte manquent de convivialité, mais les outils graphiques imposent l'usage d'un terminal X et demandent une bande passante importante.

Un outil d'administration Web peut être utilisé à partir de n'importe quel navigateur et ne consomme qu'une très faible bande passante. C'est pourquoi de plus en plus d'outils d'administration sont proposés sous cette forme. Par exemple, le système AIX peut être administré via **sam** ou son équivalent Web **wsm**.

Il existe même des outils du monde libre qui permettent d'administrer la plupart des systèmes Unix. Le plus connu est le logiciel Webmin (*cf. Références Internet*).

Quelques éléments de méthodologie

Et j'avais toujours un extrême désir d'apprendre à distinguer le vrai d'avec le faux pour voir clair en mes actions et marcher avec assurance en cette vie
Descartes, Discours de la méthode

Pour bien accomplir sa mission, l'administrateur doit respecter des règles de bon sens et être méthodique.

Il faut sauvegarder son système

Votre système est fragile. Un logiciel peut être bogué, vous pouvez faire des erreurs d'exploitation, un disque ou votre ordinateur peut tomber en panne. A tout moment, il faut être capable de réinstaller votre système tel qu'il était avant le problème. Votre première mission est la continuité de l'exploitation. Pour apporter la preuve que l'on peut réinstaller son système, il faut en faire le test, c'est-à-dire le réinstaller ! La situation idéale est d'avoir une machine de test identique à celle en exploitation. La machine de test sert en permanence de machine de secours.

Il faut tenir à jour un journal de bord

Vous devez tenir un journal de bord dans lequel vous consignez les opérations importantes d'exploitation : ajout de périphériques, mise à jour du système, installation de logiciel, sauvegarde complète du système, ainsi que les événements anormaux (lenteur inhabituelle du système, messages d'erreurs système, ...). Ce cahier constitue la mémoire de votre système. Vous pouvez consigner en annexe les fichiers de configuration. Le complément logique de ce cahier est fourni par les « logs » système qu'il faut archiver.

Il faut agir de manière réversible

Chaque fois que l'on installe un périphérique, un logiciel, que l'on met à jour des données, il faut pouvoir revenir en arrière, car l'opération peut être accomplie de façon incorrecte. Pour atteindre cet objectif, il faut prendre des précautions complémentaires à la sauvegarde du système et à la tenue du journal de bord :

- Avant d'accomplir une action importante, il faut savoir répondre à la question « comment faire machine arrière ? ». Entre deux solutions à un problème d'administration, choisissez toujours la solution réversible.
- Il faut conserver l'historique des modifications. Dans le cas des fichiers de configuration, il est nécessaire de conserver les versions antérieures. Supposons que l'on modifie le fichier qui décrit les groupes d'utilisateurs, /etc/group, et que la dernière version soit numérotée 002, on effectue les opérations suivantes :

  ```
  # cp /etc/group /etc/group.003
  ```

  On peut également utiliser les outils de développement RCS ci et co.

Il faut automatiser les procédures

Toutes les procédures répétitives (sauvegarde, installation d'un poste client, création de comptes dédiés…) doivent être automatisées via des scripts. L'avantage est double, gain de temps et sécurité accrue. A défaut de scripts, les procédures manuelles d'exploitation doivent être consignées noir sur blanc. Ces « checklists » sont très utiles lorsque l'on doit les accomplir. Bien sûr, les procédures d'exploitation doivent être consignées dans le journal de bord.

Il faut anticiper les problèmes

Gouverner, c'est prévoir. Il faut imaginer les événements qui peuvent survenir et affecter l'exploitation. Il faut mesurer leur gravité et leur probabilité d'occurrence. Voici quelques exemples d'événements à prévoir :

- Vous pouvez tomber malade, l'exploitation doit continuer.
- Votre machine ne démarre plus, que faire ?
- Une nouvelle version majeure de votre système est imminente, remet-elle en cause les procédures actuelles ?

Nous renvoyons le lecteur à l'annexe J de cet ouvrage pour en savoir plus.

Le dialogue avec les utilisateurs

- **Le courrier électronique : mail**
- **La communication directe**
  - *write, talk* — Discussion avec un utilisateur
  - *wall* — Affiche un message sur les terminaux des utilisateurs connectés
- **Les fichiers**
  - */etc/issue* — Message affiché avant la connexion
  - */etc/motd* — Message affiché après la connexion
- **Le panneau d'affichage : news**

L'administrateur dispose de nombreux moyens pour informer les utilisateurs et dialoguer avec eux. Certaines commandes sont déjà connues par les utilisateurs et ne sont mentionnées qu'à titre de rappel :

Commande	Action
mail	La commande **mail** envoie un courrier déposé dans la boîte à lettres de l'utilisateur.
write	La commande **write** affiche un message sur l'écran de l'utilisateur connecté s'il a accepté qu'on lui écrive par **write**.
talk	La commande **talk** permet un dialogue en temps réel.

En plus de ces commandes, l'administrateur dispose de moyens spécifiques :

Commande	Action
wall	La commande **wall** (« *Write All* ») envoie le message fourni par l'administrateur sur l'entrée standard à tous les utilisateurs.

Fichier	Action
/etc/issue	Le contenu du fichier */etc/issue* est affiché sur le terminal avant l'invite de connexion.
/etc/motd	Le contenu du fichier */etc/motd* est affiché sur le terminal après la connexion, avant l'invite du shell.

Service	Action
news	Le contenu des nouveaux fichiers du répertoire */var/news* non encore consultés, est affiché sur la sortie standard de l'utilisateur quand il exécute la commande **news**. Les noms de fichiers définissent les titres des nouvelles. La commande **news** est généralement exécutée automatiquement à la connexion, via les fichiers */etc/profile* ou *.profile*.

Option	Action
-a	Affiche toutes les nouvelles, même celles déjà consultées.
-n	Affiche uniquement les titres des nouvelles.
-s	Affiche le nombre de nouvelles pas encore consultées.

Exemples

```
$ news -n
news: infos
$ news -s
1 news item.
$ news

infos (root) Tue Sep  1 13:53:06 1998

  Arrêt du système a 18 heures

$ news
$ news -a

infos (root) Tue Sep  1 13:53:06 1998

  Arrêt du système à 18 heures

$ cat /usr/news/infos
Arrêt du système à 18 heures
$ exit
# wall << fin
Arrêt du système pour maintenance exceptionnelle dans 10 minutes,
reprise dans 30 minutes environ.
fin
#
```

Le man

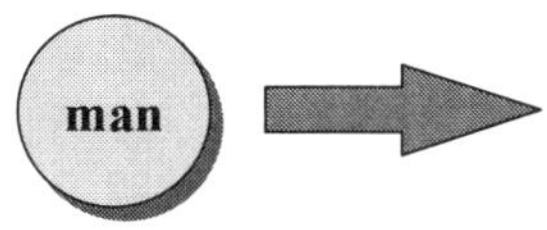


```
$ man  file
$ man  4  filehdr
$ man  -k  'file type'
```

```
file(1)                    file(1)
Name
  file - determines file type
Synopsis
  file [-h] arg ...
Description
   file performs a series ...
Files
   /etc/magic
See Also
   filehdr(4)
10/96                      Page 1
```


Rappel de l'utilisation de la commande man

La documentation du système UNIX est répartie en trois volumes :

- Utilisation du système
- Administration du système
- Programmation

Chaque volume est composé de deux parties :

- Le manuel de référence (*« Reference manual »*)
- Le guidc (*« User guide »*)

La commande **man** permet d'accéder, en ligne, aux manuels de référence.

Les manuels sont répartis dans plusieurs sections :

Contenu	**AT&T**	**BSD**	**SCO Open Server**
Les commandes utilisateurs	1	1	C
Les appels système	2	2	S
La bibliothèque C	3	3	S
Le format des fichiers	4	5	F
Divers	5	7	M
Les jeux	6	6	
Les fichiers spéciaux	7	4	HW
Les commandes d'administration	1M	8	ADM
Les commandes de maintenance	8	8	ADM

AT&T a classé les sections en fonction de leur emploi. Le tableau ci-dessous en donne la liste indicative (l'administrateur est intéressé par le format des fichiers tout autant que le programmeur).

Les manuels de référence d'AT&T :

Utilisateur	sections 1 et 6
Administrateur	sections 1M, 7 et 8
Programmeur	sections 2,3,4 et 5

La commande **man** permet à l'administrateur comme aux utilisateurs de consulter en ligne les manuels de référence du système UNIX (*cf. UNIX utilisateur*).

La commande **man** permet d'obtenir l'affichage, sur la sortie standard, du contenu du manuel de référence d'une page du manuel.

```
# man mkfs
```

La commande **man** permet de connaître toutes les sections qui contiennent une rubrique particulière.

```
# man –a passwd
```

La commande **man** permet de spécifier la section dans laquelle rechercher la page du manuel. Ceci est obligatoire quand le même nom de rubrique est utilisé dans plusieurs sections.

```
# man 4 passwd
```

ou

```
# man –s 4 passwd   # sous Solaris
```

La commande **man** permet de connaître toutes les rubriques qui contiennent dans leur présentation un mot clé spécifique.

```
# man –k copy
# man –k 'File type'
elf_fsize. elf32_fsize (3E)    - return the size of an object file type
elf_kind (3E)                  - determine file type
file (1)                       - determine file type
```

La commande **man** permet de connaître les sujets traités dans une section. La commande est : man N°_section intro.

```
# man  -s1  intro
```

Intro(1)

NAME

Intro - introduction to commands and application programs

DESCRIPTION

This section describes, in alphabetical order, commands available with this operating system.

Pages of special interest are categorized as follows:

1B Commands found only in the SunOS/BSD Compatibility Package. Refer to the Source Compatibility Guide for more information.

1C Commands for communicating with other systems.

...

OTHER SECTIONS

See these sections of the man pages section 1M: System Administration Commands

for more information.

Section 1M in this manual for system maintenance commands.

Section 4 of this manual for information on file formats.

Section 5 of this manual for descriptions of publicly available files and miscellaneous information pages.

Section 6 in this manual for computer demonstrations.

... Indicates multiple occurrences of the option or cmdarg.

"- -" may be used to indicate the end of the options.

ATTRIBUTES

See attributes(5) for a discussion of the attributes listed in this section.

SEE ALSO

getopts(1), wait(1), exit(2), getopt(3C), wait(3UCB), attributes(5)

DIAGNOSTICS

...

WARNINGS

...

Remarque
Nous rappelons l'importance pour l'administrateur des paragraphes *« Files »* et *« See also »* de la documentation d'une commande. La première permet de connaître tous les fichiers de configuration utilisés par la commande. La seconde permet, à défaut d'une aide en hypertexte, de rechercher une commande ou un fichier particulier.

L'administrateur peut ajouter des pages au manuel, nous renvoyons le lecteur à la commande **man (« man man »)** pour de plus amples explications.

Exemple de page du manuel

file(1B)

NAME

file determine file type

SYNOPSIS

/usr/ucb/file [-f ffile] [-cL] [-m mfile] filename...

DESCRIPTION

file performs a series of tests on each filename in an attempt to determine what it contains. If the contents of a file appear to be ASCII text, file examines the first 512 bytes and tries to guess its language.

file uses the file /etc/magic to identify files that have some sort of magic number, that is, any file containing a numeric or string constant that indicates its type.

OPTIONS

-c

Check for format errors in the magic number file. For reasons of efficiency, this validation is not normally carried out. No file type-checking is done under -c.

-f ffile

Get a list of filenames to identify from ffile.

-L

If a file is a symbolic link, test the file the link references rather than the link itself.

-m mfile

Use mfile as the name of an alternate magic number file.

EXAMPLES

Example 1 - Using file on all the files in a specific user's directory.

This example illustrates the use of file on all the files in a specific user's directory:

example% pwd/usr/blort/misc

example% /usr/ucb/file *code: mc68020 demand paged executablecode.c: c program textcounts: ascii textdoc: roff,nroff, or eqn input textempty.file: emptylibz: archive random librarymemos: directoryproject: symboliclink to /usr/projectscript: executable shell scripttitles: ascii texts5.stuff: cpio archiveexample%

ENVIRONMENT VARIABLES

The environment variables LC_CTYPE, LANG, and LC_default control the character classification throughout file. On entry to file, these environment variables are checked in the following order: LC_CTYPE, LANG, and LC_default. When a valid value is found, remaining environment variables for character classification are ignored. For example, a new setting for LANG does not override the current valid character classification rules of LC_CTYPE. When none of the values is valid, the shell character classification defaults to the POSIX.1 "C" locale.

FILES

/etc/magic

ATTRIBUTES

See attributes(5) for descriptions of the following attributes:

ATTRIBUTE TYPEATTRIBUTE VALUE

Availability SUNWscpu

SEE ALSO

magic(4), attributes(5)

BUGS

file often makes mistakes. In particular, it often suggests that command files are C programs.

file does not recognize Pascal or LISP.

SunOS 5.8 Last change: 14 Sep 1992

Configuration de la documentation

La documentation en ligne peut être configurée en partie par l'utilisateur et en partie par l'administrateur.

L'utilisateur peut préciser la commande qui doit être exécutée pour afficher le texte du manuel. Il suffit pour cela de définir la variable d'environnement **PAGER**.

$ cat .profile
PAGER=/usr/bin/pg ; export PAGER

La principale tâche de configuration de la documentation consiste à générer, grâce à la commande **catman**, une base de données d'aide simplifiée nommée *« whatis »*, utilisable par les commandes **man –k**, **man –f**, **whatis** et **apropos**.

catman –w

$ whatis mkfs
$ apropos find
$ man –k copy

Le manuel se trouve dans le répertoire **/usr/man** ou **/usr/share/man**. A défaut, l'administrateur peut définir les chemins d'accès aux répertoires qui contiennent la documentation, grâce à la variable d'environnement **MANPATH.**

Le répertoire **man** contient, pour chaque section, un sous-répertoire **man(x)**, où (x) désigne le numéro de la section qui contient les pages du manuel dans un format qui n'est pas de type texte et souvent compressé et un sous-répertoire **cat(x)** qui contient les pages formatées, utilisables directement par la commande d'affichage. Le contenu d'un répertoire **cat(x)** peut être détruit si l'administrateur a besoin de libérer de l'espace sur disque. A l'inverse, la commande **catman** permet de générer le contenu de tous les répertoires **cat(x)**.

Remarques

- A l'exécution de la commande **man**, si un message avertit l'utilisateur d'une attente avant l'affichage du manuel de la rubrique, cela signifie que le fichier associé au manuel de la rubrique n'existe pas dans le répertoire cat(x), il faut formater celui du répertoire man(x).
- Pour imprimer la sortie de la commande **man**, il faut préalablement éliminer les caractères de contrôle qui génèrent le soulignement et la vidéo inverse et demander que l'affichage soit réalisé par la commande **cat**. Pour cela nous proposons la séquence suivante :
  $ PAGER=/usr/bin/cat ; export PAGER
  $ man find | col –b | lp # le filtre col élimine les caractères de contrôle

Autres sources de documentation

- **Les livres**
- **Le guide de l'administrateur**
- **Les commandes spécifiques**
- **Internet (@)**
  - Les moteurs de recherche
  - Les HOWTOs
  - Les FAQs
  - Le site du constructeur ou de la distribution Unix
  - Les news

Les livres

L'administration est une matière complexe, faite à la fois de tâches routinières et exceptionnelles. Plus un administrateur possède de livres d'administration, plus il possède de condensés d'expériences humaines à chaque fois différentes. A la fin de cet ouvrage, se trouve une bibliographie qui essaye de couvrir la majorité des sujets traités, et le lecteur a tout intérêt à la compléter au fur et à mesure de ses besoins. Deux ouvrages, en particulier, sont vivement conseillés : « *Les Bases de l'administration système* » et « *Unix System Administration Handbook* ».

Le guide de l'administration

Ce document est le complément indispensable du man. Sous sa forme papier, il est généralement vendu séparément du système. Il est spécifique au système et à sa version. Il est évident qu'il faut l'acheter. Il contient la description des tâches d'administration les plus courantes. Une personne connaissant déjà un autre système UNIX ou débutant l'administration le lira avec profit.

Commande spécifique

Un système UNIX possède souvent une commande permettant d'accéder à l'ensemble de la documentation en ligne. C'est malheureusement une commande propriétaire et qui ne fonctionne souvent qu'en mode graphique :

info	AIX (fonctionne en mode texte)
answerbook	Solaris
helpview	HP-UX

Internet (@)

Internet est comme une immense encyclopédie vivante. La difficulté est souvent d'y trouver ce quê l'on cherche. Les moteurs de recherche et les annuaires sont alors indispensables. Citons seulement :

http://www.yahoo.com (annuaire)

http://www.voila.fr (annuaire+moteur français)

http://www.google.com

Le dernier site est tout à fait extraordinaire, il suffit souvent de rentrer une phrase qui résume ce que l'on cherche (par exemple, un message d'erreur système) et il n'est pas rare que des références de dizaines de sites apparaissent comme par magie. Il faut noter que la société Google utilise un cluster Linux.

Les rubriques suivantes correspondent toutes à l'univers Internet (@).

HOWTO (@)

Un « HOWTO » décrit comment réaliser une tâche d'administration spécifique. C'est un complément du guide d'administration. Ainsi, le guide d'AIX ne décrit pas comment transformer un RS6000 en routeur, ce qui n'est pas une tâche courante d'administration. Il existe pour cela un HOWTO. Dans le cas particulier du système Linux, les HOWTOs constituent la principale source d'informations pour administrer le système.

FAQ (@)

Les FAQs (les questions les plus fréquentes) sont très intéressantes quand on débute dans l'administration d'un système. Les principales questions que l'on se pose, d'autres personnes se les sont déjà posées (*cf. Références Internet*).

Le site du constructeur ou de la distribution UNIX (@)

Le site officiel de votre système UNIX (AIX, Solaris, ...) est une mine inépuisable d'informations. Il vous permet notamment d'être au courant des nouvelles versions, des nouveaux matériels, des bugs, des logiciels maison et de sociétés tierces compatibles avec votre système. On y trouve également les « patches » qui permettent de corriger les bugs. Enfin, on y trouve de la documentation, en particulier :

- Le manuel en ligne (le man)
- Le guide de l'administrateur
- Des HOWTOs, des FAQs, des forums, ...

A titre d'exemple, mentionnons le site officiel de Sun : http://www.sun.com; la documentation de Solaris se situe sur le site http://docs.sun.com.

Les news (@)

Les forums Internet, le réseau Usenet ou tout simplement les « news » sont constitués de forums sur les sujets les plus divers. La part consacrée à UNIX est immense, et c'est normal, car les forums ont été créés à l'origine par des administrateurs Unix.

Dans un forum, tout le monde peut poser des questions et y répondre ou tout simplement exposer son expérience. Périodiquement sont postées les questions les plus fréquentes, les « FAQs » déjà mentionnées. Il existe des centaines de forums intéressants sur UNIX, citons seulement les urls suivantes :

news:comp.os.unix.*

news:comp.unix.*

news:comp.unix.solaris

news:comp.unix.aix

news:comp.security.unix

La société Google a acheté les archives de Usenet. Elles sont accessibles à partir de l'url suivante :

http://groups.google.com

Divers (@)

Il existe une grande quantité de sites Internet en dehors de ceux déjà mentionnés. Nous renvoyons le lecteur à l'annexe *Références Internet*.

Atelier 1 : Introduction

Objectifs :

- **Savoir se connecter en tant qu'administrateur du système**
- **Savoir utiliser la documentation**
- **Communiquer avec les utilisateurs**

Durée : 30 minutes.

TSOFT - UNIX Administration

Module 1 : Introduction - 1.8

Exercice n°1

Comment feriez-vous pour vous connecter sous le compte de l'utilisateur « bin » ?

Exercice n°2

Connectez-vous en tant qu'administrateur de deux manières : à la connexion et grâce à la commande **su**. Quelles sont les différences ?

Exercice n°3

Mettez à jour la date système en vous aidant de la documentation (man date).

Exercice n°4

Quelles sont les sections de documentation sur votre système ?

Exercice n°5

Quels sont les chapitres de la documentation traitant de la connexion (en anglais « *login* ») ?

Exercice n°6

Modifiez le fichier */etc/motd*, qui affiche un message en début de connexion. Testez le résultat en vous reconnectant.

Exercice n°7

Affichez un message sur toutes les consoles.

Exercice n°8

Détruisez les « news » de plus de 30 jours.

Exercice n°9 (script)

Créez un script qui permet d'imprimer les pages de manuel d'une section. Si l'on désire simplement simuler l'impression, on remplace la commande **lp** par la commande **more**.

- *Créer, modifier et supprimer un compte utilisateur*
- *Les fichiers* ***/etc/passwd*** *et* ***/etc/group***
- *Les commandes* ***useradd, passwd,***...

2

La gestion des utilisateurs

Objectifs

Après l'étude du chapitre, le lecteur sait gérer les comptes des utilisateurs et leurs groupes. Il connaît la structure des fichiers qui contiennent les informations fondamentales.

Contenu

Les fichiers /etc/passwd et /etc/group
Les commandes d'administration : **useradd**, **passwd**, **su**, **id**,...

Références

Man

passwd(4), group(4), useradd(1m), passwd(1), login(1)

Internet

http://uwsg.iu.edu/usail/index/tasks.html

Les comptes d'utilisateurs et de groupes

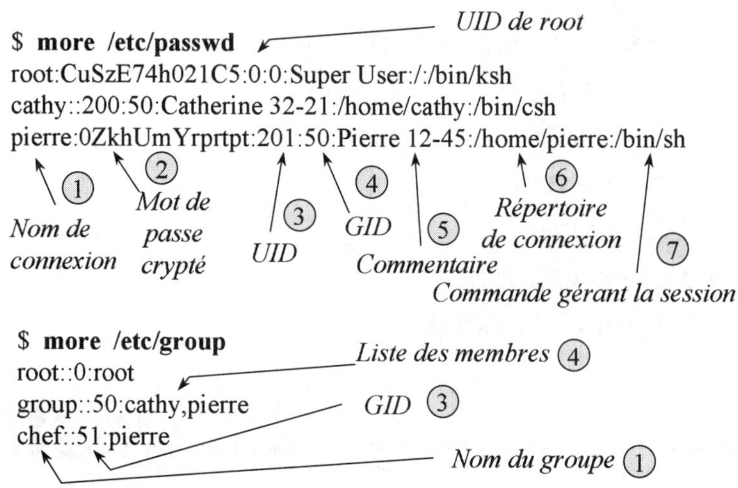

Quand un utilisateur se connecte, il s'authentifie en fournissant un nom de connexion (*« login name »*) et un mot de passe (*« password »*). Si la connexion réussit, l'utilisateur a normalement activé un shell et se trouve positionné sur un répertoire de travail (*« working directory »*), initialement son répertoire de connexion (*« login directory »*).

L'ensemble des informations qui caractérise les paramètres fondamentaux de la connexion d'un utilisateur, y compris de *«root»* sont définies dans le fichier */etc/passwd*.

Le fichier */etc/group* définit les groupes supplémentaires auxquels un utilisateur appartient pendant sa session.

Structure du fichier /etc/passwd

Le fichier */etc/passwd* est un fichier de type texte dont chaque ligne définit un compte utilisateur. La ligne est composée de champs. Le séparateur de champs est le symbole «:».

Nom de connexion :	Mot de passe :	UID :	GID :	Commentaire :	Répertoire : de connexion	Commande de connexion

Nom de connexion	Le nom de connexion est saisi lors de la demande de connexion. Seuls les huit premiers caractères du nom sont significatifs.
Mot de passe	Le mot de passe est présent dans le fichier, mais crypté. Dans les systèmes sécurisés (*cf. Module 14 : La sécurité*), le champ mot de passe existe toujours mais il contient un seul, souvent « x » ou « ! ». Le mot de passe crypté est déporté dans un fichier accessible au seul administrateur.

UID	L'administrateur attribue un numéro à chaque utilisateur. Ce numéro, l'UID (« *User Identification* »), est mémorisé dans les descripteurs de fichiers pour en identifier le propriétaire. C'est donc l'information pertinente, utilisée par le système UNIX, pour identifier un utilisateur. L'UID de *«root»* est 0 dans tous les systèmes UNIX.
GID	L'administrateur identifie le groupe de connexion d'un utilisateur grâce au champ GID (« *Group Identification* »). Le fichier */etc/group* associe un nom de groupe à ce GID et définit les groupes supplémentaires de l'utilisateur.
Commentaire	La zone est utilisée librement par l'administrateur pour commenter le compte. Il peut être structuré en suivant les recommandations de la commande **finger** (*cf. man finger*). On y trouve, entre autre le nom et le prénom.
Répertoire de connexion	Ce champ détermine le répertoire de connexion de l'utilisateur, conventionnellement */home/pierre* pour l'utilisateur de nom de connexion pierre. Ce répertoire contient les fichiers de configuration (.profile) de l'utilisateur.
Commande de connexion	Ce champ précise le chemin d'accès absolu de la commande à exécuter lors de la connexion. C'est généralement un shell.

Remarques

- L'UID est une valeur comprise entre 0 et la valeur définie par la constante MAXUID du fichier */usr/include/sys/param.h*. Les valeurs inférieures à 100 ou 200 sont généralement réservées à des utilisateurs associés à des services standard du système UNIX.
- Nous incitons l'administrateur à choisir l'UID lors de la création du compte plutôt que d'accepter la valeur attribuée par défaut.
- Quand un administrateur gère un parc de machines UNIX sans mettre en œuvre d'administration centralisée (*cf. Module 13 : Le réseau*), il est conseillé d'attribuer le même UID à un utilisateur qui possède un compte sur plusieurs machines du réseau. Cette opération n'est possible que si l'administrateur a mis en œuvre la remarque précédente.
- Si plusieurs lignes utilisent le même UID pour plusieurs noms de connexion différents, un seul utilisateur est en fait défini. On peut ainsi définir un utilisateur stop, dont l'UID est 0 et qui exécute **shutdown** comme commande de connexion.
- Si le champ mot de passe est vide, cela signifie que l'utilisateur n'a pas de mot de passe. Le mot de passe vide se rencontre dans le fichier */etc/passwd* pour les systèmes non sécurisés ou dans le fichier spécifique des mots de passe pour les systèmes sécurisés (*cf. Module 15 : La sécurité*).

Structure du fichier /etc/group

Le fichier */etc/group* est un fichier de type texte dont chaque ligne définit un groupe d'utilisateurs. La ligne est composée de champs. Le séparateur de champs est le symbole :.

Nom du groupe	:	Mot de passe	:	GID	:	Liste des utilisateurs membres du groupe (util [,util ...])

Nom du groupe	Le nom du groupe est celui utilisé dans les commandes de gestion des groupes ou, par exemple, celui affiché par la commande **ls**.
Mot de passe	Le champ mot de passe est obsolète. Le mot de passe était demandé à un utilisateur qui voulait se connecter à un groupe dont il n'était pas membre.
Liste des utilisateurs	La liste des utilisateurs qui sont membres du groupe.

Nous rappelons que la commande **newgrp** (*cf. UNIX Utilisateur*) permettait, quand un utilisateur ne pouvait appartenir qu'à un seul groupe à la fois, de changer le groupe de référence utilisé pour le contrôle des droits d'accès aux fichiers. A défaut d'avoir exécuté la commande **newgrp**, c'était le groupe de connexion qui était utilisé. Sa seule utilité, aujourd'hui, est de définir le groupe propriétaire des fichiers créés par l'utilisateur à la place du groupe de connexion.

Remarque

Un utilisateur n'a pas besoin d'être mentionné dans la liste des utilisateurs de son groupe de connexion.

Comment faire partie d'un groupe ?

Il y a trois possibilités pour appartenir à un groupe :

- Le groupe est votre groupe initial défini dans */etc/passwd*
- Le groupe est un de vos groupes supplémentaires définis dans */etc/group*.
- Vous connaissez le mot de passe associé au groupe et vous vous connectez à ce groupe grâce à la commande **newgrp**. Cette dernière méthode est peu usuelle.

Remarque

Lors de la connexion, le groupe courant est le groupe initial. La commande **newgrp** permet de modifier le groupe courant. Le groupe courant détermine le groupe des fichiers que vous créez. La commande **id -a** permet de connaître votre groupe courant (GID) et les groupes dont on est membre (groups).

Les commandes de gestion des utilisateurs

- **useradd** **Ajout d'un utilisateur**
- **usermod** **Modifie un compte utilisateur**
- **groupadd** **Ajout d'un groupe**
- **groupmod** **Modifie un compte groupe**
- **pwck** **Vérifie la cohérence de /etc/passwd**
- **grpck** **Vérifie la cohérence de /etc/group**
- **finger** **Donne des informations sur un utilisateur**
- **passwd** **Permet de modifier le mot de passe d'un utilisateur**
- **su** **Permet de se connecter à un compte**
- **id** **Permet de connaître son identité**

TSOFT - UNIX Administration Module 2 : La gestion des utilisateurs - 2.3

Les commandes de gestion des comptes d'utilisateurs et de groupes sont nombreuses. Les commandes qui sont mentionnées ci-dessus se décomposent en deux catégories :

Les commandes d'administration proprement dites : **useradd**, **usermod**, **groupadd**, **groupmod** mais aussi **userdel** et **groupdel** pour respectivement supprimer un utilisateur ou un groupe. Les commandes **pwck** et **grpck** peuvent être utiles quand elles sont intégrées à un script. Nous renvoyons le lecteur au manuel de ces commandes. Elles ne présentent pas de difficultés d'emploi. Dans la réalité, il est souvent bien plus pratique de procéder aux opérations grâce à l'outil intégré d'administration qui propose, pour chaque paramètre d'un compte, le choix par défaut le mieux adapté. L'outil effectue aussi une vérification des éléments fournis.

Les commandes d'information ou de gestion courante, utiles en mode commande : **finger** *(cf. Exemples)*, **passwd**, **su** *(cf. Module : La gestion des processus)* et **id** *(cf. Exemples)*.

La gestion des utilisateurs

La commande essentielle de gestion des utilisateurs est la commande **useradd** qui permet de créer un compte utilisateur.

Sa syntaxe est simple dès lors que l'on connaît la structure des fichiers */etc/passwd*, */etc/group* et qu'on les met en œuvre en tenant compte des remarques faites précédemment.

Syntaxe

1) useradd [-c commentaire] [-d répertoire] [-e expiration [-f inactive] [-g groupe] [-G groupe [, groupe...]] [-m [-k répertoire_squelette]] [-u uid [-o]] [-s shell] utilisateur

2) useradd -D [-b répertoire_base] [-e expiration] [-f inactive] [-g group]

Dans sa première forme, la commande **useradd** crée un compte alors que dans la deuxième, elle affiche ou modifie les valeurs de création par défaut.

Option	Description
-c	Le champ commentaire du fichier */etc/passwd.*
-d répertoire	Le répertoire de connexion. Cette option n'est nécessaire que s'il est différent de */répertoire_base/utilisateur*, */home/pierre* pour l'utilisateur pierre.
-e expiration	La date d'expiration du compte.
-f inactive.	Le nombre de jours d'inactivité au bout duquel le compte devient invalide.
-g groupe	Le groupe principal de l'utilisateur. Le groupe doit exister préalablement à la création du compte.
-G groupe,…	Les groupes supplémentaires de l'utilisateur.
-m	Cette option est obligatoire si l'on veut créer le répertoire de connexion.
-k répertoire_squelette	Le répertoire dont le contenu est copié dans le répertoire de connexion de l'utilisateur, par défaut */etc/skel.* C'est dans ce répertoire que l'administrateur doit installer les fichiers qui doivent être copiés dans le répertoire de connexion lors de la création du compte.
-u uid	L'uid de l'utilisateur.
-o	L'option « -o » autorise qu'un UID déjà utilisé pour un utilisateur le soit à nouveau pour un autre. Cela permet que plusieurs utilisateurs qui possèdent le même UID n'en fassent qu'un.
-s shell	Le nom du shell, */bin/sh* par défaut.
-D	L'option « -D » indique à la commande **useradd** que l'on traite des valeurs par défaut. La commande affiche les valeurs si « -D » est la seule option mentionnée.
-b répertoire_base	Indique le répertoire de base à utiliser. C'est */home* par défaut.
-e expiration	Indique la date d'expiration. Cette valeur n'est pas positionnée par défaut.
-f inactive	Indique le nombre de jours d'inactivité avant qu'un compte devienne invalide.
-g group	Indique le groupe initial.

Remarque

Les noms de fichiers doivent être des noms complets, exprimés sous forme de chemin absolu.

La gestion des groupes

La commande **groupadd** permet de créer des groupes. Son emploi est extrêmement simple.

Syntaxe

groupadd –g gid –o groupe

Option	Description

-g gid	Indique le GID du groupe. Comme pour l'UID des utilisateurs, nous conseillons fortement à l'administrateur de décider du GID.
-o	L'option « -o » autorise qu'un GID déjà utilisé pour un groupe le soit à nouveau pour un autre. Cela permet que plusieurs groupes qui possèdent le même GID n'en fassent qu'un.

La gestion des mots de passe

Nous allons compléter la présentation de la commande **passwd**, déjà connue des utilisateurs, pour permettre à l'administrateur de gérer les mots de passe des utilisateurs. La gestion de la durée de vie du mot de passe est présentée dans le module 14 qui traite de la sécurité.

Modifier le mot de passe d'un utilisateur

passwd Nom_utilisateur

Supprimer le mot de passe d'un utilisateur

passwd –d Nom_utilisateur

Verrouiller le compte d'un utilisateur (empêcher sa connexion)

passwd –l Nom_utilisateur

Forcer le changement de mot de passe à la prochaine connexion

passwd –f Nom_utilisateur

Remarques

- Les restrictions imposées aux utilisateurs dans la définition de leur mot de passe ne s'appliquent pas à l'administrateur qui peut attribuer n'importe quel mot de passe à un utilisateur, y compris une chaîne vide. Dans ce dernier cas l'invite *« password : »* est quand même affichée à la connexion, à la différence de **passwd –d** qui la supprime.
- Nous insistons pour que les administrateurs ne suppriment jamais le mot de passe d'un utilisateur en éditant directement le fichier qui le contient, */etc/passwd* dans un système non sécurisé. Cela risque fort de générer, dans un système sécurisé, des incohérences dans les fichiers de données.

Le paramétrage des comptes et de la connexion

La création d'un compte est essentiellement paramétrée grâce au répertoire */etc/skel* et à la commande **useradd –D**.

Il existe également les fichiers */etc/default/passwd* et */etc/default/login* qui permettent de paramétrer les caractéristiques du mot de passe et de la connexion.

Remarque
Le répertoire */etc/default* contient des fichiers de paramètres par défaut de certaines commandes. On reconnaît facilement les commandes auxquelles ils sont associés, car ils en portent le nom.

Ces fichiers définissent des valeurs par défaut, de la forme ATTRIBUT=valeur. Ils sont largement commentés et contiennent souvent la ligne déjà écrite. Il suffit pour l'activer d'enlever le caractère « # » de commentaire.

Le fichier **/etc/default/login**

TIMEZONE	Définit la valeur de la variable d'environnement TZ (fuseau horaire) du shell.
HZ	Définit la variable d'environnement HZ (Hertz) du shell.
ULIMIT	Définit la taille du plus gros fichier qu'un utilisateur peut créer. L'unité est le secteur, la valeur 0 indique qu'il n'y a pas de limite (*cf. Module 6 : Les processus*).
CONSOLE	Si cette variable est définie, « root » ne peut se connecter qu'à partir de la console maîtresse.
PASSREQ	Si la variable est positionnée à « no », les utilisateurs peuvent ne pas avoir de mot de passe. Dans le cas contraire, la commande **passwd –d** a le même effet que la commande **passwd –f**.
ALTSHELL	Définit si la connexion positionne la variable SHELL.
PATH	Définit la variable PATH.
SUPATH	Définit la valeur initiale de la variable PATH de « root ».
TIMEOUT	Définit la valeur de la variable TMOUT.
UMASK	Définit la valeur de umask.
SYSLOG	Définit le niveau du message pour le système syslog pour les connexions en tant que « root ».
SLEEPTIME	Définit le nombre de secondes qui doit s'écouler avant qu'un message d'erreur n'apparaisse et qu'une autre invite de connexion ne soit affichée.
RETRIES	Définit le nombre de tentatives pour une connexion. Une fois ce nombre atteint, un message est transmis au service syslog.

Le fichier **/etc/default/passwd**

PASSLENGTH Définit la longueur du mot de passe. Sa valeur est de 6 par défaut. Seuls les huit premiers caractères du mot de passe sont significatifs.

MINWEEKS Définit le nombre minimum de jours requis entre deux changements du mot de passe.

MAXWEEKS Définit le nombre maximum de jours au bout duquel l'utilisateur est obligé de changer son mot de passe.

Exemples

```
# id
uid=0(root) gid=1(other)

# finger
Login   Name                 TTY      Idle  When    Where
root    0000-Admin(0000)     console  3:34  Wed 11:46
root    0000-Admin(0000)     pts/0          Wed 14:24  192.0.0.160
gilles  compte Gilles Goubet pts/1    1:02  Wed 14:20  192.0.0.125
```

Changer le mot de passe de gilles

```
# passwd gilles
New password:
Re-enter new password:
```

Supprimer le mot de passe
passwd -d gilles

Verrouiller le compte de gilles
#passwd -l gilles

login: gilles
Password:
Login incorrect
login:

Déverrouiller le compte de gilles
passwd gilles
New password:
Re-enter new password:

login: gilles
Password:
$

Modifier le contenu du fichier *.profile* modèle

cd /etc/skel
echo "PS1='$PWD $' " >> .profile

Ajouter un utilisateur
#useradd -u 2000 -g 101 -s /usr/bin/ksh -c "Exemple de creation par useradd" pierre

cat /etc/passwd

pierre:x:2000:101:Exemple de creation par useadd:/home/pierre:/usr/bin/ksh

Créer un mot de passe pour pierre

passwd pierre
New password:
Re-enter new password:

# su pierre   # valide la définition de l'utilisateur pierre
$ exit

su – pierre   # valide la connexion, le répertoire de connexion et le changement
                     # d'environnement

$ exit
#

Tester la connexion de pierre

login: pierre
Password:
you have mail
/home/pierre $

# cat /etc/default/login# ULIMIT sets the file size limit for the login. Units are disk blocks.
# The default of zero means no limit.
ULIMIT=0

If CONSOLE is set, root can only login on that device.
Comment this line out to allow remote login by root.
#

```
CONSOLE=/dev/console
# PASSREQ determines if login requires a password.
PASSREQ=NO

# PATH sets the initial shell PATH variable
#PATH=/usr/bin:

# cat /etc/default/passwd
#ident                    "@(#)passwd.dfl       1.3      92/07/14 SMI"
MAXWEEKS=
MINWEEKS=
PASSLENGTH=6
```

Internationalisation d'une session

Chaque utilisateur peut déterminer la langue qui est utilisée pendant sa session de travail. En théorie, le choix peut être différent selon qu'il s'agit des messages, du format de la date…

La configuration est réalisée grâce à des variables d'environnement et celle par défaut résulte du choix qui a été fait pendant l'installation. L'administrateur ou les utilisateurs peuvent bien évidemment modifier leur profil. Une variable contient une chaîne de caractères qui définit le pays et une particularité linguistique, telle que « fr_FR » pour la France, « fr_BE » pour le français parlé en Belgique ou « de_CH » pour l'allemand parlé en Suisse allemanique.

Les variables d'environnement sont :

Variable	Description
LC_MONETARY	Définit le symbole monétaire.
LC_TIME	Définit le format de l'heure et de la date.
LC_COLLATE	Définit les caractères et les jeux de caractères utilisés dans des opérations de tri (*cf. localedef(1), strcoll(3)*.
LC_NUMERIC	Définit le symbole décimal, le séparateur des milliers.
LC-CTYPE	Définit des informations nécessaires à la classification des caractères : numériques, alphabétiques (*cf. isdigit(3), isalpha(3)*).
LC_ALL	Définit une valeur unique pour toutes les variables précédentes.
LANG	Définit une valeur générique pour l'internationalisation.

Les commandes qui sont programmées pour l'internationalisation examinent les variables dans l'ordre suivant : LC_ALL, LC_* et LANG.

Remarque
La rubrique ENVIRONMENT VARIABLES des commandes indique à quelle(s) variable(s) la commande réagit.

La commande **locale** permet de connaître les valeurs actuelles des variables, les autres choix possibles et les jeux de caractères disponibles.

Option	Description
-a	Affiche les choix possibles d'internationalisation.

-m	Affiche les jeux de caractères disponibles.

Exemples :

L'exemple qui suit présente les résultats de la commande **locale**.

```
# locale
LANG=
LC_CTYPE=fr.ISO8859-15
...
LC_ALL=

# locale –a
POSIX
th
th_TH
de
...
fr.ISO8859-15
...

#locale –m
iso_8859_1/charmap.src
```

L'exemple qui illustre le fonctionnement de la commande **date**. La sortie standard de la commande **env** ne présente que les variables liées à l'internationalisation

```
# env
LANG=fr.ISO8859-15
LC_TIME=de_CH
LC_ALL=es.ISO8859-15

# date
lunes, 12 de noviembre de 2001, 13:57:38 WET

# env
LANG=fr.ISO8859-15
LC_ALL=es.ISO8859-15

# date
lunes, 12 de noviembre de 2001, 13:58:34 WET

# env
LANG=fr.ISO8859-15

# date
lundi, 12 novembre 2001, 13:59:34 WET

# env
LC_TIME=de_CH

# date
Montag, 12 November 2001, 16:16:20 Uhr WET
```

Atelier 2 : La gestion des utilisateurs

Objectifs :

- **Savoir créer un compte utilisateur**
- **Savoir gérer les utilisateurs et les groupes**

Durée : 30 minutes.

Exercice n°1

Est-ce que l'utilisateur bin existe, si oui, quel est son UID ?

Exercice n°2

Existe-t-il d'autres comptes utilisateurs possédant les droits de root ?

Exercice n°3

A quels groupes appartient l'utilisateur bin ?

Exercice n°4

Créez l'utilisateur pierre avec la commande **useradd**.

Exercice n°5

Changez le mot de passe de pierre, en étant connecté en tant qu'administrateur.

Exercice n°6

Ajoutez pierre au groupe staff, créez ce groupe si besoin.

Exercice n°7

Connectez-vous au compte pierre nouvellement créé de deux manières, à la connexion et grâce à la commande **su**.

Exercice n°8

Créez le compte « operateur » en lui donnant les mêmes droits que root. Affectez-lui un mot de passe.

Exercice n°9

Créez le compte « guest » en utilisant l'outil d'administration (admintool sous Solaris).

Exercice n°10 (script)

Créez un script permettant de créer un utilisateur de manière interactive. Le script exécute en final la commande **useradd** avec en paramètres les réponses fournies.

- *L'arborescence des fichiers*
- *Les liens symboliques, les tubes nommés*
- *Les droits d'endossement, le « sticky bit »*
- *La commande **find***

3

Les fichiers

Objectifs

Après l'étude du chapitre le lecteur connaît l'arborescence des fichiers, tous les types de fichiers et tous les droits d'accès. Il maîtrise l'utilisation des commandes de gestion de répertoires et particulièrement celle de la commande **find**.

Contenu

L'arborescence des fichiers
Les principaux répertoires
Les types de fichiers (tube nommé, socket,...)
Les droits (endossement, « *sticky bit* »)
Les commandes de gestion de l'arborescence

Références

Man

file(1), chmod(1), find(1)

Internet

http://uwsg.iu.edu/usail/index/tasks.html

L'arborescence des fichiers

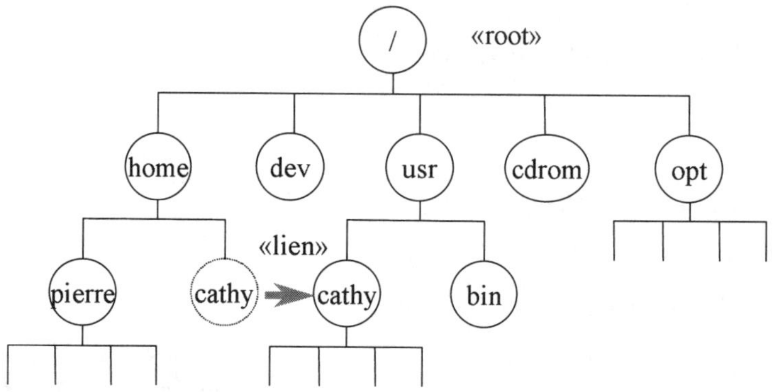

Les fichiers du système UNIX sont organisés en arbre.

UNIX divise les fichiers en plusieurs catégories (*cf. Les types de fichiers*). Les plus importantes du point de vue de l'organisation et du fonctionnement du système sont les répertoires (*« directory »*) qui structurent l'arborescence, les fichiers ordinaires qui contiennent les programmes et les données, et les fichiers spéciaux de type périphérique. Ces derniers permettent aux utilisateurs, y compris l'administrateur, d'avoir une vision uniforme. Tout est fichier, même les périphériques, qui ont un nom dans l'arborescence et qui sont donc désignés par un chemin d'accès comme le sont les fichiers ordinaires.
Les liens sympboliques permettent de modifier la vision de l'arborescence pour l'adapter aux évolutions du système ou d'un logiciel.

Les fichiers sont dans un seul arbre. Les utilisateurs n'ont pas besoin de mentionner le nom du disque où ils résident, ce qu'ils ignorent souvent. Le lecteur de CD ROM est accessible par le chemin */cdrom*. Cette vision d'un arbre unique s'étend également aux répertoires partagés à travers le réseau (*cf. Module 13 : Le réseau*). C'est l'administrateur qui gère les arbres de chaque disque et les attache les uns aux autres. On parle de montage (*cf. Module 4 : Les systèmes de fichiers*).

L'arbre standard qui est présenté illustre en outre les répertoires fondamentaux du système UNIX :

Répertoire	**Contenu**
/home	Le répertoire de rattachement des répertoires de connexion des utilisateurs.
/usr/bin	Le répertoire des commandes.
/dev	Le répertoire des fichiers périphériques.
/opt	Le répertoire disponible pour installer les logiciels.
/cdrom	Le répertoire de montage du CDROM.

Les principaux répertoires

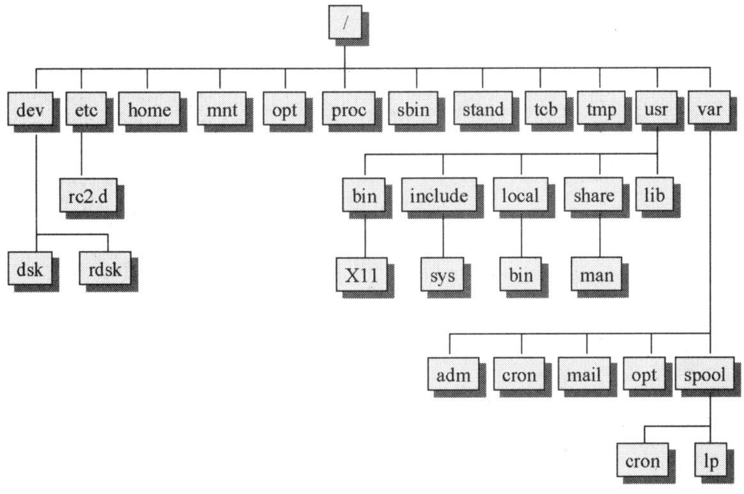

TSOFT - UNIX Administration — Module 3 : Les fichiers - 3.3

L'administrateur, à défaut de connaître la totalité de l'arbre d'un système UNIX, tâche a priori difficile, doit mémoriser les noms et définir le contenu des principaux répertoires, ceux qui sont le plus fréquemment utilisés dans l'administration quotidienne d'un système UNIX.

Répertoire		**Contenu**
/dev/		Les noms des fichiers spéciaux périphériques.
	/dev/dsk	Les noms des disques de type bloc.
	/dev/rdsk	Les noms des disques de type caractère.
/etc/		Les fichiers de données pour l'administration et la configuration du système.
	/etc/rc2.d	Le répertoire des scripts exécutés au démarrage du niveau 2 de fonctionnement du système (*cf. Module 7 : Arrêt et démarrage*).
/home/		Le répertoire qui contient les répertoires de connexion des utilisateurs.
/mnt/		Le répertoire proposé pour le montage d'un disque.
/opt/		Les progiciels et les applications spécifiques.
/proc/		Le répertoire utilisé par le système UNIX pour mémoriser les processus.
/sbin/		Les commandes de démarrage et d'arrêt du système.
/stand/		Les fichiers nécessaires à la construction d'un nouveau noyau et en particulier l'image exécutable du système UNIX, le fichier *unix*.
/tmp/		Le répertoire tmp est utilisé par des commandes pour créer des fichiers de travail. Leur destruction n'est pas automatique mais ils peuvent être supprimés lors du démarrage du système.
/usr/		Principalement le répertoire des commandes du

		système.
	/usr/bin/	Les commandes de base du système.
	/usr/bin/X11/	Le système X WINDOW.
	/usr/include/sys/	Les fichiers d'en-tête nécessaires à la programmation système en langage C.
	/usr/local/bin/	Les commandes créées localement.
	/usr/contrib/bin/	Les commandes du domaine public.
	/usr/sbin/	Les commandes d'administration du système.
	/usr/lib/	Les bibliothèques de sous-programmes.
	/usr/share/man/	Les manuels de référence (l'aide en ligne).
/var/		Les fichiers des services.
	/var/adm/	Les services d'audit et de comptabilité.
	/var/cron/	Les fichiers historiques du service **cron**.
	/var/mail/	Les boîtes à lettres des utilisateurs.
	/var/opt/	Les fichiers de données des applications.
	/var/spool/cron/	Les fichiers de données du service **cron.**
	/var/spool/lp	Les fichiers de données du service d'impression **lp**.

Les types de fichiers

```
$ ls -l fichier
-rwxr-x---  1  pierre   stage   265  Jun 18  14:00  fichier
```

-	Fichier ordinaire
d	Répertoire
c	Périphérique caractère
b	Périphérique bloc
l	Lien symbolique
p	Tube nommé (IPC)
s	Socket locale (IPC)

```
$ file fichier  # cf. /etc/magic
fichier:   ascii  text
```


Nous savons déjà que le système UNIX connaît différents types de fichiers. Le tableau qui suit en donne la liste complète et précise, pour chacun des types mentionnés, les noms des commandes usuellement employées pour le créer et le détruire ainsi que son utilisation.

Fichier	**Symbole (ls –l)**	**Création**	**Destruction**
Ordinaire (régulier)	-	vi,...	rm
	Les fichiers de données et les programmes.		
Répertoire	d	mkdir	rmdir, rm -r
	Un fichier qui contient d'autres fichiers.		
Périphérique caractère	c	mknod	rm
	Les périphériques où l'unité d'échange est le caractère, typiquement les liaisons séries.		
Périphérique bloc	b	mknod	rm
	Les périphériques qui échangent des blocs, typiquement les disques (qui fonctionnent aussi en mode caractère).		

socket locale	s	socket(2)	rm

Le terme « socket » désigne un mécanisme d'échange d'informations entre tâches locales ou distantes (en réseau) implémenté dans le noyau UNIX. Une socket locale est un fichier spécial qui possède un nom dans l'arborescence. Ce n'est pas le cas des sockets distantes. Les sockets locales sont peu utilisées.

Tube nommé	p	mknod	rm

Un tube nommé est un mécanisme d'échange d'informations entre tâches qui s'exécutent localement. Un tube nommé est un fichier spécial qui possède un nom dans l'arborescence. Les tubes nommés sont encore appelés FIFO (« *First In First out* »). Ils sont souvent utilisés par les services tels que le service d'impression.

Lien symbolique	l	ln –s	rm

Un lien symbolique est un fichier spécial qui définit un chaînage sur un autre fichier. Les liens symboliques permettent de conserver une compatibilité avec d'anciennes versions de l'arborescence du système UNIX ou d'un logiciel (*cf. UNIX Utilisateur – la commande ln*).

Le nombre maximum de caractères autorisés dans un nom de fichier est habituellement de quatorze. Dans certains systèmes UNIX, il est possible d'avoir des noms de fichiers exprimés sur 255 positions. C'est un paramètre qui dépend du type de système de fichiers d'un disque.

Tout caractère est autorisé dans un nom de fichier, sauf le /.

Le système UNIX ne gère pas d'extension. Ce sont donc des conventions de nommage liées à un service ou à un logiciel. Les caractères utilisés pour l'extension sont compris dans les 14 ou 255 caractères du nom. Les extensions les plus connues sont les suivantes :

Extension	Fichier
.c	Fichier source du langage C.
.h	Fichier d'en-tête du langage C.
.o	Résultat de la compilation d'un programme C, Fortran,…
.a	Bibliothèque statique.
.d	Un répertoire.

Le type de fichier ordinaire recouvre un large éventail de possibilités et l'extension ne suffit pas toujours pour discriminer la nature exacte du fichier. La commande **file** le fait et affiche le type du contenu du fichier. Il reste alors à déterminer la commande la mieux adaptée à la visualisation du fichier.

Quand le diagnostic produit par la commande **file** désigne un fichier « text », il est alors possible de le visualiser par les commandes **cat**, **more** ou **pg**, ou bien encore de l'imprimer. Il faut sinon le « dumper » grâce à la commande **od** dont la sortie n'est pas des plus lisibles.

Remarques

- L'exécution de la commande **file** nécessite le droit de lecture du fichier. L'information qui permet de déterminer le type du contenu, le « *magic number* », figure dans le fichier lui-même dans son en-tête. Le fichier */etc/magic* contient la liste des « *magic number* » et les libellés associés.
- La commande **file** des systèmes UNIX en français diagnostique « texte » au lieu de « text ». Cela complique la programmation des filtres, tels **grep**, qui utilisent l'expression régulière « text$ ».

Exemples

```
$ file *
ls:          ELF 32-bit LSB executable 80386
passwd:              ascii text


$ cat passwd
root:RQ5DtmkOvGa5Q,..:0:3:Superuser:/:/bin/ksh
daemon:*,..:1:1:System daemons:/etc:
bin:*,..:2:2:Owner of system commands:/bin:

$ od -xc ls  # -c : mode caractère    -x : hexadécimal
0002360   0065  0000  0062  0000  0069  0000  0000  0000
             e \0  \0 \0   b \0  \0 \0   i \0  \0 \0  \0 \0  \0 \0
0002400   0000  0000  0000  0000  003c  0000  0007  0000
          \0 \0  \0 \0  \0 \0  \0 \0   < \0  \0 \0  \a \0  \0 \0
0002420   002b  0000  0021  0000  0000  0000  0000  0000
             + \0  \0 \0   ! \0  \0 \0  \0 \0  \0 \0  \0 \0 \0 \0
```

Remarque
La commande **man ascii** affiche les caractères ascii ainsi que les codes octaux et hexadécimaux.

Les droits

- **Les neuf droits fondamentaux (400,200,100,40,20,10,4,2,1)**
- **Le « *sticky-bit* » (1000)**
  - Exécutable : il reste en mémoire, son chargement est rapide
  - Répertoire : la destruction d'un fichier est réservée au propriétaire
- **Les droits d'endossement (SUID=4000, SGID=2000)**
  - Exécutable
    - SUID : Le processus possède les droits du propriétaire du programme
    - SGID : Le processus possède les droits du groupe du programme
  - Répertoire (SGID)

    Les fichiers créés dans le répertoire appartiennent au groupe du répertoire

TSOFT - UNIX Administration Module 3 : Les fichiers - 3.5

Le système UNIX est un système multi-utilisateur où l'accès aux fichiers est contrôlé par des droits. La commande **ls -l** permet de les afficher.

Pour contrôler l'accès à un fichier, le système UNIX divise les utilisateurs en trois catégories :

- Le propriétaire.
- Les membres du groupe propriétaire du fichier.
- Les autres, terme générique qui désigne tous les utilisateurs autres que le propriétaire et les membres du groupe.

Pour chaque catégorie, il existe trois droits d'accès :

- « r », abréviation de « read », lecture.
- « w », abréviation de « write », écriture.
- « x », abréviation de « execute », exécution.

Pour un fichier, ces droits ont la signification suivante :

- Le droit « r » de lecture permet de lire les octets du fichier, ce qui autorise par exemple la copie du fichier.
- Le droit « w » d'écriture permet d'ajouter, de retirer ou de modifier des octets.
- Le droit « x » d'exécution permet de considérer le fichier comme une commande. Ce droit qui peut être positionné quel que soit le fichier, n'a de sens que si le fichier est un binaire exécutable ou un script.

Pour un répertoire, ces droits ont la signification suivante :

- Le droit « r » permet de lire le contenu du répertoire et ainsi de connaître la liste des fichiers appartenant au répertoire (**ls**).

- Le droit « w » permet de modifier le contenu du répertoire. Il autorise donc la création et la destruction de fichiers dans le répertoire. Ce droit n'a pas de signification s'il n'est pas accompagné du droit « x ».
- Le droit « x » permet l'accès aux fichiers d'un répertoire. C'est la clé indispensable pour que les droits d'accès d'un fichier soient contrôlés. A défaut, aucune opération n'est possible sur le fichier, quels que soient les droits de l'utilisateur. Le droit d'exécution est aussi nécessaire pour qu'un répertoire devienne le répertoire courant, grâce à la commande **cd**.

Le tableau du transparent nous rappelle les valeurs octales associées aux droits. La valeur 4 désigne le droit de lecture, 2 d'écriture et 1 d'exécution. Utilisé comme chiffre des centaines, elle concerne le propriétaire, des dizaines, le groupe et des unités, les autres.

A ces droits fondamentaux s'ajoutent des droits particuliers qui s'appliquent essentiellement aux commandes et dont l'administrateur doit impérativement connaître la signification car ils sont fondamentaux pour la sécurité du système.

Le « *sticky bit* »

Le « *sticky bit* » correspond symboliquement à la lettre t et numériquement au droit 1000. Ce droit, réservé à root, est appliqué à un exécutable, il en facilite les chargements successifs en le conservant, autant que faire se peut, en mémoire vive ou dans la zone d'échange (« *swap* »). Appliqué à un répertoire, il limite aux propriétaires des fichiers le droit de destruction. C'est généralement le cas des répertoires */tmp* et */var/tmp*.

Les droits d'endossement

Les droits d'endossement correspondent symboliquement à la lettre « s » et numériquement aux valeurs 4000 pour l'endossement de l'identité du propriétaire et 2000 pour celle du groupe.

Les droits d'endossement sont importants et significatifs quant à la sécurité. Au lieu de donner le droit d'accès à un fichier à une catégorie d'utilisateurs, on donne le droit d'accès à une commande. La commande s'exécute avec l'identité du propriétaire ou du groupe de la commande plutôt que celle de l'utilisateur qui en a demandé l'exécution. La commande peut alors réaliser tous les contrôles supplémentaires qu'elle veut, l'accès au fichier, par les utilisateurs, ne se fait qu'à travers elle.

La mise en œuvre par UNIX est la suivante : quand un utilisateur est connecté, il dispose de deux UID et de deux GID : le réel et l'effectif. Quand il exécute une commande, les réels sont ses véritables UID et GID, les effectifs ceux attribués au processus qui exécute la commande. Quand les droits d'endossement ne sont pas positionnés sur le fichier commande, les UID et GID effectifs sont identiques aux réels. Dans le cas où l'un des deux ou les deux droits d'endossement sont positionnés, l'UID et/ou le GID effectifs sont ceux de la commande. Or ce sont les UID et GID effectifs qui servent aux contrôles des droits d'accès.

Prenons le cas de la commande **lp** qui dépose une requête d'impression. La requête est mémorisée dans un fichier, créé dans le répertoire */var/spool/lp/requests* sur lequel un utilisateur ordinaire ne dispose d'aucun droit. Comment **lp** peut-elle créer un fichier dans un répertoire sans les droits nécessaires ? Parce qu'elle possède des droits d'endossement.

```
# ls -l lp
---x--s--x  2 bin    lp     90560 Aug 27 14:19 lp
```

```
# ls -ld /var/spool/lp/requests
drwxrwx---  2 bin     lp        512 Aug 27 14:43 /var/spool/lp/requests
```

La commande qui suit s'exécute pour le compte de l'utilisateur gilles
d'UID réel gilles, de GID réel stage, d'UID effectif gilles maid de GID effectif lp. Or les membres du groupe lp ont les droits rwx nécessaires à la création de fichiers dans le répertoire */var/spool/lp/requests*.

```
$ lp fichier   # commande exécutée par gilles
```

Quand le droit d'endossement du groupe est appliqué à un répertoire, tous les fichiers créés dans le répertoire appartiennent au groupe propriétaire du répertoire et non à l'utilisateur qui les a créés. C'est une forme d'héritage. Le droit d'endossement est également hérité par les sous-répertoires.

Gilles fait partie du groupe etude.

```
# id
uid=1000(gilles)  gid=1000(etude)

# ls –ld rep
drwxr-sr-x  3 gilles  sys       512 nov  18 07:03 rep

# ls –lR rep
rep:
total 2
-rw-r--r--    1 gilles  sys         0 nov  18 07:03 fiche
drwxr-sr-x  2 gilles  sys       512 nov  18 07:03 srep

rep/srep:
total 0
-rw-r--r--    1 gilles  sys         0 nov  18 07:03 sfiche
```

S'il est appliqué à un fichier de données, cela génère un accès exclusif en écriture. Ce comportement a été repris dans de nombreux systèmes UNIX.

Remarques

- Dans le résultat produit par la commande **ls –l**, les lettres « s » ou « t » masquent les lettres x associées au droit d'exécution. Ces droits existent cependant. La ligne ---x--s--x 2 bin   lp   90560 Aug 27 14:19 lp traduit les droits 2111 pour la commande **lp**. Quand le droit « x » n'est pas positionné, la lettre « s » ou « t » apparaît en majuscule. Dans certains systèmes UNIX, la commande **chmod** fait un contrôle de cohérence quand on exprime les droits symboliquement mais ne le fait pas quand on les exprime numériquement.
- L'administrateur dispose de la commande **ncheck** pour rechercher les fichiers ayant le bit s positionné. Imaginez un instant que la commande **cat** soit devenue la propriété de root et qu'elle possède le bit s (4000) ! Tous les utilisateurs pourraient consulter n'importe quel fichier du système !
- La commande **sudo** est un logiciel libre qui utilise les droits d'endossement pour permettre à l'administrateur d'autoriser certains utilisateurs à exécuter des commandes d'administration (*cf. Références Internet, logiciels libres*).

Les ACLs

Un fichier UNIX n'a qu'un seul propriétaire et il n'est affilié qu'à un seul groupe. Ceci convient dans la grande majorité des cas. Il y a des conditions d'exploitation où ces limitations posent problème. Pour y remédier, certains systèmes UNIX ont introduit la notion d'ACL (« *Access Control List* ») qui permet de positionner les droits pour chaque utilisateur et pour chaque groupe. Les commandes qui gèrent ces ACLs sont malheureusement propres à chaque système UNIX.

Exemple, les ACLs Solaris

Les commandes de gestion des ACLs sont respectivement **getfacl** pour les visualiser et **setfacl** pour les positionner. Le module « Particularités des systèmes UNIX » indique les commandes équivalentes des autres systèmes UNIX.

```
$ setfacl -m user:pierre:rw-,group:staff:r-- fic
$ ls -l fic
-rw-r-----+  1 jf      other       134 oct  20 18:51 fic
$ getfacl fic
# file: fic
# owner: jf
# group: other
user::rw-
user:pierre:rw-        #effective:r--
group::r--             #effective:r--
group:staff:r--        #effective:r--
mask:r--
other:---
$
```

Les commandes de gestion de l'arborescence

■ **ls -lR**	**Affiche une arborescence et ses caractéristiques**
■ **du**	**Affiche une arborescence et/ou sa taille**
■ **find -print**	**Affiche une arborescence, réalise des recherches**
■ **rm -Rf**	**Détruit une arborescence**
■ **cp -Rfp**	**Copie une arborescence**
■ **chmod -R**	**Change les droits des fichiers d'une arborescence**
■ **chgrp -R**	**Change le groupe des fichiers d'une arborescence**
■ **chown -R**	**Change le propriétaire des fichiers d'une arborescence**
■ **find -exec**	**Exécute une commande sur une arborescence**

TSOFT - UNIX Administration Module 3 : Les fichiers - 3.6

Les commandes présentées dans le transparent ont été étudiées dans le manuel *UNIX Utilisateur*. Nous attirons l'attention du lecteur sur le fait que l'option **–R**, pour récursif, existe sur les commandes **chmod**, **chgrp**, et **chown**. Ces commandes peuvent agir sur toute une arborescence. Il est évident que cette possibilité doit être utilisée avec d'infinies précautions, tant le résultat peut être désastreux sur une arborescence.

La commande **find** mérite un rappel plus approfondi. Elle est souvent utilisée, compte tenu de la richesse de ses critères, en frontal d'une autre commande, pour procéder à la sélection de fichiers.

find répertoire [-critère [argument_du_critère]] ...

La commande **find** recherche des fichiers dans un arbre et exécute une action sur ces fichiers. Les critères sont très nombreux, mais le plus utilisé est le nom et l'action la plus fréquente est l'affichage du chemin d'accès aux fichiers sélectionnés.

La commande **find** parcourt l'arbre issu du répertoire désigné par le premier argument et vérifie, pour chaque fichier, s'il répond aux critères énoncés. Les critères sont contrôlés dans l'ordre de la ligne de commande. Le dernier de la liste est un pseudo-critère qui entraîne l'affichage du chemin d'accès au fichier ou l'exécution d'une commande. Quand un critère n'est pas vérifié, la commande passe au fichier suivant.

Critères de sélection	
-name nomfichier	Le fichier doit se nommer nomfichier.
-type typefichier	Les valeurs possibles de typefichier sont : f régulier d répertoire c,b fichier spécial caractère ou bloc (/dev/xxx)
-size taille	Le fichier doit avoir la bonne taille. L'unité est par défaut le bloc de 512 octets. On peut préciser l'unité 1515c (1515 caractères).
-user unpropriétaire	Le fichier a unpropriétaire comme propriétaire.
-group ungroupe	Le fichier a ungroupe comme groupe.
-perm lesdroits	Le fichier a lesdroits comme droits d'accès.
-ctime nbjours	Le fichier a été créé il y a nbjours.

-mtime nbjours	La dernière modification remonte à nbjours.
-atime nbjours	Le dernier accès remonte à nbjours.
Critères d'exécution	
-print	Afficher le chemin d'accès aux fichiers.
-exec cmde {} \;	Exécuter la commande cmde avec comme argument le fichier.
-ok cmde {} \;	Demander une confirmation pour exécuter la commande cmde avec comme argument le fichier.

Les arguments des critères qui expriment une quantité peuvent prendre trois formes différentes :
- critère n, signifie exactement n. Ainsi, « -ctime 5 » exprime créé il y a cinq jours.
- critère -n, signifie inférieur à n. « -size -1000 » exprime taille inférieure à 1000 blocs.
- critère +n, signifie supérieur à n. « -size +1000 » exprime taille supérieure à 1000 blocs.

La liaison qui existe par défaut entre les critères est un ET. Il existe des opérateurs logiques explicites pour connecter les critères. Leur utilisation est assez peu fréquente.

Opérateur logique	Expression dans la commande find
ET	-a
OU	-o
NON	!
(expression)	\(expression \)

Remarque
Il n'est pas conseillé d'utiliser la commande **find** sur un système en exploitation car elle consomme beaucoup de ressources et elle est lente. En remplacement, on peut utiliser le logiciel libre **locate** qui, pour ses recherches, se base sur un fichier renouvelé périodiquement (*cf. Références Internet, logiciels libres*).

Exemples

```
$ find . -name marteau -print    # rechercher tous les fichiers marteau
./outils.copie/outils/marteau
./outils/marteau

$ find /home -name '*.c' -print  # afficher les fichiers dont le suffixe est .c

$ find . -type d -print          # afficher les noms des répertoires seulement
./outils
./outils/marteau
./outils/tournevis

$ ls -l f*                       # le groupe de f3 n'est pas users
-rw-r--r--  1 pierre  users       24 Jun 11 16:51 f1
-rw-r--r--  1 pierre  users       21 Jun 11 16:51 f2
-rw-r--r--  1 pierre  adm        271 Oct 23  1994 f3

$ # rechercher les fichiers dont le groupe n'est pas users
$ find /home/pierre ! -group users -print
/home/pierre/f3

$ # rechercher les fichiers modifiés aujourd'hui
$ find /home -mtime 0 -print

$ # rechercher les fichiers qui n'appartiennent pas à Pierre, dont la taille est supérieure
$ # à 10000 octets ou le dernier accès remonte à moins de 30 jours
$ find /home ! -user pierre \( -size +10000c -o -atime -30 \)
```

```
$ # rechercher et détruire tous les fichiers ordinaires dont la taille est nulle
$ find /home -type f -size 0 -exec rm -f {} \;

$ # rechercher et détruire tous les fichiers ordinaires de nom core et qui ont été
$ # modifiés il y a plus de trois jours
$ find /home –type f –name core –mtime +3 –exec rm –f {} \ ;
```

Atelier 3 : Les fichiers

Objectifs :

- **Savoir changer les caractéristiques d'un fichier**
- **Gérer une arborescence de fichiers et de répertoires**

Durée : 30 minutes.

TSOFT - UNIX Administration

Module 3 : Les fichiers - 3.7

Exercice n°1

Recherchez les répertoires de nom « cron » sur votre système.

Exercice n°2

Recherchez tous les fichiers tubes de votre système.

Exercice n°3

Recherchez tous les répertoires accessibles en écriture pour les autres.

Exercice n°4

Créez une arborescence de fichiers pour l'utilisateur pierre, en utilisant les commandes suivantes :

```
$ cp /etc/passwd  /etc/group  ~
$ mkdir ~/boot
$ cp /etc/inittab  /etc/profile  ~/boot
```

Listez cette arborescence en utilisant différentes commandes.

Exercice n°5

En étant connecté en tant qu'administrateur, mettez les droits 700 à l'ensemble des fichiers de l'utilisateur pierre.

Exercice n°6

Quelles sont les différentes utilisations du droit SGID sur votre système ?

Exercice n°7

Créez un répertoire dans */export/home* accessible à tous les membres du groupe staff. Ajoutez le droit SGID à ce répertoire. Créez des fichiers dans le répertoire et affichez les caractéristiques du répertoire et des fichiers.

Exercice n°8

Démonstration concernant les droits d'endossement :

1) Créez le fichier */tmp/secret* qui contient le texte « ceci est un secret ». Mettez les droits 400 sur ce fichier et donnez ce fichier à l'utilisateur pierre.

2) Copiez la commande **more** dans le répertoire */tmp* sous le nom « affiche », donnez la propriété de la commande à l'utilisateur pierre et mettez les droits 4111.

3) En étant connecté avec une autre identité que pierre, essayez de lire le fichier en utilisant la commande **more**, puis la commande **affiche**.

Exercice n°9 (script)

Créez un script qui modifie le propriétaire, le groupe et les droits d'une arborescence de fichiers.

- *« File System »*
- ***mount, umount***
- *inode*
- *s5, vxfs, hfs, jfs,…*
- ***mkfs, ncheck,…***
- */etc/fstab*
- *Les quotas*

4

Les systèmes de fichiers

Objectifs

Après l'étude du chapitre, le lecteur connaît la structure des systèmes de fichiers, leur gestion. Il est capable de créer, monter, démonter un système de fichiers. Il peut en automatiser le montage.

Contenu

Arborescence et systèmes de fichiers
Montage et démontage des systèmes de fichiers
Les inodes
Les différents types de systèmes de fichiers
La gestion de l'espace disque, la commande **df**
Panorama des commandes de gestion des systèmes de fichiers
L'automatisation du montage des systèmes de fichiers
La gestion des quotas

Références

Man

mount(1m), inode(4), fs_ufs(4), mkfs(1m), newfs(1m), df(1m), fsck(1m), vfstab(4), quota(1m)

Internet

http://wks.uts.ohio-state.edu/sysadm_course/html/sysadm-75.html

Arborescence et système de fichiers

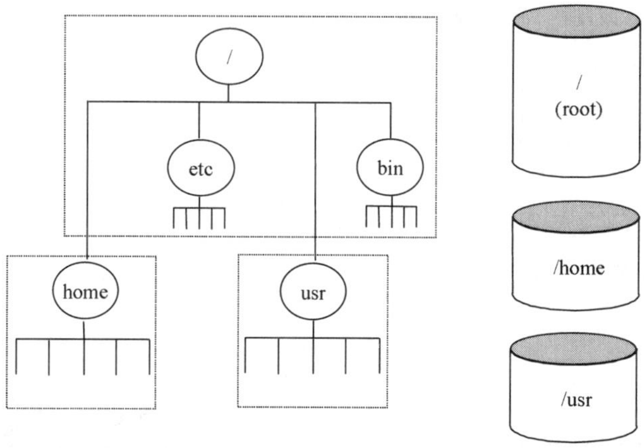

Les utilisateurs voient une arborescence de fichiers unique. Cette arborescence est en fait l'unification de plusieurs arbres. Chaque arbre est stocké sur un disque local du système UNIX ou bien est un arbre distant (*cf. Module 13 : Le réseau*). La structure d'accueil des fichiers d'un arbre d'un disque du système UNIX s'appelle un système de fichiers (« *File system* »). Un disque UNIX ne peut contenir qu'un seul système de fichiers. Au cours du temps, la structure interne des systèmes de fichiers a évolué pour s'adapter à l'augmentation de la capacité des disques et de la taille des fichiers.

La procédure d'installation de chaque système UNIX effectue la création et le peuplement des systèmes de fichiers initiaux. L'administrateur réalise ensuite la création et la gestion des « systèmes de fichiers » supplémentaires. L'unification des arborescences se fait en attachant la racine d'un arbre d'un disque à un répertoire d'un système de fichiers déjà actif, on dit que l'on procède au montage du système de fichiers (*cf. Le montage des systèmes de fichiers*). A défaut d'avoir réalisé cette opération, les fichiers d'un système de fichiers sont inaccessibles. Comme il n'existe qu'un seul attachement possible entre la racine d'un arbre d'un système de fichiers et un répertoire et qu'un disque ne peut contenir qu'un système de fichiers, on confond parfois, dans l'expression, le chemin d'accès au système de fichiers (le chemin ou le point de montage) et le disque qui le contient.

Sachant qu'il n'y a pas de difficulté à créer et à monter un système de fichiers, la question essentielle que se posent les administrateurs est de savoir pourquoi créer des systèmes de fichiers et quel intérêt peut-on en retirer ?

L'organisation physique du système informatique :

- On est obligé d'avoir plusieurs systèmes de fichiers si on dispose de plusieurs disques physiques, sachant qu'un disque ne peut contenir qu'un système de fichiers et qu'un système de fichiers ne peut pas s'étendre sur plusieurs disques. Pour pallier cette limitation, certaines implémentations d'UNIX permettent de créer des disques qui s'étendent sur plusieurs disques physiques (*cf. Module 9 : Les disques physiques et logiques*).
- Les disques amovibles font naturellement l'objet d'une création d'un système de fichiers.

Des critères liés à des choix de gestion :

- La sécurité de fonctionnement est améliorée quand on dispose de plusieurs systèmes de fichiers. Si un système de fichiers est endommagé, les dégâts sont limités au disque qui le contient.
- Les performances sont améliorées par la diminution du temps d'accès aux fichiers. Le morcellement des fichiers est réduit à l'espace du disque où il est stocké.
- La division de l'espace en plusieurs systèmes de fichiers permet de cloisonner l'espace pour les utilisateurs ou les applications. Comme les utilisateurs ou les applications n'ont le droit de création de fichiers que dans certains répertoires, l'administrateur est certain qu'ils ne pourront pas créer de fichiers de taille supérieure à l'espace disponible du disque où se trouvent leurs répertoires.
- De manière plus générale, on peut limiter l'espace disque d'une application en l'enfermant dans un système de fichiers. Un fichier ne peut appartenir qu'à un seul système de fichiers, il ne peut pas en déborder. On peut même isoler une partie de l'arborescence d'une application, par exemple celle correspondant à ses journaux de bords (« *logs* »).
- La division en système de fichiers rend plus simple les mises à jour du système. L'installation d'une nouvelle version du système est sans conséquence possible sur */home* s'il est dans un système de fichiers séparé. On peut le conserver, et l'ignorer lors de l'installation. Il suffit de le monter plus tard comme étant le système de fichiers des utilisateurs.
- Les administrateurs qui font le choix d'effectuer des sauvegardes physiques peuvent ainsi créer des systèmes de fichiers de même taille que les unités d'archivage.
- Certaines arborescences sont par nature d'excellentes candidates pour être des systèmes de fichiers (beaucoup de systèmes UNIX le réalisent dès l'installation). Citons entre autres : root (/), /usr, /home, /var, /tmp, /usr/share/man, /mnt (par définition), /stand, /opt, /export,...

Le montage des systèmes de fichiers

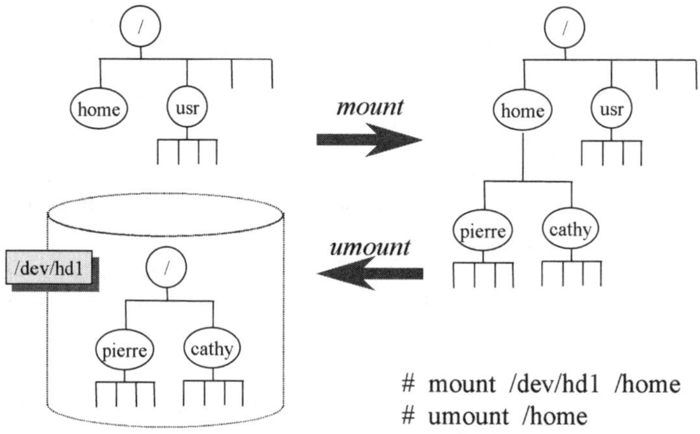

Le montage d'un système de fichiers consiste à attacher la racine de l'arbre du système de fichiers à un répertoire d'un système de fichiers déjà actif. Cette opération, qui s'appelle le montage du système de fichiers, est réalisée par la commande **mount**. La suppression du lien entre le répertoire de montage et le système de fichiers est effectuée par la commande **umount**. Les fichiers d'un système de fichiers ne sont accessibles, par les commandes usuelles (**cp**, **rm**, **mv**, **cat**,...), que s'il est monté. Le système UNIX mémorise les paramètres du montage des systèmes de fichiers dans le fichier */etc/mnttab*.

Le disque */dev/hd1* contient les répertoires de connexion des utilisateurs. Le répertoire */home* est un répertoire vide de l'arborescence active, constituée des systèmes de fichiers déjà montés. La commande de montage, **mount /dev/hd1 /home**, attache la racine du système de fichiers de */dev/hd1* au répertoire /home. La racine du système de fichiers coïncide maintenant avec le chemin d'accès au répertoire de montage */home*. Quand l'opération de démontage**, umount /dev/hd1**,est réalisée, les fichiers des répertoires pierre et cathy sont de nouveaux inaccessibles, le répertoire */home* est vide.

Remarque
Si le répertoire de montage n'est pas vide au moment de l'exécution de la commande **mount**, les fichiers qu'il contient sont cachés jusqu'au démontage.

Lors du démarrage du système, le disque qui contient le système de fichiers principal, celui où se trouve le fichier racine /, doit être connu pour être automatiquement monté. Ce disque est un paramètre du démarrage du système et, une fois le système démarré, il est connu sous le nom de */dev/root*, quel que soit par ailleurs son véritable nom de périphérique. Le mécanisme utilisé pour préciser, avant le « boot » du système UNIX, quel est le disque */dev/root,* diffère selon les implémentations matérielles. Dans tous les cas, le système de fichiers « root » est un paramètre du noyau (*cf. Module 11 : Le noyau*). Nous renvoyons le lecteur au manuel du constructeur. Le disque par défaut a été choisi lors de l'installation du système UNIX.

La notion d'inode

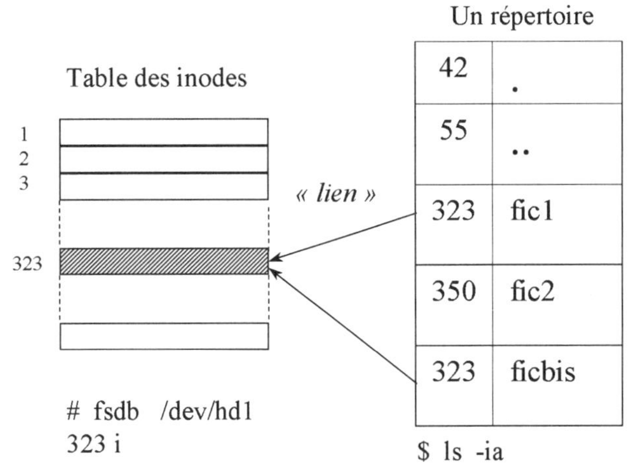

TSOFT - UNIX Administration Module 4 : Les systèmes de fichiers - 4.4

Structure du système de fichiers

Un système de fichiers est une structure de données.

La commande **mkfs**, qui crée un système de fichiers, inscrit cette structure de données dans une partition.

Tous les systèmes de fichiers comportent au moins trois tables système :

- Le super bloc qui contient les informations clés du système de fichiers. Les commandes **df** et **mount** tirent essentiellement leurs informations du super bloc.
- La table des inodes, c'est-à-dire la table des descripteurs des fichiers. Chaque fichier est identifié de manière unique par le numéro de l'inode qui le décrit.
- Les répertoires qui assurent une correspondance entre un nom de fichier et un numéro d'inode. L'inode n°2 est celui du répertoire racine du système de fichiers.

L'ensemble de ces structures est décrit dans la documentation et dans des fichiers d'inclusion. Dans Solaris, le système de fichiers UFS est décrit dans les fichiers */usr/include/sys/fs/ufs_fs.h* et */usr/include/sys/fs/ufs_inode.h*.et dans la page de manuel fs_ufs(4).

Structure d'un inode

Le terme inode désigne le descripteur d'un fichier. Il contient les attributs du fichier, ceux affichés par la commande **ls –l**, et une table d'accès aux blocs de données.

Il existe une table d'inodes par disque et l'espace qu'elle occupe est réservé à la création du système de fichiers sur le disque. La taille de la table des inodes est donc un paramètre statique important d'un système de fichiers, car elle fige le nombre de fichiers que l'on peut au plus créer sur le disque.

Certains systèmes UNIX lèvent cette restriction et le nombre d'inodes d'un disque devient alors illimité.

Remarque
Il faut se souvenir que tous les fichiers, y compris les fichiers spéciaux (périphériques, tubes nommés,…) occupent un inode.

L'administrateur n'a pas besoin de mémoriser la structure interne d'un inode. Sa connaissance permet cependant de mieux comprendre comment le système UNIX gère les fichiers. Il est par contre indispensable de se souvenir que le numéro d'inode d'un fichier, pour un disque donné, est l'unique moyen d'identifier sans ambiguïté un fichier. La commande **ls –i** permet de connaître le numéro d'inode d'un fichier.

Nous présentons la structure d'un inode d'un système de fichiers de type « s5 » (*cf. Les différents types de systèmes de fichiers*). C'est la forme primitive des systèmes de fichiers. Elle permet parfaitement de comprendre l'architecture de base d'un système de fichiers et d'appréhender les informations essentielles qui caractérisent un système de fichiers, quel que soit son type.

Inode d'un système de fichiers « s5 »

	Droits d'accès et type du fichier				
	Nombre de liens matériels				
	UID du propriétaire				
	GID du groupe du fichier				
	Taille en octets				
1	Adresse du premier bloc de données	BD			
2		BD			
3		BD			
4		BD			
5		BD			
6		BD			
7		BD			
8		BD			
9		BD			
10	Adresse du dixième bloc de données	BD			
11	Adresse du bloc d'indirection de niveau 1	BA	BD		
12	Adresse du bloc d'indirection de niveau 2	BA	BA	BD	
13	Adresse du bloc d'indirection de niveau 3	BA	BA	BA	BD
	Date et heure de dernier accès				
	Date et heure de dernière modification				
	Date et heure de dernière modification du inode				

Dans le schéma, le sigle BD désigne un bloc de 1 kilo-octet de données et le sigle BA un bloc de 256 adresses. L'inode contient l'adresse de dix blocs de données. La onzième adresse contient l'adresse d'un bloc de 256 adresses de blocs de données. La douzième adresse contient l'adresse d'un bloc de 256 adresses de blocs de 256 adresses de blocs de données. La treizième adresse contient l'adresse d'un bloc de 256 adresses de blocs de 256 adresses de blocs de 256 adresses de blocs de données. La taille maximale qu'un fichier peut atteindre est donc de 10 + 256 + 256*256+ 256*256*256 kilo-octet.

Les entrées de répertoire contiennent des paires d'informations, numéro d'inode, lien, qui associent un inode à un nom de fichier. Le nombre de liens matériels est inscrit dans l'inode et un fichier n'est détruit qu'au moment de la destruction du dernier lien matériel qui le désigne.

Remarques

- Les temps sont exprimés en secondes depuis le premier janvier 1970, heure GMT.
- La destruction d'un fichier consiste à libérer l'inode et à restituer les blocs d'adresse et de données à l'ensemble des blocs libres.
- La date de dernière modification de l'inode correspond initialement à la date de création du fichier. Cette date est modifiée quand on change, par exemple, le groupe ou le propriétaire du fichier.

Les différents types de systèmes de fichiers

- **s5** — **FS le plus ancien (System V)**
- **ffs** — **FS BSD, plus performant que s5, la plupart des constructeurs s'en inspirent (Fast FS)**
- **vxfs** — **FS à journalisation (Veritas FS)**
- **bfs** — **FS simplifié pour le démarrage (Boot FS)**
- **ram** — **FS virtuel stocké en mémoire**
- **dos** — **FS FAT utilisé par MSDOS**
- **cdfs** — **FS utilisé pour les CD-ROM (High Sierra, iso9660, extensions Rock Ridge)**
- **nfs** — **FS réseau de Sun (Network FS)**

TSOFT - UNIX Administration — Module 4 : Les systèmes de fichiers - 4.5

Le système UNIX a dû s'adapter aux évolutions technologiques des disques magnétiques et principalement à l'accroissement des capacités.

Le système de fichiers « s5 »

L'organisation du système de fichiers défini par AT&T, pour le système UNIX system V, date des années 1980. Il est connu sous le nom de « s5 » et reconnu dans la plupart des systèmes UNIX. Bien qu'obsolète, la connaissance de son organisation est utile pour maîtriser les termes et les paramètres fondamentaux des systèmes de fichiers, quel qu'en soit le type.

Le type « s5 » présente aujourd'hui deux inconvénients :

- La taille du bloc qui sert d'unité d'allocation d'espace aux fichiers est de 1 kilo-octet. Elle favorise le morcellement des gros fichiers.
- Le regroupement de tous les blocs de gestion du système de fichiers en tête du disque peut générer des déplacements importants des têtes de lecture et d'écriture.

Le système de fichiers « ufs »

Pour pallier ces inconvénients, le système UNIX BSD a introduit le type « FFS » (« *Fast File System* ») qui propose des granules d'allocation de 4, 8 Ko ou plus, fragmentables en blocs de 1 Ko pour les petits fichiers. Il éclate aussi le disque en groupes de cylindres. Chaque groupe de cylindres contient des blocs de données de gestion du « FFS ».

AT&T a parallèlement créé le type « UFS » (« *UNIX File System* ») qui reprend les fonctionnalités du « FFS ».

La structure de l'inode a été aussi modifiée pour permettre la gestion de plus gros fichiers et un accès plus rapide aux données des petits fichiers. La table des adresses contient douze adresses directes au lieu de dix en « s5 ». Un système de fichiers qui utilise des blocs de 8 Ko peut en théorie gérer des fichiers de 32 Go. Comme les déplacements dans les fichiers (« *offset* ») et les pointeurs sont souvent stockés sur 32 bits, la taille maximum que l'on puisse réellement atteindre est de 2 Go quand on n'active pas l'option « *largefiles* ».

Le chapitre *Panorama des commandes de gestion de fichiers* présente la commande **mkfs** et les options spécifiques au système de fichiers « ufs ».

Le système de fichiers « vxfs »

Une évolution plus récente, la journalisation, vise principalement à améliorer la durée du contrôle et de la réparation d'un système de fichiers..

Dans cette catégorie, on rencontre principalement le système de fichiers « vxfs » (« *Veritas File System* »), le système « JFS » *(« Journaled FileSystem* ») de la société IBM et les systèmes « Reiser FS » et « ext3 » du système Linux.

L'idée maîtresse des systèmes journalisés est de conserver l'ensemble des données de gestion du système de fichiers dans un journal enregistré sur disque, plutôt que dans les mémoires cache du système. En cas de crash, la commande **fsck** contrôle la cohérence du système de fichiers, rapidement, en quelques secondes, à partir des informations contenues dans le journal, sans avoir à analyser la totalité des inodes et de l'arborescence des répertoires.

Dans le cas de « vxfs », le journal, baptisé « intent log », et le système de fichiers sont stockés sur le même disque. Le journal est géré circulairement.

Remarque
Le système de fichiers « vxfs » existe, en standard, dans les systèmes d'exploitation HP-UX et Unixware. Dans le cas de Solaris, il fait l'objet d'une licence spécifique.

Dans le système « jfs », le journal réside sur un disque distinct de celui qui contient le système de fichiers. Plusieurs systèmes de fichiers peuvent d'ailleurs partager le disque de journalisation.

Outre cette facilité, les systèmes de fichiers journalisés offrent de nombreux autres avantages :

- La taille d'un système de fichiers peut atteindre 2 Téra-octet.
- L'unité d'allocation pour les données des fichiers n'est plus le bloc, mais l'extent. Un fichier peut occuper plusieurs extents (fragmentation externe). Chaque extent est constitué d'un ensemble contigu de blocs. L'objectif est d'éviter le morcellement des fichiers en ayant le maximum de contiguïté, l'idéal étant qu'un petit fichier n'occupe qu'un extent.
  Le choix de la taille de l'extent est la difficulté majeure. Un extent de trop petite taille fait ressurgir le problème du morcellement alors qu'un extent trop grand fait perdre beaucoup d'espace disque, puisqu'un extent ne peut pas être partagé entre plusieurs fichiers (fragmentation interne).
- Le système de fichiers peut être sauvegardé en ligne. Plutôt que de verrouiller un fichier pendant sa sauvegarde, ce qui peut engendrer des incohérences entre les fichiers, ou d'utiliser un disque miroir, ce qui nécessite beaucoup d'espace disque, il est réalisé une copie (un instantané « snapshot »), avant modification, des seuls blocs de gestion et de données qui sont écrits pendant la sauvegarde. Les blocs qui sont sauvegardés sont les blocs non modifiés et les copies des blocs modifiés. L'ensemble représente la version stable du système de fichiers avant que ne commence la sauvegarde.
- La taille du système de fichiers peut être modifiée dynamiquement.
- La taille de la table des inodes n'est plus figée.
- La défragmentation peut être réalisée dynamiquement.

Le chapitre « Panorama des commandes de gestion de fichiers » présente la commande **mkfs** et les options spécifiques au système de fichiers « vxfs ».

Schéma de la table des adresses d'un inode « vxfs ».

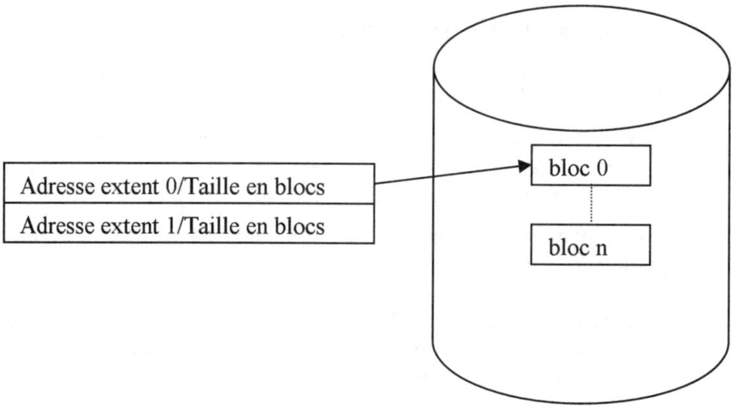

Le système de fichiers des CD-ROM

Le système de fichiers des CD-ROMs est indépendant d'UNIX. Il a été normalisé par l'ISO. Le nom du système de fichiers est cependant propre à chaque système UNIX. Le tableau qui suit en rappelle les différents noms.

Système UNIX	Nom du système de fichiers CD-ROM
AIX	cdrfs
HP-UX	cdfs
Linux	iso9660
Solaris	hsfs
Unixware	cdfs

Quelques autres types de systèmes de fichiers

Outre les nombreuses variantes propres à certains systèmes UNIX, il existe des types de système de fichiers dont le choix n'incombe pas à l'administrateur mais relève d'utilisations particulières. Le tableau qui suit donne une liste non exhaustive des principaux systèmes de fichiers particuliers du monde UNIX.

Système de fichiers	Description
bfs	Système de fichiers simplifié utilisé pour mémoriser le noyau. Ce type de système de fichiers se retrouve principalement dans les systèmes UNIX compatibles avec System V Release 4 (« SVR4 »).
ram	Système de fichiers stocké sur un disque virtuel en mémoire.
nfs	Système de fichiers distribués sur un réseau (« *Network File System* »), créé par la société SUN et aujourd'hui existant sur tous les systèmes UNIX.
dos (dosfs)	Système de fichiers du système MS-DOS (FAT-16).

Remarques

- Le problème du choix du type de système de fichiers à installer sur un nouveau disque est souvent un faux problème. Chaque système UNIX, propriétaire ou non, privilégie ou contraint à un choix. L'administrateur doit consulter la liste des systèmes de fichiers supportés sur son système.
- Le montage d'un système de fichiers sur un système de fichiers d'un type différent est possible et complètement transparent pour l'administrateur.

Les paramètres fondamentaux de création d'un système de fichiers sont :

- Le type, si ce n'est pas celui par défaut du système.
- La taille, souvent celle du disque où l'on crée le système de fichiers.
- Le nombre d'inodes, s'il n'est pas dynamique.

La gestion de l'espace disque, la commande **df**

```
$ df   -k
File system   Kbytes   Used   Avail  Capacity Mounted on
/dev/hd0     12328  11286   1042  102%   /
/dev/hd1      8224   4002   4222   58%   /home
/dev/hd2     20426   2864  17562   24%   /usr
```

TSOFT - UNIX Administration   Module 4 : Les systèmes de fichiers - 4.6

L'espace disque est une ressource précieuse, même si les capacités des disques ont considérablement évolué ces dernières années. L'administrateur doit en contrôler l'usage.

Il dispose pour cela de commandes simples et pratiques dont nous ne faisons ici que rappeler la signification et donner quelques options significatives.

La commande **df** indique l'espace libre des disques contenant des systèmes de fichiers montés. Les principales options sont :

-k	Affiche les tailles en kilo-octet. Le mode usuel est d'afficher la taille en blocs physiques de 512 octets.
-t	Affiche l'ensemble des informations relatives à l'espace et aux inodes libres et occupés.
-v	Affiche également les pourcentages d'espace et d'inodes libres et occupés.

Remarques

- La commande **df** prend parfois des formes différentes selon les systèmes et rend inutiles certaines options. La lisibilité varie selon les systèmes.
- La commande **bdf** de « BSD » affiche les informations pertinentes sans que l'on ait à préciser d'options.

La commande **du** affiche le nombre de blocs de 512 octets utilisés par une arborescence qui peut coïncider avec celle d'un système de fichiers.

La principale option est :

-s	Affiche le total seulement.

La commande **find** permet de rechercher des fichiers selon différents critères dont celui de la taille et de la date du dernier accès.

A titre d'exemple, recherchons les fichiers des utilisateurs dont la taille est supérieure à 100 Ko et dont le dernier accès remonte à plus de 90 jours :

find /home –size +100k –atime +90 –print

Il existe, en sus, des fichiers qui peuvent être détruits ou purgés, avec une périodicité qui varie selon les cas :

Les fichiers créés par les applications dans les répertoires */tmp* et */var/tmp*.

Les fichiers qui s'appellent « core ». Ils sont générés quand un processus meurt sur réception de certains signaux, souvent émis par le noyau à la suite d'une anomalie de fonctionnement. Ils contiennent l'image du processus quand il est mort et sont destinés aux programmeurs qui veulent effectuer, à chaud, une analyse post-mortem de l'application. Ils peuvent être détruits sinon sans remord.

Les fichiers « log » qui enregistrent des informations relatives au suivi d'un service, d'un logiciel. Ils peuvent être purgés dès que l'administrateur a analysé leur contenu et les a archivés si nécessaire.

Remarque

Pour vider un fichier, il faut souvent arrêter l'application qui le génère et ensuite exécuter la commande :

$ cp /dev/null fichier
ou
$ > fichier

Les principaux fichiers « log » sont :

/var/spool/uucp/*LOG*	Fichiers log du service **uucp**.
/var/spool/lp/logs/*	Fichiers log du service d'impression (AT&T).
/var/cron/log	Fichier log du service **cron** (AT&T).
/var/adm/acct/*	Fichiers log du service **acct** (comptabilité).
/etc/wtmp	Fichier log des commandes **init** et **login**.
/var/adm/sulog	Fichier log de l'utilisation de la commande **su**.
/var/adm/messages	Fichier log des messages envoyés sur la console maîtresse.

Panorama des commandes de gestion des systèmes de fichiers

■ **mkfs, newfs**	**Crée un FS**
■ **mount**	**Monte un FS**
■ **umount**	**Démonte un FS**
■ **fsck**	**Vérifie la cohérence d'un FS**
■ **fsdb**	**Répare un FS**
■ **df**	**Débogue un FS**
■ **du**	**Donne l'occupation d'un FS**
■ **fuser**	**Identifie les processus accédant à un FS**
■ **ncheck**	**Liste des liens, des droits d'endossement**
■ **ff**	**Donne des informations sur les fichiers**

TSOFT - UNIX Administration — Module 4 : Les systèmes de fichiers - 4.7

Les commandes de gestion de systèmes de fichiers sont nombreuses.

mkfs

La commande **mkfs** est bien sûr la plus importante. C'est elle qui crée un système de fichiers sur un disque. Elle comporte les trois paramètres fondamentaux d'un système de fichiers :

- Le nom du disque où le système de fichiers doit être créé.
- Le type du système de fichiers à créer.
- La taille du système de fichiers à créer.

Elle peut aussi comporter d'autres options, spécifiques à un type de systèmes de fichiers, et nous renvoyons l'administrateur au manuel de référence de son système.

Remarques

- L'outil intégré d'administration est le meilleur moyen de création d'un système de fichiers, tant pour connaître le type de systèmes de fichiers privilégié que les principales options complémentaires.
- L'option qui renseigne le type du système de fichiers est malheureusement très variable selon les systèmes UNIX. La commande **man mkfs** vous renseignera.

Le manuel de référence de la commande **mkfs** est généralement scindé en deux parties.

La première est obtenue en exécutant la commande **man mkfs**. Elle donne l'option qui permet d'indiquer le type de système de fichiers et les options génériques, indépendantes du type de système de fichiers, telle l'option « -m » qui ne crée pas de système de fichiers, mais affiche les paramètres de création d'un système de fichiers existant. Les options spécifiques sont de la forme option=valeur, séparées par des virgules quand il en existe plusieurs.

mkfs –F type_de_FS [-m] [–o Options_spécifiques] Disque_raw [taille]

Pour obtenir la seconde, il faut exécuter la commande **man mkfs_type_de_FS**. On visualise alors les options spécifiques du système de fichiers mentionné.

C'est ainsi qu'on exécute la commande **man mkfs_ufs** pour connaître les options propres au système de fichiers « ufs ».

Création d'un système de fichiers de type « ufs »

Le tableau qui suit indique les principales options spécifiques de ce type.

Option	Description
bsize=taille_du_bloc	Indique la taille en octets du bloc de données. Les valeurs possibles sont 4096 ou 8192 (valeur par défaut).
fragsize=taille_fragment	Indique la taille en octets du fragment. Le fragment correspond à la plus petite unité d'allocation. Il résulte de la fragmentation d'un bloc de données. Pour un bloc de 8192 octets, les valeurs possibles sont 512, 1024, 2048, 4096 et 8192. Il n'y a pas de fragmentation quand la taille du bloc est identique à la taille du fragment.
free=espace_pour_root	La valeur « espace_pour_root » indique le pourcentage d'espace libre du disque dont l'usage est réservé à « root ».
nbpi=nb_octets	La valeur « nb_octets » indique pour combien d'octets il faut créer un inode. La valeur par défaut est 2048, ce qui représente 512 inodes par méga-octets.
opt=s | t	Indique le critère d'optimisation, « s » pour l'espace et « t » pour le temps.

mkfs –F ufs –o bsize=4096, fragsize=1024,free=15 /dev/dsk/c0d0s1 2500000

Création d'un système de fichiers de type « vxfs »

Le tableau qui suit indique les principales options spécifiques de ce type.

Option	Description
ausize=taille de l'extent	La taille de l'extent est exprimée en blocs, au sens de l'option bsize.
bsize=taille_du_bloc	Indique la taille en octets du bloc de données. Les valeurs possibles sont 1024 (par défaut), 2048, 4096 ou 8192.
largefiles | nolargefiles	L'option largefiles permet de créer des fichiers d'une taille supérieure à deux Giga-octet. L'option nolargefiles, valeur par défaut, limite la taille du plus gros ficher à 2 Giga-octet.
ninode=nb inodes	Cette option indique le nombre d'inodes. La valeur 0 indique que le nombre d'inodes n'est pas limité.
nbpi=nb_octets	La valeur « nb_octets » indique pour combien d'octets il faut créer un inode. La valeur par défaut est 2048, ce qui représente 512 inodes par méga-octets.
opt=s | t	Indique le critère d'optimisation, « s » pour l'espace et « t » pour le temps.

newfs

Dans chaque système UNIX, il existe une commande adaptée à la création du système de fichiers le plus approprié. Elle est plus simple à utiliser que la commande **mkfs**, qu'elle génère automatiquement .Cette commande qui s'appelle souvent **newfs**, a comme équivalent **crfs** dans le système AIX et **mke2fs (mke3fs)** dans le système Linux.

La syntaxe de la commande **newfs** est la suivante :

newfs [-Nv] [Options_mkfs] Disque_mode_caractère

Les options de la commande **newfs** sont identiques à celles de la commande **mkfs**. Elles en diffèrent uniquement dans la forme.

Le tableau qui suit présente les options fondamentales.

Options de la commande **newfs**	Options de la commande **mkfs (-o option)**
-N	-m
-v	-v
-b taille_du bloc	bsize=taille_du_bloc
-f taille_fragment	fragsize=taille_fragment
-m espace_pour_root	free=espace_pour_root
-i nb_octets	nbpi=nb_octets
-o s | t	opt=s | t
-s size	La taille du système de fichiers exprimée en secteurs. C'est, par défaut, la totalité du disque. Cette information est un argument obligatoire de la commande **mkfs**.

mount

La commande **mount** réalise l'attachement d'un système de fichiers d'un disque UNIX à un répertoire d'un système de fichiers déjà monté. Elle comporte principalement le nom du disque et le chemin *absolu* du répertoire de montage.# mount /dev/dsk/c0d0s1 /opt/appli

La commande **mount**, exécutée sans argument, affiche les systèmes de fichiers et les attributs de montage.

mount

/ on /dev/root read/write on Thu Oct 01 13:43:24 1998
/stand on /dev/boot read only on Thu Oct 01 13:43:25 1998
/home on /dev/u read/write on Thu Oct 01 13:44:19 1998

/mnt on /dev/fd0135ds18 read/write on Thu Oct 01 13:59:04 1998

mount –p # Affiche dans le format de la table */etc/vfstab*
(*cf. Automatiser le montage*)

Remarques

- Si un système de fichiers est monté sur un répertoire non vide, les fichiers du répertoire sont cachés pendant toute la durée du montage. Il existe un répertoire dédié au montage des systèmes de fichiers : */mnt*.
- La commande **mount** possède de nombreuses options. Elles obéissent aux mêmes règles que celles de la commande **mkfs**. Elles sont génériques, telle « -r » pour monter un système de fichiers en lecture seulement, ou propres au système de fichiers. Dans ce dernier cas, on obtient le manuel en exécutant la commande **man mount_type_FS**.
- Si la ligne de commande ne comporte pas tous les arguments nécessaires au montage, les arguments manquants sont recherchés dans le fichier de montage automatique (*cf. Automatiser le montage des systèmes de fichiers*).

Le montage d'un système de fichiers de type « ufs »

Le tableau qui suit présente les principales options de montage d'un système de fichiers de type « ufs », celles que l'on indique grâce à l'option « -o option=valeur,... ».

Option	Description
noatime	La date de dernière consultation du fichier n'est pas mise à jour. Cette option supprime des accès disque.
ro	Le système de fichiers est monté en lecture seulement.
rw	Le système de fichiers en monté en lecture et en écriture. C'est la valeur par défaut.
quota	Le système de fichiers utilise des quotas (*cf. Les quotas*). L'option « rq » est équivalente à « rw,quota ».
largefiles | nolargefiles	Cette option autorise (valeur par défaut) ou interdit la création de fichier dont la taille est supérieure à 2 Go.
suid | nosuid	Le droit d'endossement « s » de certaines commandes devient inopérant sur le système de fichiers.

Le montage d'un système de fichiers de type « vxfs »

Le tableau qui suit présente les principales options de montage d'un système de fichiers de type « vxfs », celles que l'on indique grâce à l'option « -o option=valeur,... ».

Option	Description
ro	Le système de fichiers est monté en lecture seulement.
rw	Le système de fichiers est monté en lecture et en écriture. C'est la valeur par défaut.
quota	Le système de fichiers utilise des quotas (*cf. Les quotas*). L'option « rq » est équivalente à « rw,quota ».
largefiles | nolargefiles	Cette option autorise (valeur par défaut) ou interdit la création de fichier dont la taille est supérieure à 2 Go.
suid | nosuid	Le droit d'endossement « s » de certaines commandes devient inopérant sur le système de fichiers.
log | delaylog | tmplog | nolog	Dans le mode « log », le mode par défaut, le retour dans l'application, après la fin de l'appel système, ne se fait qu'une fois que toutes les informations de gestion ont été écrites dans le journal. Dans le mode « delaylog » l'appel système est parfois terminé, toujours dans le mode « tmplog », avant que les données de gestion aient

	été écrites dans le journal. Ces deux modes accroissent les performances, mais génèrent quelques risques d'incohérence en cas de crash. Dans le mode « nolog », l'usage du journal est supprimé. Il faut alors exécuter des commandes **fsck** complètes.
blkclear	Les unités d'allocation (« *extent* ») sont mises à 0 avant d'être allouées à un fichier.

umount

La commande **umount**, qui démonte un système de fichiers, rompt le lien qui existe entre le répertoire de montage et le système de fichiers. Les fichiers du disque sont à nouveau inaccessibles jusqu'au prochain montage.

umount /dev/1s0

ou

umount /mnt

L'argument de la commande **umount** est indifféremment le nom du disque ou le répertoire de montage (le lien est unique).

fsck

La commande **fsck** contrôle et répare un système de fichiers corrompu. La commande **fsck** est, en général, automatiquement exécutée sur tous les systèmes de fichiers où cela est nécessaire pendant le démarrage du système. Lors de son utilisation manuelle, les systèmes de fichiers qui sont contrôlés doivent être démontés, sauf le système de fichiers principal */dev/root*, pour qu'il n'y ait pas d'activité sur le disque pendant l'exécution de **fsck**.

Quand elle s'applique à un système de fichiers non journalisé, le temps d'exécution de la commande **fsck** peut être relativement long, compte tenu du parcours croisé qu'elle effectue entre la table des inodes et les répertoires de l'arbre pour contrôler la cohérence du système de fichiers. Elle se déroule en plusieurs phases de contrôle et demande à l'administrateur de décider, oui ou non, des réparations qui ne peuvent être faites automatiquement.

Dans les systèmes de fichiers journalisés, la commande **fsck** se limite, sauf option contraire, à exécuter un contrôle de cohérence en utilisant les informations du journal (« *log replay* »). Son temps d'exécution est donc très court. Si cela est suffisant, le système de fichiers est considéré comme correct (« *clean* »). Dans le cas contraire, un contrôle complet est nécessaire (*cf. Options spécifiques de fsck pour « vxfs »*).

Quand la commande rencontre un fichier perdu, qui possède un inode mais plus de lien, elle crée un lien pour ce fichier dans le répertoire « lost+found », situé dans la racine du système de fichiers. Le lien attribué est le numéro d'inode, ce qui évite les conflits de nom. Si le répertoire « lost+found » n'a pas été créé par la commande **mkfs**, il faut le faire manuellement.

mount /dev/1s0 /mnt

cd /mnt

mkdir lost+found

La démarche de l'administrateur qui récupère des fichiers dans le répertoire « lost+found », pour les identifier, peut être la suivante :

mount /dev/1s0 /mnt

cd /mnt/lost+found

ls –l # pour connaître le propriétaire, le groupe et le type du fichier

file * # pour connaître le type du contenu des fichiers ordinaires

more fichier # pour un fichier de type texte (« text »)

od -cx fichier # pour les fichiers de données (« data »)

Outre le type de système de fichiers à contrôler, le principal argument de la commande **fsck** est le nom du disque à contrôler. La commande **fsck** propose également de nombreuses options dont certaines sont génériques et d'autres propres au système de fichiers.

Comme dans toutes les commandes qui traitent des systèmes de fichiers, la syntaxe est de la forme :

fsck Options_génériques -o Options_spécifiques[,...]

Options génériques

les plus significatives sont :

-y La commande **fsck** n'interroge plus l'utilisateur, la réponse est oui à toutes les questions.

-n La commande **fsck** n'interroge plus l'utilisateur, la réponse est non à toutes les questions.

-F type « type » désigne le type du système de fichiers (ufs,...).

Options spécifiques à « ufs »

b=# # désigne le numéro du bloc qui contient la copie du super bloc à utiliser (cas où le super bloc est corrompu). Le bloc d'adresse 32 contient toujours une copie du super bloc.

f Force le contrôle du système de fichiers, même s'il est correct (« *clean* »).

Options spécifiques à « vxfs »

full L'option full déclenche le contrôle complet du système de fichiers. Si l'option nolog n'est pas précisée, la commande **fsck** commence par appliquer le journal.

nolog L'option nolog précise que l'on ne veut pas utiliser le journal.

Dans la pratique, la commande **fsck** s'utilise souvent ainsi :

1. Pour forcer le contrôle, sans utilisation du journal
   # fsck –F vxfs –o full,nolog /dev/rdsk/c0d0s1

2. Pour utiliser le journal et effectuer un contrôle complet si nécessaire
   # fsck –F vxfs –y /dev/rdsk/c0d0s1

3. Pour contrôler, en utilisant le journal, et réparer plus tard, si nécessaire
   # fsck –F vxfs –n /dev/rdsk/c0d0s1
   puis, si des erreurs ont été rapportées et que le système nécessite un contrôle complet.
   # fsck –F vxfs –o full /dev/rdsk/c0d0s1

Remarque

La commande **fsck** peut être exécutée sur les systèmes de fichiers à journaux.

Exemple de contrôle par fsck

Liste de l'arbre du système de fichiers.

/mnt :

4 fiche1
5 fiche2
3 lost+found
6 rep1

/mnt/lost+found:

/mnt/rep1:

7 ficrep1
8 ficrep2

Erreurs provoquées sur le système de fichiers.

Le numéro d'inode associé au lien rep1 a été forcé à la valeur 13.
Le numéro d'inode associé au lien fiche2 a été forcé à la valeur 14.
Le nombre de liens d'inode 4 a été forcé à 7.

Résultats de l'exécution de la commande **fsck**.

/dev/fd0135ds18

File System: Volume:

** Phase 1 - Check Blocks and Sizes
** Phase 2 - Check Pathnames
UNALLOCATED I=14 OWNER=root MODE=0
SIZE=0 MTIME=Jan 01 01:00:00 1970
NAME=/fiche2 (EMPTY) – REMOVED
UNALLOCATED I=13 OWNER=root MODE=0
SIZE=0 MTIME=Jan 01 01:00:00 1970
NAME=/rep1 (EMPTY) – REMOVED
** Phase 3 - Check Connectivity
UNREF DIR I=6 OWNER=root MODE=40755
SIZE=64 MTIME=Oct 01 14:00:42 1998 (NOT EMPTY) MUST reconnect
DIR I=6 CONNECTED. PARENT WAS I=2
** Phase 4 - Check Reference Counts
LINK COUNT DIR I=2 OWNER=root MODE=40777
SIZE=96 MTIME=Oct 01 14:00:25 1998
COUNT 4 SHOULD BE 3
ADJUST? Yes
LINK COUNT FILE I=4 OWNER=root MODE=100664
SIZE=1075 MTIME=Oct 01 14:00:09 1998
COUNT 7 SHOULD BE 1
ADJUST? Yes
UNREF FILE I=5 OWNER=root MODE=100664
SIZE=401 MTIME=Oct 01 14:00:18 1998 (NOT EMPTY)
RECONNECT? Yes
** Phase 5 - Check Free List
8 files 18 blocks 2734 free

*** FILE SYSTEM WAS MODIFIED ***

Contenu du répertoire « lost+found » après exécution de la commande **fsck**

```
total 4
-rw-rw-r--  1 root   sys     401 Oct  1 14:00 000005
drwxr-xr-x  2 root   sys      64 Oct  1 14:00 000006
```

Type du contenu des fichiers

```
000005:          ascii text
000006:          directory
```

Liste du répertoire 000006

```
ficrep1
ficrep2
```

tunefs

La commande **tunefs** permet de modifier dynamiquement quelques paramètres d'un système de fichiers de type « ufs ».

Sa syntaxe est la suivante :

tunefs [options] système_de_fichiers

Parmi les options, citons :

Option	Description
-m espace_pour-root	« espace_pour_root » est le nouveau pourcentage d'espace réservé à root.
-o space | time	Le nouveau critère d'optimisation est space pour l'espace ou time pour le temps.

fsadm

La commande **fsadm** permet d'administrer le système de fichiers. Elle n'est pas disponible dans tous les systèmes UNIX. On la rencontre en particulier dans ceux qui connaissent, en standard, le système de fichiers vxfs. Sa syntaxe est alors classiquement :

fsadm –F type_de_système_de_fichiers –o Options_spécifiques

fsdb

La commande **fsdb** permet de déboguer un système de fichiers. Cela autorise la modification de n'importe quel octet de n'importe quel bloc du disque. Il est évident que cette commande doit être utilisée en dernier recours et par des administrateurs maîtrisant parfaitement la structure du système de fichiers.

ncheck

La commande **ncheck** permet d'effectuer des recherches sur un système de fichiers. Ses principales utilisations sont :

- La recherche des liens associés à un inode.

  # ncheck –i 150 /dev/1s0

- La recherche des fichiers qui ont le bit « s » positionné (droits SUID ou SGID).

  # ncheck –s /dev/1s0

Remarque

La commande **find** peut réaliser la même opération, grâce à l'option **inum**. Suivant les montages, la recherche n'est pas limitée à un seul système de fichiers.

du et df

Les commandes **du** et **df** permettent de gérer l'espace disque (*cf. Gestion de l'espace disque*).

fuser et lsof

La commande **fuser** permet d'identifier les activités en cours sur le disque. Elle affiche le PID des processus qui utilisent le disque. Le PID est suivi d'une lettre qui identifie l'activité. Ainsi, la lettre « c » indique que le répertoire courant du processus (le répertoire « . ») est sur le disque que la commande **fuser** examine.

fuser /dev/1s0

L'option « k » (« *kill* ») permet de tuer les processus, solution particulièrement violente.

fuser –k /dev/1s0

La commande **lsof** du monde libre (cf. Références Internet) permet de connaître les fichiers ouverts et les applications qui les utilisent. Elle peut être utilisée à la place de la commande **fuser**, notamment sous Linux.

ff

La commande **ff** affiche les chemins d'accès et les numéros d'inode des fichiers d'un système de fichiers.

ff /dev/1s0

Automatiser le montage des systèmes de fichiers

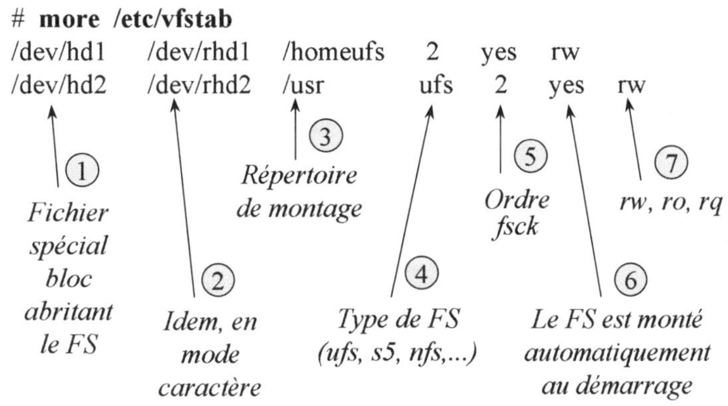

TSOFT - UNIX Administration — Module 4 : Les systèmes de fichiers - 4.8

Rendre un montage permanent

Les disques qui contiennent des systèmes de fichiers doivent, en général, être montés à chaque démarrage du système et démontés à chaque arrêt, le montage étant toujours réalisé sur le même répertoire.

Pour automatiser ces opérations, l'administrateur d'un système UNIX doit modifier le fichier qui contient la liste des disques à monter automatiquement. La prise en compte sera réalisée dès le prochain démarrage du système. C'est la seule opération à réaliser !

Le fichier qui décrit les systèmes de fichiers qui doivent être montés dès le démarrage du système porte un nom différent selon les UNIX.

- */etc/fstab* pour HP-UX, Linux…
- */etc/filesystems* pour AIX
- */etc/default/filesys* pour SCO Open Server.
- */etc/vfstab* pour SOLARIS et UNIXWARE et, plus généralement les systèmes se référant à UNIX SVR4.

Le fichier /etc/vfstab

Le transparent présente le fichier */etc/vfstab* utilisé par le système UNIX SVR4. C'est la commande **mountall**, exécutée par les scripts de démarrage du système qui le prend en compte. Le fichier */etc/vfstab* contient une ligne par système de fichiers. Les champs sont respectivement :

- Le nom du disque en mode bloc (fichier spécial de type « b »).

- Le nom du disque en mode caractère (fichier spécial de type « c »).
- Le répertoire de montage.
- Le type de système de fichiers.
- Ordre dans lequel la commande **fsck** doit contrôler les systèmes de fichiers lors du démarrage d'UNIX (0 désigne le plus prioritaire).
- L'indication de montage, oui ou non, par la commande **mountall** qui exécute ce fichier.
- Les attributs de montage. Le plus fréquent est « rw » *(« read/write* ») qui donne un accès libre aux fichiers du système de fichiers, seuls comptent alors les droits d'accès des fichiers eux-mêmes.
  On trouve aussi « ro » (« *read only* ») qui limite l'accès à la lecture seulement.
  Il est possible de mentionner d'autres attributs :
  « suid », « nosuid » qui indiquent la prise en compte (« suid ») ou non (« nosuid ») du bit « s » des fichiers exécutables. (*cf. Module 3 : Les droits*). Par défaut l'attribut est « suid ».

  « rq » qui signifie que la gestion des quotas (*cf.Les quotas*) est active pour ce système de fichiers. « rq » signifie bien évidemment, en dehors des quotas, lecture et écriture.

Remarques

Les attributs de montage peuvent être précisés dans la ligne de commande **mount**.

Le choix des attributs de montage et l'automatisation peuvent être facilement réalisés par l'outil intégré d'administration, ce qui évite de mémoriser la forme du fichier d'automatisation.

Le fichier /etc/fstab

C'est la commande **mount –a**, exécutée par les scripts de démarrage, qui prend en compte le contenu du fichier */etc/fstab*. Ce fichier contient une ligne par système de fichiers. Les champs sont respectivement :

- Le nom du disque en mode bloc (le fichier spécial de type b).
- Le chemin d'accès absolu au répertoire de montage.
- Le type du système de fichiers.
- Les attributs de montage. L'attribut le plus fréquent est « rw » (« read/write ») qui donne un accès complet au système de fichiers. L'accès aux fichiers dépend, quant à lui, des droits dont on dispose sur eux. L'attribut « ro » limite l'accès à la lecture seulement.

Exemple de fichier */etc/fstab* :

```
# more /etc/fstab
/dev/dsk/c0d0s5 /home       ufs   defaults      1 1
```

Montage à la volée d'un système de fichiers avec « autofs »

Le démon « **automountd** » réalise automatiquement le montage d'un système de fichiers si un processus manipule des fichiers situés en dessous du répertoire de montage et le démonte quand l'arborescence n'est plus utilisée. Le démarrage du service est normalement automatiquement réalisé au chargement du système. L'automontage est particulièrement intéressant pour les disques amovibles et les systèmes de fichiers distants (*cf. Module 13 : Le réseau – NFS*).

La configuration du service est réalisée au moyen de deux types de fichiers :

Le fichier */etc/auto_master* qui indique les répertoires racines en dessous desquels sont réalisés les montages et les noms des fichiers qui contiennent le détail des montages. Chaque ligne du fichier */etc/auto_master*, qui n'est pas un commentaire, a la structure suivante :
Point_de_montage   Fichier_détail   [Options de montage]
more /etc/auto.master
/mnt/auto   /etc/auto_mnt

Les fichiers qui décrivent le détail des montages. Chaque ligne d'un fichier de détail a la structure suivante :
Chemin_complément [-Options_de_montage,...] Localisation_SF...
La localisation du système de fichiers est de la forme
[hôte,...]:système_de_fichiers

Le démon automountd suppose que le type du système de fichiers est NFS. Dans le cas contraire, le type peut être indiqué grâce à l'option fstype. L'exemple qui suit donne l'exemple du montage du CD ROM.

```
# more /etc/auto_mnt
cdrom        -fstype=hsfs,ro,nosuid :/dev/sr0
appli        -nosuid         aurore6:/mnt/appli
```

Le lecteur de CD-ROM local /dev/sr0 est monté sur le répertoire /mnt/auto/cdrom, avec les attributs hsfs,ro,nosuid.

Le répertoire distant *aurore6:/mnt/appli*, de type nfs, est monté en lecture et en écriture sur le répertoire */mnt/auto/appli*. Notons que la racine du chemin de montage, */mnt/auto*, est indiquée par le fichier */etc/auto_master*.

Les quotas

■ **edquota**	**Permet de fixer les quotas** Utilisateur par utilisateur, disque par disque, pour l'espace disque, pour les inodes Un quota possède deux limites : « ***hard limit*** » limite infranchissable. « ***soft limit*** » limite provoquant un « warning »
■ **quotaon**	**Active la vérification des quotas**
■ **quotaoff**	**Désactive la vérification des quotas**
■ **quota, repquota**	**Liste les quotas**
■ **quotacheck**	**Vérifie, a priori, si les quotas sont respectés**

La mise en œuvre des quotas va permettre à l'administrateur de limiter le nombre de fichiers et/ou le nombre de blocs d'un utilisateur, sur un disque. Cette opération, rarement utilisée dans le monde UNIX, sert surtout sur les machines de développement où les programmeurs ont rarement le sens de la mesure quant à l'utilisation des ressources disque. A l'administrateur de faire accepter les quotas avec psychologie.

Pour les fichiers aussi bien que les blocs, il existe deux limites :

- La limite « hard » qui est infranchissable. Un utilisateur qui atteint sa limite « hard » de fichiers ne pourra pas en créer un de plus. L'éditeur de texte **vi** refusera ainsi d'exécuter la commande de sauvegarde **:w**.
- La limite « soft » peut être franchie pendant un certain nombre de jours consécutifs, souvent sept par défaut. Si, au terme de ce laps de temps, l'utilisateur n'est pas redescendu en dessous de sa limite « soft », le point atteint devient à son tour infranchissable, jusqu'à retour à la normale.

Le nombre de fichiers ou de blocs autorisés est strictement inférieur à la limite fixée. Si la limite « soft » ou « hard » est de 100, cela signifie que la plus grande valeur autorisée est 99.

La démarche de l'administrateur pour installer des quotas sur un disque est la suivante :

1. Créer un fichier quotas, vide, dans la racine du système de fichiers.

   ```
   # cd /reperoire_de_montage
   # touch quotas
   ```

2. Changer l'attribut de montage « rw » par « rq » pour ce système de fichiers, dans le fichier */etc/vfstab*.

   ```
   # vi /etc/vfstab
   ```

3. Editer les quotas des utilisateurs.

   # edquota pierre paul cathy

   La commande **edquota** fait appel à l'éditeur **vi** pour présenter des lignes déjà construites qu'il suffit de modifier. Il y a autant de lignes par fichier que de systèmes de fichiers avec des quotas et autant de fichiers que d'utilisateurs mentionnés. Les limites « soft » et « hard » pour le nouveau disque sont à zéro, ce qui signifie « pas de limite ». L'administrateur les modifie à sa guise.

   L'administrateur peut aussi, via la commande **edquota –t**, modifier les valeurs par défaut des quotas et, en particulier, le nombre de jours où la limite « soft » peut être dépassée.

4. S'assurer que la commande **quotaon** figure bien dans les scripts de démarrage du système.

   # quotaon -a # Active les quotas pour les systèmes de fichiers avec l'attribut
   # « rq » dans */etc/vfstab*.

Remarque
La modification du fichier de montage des systèmes de fichiers, ici */etc/vfstab*, n'est pas une obligation. Il est alors simplement nécessaire de monter le système de fichiers avec l'option quota et d'activer ensuite les quotas pour le disque concerné :
quotaon /dev/dsk/c0d0s5

Pour assurer le suivi des quotas, l'administrateur dispose des commandes **quota**, **repquota** et **quotacheck**.

La commande **quota** affiche les valeurs courantes et les limites de l'utilisateur qui l'exécute, pas forcément l'utilisateur « root ».

$ quota

L'administrateur peut visualiser les valeurs d'un autre utilisateur.

quota pierre

La commande **repquota** affiche une synthèse de l'utilisation d'un disque et des quotas d'un système de fichiers.

repquota /dev/disque

repquota –a # Tous les systèmes de fichiers avec quotas

La commande **quotacheck** vérifie la cohérence des tables des quotas, contenues dans les fichiers *quotas*. Pour cela, elle reconstruit de nouvelles tables, en examinant les systèmes de fichiers, et les compare à celles des fichiers quotas. La mise à jour des tables est effectuée, si nécessaire.

quotacheck /dev/disque

quotacheck -a

Exemple

L'exemple qui suit définit des quotas pour l'utilisateur Yann. Sa limite « soft » est fixée à 5 et sa limite « hard » à 8.

```
# cd /home
# touch quotas          # Création du fichier des quotas

# edquota –t            # Edition du délai de dépassement autorisé

# edquota yann          # Fixation des quotas pour yann
```

umount /home

mount –o rw,quota /dev/dsk/c0d1s3 /home

quotaon /dev/dsk/c0d1s3   # Activation des quotas pour le disque associé à /home

Les commandes qui suivent sont exécutées après la connexion de yann.

$ ls –a   # yann est déjà propriétaire de 3 fichiers, .. appartient à root
.   ..   .profile   .sh_history

$ touch1   f1 f2
quota_ufs: Warning: too many files (pid 430, uid 1001, fs /home)

Il est possible de dépasser la limite soft.

$ touch f3

$/usr/sbin/quota
Over file quota on /home, remove 2 files within 7.0 days

$ ls -a
.   ..   .profile   .sh_history   f1   f2   f3

$ touch f4

La limite hard est infranchissable.

$ touch f5
quota_ufs: over file hard limit (pid 435, uid 1001, fs /home)
touch : création impossible par f5

L'administrateur vérifie les quotas du disque */home*.

repquota /dev/dsk/c0d1s3

		Block limits				File limits			
User		used	soft	hard	timeleft	used	soft	hard	timeleft
yann	-+	2	0	0		7	5	8	7.0 days

Atelier 4 : Les systèmes de fichiers

Objectifs :

- **Savoir monter et démonter un FS**
- **Savoir surveiller l'espace disque**
- **Savoir gérer l'arborescence des fichiers en tenant compte des FS**

Durée : 60 minutes.

TSOFT - UNIX Administration — Module 4 : Les systèmes de fichiers - 4.10

Exercice n°1

Quels sont les différents FS montés, à quels fichiers spéciaux sont-ils associés, quels sont leurs répertoires de montage ?

Exercice n°2

Quelle est la place libre, en kilo-octet, restant sur chaque FS ?

Exercice n°3

En se rapportant au transparent n°6 : « La gestion de l'espace disque : df », dans quel FS se trouvent les fichiers */var/spool/mail/pierre* et */etc/default/login* ?

Exercice n°4

Prenez un CD-ROM ayant un format compatible iso 9660 (la plupart d'entre eux le sont). Montez-le, listez son arborescence, et démontez-le.

Exercice n°5

Quels sont les différents types de FS supportés par votre système ?

Exercice n°6

Quelles sont les différentes commandes de gestion de FS sur votre système ?

Exercice n°7

On désire installer un logiciel pour jouer au blackjack qui fait 6 Mo dans le répertoire /home/pierre/games/blackjack. En utilisant le résultat de la commande **df** donnée dans le slide n°6 : « La gestion de l'espace disque : df », est-ce que l'opération est réalisable ? Si non, est-ce qu'il y a une autre solution ?

Exercice n°8

L'utilisateur pierre se trouve dans son répertoire de connexion (*/home/pierre/*). L'administrateur peut-il démonter le FS */home* ? Si non, pourquoi ? Que doit-il faire pour y arriver ?

Exercice n°9

Le FS /dev/hd1 est monté sur le répertoire */games*. Que doit-on faire pour que ce FS ne soit accessible qu'à l'utilisateur pierre ?

Exercice n°10

Sans utiliser la commande **ncheck** , comment l'administrateur peut-il retrouver tous les fichiers liés à un fichier dont on connaît le chemin, exemple : /home/pierre/.profile ?

Exercice n°11

Détruisez tous les fichiers de nom « core ».

Exercice n°12

Quels sont les gros fichiers (taille supérieure à 1 Mo) modifiés il y a peu de temps (dans la journée) ?

Exercice n°13

Quelles sont les commandes de gestion de quotas sur votre système ?

Exercice n°14

Créez un système de fichiers sur une disquette. Montez-la sur le répertoire */mnt*. Créez quelques fichiers. Visualisez les FS montés et la place libre. Démontez et vérifiez ensuite la disquette.

Exercice n°15 (exercice long, environ 30 minutes)

Transférez l'utilisateur pierre sur une disquette. Au préalable, listez par écrit les opérations à réaliser.

Exercice n°16 (script)

Créez un script qui vérifie s'il reste de la place dans les systèmes de fichiers actuellement montés. Si le pourcentage d'occupation des systèmes de fichiers dépasse un seuil critique (80% par exemple), le script envoie un e-mail à l'administrateur. Ce script est destiné à être exécuté automatiquement par le démon cron *(cf. Module 6)*.

- *Sauvegarde partielle, incrémentale*
- *Les commandes **tar**, **cpio**, **dd***
- *Le format des bandes*

5

La sauvegarde

Objectifs

Après l'étude du chapitre, le lecteur connaît les stratégies de sauvegarde sous UNIX et maîtrise les outils standard de sauvegarde.

Contenu

Les différents types de sauvegarde
La commande **tar**
La commande **cpio**
La commande **dd**
Les autres outils de sauvegarde
Les bandes

Références

Man

archives(4), tar(1), cpio(1), dd(1), ufsdump(1m),ufsrestore(1m), mt(1m)

Livre

Unix Backup & Recovery

Internet

http://www.backupcentral.com

http://uwsg.iu.edu/usail/index/backup.html

Les outils de sauvegarde

- **Les commandes UNIX de sauvegarde**
  - Sauvegarde de fichiers et d'arborescences de fichiers : ***tar, cpio, pax (iso)***
  - Sauvegarde de disques ou de systèmes de fichiers : ***dd (iso), volcopy***
  - Sauvegarde incrémentale de systèmes de fichiers : ***dump/restore (bsd), fbackup (hp-ux), backup (aix),...***
- **Les scripts**
- **Les outils de sauvegarde du commerce**

Les commandes de sauvegarde

Il existe différents types de sauvegarde et le système UNIX offre un ensemble de commandes dans lequel l'administrateur du système peut choisir la plus adaptée à son contexte applicatif.

Sauvegarde de fichiers et d'arborescence de fichiers

Les commandes **tar**, **cpio** et **pax** (iso) permettent de sauvegarder des fichiers et des arbres d'un utilisateur ou d'une application. Bien que ces commandes ne voient que l'arborescence unifiée des systèmes de fichiers, il est poosible que l'arbre sauvegardé coïncide avec le système de fichiers d'un disque si le chemin de sauvegarde est le chemin de montage, et qu'il n'y ait pas de systèmes de fichiers montés en dessous de celui à sauvegarder.

Sauvegarde physique de disques et de systèmes de fichiers

La commande **dd** (iso), qui réalise des copies physiques, peut parfois être utilisée pour sauvegarder des disques et des systèmes de fichiers et la commande **volcopy** sauvegarde des systèmes de fichiers.

Sauvegarde incrémentale

La sauvegarde incrémentale consiste à sauvegarder, une première fois, la totalité d'une arborescence et de sauvegarder ensuite, d'une fois à l'autre, les seuls fichiers qui ont été modifiés. Les commandes **dump** et **restore** du système UNIX BSD ont introduit ce type de sauvegarde dans le monde UNIX. Les éditeurs de système UNIX, tout en conservant exactement les principes de ces deux commandes, en ont changé les noms et la forme. On trouve ainsi les commandes **fbackup** pour HP-UX et **backup** pour AIX.

Remarque
Les outils intégrés d'administration cachent la disparité des noms de commande et facilitent la mise en œuvre d'un plan de sauvegarde élaboré et, souvent, automatisé.

Les scripts

L'administrateur d'un système UNIX va souvent définir des scripts de sauvegarde et de restauration des fichiers adaptés à son application et, quand c'est possible, automatiser leur exécution pour les exécuter à heure fixe, quand le système est peu chargé et que les fichiers ou les systèmes de fichiers sont au repos.

Les outils de sauvegarde du commerce

Quand les fichiers de données sont très volumineux, qu'ils sont distribués sur un réseau composé de systèmes UNIX hétérogènes (HP-UX, SOLARIS, AIX,...), l'administrateur a sûrement intérêt à s'orienter vers un progiciel de sauvegarde. Cela lui assure une homogénéisation des opérations et lui procure des outils plus élaborés avec des gestions de catalogues et d'automates de sauvegarde. Voici les principaux produits :

Produit	**Société**
ARCServe	C&A
Time Navigator (TINA)	Quadratec
Tivoli Storage Manager (ADSM)	IBM
NetWorker	Legato
NetBackup	Veritas
Arkeia	Knox

Le dernier produit, Arkeia, est disponible gratuitement mais limité à deux clients. ARCServe est inclus dans le système Unixware. Le produit « Amanda » est un logiciel libre (*cf. Références Internet, logiciels libres*).

Plan de sauvegarde

La sauvegarde nécessite de l'administrateur du système UNIX beaucoup de discipline et une grande rigueur.

Sans prétendre donner la liste exhaustive des questions à résoudre pour construire un plan de sauvegarde, la liste qui suit peut aider l'administrateur à le définir :

- Que faut-il sauvegarder ?
- Avec quelle fréquence ?
- Combien de temps conservera-t-on les sauvegardes, à quel endroit, en combien d'exemplaires ?
- A quel endroit sera stocké l'historique des sauvegardes ?
- Quel est le support le plus approprié ?
- Quels sont les besoins, en capacité, de support de sauvegarde ?
- Combien de temps, au plus, doit durer la sauvegarde ?
- Combien de temps prévoit-on pour restaurer un fichier, un système de fichiers, est-ce raisonnable ?
- La sauvegarde doit-elle être automatique ou manuelle ?
- Quelle est la méthode de sauvegarde la plus appropriée ?

Sauvegarde en réseau

(cf. Module 13 : Le réseau, Les commandes remotes)

Les autres commandes utiles pour les sauvegardes

mt	Permet de se positionner sur une bande magnétique.
touch	Met la date et l'heure de dernière modification d'un fichier à la date et à l'heure actuelle, ce qui permet de forcer la sauvegarde si elle est incrémentale.
find	Sélectionne les fichiers à sauvegarder. Son usage est le plus souvent conjoint à celui de **cpio**.
du	Permet de connaître la taille d'une arborescence.
df	Permet de connaître la taille des systèmes de fichiers.
pack et **unpack** **compress** et **uncompress** **zcat**	Compressent ou décompressent des fichiers. Ces commandes sont souvent utilisées avec **tar** et **cpio**.
gzip et **bzip2**	Des outils de compression du monde libre.

La sauvegarde par **tar**

- **Sauver / Restaurer**

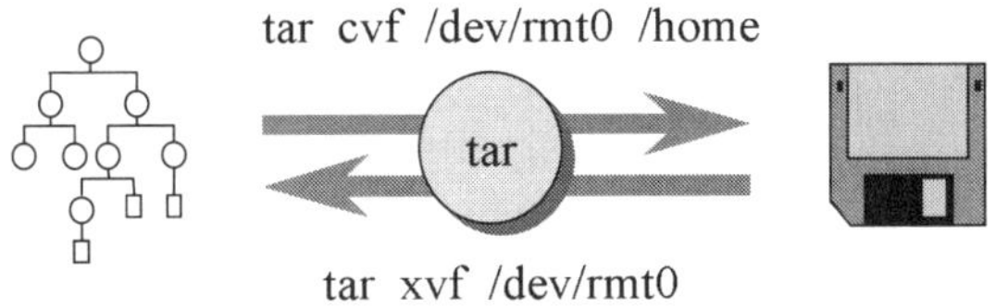

- **Lister l'archive**

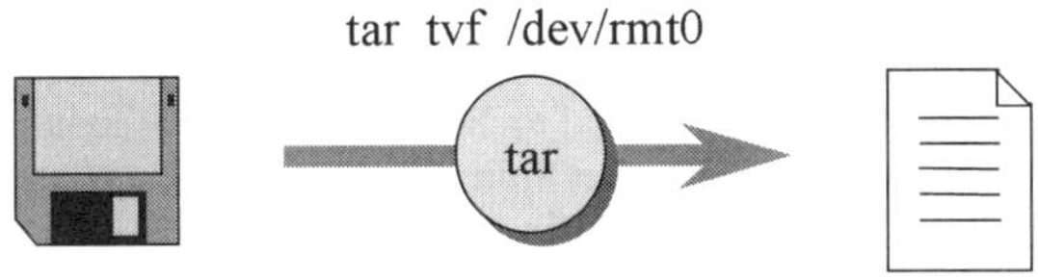

La commande **tar** sauvegarde des fichiers, y compris une arborescence de fichiers, dans un format qui lui est propre. C'est avec la même commande qu'il est possible d'obtenir la liste des fichiers sauvegardés et de les restituer. La commande **tar** fonctionne en multi-volume. Elle demande à l'utilisateur d'installer un nouveau volume de sauvegarde si celui en cours d'utilisation est plein. La commande **tar** utilise des clés pour indiquer les opérations à réaliser (certaines implémentations autorisent l'emploi d'options). A la différence d'une option, une clé est une lettre qui n'est pas précédée du symbole « - » et l'association des arguments aux clés est positionnelle. Dans toutes les syntaxes qui suivent, la clé **v** (« verbose ») génère des messages détaillés sur les opérations réalisées.
La clé **f** précise, par son argument FichierArchive, le nom du support d'archivage, souvent un périphérique (« /dev/xxx »). Le symbole « - » désigne respectivement l'entrée et la sortie standard comme support de sauvegarde ou de restitution, ce qui permet de fabriquer des sauvegardes compressées ou de procéder à des copies d'arborescences. Les exemples en donnent une illustration.

Remarque
Quand la commande **tar** est exécutée par un utilisateur qui n'est pas « root », la commande utilise la logique de la commande **cp** ; il faut, pour restituer un fichier, avoir le droit de le lire et l'utilisateur qui le restitue en devient le propriétaire. Quand c'est « root » qui effectue la sauvegarde ou la restitution, il préserve les attributs des fichiers, dont le propriétaire et le groupe.

Sauvegarde de fichiers

tar c[v][f FichierArchive] Fichier ...

Si les fichiers sont des répertoires, **tar** sauvegarde l'arborescence issue de ces répertoires.

Liste des fichiers sauvegardés

tar t[v][f FichierArchive]

Restitution de fichiers

tar x[v][f FichierArchive] [fichier]...

A défaut de dire quels sont les fichiers à restituer, **tar** restitue la totalité de l'archive.

Les noms des fichiers à restituer doivent être formulés comme **tar** les a enregistrés. Si les noms ont été formulés par des chemins relatifs, il convient de se positionner, par la commande **cd**, dans le répertoire dans lequel on veut les installer, avant d'exécuter la commande **tar**.

Les autres clés

La commande **tar** comporte de multiples clés et nous renvoyons le lecteur à son manuel de référence. La liste qui suit mentionne quelques clés utiles à utiliser, parfois avec précaution.

Clé	Utilisation
r	Les fichiers sont ajoutés à la fin de l'archive. Cette clé ne fonctionne que si le support d'archivage est à accès direct, un disque, utilisé en mode « raw ». Cela exclut l'utilisation de cette clé pour les cartouches et les bandes magnétiques.
u	Le fichier est ajouté à la fin de l'archive s'il a été modifié depuis la dernière sauvegarde. La remarque précédente vaut également pour cette clé.
k	La clé k a comme argument la taille en kilo-octet du support d'archivage. C'est cette clef qui permet la sauvegarde / restauration en multi-volume.
b	La clé b a comme argument le facteur de blocage qui détermine la taille du bloc à utiliser sur le support d'archivage. Cette clé est seulement utilisée avec des périphériques en mode caractère (« *raw device* »).
h	La clé h indique à la commande **tar** de sauvegarder les fichiers liés et pas les liens symboliques (fichiers de type l).
-I fiche	La commande **tar** sauvegarde les fichiers dont les noms, un par ligne, sont dans le fichier *fiche*. Ne mettez pas de ligne vide ou d'espace dans le fichier.
m	La date de dernière modification du fichier est la date de l'extraction.
w	La commande **tar** demande, pour chaque fichier, une confirmation avant d'opérer.
X	L'argument de cette clé est un fichier qui contient une liste de fichier à exclure de la sauvegarde.

La commande GNU tar

Bien que le format de la commande **tar** soit standard, les options peuvent varier selon les systèmes UNIX. La commande GNU **tar** existe pour toutes les plate-formes, son emploi en est le même quel que soit le système, élément extrêmement intéressant pour la portabilité des scripts (*cf Références Internet, logiciels libre*).

La commande GNU **tar** fonctionne en relatif et sauvegarde les fichiers au format GNU TAR. Il est compatible avec le format ustar de POSIX, également adopté par l'ISO. La commande **pax** de WINDOWS NT et le logiciel WINZIP peuvent aussi le lire.

Nous mentionnons dans ce qui suit quelques clés utiles et pratiques.

Clé	Utilisation
r,-r	Les fichiers sont ajoutés à la fin de l'archive. Cette option ne fonctionne que si le support d'archivage est à accès direct, un disque. Cela exclut l'utilisation de cette clé pour les cartouches et les bandes magnétiques.
u,–u	Le fichier est ajouté à la fin de l'archive s'il a été modifié depuis la dernière sauvegarde. La remarque précédente vaut également pour cette option.
b n,**–b** n	L'option b a comme argument le facteur de blocage qui détermine la taille du bloc à utiliser sur le support d'archivage. La valeur n définit le nombre de blocs de 512 octets du bloc d'archivage. Cette option est seulement utilisée avec des périphériques en mode caractère (« *raw device* »). Sa valeur par défaut est de 20 (10 Ko).
h,-h	L'option h indique à la commande **tar** de sauvegarder les fichiers liés et pas les liens symboliques (fichiers de type l).
z,-z	Les commandes de compression **gzip** et de décompression **gunzip** sont utilisées pour la sauvegarde et la restitution.
Z,-Z	Les commandes de compression **compress** et de décompression **uncompress** sont utilisées pour la sauvegarde et la restitution.
-I,--bzip2	Les commandes de compression **bzip2** et de décompression **bunzip2** sont utilisées pour la sauvegarde et la restitution.
M,-M	L'option –M est obligatoire pour que **tar** fonctionne en multi-volume.
-L n	L'option provoque le changement de support d'archivage au bout de n kilo-octets.
-T	A l'option -T est associé le nom d'un fichier qui contient la liste des fichiers à sauvegarder. Quand on utilise l'option « -T », les autres options doivent aussi être précédées de « - ». Si l'on associe l'argument « - » à l'option « -T », la commande **tar** utilise l'entrée et la sortie standard. Elle se comporte alors comme la commande **cpio**.
-P	La sauvegarde et la restitution sont réalisées en absolu.
-m	La date de dernière modification n'est pas restituée. Le fichier conserve celle qu'il a sur disque.
-w	La commande **tar** est interactive. On doit indiquer, pour chaque fichier, s'il doit être pris en compte.
-C <répertoire>	Le répertoire sert de répertoire racine lors d'une restauration relative.
--atime-preserve	La date de dernier accès n'est pas modifiée lors de la sauvegarde.
--exclude <fichier>	Le fichier n'est pas pris en compte au moment de la sauvegarde.

Exemples

Sauvegarde avec un facteur de blocage de 5 kilo-octet.

tar cvfb /dev/rmt0 10 /home

Sauvegarde des fichiers liés.

tar cvfh /dev/rmt0 /home

Sauvegarde de fichiers compressés sur une cartouche.

```
# tar cvf - /home | compress > /dev/rmt0
```

Restauration de l'arborescence des fichiers compressés depuis la cartouche.

```
# uncompress < /dev/rmt0 | tar xvf –
```

Remarque
Les fichiers que l'on rapatrie à partir de serveurs de fichiers sur Internet sont souvent fournis au format tar et compressés.

Sauvegarde relative des fichiers des utilisateurs

```
# cd /home
# tar cvf /def/rmt0 .
```

Restauration des fichiers des utilisateurs dans le répertoire /home2

```
# cd /home2
# tar xvf /dev/rmt0
```

Copie d'un arbre avec la commande tar. On copie le répertoire /home/yann dans /home2.

```
# ls –alR /home/yann
/home/yann:
total 10
drwxr-xr-x   3 yann   other    512 oct  19 10:04 .
drwxr-xr-x   6 root   root     512 oct  19 08:57 ..
-rw-r--r--   1 yann   other    167 oct  19 08:57 .profile
-rw-------   1 yann   other    706 oct  19 10:04 .sh_history
-rw-r--r--   1 yann   other      0 oct  19 09:28 f1
-rw-r--r--   1 yann   other      0 oct  19 09:28 f2
drwxr-xr-x   2 yann   other    512 oct  19 10:04 rep

/home/yann/rep:
total 4
drwxr-xr-x   2 yann   other    512 oct  19 10:04 .
drwxr-xr-x   3 yann   other    512 oct  19 10:04 ..
-rw-r--r--   1 yann   other      0 oct  19 10:04 f3
-rw-r--r--   1 yann   other      0 oct  19 10:04 f4

# cd /home               # La sauvegarde est en relatif.

# tar cf – yann | (cd /home2; tar xf -)

# ls –alR /home2/yann
/home2/yann:
total 10
drwxr-xr-x   3 yann   other    512 oct  19 10:04 .
drwxr-xr-x   3 root   root     512 oct  19 10:08 ..
-rw-r--r--   1 yann   other    167 oct  19 08:57 .profile
-rw-------   1 yann   other    706 oct  19 10:04 .sh_history
...

/home2/yann/rep:
total 4
drwxr-xr-x   2 yann   other    512 oct  19 10:04 .
drwxr-xr-x   3 yann   other    512 oct  19 10:04 ..
-rw-r--r--   1 yann   other      0 oct  19 10:04 f3
-rw-r--r--   1 yann   other      0 oct  19 10:04 f4
```

Le format d'archive

Le format d'archive TAR est la base du format POSIX, repris par l'ISO. Ce format peut être utilisé par l'ensemble des commandes de sauvegarde orientées fichiers (tar, cpio, pax) et également par les outils du commerce, en plus de leur format propriétaire.

Dans une archive au format tar *(cf. Le manuel : archive(4))*, les fichiers sont écrits à la suite les uns des autres, sous forme d'une suite de blocs. Chaque fichier est précédé d'un en-tête normalisé qui contient les caractéristiques du fichier (uid, gid, droits, ...) ainsi que sa taille en blocs (ce qui permet de passer à l'en-tête suivant) et le nom arborescent du fichier. L'archive se termine par un en-tête particulier qui indique la fin de l'archive.

La sauvegarde par **cpio**

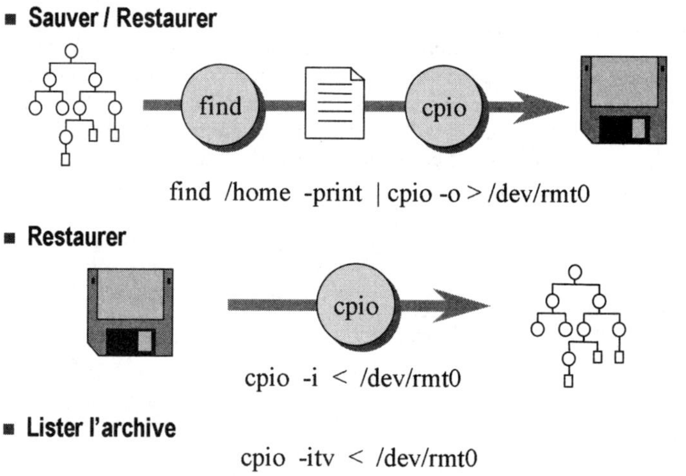

TSOFT - UNIX Administration — Module 5 : La sauvegarde - 5.4

La commande **cpio** sauvegarde sur la sortie standard les fichiers dont on saisit les noms sur l'entrée standard, par défaut le clavier et l'écran. La redirection des entrées et des sorties permet d'automatiser la production des noms de fichiers et de désigner le support d'archivage qu'il faut réellement utiliser.

Les options « -v », « -c » et « -B » peuvent être utilisées dans tous les cas.
L'option « -v » demande, comme dans **tar,** l'affichage d'informations détaillées.
L'option « -c » signifie à **cpio** de mémoriser les attributs des fichiers sous une forme ASCII, ce qui facilite l'échange de fichiers entre systèmes UNIX hétérogènes.
L'option « -B » augmente la vitesse d'exécution de **cpio**, qui utilise une mémoire tampon d'entrée et de sortie de 5120 octets.

La commande **cpio** est multi-volume. A chaque fois qu'une archive est pleine, la commande **cpio** demande l'installation d'une nouvelle archive. L'administrateur doit, pour continuer la sauvegarde ou la restitution, saisir le nom du fichier spécial périphérique et valider par <Entrée>. Cela permet de changer de périphérique de sauvegarde pendant l'exécution de la commande **cpio**.

Sauvegarde de fichiers

cpio -o[L]

L'option -L demande à **cpio** de sauvegarder les fichiers liés et non les liens symboliques.

Liste des fichiers sauvegardés

cpio -it

Restitution de fichiers

cpio -i[umd] [Fichier...]

A défaut de dire quels sont les fichiers à restituer, **cpio** restitue la totalité de l'archive. Si les noms de fichiers à restituer contiennent des jokers (*,?,[...]), ils doivent être protégés (\,', ").

Contrairement à la commande **tar**, **cpio** ne reconstruit pas automatiquement les sous-répertoires manquants. Il faut explicitement indiquer l'option « -d ».

L'option « -m » indique à **cpio** de conserver les dates de dernière modification pour les fichiers restaurés.

L'option « -u » demande à la commande **cpio** de restaurer les fichiers inconditionnellement. A défaut, les fichiers qui existent toujours sur disque ne sont pas restaurés s'ils sont plus récents ou de même âge que leurs homonymes sur dique.

Copie d'arborescence

cpio -p [Fichier...]

L'option « –p » réalise la copie d'arborescence. Il est possible d'utiliser les options « -m », « -u », « -L » déjà présentées dans ce chapitre.

L'option « -d » devient, de fait, une obligation.

Quelques options utiles des commandes find, cpio et touch

Les commandes **find, cpio** et **touch** comportent de multiples options et nous renvoyons le lecteur au manuel de référence. La liste qui suit mentionne quelques options utiles des deux commandes.

Commande	Option	Utilisation
find	-newer fichier	Vrai si la date de dernière modification du fichier est plus récente que « fichier ». Cela permet de définir un fichier de référence dont on peut éventuellement forcer la date de dernière modification.
	-mount ou -xdev	Cette option restreint la recherche au système de fichiers auquel appartient l'arborescence.
cpio	-H format	L'option H précise le format que la commande **cpio** doit utiliser pour les fichiers. ustar format Posix (IEEE/P1003). tar format TAR.
	-E fichier	Le fichier contient la liste des fichiers, un par ligne, qui doivent être extraits de l'archive.
	-f	L'option « -f » permet de restituer tous les fichiers, sauf ceux dont le nom correspond aux modèles fournis en argument. Cette option inverse le comportement de la commande **cpio**.
touch		La commande **touch** force la date de dernière modification à la date de l'exécution de la commande. Cette commande est utile pour forcer la sauvegarde d'un fichier qui n'a pas été modifié. La commande **touch** permet de préciser explicitement la date et l'heure de la modification.

Exemples

Sauvegarder des fichiers sur disquette.

```
# cpio -ocvB > /dev/fd0
f1
/etc/group
```

```
Ctrl-D
10 blocks
```

Sauvegarder l'arborescence courante avec compression.

find . -print | cpio -ocvB | compress > /dev/rmt0

Sauvegarder les fichiers modifiés depuis la modification de fref.

find /home –type f –newer fref | cpio –ocvB > /dev/rmt0

Sauvegarder le système de fichiers /usr.

find /usr –mount | cpio –ocvB >/dev/rmt0

Restituer les fichiers dont le nom ne comporte pas le caractère « o » en seconde position.

cpio –icvBdf " ?o*" < /dev/rmt0

Copier l'arborescence r1 dans le répertoire r1.copie.

```
# ls -p
r1/          r1.copie/
```

cd r1

find . | cpio –pdv ../r1.copie

La sauvegarde par **dd**

dd if=/dev/hd1 of=/dev/rmt0

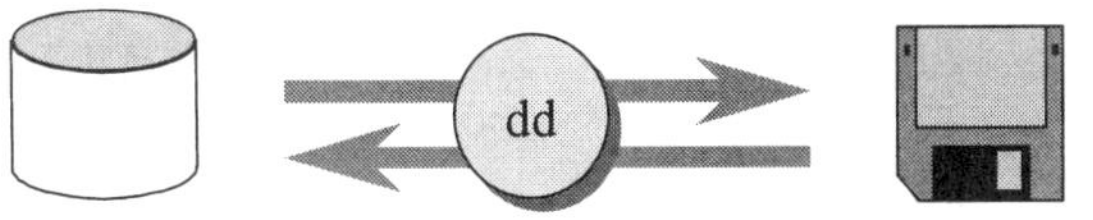

dd of=/dev/hd1 if=/dev/rmt0

if=fichier	Le fichier à copier
of=fichier	La copie
bs=n	La taille des blocs
skip=n	Nombre de blocs sautés en entrée
seek=n	Nombre de blocs sautés en sortie
count=n	Nombre de blocs copiés

TSOFT - UNIX Administration

Module 5 : La sauvegarde - 5.5

La commande **dd** (« *Device to Device* ») est destinée à la copie physique, bloc à bloc, d'un fichier périphérique vers un fichier périphérique. Elle a été originellement créée pour permettre la lecture ou l'écriture de bande magnétique. Sachant la logique du système UNIX, elle peut être employée pour n'importe fichier, spécial ou régulier, à condition que l'on dispose des droits nécessaires de lecture ou d'écriture. Elle dispose de nombreuses possibilités qui lui permettent de lire beaucoup de fichiers, à condition que l'on en connaisse le format. La commande **dd** peut être également utilisée pour réaliser la copie physique d'un disque, y compris d'un disque contenant un système de fichiers. Elle offre dans ce cas une grande facilité d'usage mais présente par contre trois inconvénients :

- La commande **dd** copie tous les blocs, y compris ceux qui ne sont pas utilisés.
- La commande **dd** ne gère pas les blocs défectueux.
- La commande **dd** n'est pas multi-volume. Cela peut être programmé dans un script.

Les arguments de la commande **dd** se présentent sous la forme :

Mot_clé=valeur

« Mot_clé » désigne en fait une option de la commande **dd** et valeur son argument.

Argument	Utilisation
if=fichier	« fichier » désigne le fichier à copier, à défaut l'entrée standard. Cette dernière possibilité est utile quand l'entrée de **dd** vient d'une commande, de compression par exemple.
of=fichier	« fichier » désigne le fichier résultant de la copie, à défaut la sortie standard. Cette possibilité est utile pour envoyer la sortie de **dd** vers une commande, de compression par exemple.

bs=valeur	« valeur » désigne la taille commune du bloc pour les fichiers d'entrée et de sortie. Il est, par défaut de 512 octets. A chaque fois que possible, il est conseillé de l'augmenter pour accélerer l'exécution de **dd**.
ibs=valeur	La taille du bloc du fichier d'entrée.
obs=valeur	La taille du bloc du fichier de sortie.
skip=n	n indique le nombre de blocs qu'il faut sauter au début de la copie du fichier d'entrée.
seek=n	n indique le nombre de blocs à sauter au début du fichier de sortie.
count=n	n indique le nombre de blocs à copier.
conv=conversion[,conversion...]	« conversion » indique la conversion à réaliser lors de la copie. Plusieurs conversions peuvent être groupées. Les principales valeurs possibles pour « conversion » sont : • **lcase**, conversion en minuscule. • **ucase**, conversion en majuscule. • **ebcdic**, conversion en ebcdic (code ibm). • **ascii**, conversion en ascii. • **swab**, échange les octets.

Exemples

Copie d'un disque et peut-être d'un système de fichiers.
dd if=/dev/disk2d of=/dev/rmt0 bs=5k

Restauration du disque et de son éventuel système de fichiers.
dd if=/dev/rmt0 of=/dev/disk2d bs=5k

Sauvegarde d'une arborescence, avec compression.
find . -print | cpio -o | compress | dd of=/dev/rmt0 bs=5k

Restauration de l'arborescence.
dd if=/dev/rmt0 bs=5k | uncompress | cpio -id

Sauvegarde d'un disque de 20000 blocs sur deux cartouches.
dd if=/dev/disk1c of=/dev/rmt0 count=10000 # les 10000 premiers blocs

dd if=/dev/disk1c of=/dev/rmt0 skip=10000 # les 10000 suivants

Restauration du disque de 20000 blocs.
dd if=/dev/rmt0 of=/dev/disk1c count=10000

dd if=/dev/rmt0 of=/dev/disk1c seek=10000

Copie d'une disquette.
dd if=/dev/fd0 of=/tmp/floppy # le fichier de sortie est un fichier régulier

dd if=/tmp/floppy of=/dev/fd0

Copie d'un bloc de boot d'un disque à un autre, pour un système de fichiers « s5 ».

dd if=/dev/disque1 of=/dev/disque2 bs=1k count=1 skip=0

Lecture d'une bande au format IBM, contenant des images de cartes (80 caractères) avec 10 cartes par bloc. L'option cbs donne la taille de l'enregistrement à l'intérieur d'un bloc.

dd if=/dev/rmt0 of=x ibs=800 cbs=80 conv=ascii,lcase

Les autres outils de sauvegarde

- **La commande iso :** pax
  ```
  # pax  -w  -f  /dev/rmt1  /home
  ```
- **La sauvegarde de disque :** volcopy
  ```
  # volcopy Db /dev/hd1 d1 /dev/rmt0  33
  ```
- **La sauvegarde incrémentale :** dump/restore
  ```
  # dump  0uf  /dev/rmt0  /home
  # restore  -x  /home/pierre/.pierre
  ```

TSOFT - UNIX Administration   Module 5 : La sauvegarde - 5.6

La commande pax de l'ISO

La commande **pax** est une nouvelle commande de sauvegarde qui recouvre les commandes **tar** et **cpio** dont elle emprunte, selon les arguments, la logique de fonctionnement de l'une ou de l'autre. L'intérêt principal de la commande **pax** est d'autoriser la sauvegarde des fichiers dans l'un des deux formats, **tar** ou **cpio**, **tar** par défaut, et de détecter automatiquement le format d'une bande à restaurer.

La commande **pax** permet d'affiner les paramètres de restauration des fichiers quant aux droits et aux attributs (UID,…).

Elle propose quatre possibilités :

pax –w … Pour sauvegarder.

pax –r … Pour restaurer.

pax –rw … Pour copier un arbre (*cf. cpio –p*).

pax … Pour lister le contenu de l'archive.

Si les noms de fichiers à sauvegarder ne figurent pas dans la ligne de commandes, ils sont lus depuis l'entrée standard (comportement de la commande **cpio**). De même, l'archive peut être précisée en argument de l'option « -f » (comportement de la commande **tar**) ou à défaut être respectivement la sortie standard pour une sauvegarde ou l'entrée standard pour une restauration.

Sauvegarde de l'arborescence courante.

pax –w –f /dev/rmt0 .

ou

find . | pax –w –f /dev/rmt0

ou

pax –w . > /dev/rmt0

Restauration dans le répertoire courant.

pax –r –f /dev/rmt0

Sauvegarde de l'arborescence courante au format cpio.

pax –w – x cpio –f /dev/rmt0 .

Restituer les fichiers en conservant tous les attributs.

pax –r –p e –f /dev/rmt0

L'argument « e » de l'option « -p » conserve l'UID, le GID, les droits, les dates de dernier accès et de dernière modification.

Copier une arborescence

```
# ls r1
f1

# mkdir r1.copie1        # Le nouveau répertoire doit exister

# pax –rw r1 r1.copie1

# ls –R r1.copie
r1.copie :
r1

r1.copie/r1 :
f1
```

Remarque
Pour que le répertoire *r1* ne soit pas recréé dans r3, il faut exécuter la séquence suivante :
cd r1
pax –rw . ../r1.copie

La sauvegarde de disque volcopy

La sauvegarde de disque contenant un système de fichiers avec la commande **volcopy** offre l'avantage sur la commande **dd** de gérer les blocs défectueux et principalement de s'assurer que le système de fichiers sur disque et la bande magnétique ont la même identification. L'identification des supports est réalisée par la commande **labelit**. Cette commande qui, à premier abord semble très intéressante, est en fait peu utilisée par rapport à la sauvegarde incrémentale de fichiers.

La commande **labelit** associe à un système de fichiers d'un disque magnétique un nom logique de système de fichiers et un nom de volume ou crée un nom de système de fichiers et de volume sur une bande magnétique :

Etiquetter un système de fichiers d'un disque («FSname» : Dbase, volume : vol1).
/etc/labelit /dev/dsk/2s0 Dbase vol1

Etiquetter une bande («FSname»: Dbase, volume : vol1).
L'option –n est obligatoire pour une bande magnétique et provoque la destruction de l'ancien contenu.
/etc/labelit /dev/mt/0n Dbase vol1 -n

Connaître le label d'une unité.
/etc/labelit /dev/dsk/2s0

Sauvegarder un disque sur une bande, la commande **volcopy** s'assure que le Fsname est le même sur les deux unités.
volcopy Dbase /dev/rdsk/2s0 vol1 /dev/mt/0n vol1

La sauvegarde incrémentale

Les commandes **dump** et **restore** sont les commandes incrémentales du système UNIX BSD. Rappelons que leurs noms et leurs syntaxes varient selon les systèmes en conservant toutefois la même logique de fonctionnement incrémental (**fbackup**, **frecover** de HP-UX, **backup**, **restore** de AIX,…). Les aspects syntaxiques propres aux commandes **dump** et **restore** sont en conséquence peu importants.

Les commandes **dump** et **restore** et les commandes dérivées, offrent les avantages suivants :

- Le fonctionnement incrémental, qui diminue le temps de sauvegarde.
- L'accès immédiat au contenu de la sauvegarde. En effet, ce contenu est mémorisé en début d'archive, dans la VTOC (« Volum Table Of Contents »).
- La mémorisation dans la VTOC de la date de la sauvegarde, de la taille de la sauvegarde et du niveau incrémental.
- Les sauvegardes et les restaurations peuvent être effectuées sur des systèmes de fichiers montés ou démontés.
- Les dates des derniers accès aux fichiers sont conservées. En effet, contrairement aux commandes **tar**, **cpio** ou **pax** qui manipulent les fichiers, **dump** et **restore** agissent directement sur les tables système (inodes, ...).

Remarque
Les systèmes UNIX, dont Solaris, qui utilisent le système de fichiers UFS possèdent les commandes **ufsdump** et **ufsrestore** pour réaliser la sauvegarde et la restitution d'un système de fichiers de type « ufs ». Il existe également les commandes **vxfsdump** et **vxfsrestore** pour opérer sur un système de fichiers de type « veritas ».

La commande **dump** possède essentiellement trois arguments :

- La clé **« u »** qui mémorise les paramètres de la sauvegarde dans le fichier */etc/dumpdates*.
- La clé **« niveau »**, une valeur comprise entre 0 et 9, qui précise le niveau de sauvegarde. La valeur 0 entraîne la sauvegarde de tous les fichiers demandés, y compris des arbres. Une valeur comprise entre 1 et 9 provoque la sauvegarde de tous les fichiers demandés s'ils ont été modifiés depuis la dernière sauvegarde réalisée avec un niveau inférieur. C'est le principe de la sauvegarde incrémentale. La sauvegarde incrémentale rend obligatoire la présence de la clé **« u »** qui amène la commande **dump** à mémoriser les paramètres de la sauvegarde dans le fichier */etc/dumpdates*. A défaut, l'incrémental est impossible car aucun comparatif ne peut être effectué pour décider quels sont les fichiers à sauvegarder.
- La clé **« f »** à laquelle est associé le nom du fichier de sauvegarde (« */dev/xxx* »).

L'exemple du transparent sauvegarde l'intégralité du répertoire /home sur le support */dev/rmt0*, point de départ d'une sauvegarde incrémentale, et restitue le fichier */home/pierre/.profile*.

Remarque
La plupart des outils de sauvegarde incrémentale permettent de sauvegarder plusieurs arbres tout en excluant certains sous-répertoires, en une seule opération.

Exemple de plan de sauvegarde

Les sauvegardes sont effectuées le soir, du lundi au vendredi. La sauvegarde complète est faite le lundi matin, tous les dix jours. Une sauvegarde intermédiaire des modifications de la semaine est effectuée le lundi matin, au bout d'une semaine. Nous supposons, pour simplifier, que l'ensemble d'une sauvegarde tient sur une bande. Pour des raisons de sécurité, la bande utilisée le mercredi est différente de celle du mardi, bien que la sauvegarde du mercredi inclue les fichiers sauvegardés le mardi.

```
L       M       Me      J       V       L       M       Me      J       V       L
0   4       4       4       4       4 2   4       4       4       4       4 0    4
-------- fichiers modifiés le lundi
----------------- fichiers modifiés depuis lundi
---------------------------
-------------------------------------
-----------------------------------------------
-------------------------------------------------
                                                  ------- fichiers modifiés le lundi
                                                  ---------------- fichiers modifiés depuis lundi
                                                  -------------------------
                                                  -----------------------------------
```

Dans ce cas, la commande **dump** comporte obligatoirement la clé « u », le schéma ne mentionne que le niveau de la sauvegarde.

Il est nécessaire de disposer d'un jeu de huit bandes :

B0,1	Sauvegarde complète
B4l	Sauvegarde du lundi
B4m	Sauvegarde du mardi
B4me	Sauvegarde du mercredi
B4j	Sauvegarde du jeudi
B4v	Sauvegarde du vendredi
B2	Sauvegarde de la semaine
B4...	On réutilise les bandes de la série B4
B0,2	On utilise une nouvelle bande pour la sauvegarde globale, la bande B0,1 sera employée la prochaine fois

Exemple d'utilisation des commandes ufsdump et ufsrestore

```
# umount /home          # /dev/dsk/c0d1s3 est monté sur /home

# ufsdump 0uvf /tmp/sauve /dev/rdsk/c0d1s3          # La sauvegarde
  DUMP: Writing 32 Kilobyte records
  DUMP: Date of this level 0 dump: mar 21 août 01, 11:07:53 WET DST
  DUMP: Date of last level 0 dump: the epoch
  DUMP: Dumping /dev/rdsk/c0d1s3 (aurore100:/home) to /tmp/sauve.
  DUMP: Mapping (Pass I) [regular files]
  DUMP: Mapping (Pass II) [directories]
  DUMP: Estimated 320 blocks (160KB).
  DUMP: Dumping (Pass III) [directories]
  DUMP: Dumping (Pass IV) [regular files]
  DUMP: Finished writing last dump volume
  DUMP: Starting verify pass
  DUMP: 318 blocks (159KB) on 1 volume at 538 KB/sec
```

```
DUMP: DUMP IS DONE
DUMP: Level 0 dump on mar 21 août 01, 11:07:53 WET DST
```

```
# ufsrestore tvf /tmp/sauve                          # Le contenu de l'archive
Verify volume and initialize maps
Media block size is 126
Extract directories from tape
Initialize symbol table.
Dump   date: Tue Aug 21 11:07:53 2001
Dumped from: the epoch
Level 0 dump of /home on aurore100:/dev/dsk/c0d1s3
Label: none

dir       2   .
dir       3   ./lost+found
dir   17536./gilles
leaf  17537        ./gilles/.profile
dir   35072./gilles/r1
...
leaf  192897       ./gilles/r1.root/r12/f12
```

```
# mount /home

# cd /home

# ufsrestore rvf /tmp/sauve
Verify volume and initialize maps
Media block size is 126
Dump   date: Tue Aug 21 11:07:53 2001
Dumped from: the epoch
Level 0 dump of /home on aurore100:/dev/dsk/c0d1s3
Label: none
Begin level 0 restore
Initialize symbol table.
Extract directories from tape
Calculate extraction list.
Make node ./lost+found
Make node ./gilles

...

Extract new leaves.
Check pointing the restore
extract file ./gilles/.profile
extract file ./gilles/fichier
...
Add links
Set directory mode, owner, and times.
Check the symbol table.
Check pointing the restore
```

Les bandes

- **Format d'une bande**

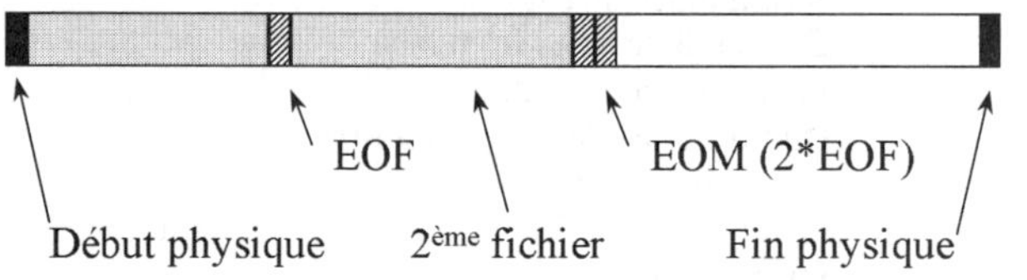

- **La commande** mt

  # mt fsf 1
  # mt eom

Des fichiers, au sens UNIX, sont sauvegardés sur une cartouche magnétique sous forme d'une suite de blocs. Ils constituent un fichier, au sens de la sauvegarde. Ce fichier se termine par une marque physique de fin de fichier. On peut mettre plusieurs fichiers de sauvegarde sur la même cartouche. Le dernier se termine par deux fins de fichiers. Les cartouches présentent également un début et une fin physiques.

Sur la cartouche, un élément mobile permet de la protéger en écriture.

Les cartouches « QIC » nécessitent une « retension » si :

- La cartouche est neuve.
- La cartouche est inutilisée depuis longtemps.
- Il se produit des erreurs de lecture/écriture.

Cette retension consiste en un déroulement complet de la bande, suivi d'un rembobinage.

Normalement, les bandes sont vendues formatées (le formatage délimite les blocs).

Les fichiers spéciaux d'un système UNIX permettent de préciser notamment :

- Le lecteur.
- Si la bande est rembobinée à la fermeture.
- Si l'on effectue une retension de la bande (QIC).
- La densité.

La commande **mt** permet de se positionner sur une bande magnétique, en se déplaçant de fichier archive en fichier archive.

mt -f /dev/rmt/0mn rewind

TAPE=/dev/rmt/0mn ; export TAPE

mt rewind # on rembobine

mt fsf 1 # on saute un fichier

```
# mt bsf 2     # on revient en arrière de deux fichiers
# mt eof       # on écrit une marque de fin de fichier
# mt asf 3     # on va au 3ème fichier (en absolu)
# mt eom       # on va en fin logique de la bande
# mt status    # on affiche l'état de l'unité
# mt offline   # on rembobine et on déconnecte l'unité
```

Atelier 5 : La sauvegarde

Objectifs :

- **Savoir réaliser des sauvegardes et des restaurations grâce aux commandes** tar **et** cpio
- **Savoir utiliser la commande** dd

Durée : 60 minutes.

TSOFT - UNIX Administration Module 5 : La sauvegarde - 5.8

Exercice n°1

Les exercices qui suivent illustrent l'utilisation de la commande **tar**. On utilise comme support d'archive le fichier */tmp/pierre.sauve* et l'arborescence de fichiers créée dans l'exercice n°4 du module 3. On est connecté sous le compte de l'utilisateur pierre.

a) Sauvegarder les fichiers de pierre (l'arborescence */home/pierre*).

b) Lister le contenu de la sauvegarde.

c) Détruire un fichier, le restaurer.

d) Détruire l'ensemble des fichiers de pierre, les restaurer.

e) Sauvegarder les fichiers de pierre de telle manière que l'on puisse restaurer un fichier chez cathy. Lister le contenu de la sauvegarde.

Exercice n°2

Sans utiliser le support, quelle est la signification de « cpio -icvdumB » ?

Exercice n°3

Exercice identique à l'exercice n°1, mais en utilisant la commande **cpio**. On utilise le format POSIX.

Exercice n°4

Dupliquez la sauvegarde **cpio** (le fichier */tmp/pierre.sauve* réalisé à l'exercice précédent), avec **dd** sur une disquettte. Restaurer un fichier à partir de la disquette avec **cpio** ou tar

Exercice n°5

Dupliquez une disquette MS-DOS avec **dd**.

Exercice n°6

Quelle est la taille en bloc d'une disquette ? Utilisez la commande **dd**.

Exercice n°7

Lister les commandes gérant les bandes (« *tape* » en anglais) de votre système.

Exercice n°8

Déterminez le format de l'archive présente sur la disquette créée lors de l'exercice n°4.

Exercice n°9

Exécutez les exemples du support montrant l'utilisation des commandes **ufsdump** et **ufsrestore**.

Exercice n°10 (script)

Réalisez un script qui permet à un utilisateur débutant de sauvegarder et de restaurer ses données. Le script affiche un menu : sauvegarder, lister, restaurer.

- *Concept de processus*
- *PID, signal*
- *Démon, groupes de processus*
- ***ps, kill, fuser, su***
- *Le service* ***cron***
- *Les IPC*

6

La gestion des processus

Objectifs

A l'issue de ce module, le lecteur connaît les concepts fondamentaux des processus du système UNIX. Il sait identifier les démons, maîtrise les commandes usuelles et le service cron pour automatiser l'exécution de tâches périodiques. Il sait ce que sont les IPC et il est capable de les paramétrer.

Contenu

La gestion des applications
Les processus
Les commandes de gestion des processus
Le service **cron**
Les bibliothèques dynamiques
Les IPC
Le logiciel libre
Installer une application

Références

Man

fork(2), exec(2), environ(5), ps(1), kill(1), signal(5), crontab(1), cron(1m), ld(1), elf(3E), pkginfo(1)

Livre

The Design of the UNIX Operating System

Internet

http://uwsg.iu.edu/usail/index/software.html

La gestion des applications

- **Une application = ensemble de processus**
- **Un processus = une ou plusieurs « threads »**
- **Un processus =**
  - Un fichier exécutable
  - zéro ou plusieurs bibliothèques partagées (.so)
- **Les sources C/C++ assurent la portabilité**
- **Le « man » dit tout**
- **Il faut lire les « logs » !**
- **Activation d'une application : sh, init, inetd et cron**
- **Une application = un « package »**

TSOFT - UNIX Administration   Module 6 : Les processus - 6.2

Applications, processus et threads

Une application UNIX en cours d'exécution est composée d'un ou plusieurs processus. Chaque processus correspond à un programme qui s'exécute dans son propre espace d'adressage (espace virtuel), parallèlement aux autres processus. Le noyau d'un système UNIX a pour rôle essentiel d'exécuter des processus et de leur permettre de dialoguer.

Un processus peut être composé d'une ou plusieurs « *thread* » ou unité d'exécution, ou encore processus léger (« *Light Wheight Processus* » ou LWP). Les threads d'un processus s'exécutent en parallèle. L'utilisation de threads constitue une alternative à l'exécution concurrente de processus. Une application complexe peut, bien sûr, utiliser les deux approches.

Processus, langage C et bibliothèques

Chaque processus correspond à un fichier exécutable. Ce fichier est le plus souvent le résultat de la compilation d'un ou de plusieurs fichiers source en langage C/C++.

L'exécutable utilise des bibliothèques. Celles-ci peuvent être incluses dès la compilation (édition de liens statique) ou chargées dynamiquement et partagées avec d'autres exécutables (édition de liens dynamique). Les bibliothèques dynamiques se présentent sous forme de fichiers ayant l'extension « .so » et sont bien sûr nécessaires à l'exécution du logiciel.

Pour automatiser la compilation, on fait habituellement appel à la commande **make**. Cet outil de développement se base sur un fichier *Makefile* qui décrit comment créer le logiciel.

Processus, API Unix et logiciels libres

Les applications UNIX écrites en langage C accèdent aux ressources système (processus, fichiers et périphériques) grâce à l'API Unix. Cette API est une bibliothèque de fonctions qui permet de réaliser les appels système. C'est sur elle que repose la portabilité d'UNIX : pour porter une application, il suffit de recompiler ses sources C sur la plate-forme de destination. Les deux primitives les plus importantes sont fork(2) et exec(2) qui régissent la création de processus.

Quand on achète une application, on obtient essentiellement des fichiers binaires. La société éditrice possède les sources de l'application et elle est la seule à pouvoir la porter sur différentes plates-formes.

Dans le monde UNIX, le logiciel libre a une place de choix. UNIX lui-même et de nombreux logiciels qu'il intègre sont intimement liés aux logiciels libres. La plupart des logiciels libres ont d'abord été créés pour UNIX. Ils se présentent bien évidemment sous forme de fichiers sources en langage C/C++ pour pouvoir s'adapter à n'importe quelle plate-forme.

La documentation type d'une application UNIX

Une application UNIX bien documentée est fournie avec des pages de manuel qui la décrivent. Ainsi, la documentation d'applications serveur comme **inetd**, **named** ou **httpd** contient les informations suivantes :

- Les arguments de la ligne de commande.
- Les variables d'environnement qui modifient le comportement de l'application.
- Les signaux auxquels réagissent l'application.
- Les fichiers associés à l'application : fichiers de configuration, fichiers logs, fichiers temporaires, etc.
- Des renvois (« *see also* ») à d'autres pages de manuel.

Les fichiers de configuration sont généralement en ASCII et abondamment commentés, notons comme exemple le fichier *httpd.conf* d'Apache.

Les journaux de bord (logs)

La manière la plus simple de déboguer une application est de consulter ses journaux de bord, ses « logs ».

La documentation décrit comment les activer et comment ajuster le niveau de commentaire. Elle indique également le nom des fichiers et précise le lien avec le service syslog.

Syslog permet d'aiguiller les journaux de bord, aussi bien ceux du système que ceux des applications. On peut paramétrer syslog pour que l'ensemble des informations journalisées soient réunies dans le fichier */var/adm/messages (cf. Module 11 : Le noyau, chapitre « Le service syslog »).*

Activation d'une application via un RC

Une application complexe, comme le serveur NFS, est composée de plusieurs processus dont l'activation comporte une liste d'arguments. Le démarrage de l'application nécessite en outre de vérifier l'existence de fichiers et de répertoires. La gestion de l'application est simplifiée si son démarrage, son arrêt ou son redémarrage sont réalisés par un script unique.

Ce script peut répondre aux conventions de gestion d'application du système et résider dans le répertoire */etc/init.d*. Les liens établis dans les répertoires associés aux niveaux d'init permettent d'automatiser le démarrage et l'arrêt automatique de l'application en même temps que celui du système *(cf. Module 7 : L'arrêt démarrage)*. Un tel script est surnommé RC (« *Run Command* »).

Il est bien sûr possible de continuer de gérer l'application manuellement :

```
# cd /etc/init.d
# ./nfs.server   start     # active le serveur  NFS
# ./nfs.server   stop      # arrêt du serveur NFS
```

Activation d'une application via inetd

Un serveur réseau peut être activé par un script RC ou par le démon **inetd** *(cf.Module 13 : Le réseau)*. C'est le fichier */etc/inetd.conf* qui décrit alors le démarrage de l'application.

Activation d'une application via un crontab

Une application peut également être exécutée périodiquement grâce à un fichier crontab, pris en compte par le démon **cron**.

Surveillance d'une application

La commande **ps** est le principal outil de surveillance d'une application :

```
# ps -ef  | grep httpd
```

On peut également surveiller les journaux de bord en temps réel :

```
# tail -f   access_log
```

Installation/désinstallation d'une application

Une application UNIX se présente traditionnellement sous forme d'un fichier *TAR* compressé, un « *tarball* ».

Tous les systèmes UNIX proposent un outil de gestion de paquetages (« *packages* ») qui simplifie l'installation et la suppression des applications. Ces outils et les formats des paquetages sont malheureusement propres à chaque système.

Les patches

Un patch est la mise à jour du système ou d'une application, le plus souvent pour corriger un bogue. C'est pourquoi son exécution est presque indispensable. Il faut sinon attendre la nouvelle version du logiciel qui ajoute des fonctionnalités et intègre aussi tous les patches fournis depuis la version précédente.

Les processus (1/2) : les signaux

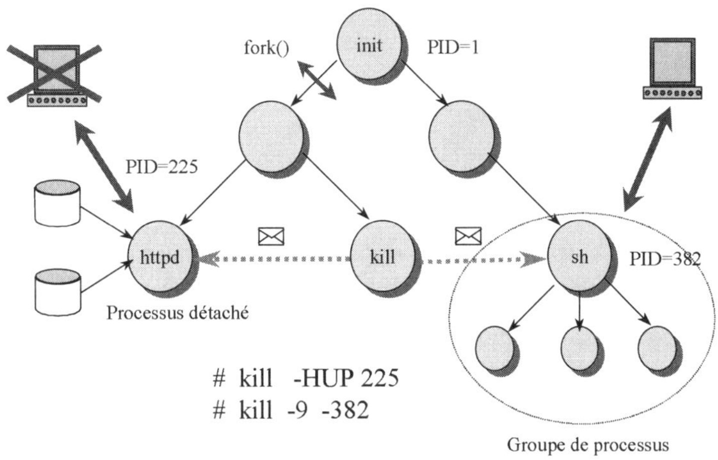

Lorsqu'un utilisateur demande à exécuter une commande externe (ie. /usr/bin/date), le noyau UNIX crée un processus (une tâche) qui exécute les instructions de la commande. Ce processus est une entité qui, de sa création à sa mort, est identifiée par une valeur numérique, le « PID » (« *Process IDentifier* ») et transite par différents états selon qu'il s'exécute (actif), attend que le noyau lui alloue le processeur (prêt) ou qu'un événement se produise (en attente).

A un instant donné, une valeur de « PID » est unique dans le système et cela garantit qu'un processus est identifié sans ambiguïté par son « PID », alors que le nom de commande ne garantit pas l'unicité. Plusieurs instances de la commande **sh** s'exécutent en même temps quand plusieurs utilisateurs sont connectés. A chaque instance correspond un processus avec un « PID » unique.

La création d'un processus est réalisée par la primitive **fork**(2) du noyau. Cette primitive crée un clone du processus qui l'exécute. Le clone, que l'on appelle processus fils, exécute le code d'une autre commande grâce à la primitive **exec**(2). Il en résulte un arbre de processus. L'ancêtre de tous les processus, **init**, est créé au démarrage du système et se trouve à la racine de cet arbre. Son « PID » est 1.

Il existe plusieurs manières d'exécuter un processus :

- En avant-plan (« *foreground* ») dans une session de travail, c'est le mode normal d'exécution d'une commande. Le shell de connexion est le père du processus qui exécute la commande. Il attend que le processus fils se termine pour afficher à nouveau l'invite (« *prompt* »).
- A l'arrière-plan (« *background* ») dans une session de travail, c'est le mode utilisé quand on termine une ligne de commande par « & ». Après avoir créé le processus fils qui exécute la commande, le shell affiche immédiatement l'invite sans attendre la fin du processus fils. Rappelons qu'un processus d'arrière-plan est insensible au caractère de contrôle « CTRL C » qui, normalement, met fin au processus d'avant-plan.
- En mode détaché, un processus détaché n'a plus de terminal de contrôle. On voit le caractère « ? » dans la colonne TTY produite par la commande **ps**.

- Les démons (« *daemon* ») désignent communément les processus détachés associés aux services du système UNIX, souvent en mode client-serveur. Ils sont créés par les scripts de démarrage, qui contiennent la ligne de commande pour les exécuter, et détruits lors de l'arrêt du système.

Le seul moyen d'agir sur l'exécution d'un processus détaché est de lui envoyer un signal (*cf. UNIX shell : Module 12*).

Le signal 1 est conventionnellement utilisé pour dire à un démon de relire ses fichiers de configuration.

Le signal 15 (« TERM ») est conventionnellement utilisé pour dire à un démon de se terminer. C'est d'ailleurs le signal que la commande **shutdown** envoie aux processus actifs.

Le signal 9 tue le processus sans qu'il puisse intercepter le signal et exécuter une quelconque action avant de se terminer. Le signal 9 ne doit, pour cette raison, n'être utilisé qu'en dernier recours. Les fichiers de configuration et de données du service associé au processus qui est tué brutalement sont certainement dans un état incohérent. Le rétablissement de la cohérence doit alors être réalisé manuellement par l'administrateur et peut s'avérer fort complexe.

Il arrive qu'un processus et ses descendants forment un groupe de processus. Le groupe de processus est identifié par un numéro de groupe. Ce numéro de groupe est le « PID » du processus « leader ». Il est possible d'envoyer un signal à l'ensemble des membres du groupe, y compris le « leader » (*cf. Panorama des commandes de gestion de processus*).

Quand un processus crée un processus fils, il peut indiquer au noyau qu'il ne souhaite pas être averti de sa terminaison. A défaut, le noyau considère que le processus père souhaite savoir la cause de la mort de son fils, ce qui peut se produire parce qu'il a exécuté la primitive **exit**(2) ou qu'il a reçu un signal ayant provoqué sa mort. Si le fils vient à se terminer avant que le père ne se soit mis en attente de sa fin, le noyau conserve le descripteur du processus pour ensuite pouvoir rendre compte au père. Durant toute cette période, le processus est dit « zombie ». Dans la liste des processus produite par la commande **ps**, il apparaît comme « <defunct> »). Au cas où son père meurt aussi, c'est le processus **init** qui hérite de la paternité.

Remarque

Un processus « zombie » compte pour un processus, bien qu'il n'existe plus réellement. En cas de bogue dans une application exécutée par root, leur multiplication peut entraîner l'effondrement du système dès que l'on a atteint le nombre maximum de processus autorisés.

Exemple

Dans l'exemple qui suit, on crée l'application « a.out » à partir du source C « zombie.c », que l'on compile avec **gcc** (le compilateur du GNU). L'application utilise les principaux appels système : fork(), exec(), wait(), exit(). Le processus initial commence par se dupliquer grâce à la primitive fork(). Le processus fils exécute ensuite, via la primitive exec(), le code de la commande **cal** avec, comme arguments, ceux donnés à l'appel de a.out.

Lors de la première exécution de a.out, on donne des arguments valides à la commande **cal** qui se termine correctement et renvoie le code 0. Comme a.out est lancé en tâche de fond, on peut visualiser les processus. On constate que le processus fils, celui qui a exécuté **cal**, a généré un processus zombie (<defunct>). Il est impossible de le tuer, y compris avec le signal 9. C'est la récupération de son code retour par son père vingt secondes plus tard qui le fait disparaître.

Dans la deuxième exécution de a.out, on tue l'application père grâce à un CTRL-C, ce qui entraîne également la disparition du zombie. En effet, le zombie n'existe que pour transmettre son code retour.

Dans la troisième exécution de a.out, on fournit des arguments incorrects à la commande **cal** qui retourne le code 1.

```
$ cat zombie.c
# include <stdio.h>
# include <unistd.h>
# include <sys/types.h>
# include <sys/wait.h>
main(int argc, char ** argv) {
      int status;
      if ( fork() == 0 )
            execlp("cal", "cal", argv[1], argv[2], 0 );
      else {
            sleep(20);
            wait(&status);
            printf("code retour:%d\n", WEXITSTATUS(status));
            exit(0);
      }
}
$ gcc zombie.c
$ a.out  6 1944 &
  juin 1944
 S  M Tu  W Th  F  S
             1  2  3
 4  5  6  7  8  9 10
11 12 13 14 15 16 17
18 19 20 21 22 23 24
25 26 27 28 29 30

4575
$ ps -u jf
   PID TTY      TIME CMD
  4575 pts/0    0:00 a.out
  4513 pts/0    0:00 sh
  4576          0:00 <defunct>
$ kill -9 4576
$ ps -u jf
   PID TTY      TIME CMD
  4575 pts/0    0:00 a.out
  4513 pts/0    0:00 sh
  4576          0:00 <defunct>
$ code retour:0
$ ps -u jf
   PID TTY      TIME CMD
  4513 pts/0    0:00 sh

$ a.out 9 1732
   septembre 1732
 S  M Tu  W Th  F  S
                1  2
 3  4  5  6  7  8  9
10 11 12 13 14 15 16
17 18 19 20 21 22 23
24 25 26 27 28 29 30
```

```
^C$ ps -u jf
  PID TTY      TIME CMD
 4513 pts/0    0:00 sh

$ a.out  13  2001
cal : mois incorrect
syntaxe : cal [ [mois] année ]
code retour:1
$
```

Les processus (2/2) : l'environnement

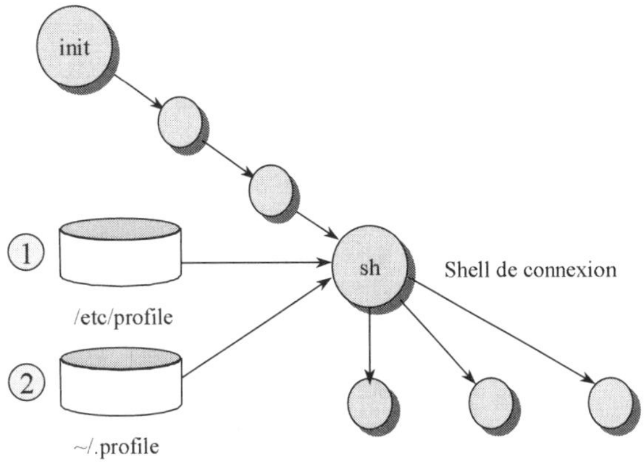

TERM=vt100; export TERM

Quand un processus crée un processus fils, ce dernier hérite de son père d'un ensemble d'éléments définis par ses ancêtres. Parmi ces éléments, ceux qui intéressent particulièrement l'administrateur sont :

- Le répertoire courant de son père (le répertoire « **.** »).
- Le « **umask** » qui, rappelons-le, sert à définir les droits par défaut des fichiers créés par le processus.
- Le « **ulimit** » qui fixe la taille du plus gros fichier que le processus peut créer. La commande **ulimit** et le paramètre ULIMIT sont bien connus pour limiter la taille du plus gros fichier qu'un utilisateur peut créer. La commande **ulimit** est une commande interne des shells qui permet de fixer les limites de taille ou d'utilisation de nombreuses ressources système. Le tableau qui suit rappelle quelques options de la commande **ulimit** de **ksh**.

Option	Description
-a	Visualise toutes les limites.
-f NB	Définit le nombre de blocs de 512 octets écrits autorisés.
-s Nb	Définit la taille de la pile en kilo-octets.
-n Nb	Définit le nombre de descripteurs de fichiers plus 1.
-t Nb	Définit le nombre de secondes de temps CPU pour chaque process.

```
# ulimit –a
temps(secondes)        Sans limite
fichier(blocs) Sans limite
données(kilo-octets) Sans limite
pile(kilo-octets) 8480
coredump(blocs) Sans limite
```

nofiles(descripteurs) 64
vmemory(kilo-octets) Sans limite

ulimit -t 10

ulimit –a
temps(secondes)   10

- Les variables d'environnement dont le processus reçoit une copie. Elles ont été créé par un ancêtre du processus, du processus **init** jusqu'à son père (*cf. UNIX shell : Module 5, les variables*).
- Le répertoire racine (« / ») peut être modifié par la commande **chroot**. Le processus et ses descendants ne voient plus que l'arbre issu du nouveau répertoire racine.

Dans la pratique, l'administrateur est amené à ajouter, pour le bon déroulement de logiciels applicatifs, la définition de nouvelles variables d'environnement (*cf. Chapitres : la variable d'environnement TZ et l'internationalisation*). Pour cela, il dispose de deux fichiers :

- Le fichier /etc/profile pour définir les variables valables pour tous les utilisateurs.
- Les fichiers ~/.profile des utilisateurs concernés par certaines variables.

Remarques
Le script de démarrage du shell bash est **~/.bash_profile**. A défaut, c'est le script ~/.profile qui est exécuté.

Le script de démarrage du C shell est **~/.login**.

Les shell iso (sh), ksh et bash exécutent également le script défini par la variable d'environnement ENV.

La variable d'environnement la plus célèbre est sans doute la variable TERM qui permet à l'éditeur de texte **vi** de s'adapter au terminal de l'utilisateur.

La variable d'environnement TZ

Les dates et les heures mémorisées sur disque, comme celles de dernière modification d'un fichier, sont exprimées en temps universel ou UTC (« *Universal Time Coordinated* »). Par contre, les dates et les heures affichées par la commande **date** ou bien par la commande **ls**, sont exprimées en heure locale. Le décalage horaire, qui tient compte éventuellement de l'heure d'été, est calculé grâce à la variable d'environnement TZ (« *Time Zone* »). Cette variable est renseignée lors de l'installation du système et elle est mise à jour à chaque démarrage. Comme c'est une variable d'environnement, elle peut être modifiée pour chaque processus.

La variable TZ peut être exprimée de deux manières. La première contient au minimum une abréviation associée au fuseau horaire et, éventuellement, la description complète du décalage, y compris celui associé à l'heure d'été. Dans la deuxième forme, plus récente, elle contient le continent et une ville de référence. Cette indication renvoie à un fichier binaire qui contient toutes les informations pour calculer l'heure locale.

Syntaxe traditionnelle

TZ=standard[HH[:MM[:SS]][heure_d_été[HH[:MM[:SS]]][,début[/heure],fin[/heure]]
]]

Exemples :

TZ=GMT   # Il n'y a pas de décalage, on travaille en UTC.

TZ=EST

EST (« Eastern Standard Time ») est un décalage de -5h, la côte est des USA. Le code suffit, car il est reconnu de manière interne par beaucoup de systèmes d'exploitation.

TZ=AST9

AST est le code utilisé pour l'Alaska, le décalage est de neuf fuseaux vers l'ouest (heure locale = UTC-9). Le décalage est compté positif vers l'ouest, et négatif vers l'est.

TZ=MET-1METDST

MET (« Middle European Time ») est le décalage pour la France (heure locale = UTC+1). La France utilise une heure d'été et le nom associé est METDST (« *MET Daylight Saving Time* »). L'époque de changement d'heure n'est pas précisée, elle se produit, par défaut, à 2h le premier dimanche d'avril et à 2h le dernier dimanche d'octobre. Le passage à l'heure d'été ajoute par défaut une heure.

TZ=EST5EDT4,116/2:00:00,298/2:00:00

Décalage utilisé au New Jersey en 1986. Le décalage est de -5h en hiver et de -4h en été. Le passage à l'heure d'été a lieu le 116ème jour de l'année à 2h, et se termine le 298ème jour de l'année à 2h.

Nouvelle syntaxe

TZ=Continent/Ville

Exemples :

TZ=Europe/Paris

TZ=Europe/Zurich

TZ=Australia/Canberra

Solaris

Le programme init lit le fichier */etc/TIMEZONE*, lié au fichier */etc/default/init*, pour initialiser l'environnement et notamment TZ. La nouvelle syntaxe de TZ peut être utilisée à partir de Solaris 8. Dans ce dernier cas, la variable donne le chemin du fichier qui contient les données de décalage. Ainsi la valeur Australia/Canberra correspond au fichier */usr/share/lib/zoneinfo/Australia/Canberra*. Ce fichier est un fichier binaire qui résulte de la compilation d'un source grâce à la commande **zic**.

Quelques exemples de modification de TZ

```
$ echo $TZ
MET-1METDST

$ date
dimanche, 18 novembre 2001, 21:51:19 MET

$ export TZ=GMT

$ date
dimanche, 18 novembre 2001, 20:51:46 GMT

$ export TZ=EST

$ date
dimanche, 18 novembre 2001, 15:52:19 EST

$ export TZ='AST9'

$ date
dimanche, 18 novembre 2001, 11:52:41 AST
```

Panorama des commandes de gestion de processus

- **Les commandes externes**

ps -ef	Liste des processus
kill -9	Tue un processus, envoie un signal
su -c	Lance une application sous un compte donné
what	Affiche la version d'une application
fuser	Liste des processus utilisant un fichier
at	Lance un processus en mode différé
crontab	Lance des applications de manière périodique
env	Visualise l'environnement courant, ou le crée

- **Les commandes internes du shell**

cmd &	Lance une commande (cmd) en parallèle
wait	Attend la terminaison des processus lancés en tâche de fond
exec cmd	Substitue le shell par la commande (cmd)
. cmd	Exécute le script cmd par le shell courant

Il existe de nombreuses commandes qui ont trait à la gestion des processus et beaucoup ont déjà été étudiées. Pour les plus communes nous ne mentionnons qu'un exemple pour rappeler la forme de leur utilisation.

Commandes externes

ps

La commande **ps –ef** affiche tous les processus, « l'UID » de leur propriétaire et le « PID » de leur père (colonne « PPID »).

La commande **ps –g PID_du_groupe** affiche les processus du groupe « PID_du_groupe ».

La commande **ps -j** affiche les numéros de groupes des processus (colonne « PGID »).

L'administrateur peut choisir, grâce à l'option « -o », les informations qu'il souhaite visualiser. La personnalisation des résultats permet une surveillance plus efficace des processus. L'exemple qui suit affiche l'UID effectif, l'UID réel, le PID, le PPID, le nombre de threads qui composent le processus et le nom de la commande.

```
# ps –o uid,ruid,pid,ppid,nlwp,comm
 UID RUID  PID PPID NLWP COMMAND
   0    0   63    1    7 /usr/lib/devfsadm/devfseventd
   0    0   65    1    4 /usr/lib/devfsadm/devfsadmd
   0    0  126    1    1 /usr/sbin/in.routed
   0    0  169    1    1 /usr/lib/nfs/lockd
   0    0  134    1    4 /usr/sbin/keyserv
   1    1  171    1    4 /usr/lib/nfs/statd
   0    0  186    1    7 /usr/sbin/syslogd
   0    0  178    1    5 /usr/lib/autofs/automountd
```

kill

La commande **kill** envoie un signal à un (des) processus. Le signal 9 tue un processus.

kill –9 1540 # tue le processus de PID 1540.

kill –l # affiche la liste des signaux.

kill –2 0 # envoie le signal à tous les processus du groupe du shell.

kill –2 –1 # envoie le signal à tous les processus dont « l'UID » réel est identique à « l'UID » effectif du propriétaire du shell émetteur.

kill –2 –1540 # envoie le signal à tous les processus du groupe 1540.

su

La commande **su** permet, entre autres de faire exécuter un processus avec une autre identité que la sienne, ce qui est intéressant pour « root » qui n'a pas, quand il exécute l'une des formes de la commande **su,** à fournir de mot de passe.

su pierre # prendre l'identité de pierre.

su – pierre # prendre l'identité de pierre et changer d'environnement, le fichier ~/ .profile de pierre est exécuté.

# su pierre -c "id" # exécute la commande avec l'identité de pierre.
uid=200(pierre) gid=51(stage) groups=51(stage),52(formateur)

what

La commande **what** extrait d'un fichier, y compris binaire, les commentaires SCCS de la forme « @(#) commentaire ». Les commandes affichent leur numéro de version.

what /usr/bin/pg

ident

La commande **ident** joue un rôle identique à la commande **what** pour visualiser les commentaires RCS et CVS de la forme « $Id : ». Cette commande fait partie du paquetage RCS qui est un logiciel libre *(cf. Références Internet, les logiciels libres)*.

fuser

La commande **fuser** fournit des informations sur les processus actifs sur un système de fichiers ou qui ont ouvert un périphérique (*cf. Module 4 : Les systèmes de fichiers*).

at

La commande **at** exécute des commandes en différé (*cf. Service cron*).

crontab

La commande **crontab** exécute des commandes périodiquement (*cf. Service cron*).

env

La commande **env** visualise l'environnement d'un shell.

lsof

La commande **lsof** visualise les fichiers ouverts et les commandes qui les utilisent. C'est un logiciel libre *(cf. Références Internet, les logiciels libres)*.

ldd

La commande **ldd** visualise les bibliothèques dynamiques d'un exécutable *(cf. Les bibliothèques dynamiques).*

strace, truss

Les commandes **strace** et **truss** permettent d'exécuter une application et de visualiser les appels système qu'elle exécute.

dump

La commande **dump** visualise des zones, comme les en-têtes de fichiers binaires (exécutable, bibliothèques, ...). La bonne interprétation des résultats de cette commande nécessite de connaître le format des fichiers exécutables de son système. Un système Solaris utilise des binaires au format ELF *(cf. man elf(3E)).*

objdump

La commande **objdump** est similaire à la commande **dump**, elle fait partie des logiciels GNU *(cf. Les logiciels libres).*

strings

La commande **strings** visualise les chaînes ASCII d'un binaire.

```
$ strings /usr/bin/cal
SUNW_OST_OSCMD
 S  M Tu  W Th  F  S
   %s %u
%4.3s
%.3s
%10.3s
%s  %s  %s
%s: bad month
%s: bad year
usage: %s [ [month] year ]
December
November
...
```

Les commandes internes du shell (sh)

&

La commande & exécute un processus en arrière-plan.

wait

La commande **wait** attend que les commandes exécutées à l'arrière-plan soient terminées pour poursuivre l'exécution du shell.

```
# commande1 &
# commande2 &
...
# wait
# commande_suite    # est exécutée quand commande1,2,... sont terminées
```

Cela n'a d'intérêt que s'il existe plusieurs commandes d'arrière-plan, au moins deux. C'est sinon le mode de fonctionnement normal du shell.

exec

La commande **exec** remplace le code du shell par le code de la commande. Il n'y a pas de création de processus. Il n'y a pas de retour si la commande **exec** réussit.

```
# ps
# exec ps
...
login :
```

. unscript

Le shell courant exécute lui-même le script unscript.

crontab (1/2)

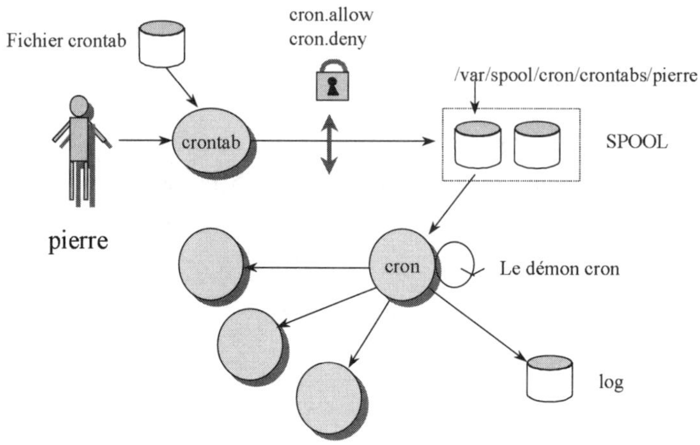

Le démon **cron** exécute des commandes pour des utilisateurs. L'heure et la date d'exécution de ces commandes sont régies selon plusieurs critères :

- La périodicité (tou(te)s les) quand elles sont soumises par la commande **crontab**.
- L'échéance (à telle heure) quand elles sont soumises par la commande **at**.
- A leur tour et dès que possible quand elles sont soumises par la commande **batch**.

Le démon **cron** définit des principes et des contraintes d'utilisation qui sont toujours valables, quel que soit le mode de soumission :

1. Pour soumettre une requête, il faut être un utilisateur autorisé. L'administrateur dispose, pour définir qui est autorisé, des fichiers *cron.allow* et *cron.deny* pour la commande **crontab** et des fichiers *at.allow* et *at.deny* pour les commandes **at** et **batch**. Ces fichiers sont situés en */etc/cron.d*. Le lien symbolique */usr/lib/cron* fonctionne également.
   Comprenons l'utilisation avec *cron.allow* et *cron.deny*. Elle est similaire avec *at.allow* et *at.deny*.
   Si les fichiers n'existent pas, seul l'administrateur (« root ») est autorisé à exécuter la commande **crontab**.
   Si le fichier *cron.allow* existe, les utilisateurs dont il contient les noms, un par ligne, sont autorisés à exécuter la commande **crontab**, les autres non.
   Si le fichier cron.deny existe, les utilisateurs dont il contient les noms, un par ligne, n'ont pas le droit d'exécuter la commande **crontab**, les autres oui.

   cathy, pierre et root sont les seuls autorisés.
   ```
   # cd /usr/lib/cron
   # more cron.allow
   root
   pierre
   cathy
   ```

Tout le monde est autorisé.
ls cron.*
cron.deny
more cron.deny # il est vide
#

2. **cron** mémorise l'historique des commandes qu'il exécute dans le fichier */var/cron/log* qu'il faut purger régulièrement. Le lien symbolique */usr/lib/cron* permet d'atteindre les fichiers du répertoire */var/cron*. Quand le fichier *log* atteint la taille maximale, fixée par le paramètre ulimit, le script **/etc/cron.d/logchecker** le copie sous le nom */var/cron/olog* et remet le fichier *log* à zéro.

3. Lorsque le démon **cron** exécute une commande, il définit un environnement réduit composé des variables « HOME », « LOGNAME », « SHELL » qui est initialisé avec une valeur par défaut **/bin/sh** et une variable « PATH » réduite à */bin:/usr/bin*. L'environnement de **cron** peut être défini dans le fichier */etc/default/cron*. Il est possible d'y définir, entre autres, la variable PATH pour les chemins des utilisateurs et la variable SUPATH pour les chemins de « root ».Les commandes qui ont besoin d'un environnement plus complet doivent être appelées dans un script qui crée les autres variables. Les scripts doivent préciser le shell qui les exécute grâce au pseudo-commentaire « # ! » (*cf. UNIX shell : Module 4 – les scripts shell*).

4. Pour les commandes qui nécessitent une entrée standard, il est nécessaire de prévoir une redirection explicite en entrée.
A défaut de redirection de la sortie standard et des erreurs, les résultats et les messages d'erreur sont envoyés dans la boîte à lettres.

5. Les répertoires des requêtes du démon **cron** sont respectivement */var/spool/cron/crontabs* pour la commande **crontab** et */usr/spool/cron/atjobs* pour les commandes **at** et **batch**.
Le fichier de requêtes d'un utilisateur de la commande **crontab**, une fois transféré dans le répertoire des requêtes, porte le nom de l'utilisateur. Cela limite à un le nombre de fichiers de requêtes actifs que peut posséder un utilisateur.

Remarque
La commande **crontab** est très certainement la plus utilisée par l'administrateur à qui cela permet d'automatiser l'exécution de nombreuses commandes, dont les sauvegardes et la surveillance de l'activité du système.

---

crontab (2/2)

- **Un fichier crontab** (* : toutes les valeurs possibles)

```
$ more moncron
* * * * *  date
0 21 * * *  who
0 0 1 * 1-6  cal
30  12  3,8,15  3-10  *  touch .profile
```

La commande ⑥

① *Minutes (0-59)* ② *Heures (0-23)* ③ *Jour (1-31)* ④ *Mois (1-12)* ⑤ *Jour de la semaine (0-6, 0:Dimanche)*

- **La commande** crontab

```
$ crontab -e    # édite son crontab
$ crontab -l    # liste son crontab
$ crontab -r    # supprime son crontab
```


crontab

On a coutume d'appeler un fichier au format de la commande **crontab**, une « cron table ».

L'utilisateur la crée avec un éditeur de texte. Une ligne peut être une ligne de commande (une requête) ou une ligne de commentaire qui commence alors par le symbole #.

Remarque
Il est préférable d'éviter de mettre des lignes vides dans une « cron table ». De nombreux services cron génèrent alors une erreur à l'exécution de la commande **crontab**.

Une ligne de commande est constituée de six champs, séparés par des espaces ou des tabulations. Les cinq premiers définissent la périodicité et le dernier la commande à exécuter :

Minutes	Heures	Jours du mois	Mois	Jour de la semaine	Commande

Le contenu d'un champ exprimant un élément de la périodicité peut être :

- Une valeur pour indiquer « à quel(le) » il faut exécuter la commande. La valeur 15 dans le champ minute signifie à la quinzième minute, dans le champ jour du mois, le 15 du mois.
- Une liste de valeurs, séparées par des virgules, pour indiquer « au(x)quel(le)s » il faut exécuter la commande. La liste 1,3,5,7 dans le champ mois signifie janvier, mars, mai et juillet.
- Un intervalle pour représenter de « tant à tant ». L'intervalle 1-3 dans le champ jour de la semaine signifie du lundi au mercredi.

- Le caractère * pour indiquer le plus grand intervalle possible. * est équivalent à 0-6 dans le champ jour de la semaine.

Pour soumettre la « cron table » au démon **cron**, l'utilisateur exécute la commande :
$ crontab moncron
où *moncron* est le nom du fichier de requêtes, celui qui est copié dans */var/spool/cron/crontabs* avec pour nom, celui de l'utilisateur.

Pour connaître les requêtes soumises au démon cron, c'est-à-dire visualiser la « cron table » active, il faut exécuter la commande
$ crontab –l

Pour arrêter l'exécution de la « cron table » active, il faut exécuter la commande :
$ crontab –r

Pour modifier la « cron table » active, il faut exécuter la commande :
$ crontab –e
L'édition est réalisée via l'éditeur de texte **vi**. La commande **crontab –e** permet de créer directement une « cron table » active initiale, donc vide.

at

La commande **at** permet de faire exécuter des commandes à une heure et une date données. La commande **at** lit les commandes à exécuter depuis l'entrée standard. Il faut, si elles ont été stockées dans un fichier, cas le plus fréquent, procéder à une redirection de l'entrée standard.

Remarques

- Certaines commandes **at** ont maintenant une option « -f fichier_script » qui évite de procéder à la redirection de l'entrée standard.
- Les commandes **at** les plus récentes affichent, en mode interactif, un prompt pour signifier qu'elles sont en attente de commandes.
  # at 1500
  at>

Syntaxe : at heure [date] [+ incrément unité] < fichier_script

at [-f fichier_script] heure [date] [+ incrément unité]

L'heure et la date sont au format standard d'UNIX (*cf. man date*) ou intègrent des mots clés propres à la commande **date** (*cf. man at*).

at 1500 <fcommande # exécuter le fichier fcommande à 15 heures.

at midnight < fcommande # exécuter le fichier fcommande à minuit.

at now + 3 hours < fcommande # exécuter le fichier fcommande dans 3 heures.

Pour connaître les travaux soumis, il faut exécuter la commande :
$ at –l

Les travaux sont des fichiers avec l'extension « .a ».

Pour supprimer un travail avant qu'il ne soit exécuté, il faut exécuter la commande :
$ at –r xxxxxxxx.a # Supprimer le travail xxxxxxxx.a

batch

La commande **batch** utilise le même schéma de fonctionnement que **at**, mais on ne précise pas d'heure ni de date d'exécution. Le travail soumis est mis en attente dans une « FIFO » et exécuté à son tour et quand la charge système le permet.

$ batch < fcommande
$ at –l # Visualiser les travaux en attente. Les travaux ont l'extension « .b »
$ at –r xxxxxx.b # Supprimer le travail xxxxxx.b.

Les bibliothèques dynamiques

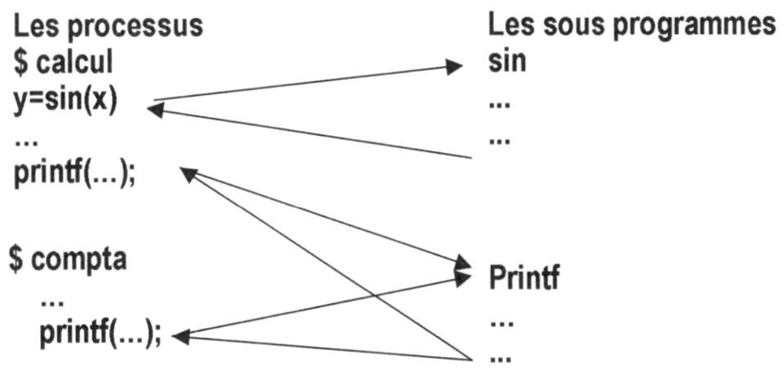


```
$ ps
PID TTY      TIME     CMD
  854 pts/0  00:00:00 calcul
 1029 pts/0  00:00:00 compta
```

TSOFT - UNIX Administration — Module 6 : Les processus - 6.8

Les bibliothèques dynamiques, le concept

Un programme binaire, sous sa forme exécutable, fait appel à des bibliothèques de sous-programmes. Chaque sous-programme d'une bibliothèque est une unité de programme qui réalise une fonction particulière, comme écrire des données sur la sortie standard, ce que réalise le sous-programme **printf** ou calculer le sinus d'un angle, ce que réalise le sous-programme **sin**. Une bibliothèque est spécialisée. La bibliothèque mathématique contient les fonctions cosinus, sinus, tangente…

Les sous-programmes des bibliothèques peuvent être inclus dans le fichier image de l'exécutable. On parle alors d'édition de lien statique. Le programme est alors autonome. Il suffit de disposer du fichier qui contient le programme pour exécuter l'application. C'est le mode que l'on choisit pour installer un logiciel embarqué sur une machine cible sur laquelle il n'existe rien d'autre que le noyau Linux et le logiciel.

On peut également utiliser des bibliothèques dynamiques (« *DLL : Dynamic Link Library* »). Les bibliothèques sont associées au processus pendant l'exécution. On parle d'édition de lien dynamique. Le code des sous-programmes n'est pas inclus dans le fichier image de l'exécutable. Leur présence est nécessaire au moment de l'exécution de l'application. Les bibliothèques sont partagées par tous les exécutables qui y font appel simultanément. C'est pourquoi les termes de bibliothèque dynamique et de bibliothèque partagée (« *Shared library* ») sont synonymes.

Le choix de l'édition de lien, statique ou dynamique, se fait au moment de la compilation de l'application. Il nécessite, en conséquence, la possession des sources.

Remarque
La taille d'un fichier exécutable produit avec une édition de lien statique est plus importante que celle du fichier obtenu en réalisant une édition de lien dynamique. Le second ne contient pas les sous programmes des bibliothèques.

Les bibliothèques

Une bibliothèque se présente sous la forme d'un fichier qui possède l'extension « .a » (« *archive* ») pour une bibliothèque statique et l'extension « .so » (« *shared object* ») pour une bibliothèque partagée.

Le nom complet d'une bibliothèque partagée inclut son numéro de version, sous la forme MAJEUR[.MINEUR]. Le nom *libXm.so.1.2* désigne la révision de majeur 1 et de mineur 0.2 de la bibliothèque Xm.

La politique normalement suivie lors de l'installation d'une application est de créer les bibliothèques dynamiques dans le répertoire */usr/lib* et d'avoir, d'autre part, un lien symbolique qui pointe sur la bibliothèque la plus récente compatible avec ce majeur, par exemple :

```
$ ls -l  libsock*
-rw-r--r--   1 bin      bin        62432 sep   1  1998 libsocket.a
lrwxrwxrwx   1 root     root          16 oct  10 11:18 libsocket.so -> ./libsocket.so.1
-rwxr-xr-x   1 bin      bin        52988 sep   1  1998 libsocket.so.1
```

Remarque
Si pour une raison ou pour une autre, des bibliothèques essentielles, comme libc, la bibliothèque standard du langage C, venaient à ne plus être accessibles, les commandes ne fonctionneraient plus. Il faut donc impérativement posséder un système annexe de démarrage. Ce système permet de réparer le système, par exemple, en restaurant les bibliothèques (*cf. Annexe J : Dépannage*).

Emplacement des bibliothèques

Les bibliothèques dynamiques sont chargées par l'utilitaire **ld.so**. Ce chargeur recherche les bibliothèques en respectant l'ordre suivant :

- Les répertoires mentionnés par la variable d'environnement LD_LIBRARY_PATH sont parcourus.
- La recherche se termine en scrutant le répertoire */usr/lib*.

Compilation et édition de liens

La commande **cc** réalise la compilation et l'édition de liens d'un programme. La compilation consiste dans la production d'un fichier contenant un code binaire non exécutable et l'édition de liens dans celle d'un fichier binaire exécutable. C'est à l'édition de liens que l'on indique le type des bibliothèques. Par défaut, c'est la bibliothèque dynamique qui est utilisée. L'option « -static » entraîne l'utilisation des bibliothèques statiques.

Les commandes d'information

La commande **ldd** liste les bibliothèques partagées d'un exécutable. L'ensemble de ces bibliothèques doivent être accessibles.

La commande **dump** liste les en-têtes d'un fichier au format ELF, par exemple un exécutable ou une bibliothèque partagée.

Exemples

```
$ cat main.c
main() {
    int a=3,b=4,c;
    c = add(a,b);
    printf("%d\n", c );
}
```

```
$ cat add.c
int add(int x, int y ) {
      return x+y;
}
$ cat mult.c
int mult(int x, int y ) {
      return x*y;
}
$ gcc -c main.c
$ gcc -c add.c
$ gcc -c mult.c
$ gcc -shared -o libz.so add.o mult.o
$ gcc main.o libz.so
$ LD_LIBRARY_PATH=`pwd`
$ # ou bien ou copie libz.so dans /usr/lib
$ export LD_LIBRARY_PATH
$ ./a.out
7
$ ./a.out
7
$ ldd a.out
      libz.so =>       /export/home/jf/libz.so
      libc.so.1 =>     /usr/lib/libc.so.1
      libdl.so.1 =>    /usr/lib/libdl.so.1
$ ar r libz.a add.o mult.o
ar: creating libz.a
$ PATH=$PATH:/usr/ccs/bin
$ ranlib libz.a
$ gcc -static main.o libz.a
$ ./a.out
7
$ ldd a.out
ldd : a.out : le fichier n'est pas un exécutable dynamique ni un objet partagé
$
```

Les IPC

- **Les différentes IPC (« Inter Process Communication »)**
  - Les files d'attente de messages inter processus
  - Les segments de mémoire partagés
  - Les tableaux de sémaphores
- **Les commandes**
  - ***ipcs*** Liste les IPC actifs par type d'IPC
  - ***ipcrm*** Permet de détruire une IPC
  - ***sar*** Renseigne sur l'utilisation des IPC

TSOFT - UNIX Administration Module 6 : Les processus - 6.9

Les « IPC » (« *Inter Process Communication* ») désignent des mécanismes de synchronisation et de communication implémentés dans le noyau UNIX, auxquels les processus applicatifs font appel pour échanger des données ou régler des problèmes de concurrence d'accès à des ressources.

Les processus utilisent, pour cela, des primitives du noyau. Les « IPC » sont décrits dans la section 2 du manuel de référence.

En quoi, alors, l'administrateur est-il concerné ?

Cela le concerne à trois niveaux :

- A parfaire sa connaissance globale du système.
- A être capable d'identifier les « IPC » utilisés par les processus, vérifier la suffisance de leur nombre et à en supprimer à la main en cas de « plantage » d'un logiciel.
- Savoir modifier les paramètres du système si les ressources « IPC » viennent à manquer pour exécuter les processus applicatifs. L'administrateur qui n'est pas un spécialiste de la programmation système consulte la documentation du logiciel pour déterminer le nombre de ressources « IPC » qui convient.

Les « IPC » appartiennent à trois catégories distinctes :

- Les files d'attente de message (« *Message Queue* ») que les processus utilisent pour échanger des données. Les files d'attente de message sont des « FIFO ». Elles offrent comme avantages principaux sur les tubes de permettre une gestion de priorité entre messages et de consulter la présence de messages, sans les lire pour autant.
- Les zones de mémoire partagées (« *Shared Memory* ») par plusieurs processus permettent à plusieurs processus de lire ou d'écrire des données dans une zone commune.

- Les tableaux de sémaphore permettent aux processus de se synchroniser pour éviter des conflits d'accès à des ressources partagées, des zones de mémoire partagées par exemple.

Les commandes

Il existe deux commandes qui traitent des « IPC » :

La commande **ipcs** qui les visualise.

# ipcs	# visualise les informations essentielles des trois catégories
# ipcs –q	# visualise les informations essentielles des files de messages
# ipcs –m	# visualise les informations essentielles des mémoires partagées
# ipcs –s	# visualise les informations essentielles des sémaphores

Dans tous les cas, la commande **ipcs** affiche, en colonne, des informations relatives aux « IPC » existantes :

T Le type de « l'IPC » :

- q File d'attente de message.
- m Zone de mémoire partagée.
- s Sémaphore.

ID

L'identificateur de « l'IPC » désigne une valeur attribuée par le noyau à la création de « l'IPC ». C'est l'équivalent du « handle » d'un fichier.

KEY

La clé désigne le nom de « l'IPC ». Il a été choisi par le créateur de « l'IPC ».

MODE

Le champ « MODE » permet de savoir :

- R Un processus attend une réception de message.
- S Un processus attend de pouvoir envoyer un message.
- D Une zone de mémoire partagée a été supprimée. Elle sera détruite quand le dernier processus à s'y être attaché s'en détachera.
- C La zone de mémoire partagée doit être initialisée à 0 quand le premier processus s'y attachera.
- \- Aucun des attributs ci-dessus n'est positionné.

Il définit aussi les droits d'accès. La lecture en est identique à celle des droits des fichiers.

- r Droit de lecture.
- w Droit en écriture pour les messages et les zones de mémoire partagée.
- a Droit de modification d'un sémaphore.
- \- Absence de droit.

OWNER

Le nom du propriétaire de « l'IPC ».

GROUP

Le nom du groupe du propriétaire de « l'IPC ».

La commande **ipcrm** qui permet de supprimer une ressource « IPC ».

Pour chaque catégorie, la commande **ipcrm** accepte deux syntaxes :

- ipcrm –x ID_de_la_ressource_de_type_x_a_détruire
- ipcrm –X CLE_de_la_ressource_de_type_x_a_détruire

La lettre x peut être, comme pour la colonne type de ipcs :

- Q ou q pour les files d'attente de message,
- M ou m pour les zones de mémoire partagée,
- S ou s pour les sémaphores.

Le logiciel libre

- **UNIX : Un système conçu pour le logiciel libre**
- **BSD : L'autre système UNIX, la licence BSD**
- **GNU : Le logiciel plus que libre, la licence GPL**
- **Linux : Un UNIX vraiment libre (GPL)**
- **Les émules :**
  - Xfree86
  - GNOME, KDE
  - Apache, Samba
  - MySQL, PostgresSQL

TSOFT - UNIX Administration Module 6 : Les processus - 6.10

Introduction

L'histoire d'UNIX et celle du logiciel libre sont intimement liées.

UNIX et le monde libre, c'est une vieille histoire, en partie due au hasard. La société AT&T, du fait de son monopole dans les télécommunications aux USA, ne pouvait pas vendre de matériel et de logiciel informatique. Les concepteurs d'UNIX, Ken Thompson et Denis Ritchie, pour ne pas enfreindre la loi, ont distribué UNIX à prix coûtant (le prix de la bande magnétique et des frais d'envoi). Bien que les distributions aient conservé le copyright d'AT&T, la disponibilité des sources du système a permis la création d'une multitude d' « UNIX LIKE », dont Linux.

Dès la perte de son monopole, la société AT&T a commercialisé des ordinateurs et le système d'exploitation UNIX sous l'appellation UNIX System V. AT&T a essayé de contrôler le développement d'UNIX, tout en intégrant les évolutions extérieures, notamment celles réalisées par l'Université de Berkeley, à l'origine de « Free BSD ». A la fin, AT&T a créé la norme SVID (« *System V Interface Definition* »), pour fédérer l'ensemble des systèmes UNIX derrière sa bannière. La norme SVID spécifie les appels système que doit respecter un système UNIX pour permettre de porter une application d'un système à un autre par simple compilation des programmes écrits en langage C.

SVID marque la naissance des systèmes ouverts. SVID est en effet un document public, accessible à quiconque souhaite créer un système d'exploitation compatible UNIX ou un logiciel pour ce système. Les différentes normes POSIX d'IEEE, ultérieurement normalisées par l'ISO, sont le résultat de ce mouvement.

Il faut remarquer que ce caractère ouvert découle de la volonté des concepteurs d'UNIX de créer un système portable. Ken Thompson a créé le langage B, amélioré par Ritchie pour donner le langage C. L'écriture du noyau du système d'exploitation et des applications en langage C a assuré la portabilité d'UNIX.

L'accès aux programmes sources C du système et la volonté d'ouverture étaient inscrits sur les fonts baptismaux d'UNIX.

L'évolution des logiciels libres de droits (GNU, Free software)

A l'instar d'AT&T, les universités et les centres de recherche ont activement contribué aux développements d'UNIX. Aussi ont-ils très mal accueilli la décision d'AT&T, dans les années 1980, de limiter les droits d'utilisation et de distribution d'UNIX.

On a même assisté à une bataille rangée entre l'université de Berkeley d'un côté et les sociétés AT&T puis Novell, de l'autre. Novell a racheté les droits d'UNIX à AT&T en 1991. Novell céda ensuite ses droits sur UNIX à l'Open Group qui en est toujours le possesseur.

En 1984, au MIT (Massachusetts Institute of Technology), Richard Stallman a amorcé un mouvement pour le développement de logiciels libres de droits, mouvement qui s'est traduit par la création de la FSF (« Free Software Foundation ») autour du projet GNU, dénomination issue d'une tradition UNIX qui consiste à utiliser un acronyme récursif comme nom de programme et signifiant : GNU's Not UNIX.

La FSF, toujours basée au MIT, a depuis produit un grand nombre de logiciels, parmi lesquels on peut citer : emacs, GNU C, GNU C++, GNU bash, GNU tar, bien connus du monde UNIX.

L'université de Berkeley n'est pas en reste non plus, puisqu'elle est à l'origine de la plus populaire des licences de logiciels libres de droits : Free BSD. Cette licence stipule que l'auteur du logiciel demeure toujours propriétaire du code, mais n'impose aucune restriction à l'utilisateur quant aux modifications qu'il pourrait y apporter.

Enfin, toujours au MIT, mais extérieur à la FSF, le consortium X s'est vu confier par la communauté UNIX, la charge de faire évoluer le système graphique X-Window. Terminons cette présentation par le célèbre groupe « XFree86 », qui a la responsabilité de porter X-Window sur les plates-formes INTEL et dont le logiciel du même nom est disponible gratuitement, contrairement à des logiciels commerciaux tels que Metro X par exemple.

Le système Linux, licence GPL

En août 1991, Linus Torvald, étudiant à l'université d'Helsinki, annonçait dans le « newsgroup » USENET « comp.os.minix » son projet de développer un système d'exploitation utilisant au mieux les fonctionnalités multi-tâches du processeur 386 d'INTEL, un passe-temps sans but commercial.

Linus Torvald voulait offrir un système performant aux utilisateurs d'un petit système UNIX de l'époque, Minix, écrit par Andy Tanenbaum. Linus Torvald le décrivait ainsi : « better Minix than Minix ».

La première version, la version 0.01 d'août 1991, était rudimentaire. Elle ne comportait que quelques sources et devait être compilée sous Minix.

Depuis, des centaines de développeurs, communiquant via Internet, ont aidé Linus Torvald. Un nouveau mode de développement est né !

Aucune organisation ne contrôle le développement. Une personne est responsable d'un projet et plusieurs autres participent à l'écriture du code.

C'est Linus Torvald qui est responsable du noyau Linux et c'est lui qui décide de la distribution des sources. Concrètement, chaque composant du noyau (pilote, système de fichiers, gestion de mémoire, ...) est sous la responsabilité d'une personne, qui centralise à son tour les développements de centaines de programmeurs et les transmet à Linus Torvald, afin qu'il les intègre au noyau Linux.

Ce mode de travail est celui utilisé pour le développement de tous les utilitaires de Linux.

Linux est la propriété de Linus Torvald, et des personnes qui ont contribué à son développement (torvald@transmeta.com) mais le code source aussi bien que le code binaire sont librement et gratuitement distribués selon les termes du GPL (GNU Public Licence) qui stipulent que tout acquéreur peut librement utiliser et même commercialiser le produit. Cependant, toutes les modifications du produit doivent à leur tour être librement et gratuitement disponibles pour la communauté internationale, ce qui garantit la perpétuité du logiciel libre de droits.

Les émules

Depuis plusieurs années, le GNU et les autres organismes qui promeuvent les logiciels libres ont fait des émules. De grands projets voient le jour sous l'étiquette « free software » ou « open source ». Citons simplement : « Apache Software Foundation », « GNOME Foundation », « KDE Leage », ...

Comment récupérer des logiciels libres ?

Les paragraphes qui suivent décrivent les principaux logiciels libres. L'annexe « *Références Internet* » donne les adresses @ où l'on peut récupérer ces logiciels et obtenir des compléments d'information. Le site « Unix System Administrator's Resources, Stokeley Consulting » et celui du GNU donnent beaucoup d'autres références.

Il faut installer les logiciels que l'on a téléchargés. Le chapitre suivant « *Installation de logiciels* » décrit la marche à suivre et donne comme exemple l'installation d'Apache sous Solaris en utilisant les outils du GNU.

Les logiciels du GNU

Parmi les logiciels libres, ceux du GNU occupent une place de choix, et en premier lieu GCC. C'est le compilateur du langage C/C++, il est la base de tout l'édifice. Les autres logiciels du GNU ou du monde libre sont écrits principalement dans ce langage. Voici une liste (non exhaustive) des principaux logiciels fournis par le GNU

autoconf	Un outil qui permet de générer le script « configure », base des paquetages GNU *(cf. le chapitre suivant, Installation de logiciels)*.
bash	Un shell compatible Bourne et ISO.
bison	Un logiciel compatible yacc.
emacs	L'éditeur de texte préféré des programmeurs.
FileUtils	Les principales commandes UNIX : ls, cp, rm, ...
FindUtils	Outils de recherche de fichiers : find, locate, ...
gawk	GNU awk.
GCC	Le compilateur C/C++, Objective C et Fortran du GNU.
gdb	GNU debugger.
ghostscript	Un interpréteur Postscript et Acrobat (PS et PDF).
ghostview	Une interface graphique à ghostscript.
gimp	Un logiciel de traitement d'image.
gnome	Le bureau « GNOME ».
gperf	Un outil de « profiling ».
gpg	La version GNU du logiciel de chiffrement PGP.
make	La version GNU de la commande **make**.
patch	Un outil de mise à jour de fichiers sources.
RCS	Les outils de gestion de version d'origine BSD.

tar	La version GNU de **tar**.
gzip	Un outil pour compresser/décompresser des fichiers.

Les logiciels serveurs

Apache	Le serveur Web le plus célèbre de la planète.
SQUID	Un logiciel proxy Web qui peut faire office de firewall.
Sendmail	Le célèbre serveur de messagerie.
smail	Un autre serveur de messagerie (GNU).
Postfix	Un autre serveur de messagerie d'origine IBM.
Samba	Le logiciel qui émule un serveur Windows.
MySQL	Une base de données SQL réputée comme une des plus rapides.
PostgresSQL	Une autre base de données SQL qui succède à Ingres. Elle est réputée très complète.
wu-ftpd	Le serveur FTP de l'Université de Washington.
LPRng	Un serveur d'impression sous licence GPL.

Les outils et les utilitaires d'administration

webmin	Un outil d'administration d'un système UNIX via le Web.
CUPS	Un serveur d'impression sous licence GPL.
qmail	Un autre serveur de messagerie.
PERL	Le langage PERL, indispensable à l'administrateur UNIX.
lsof	Un outil pour afficher les fichiers ouverts.
ncftp	Un client ftp (freeware) et serveur ftp (payant). Permet de reprendre un téléchargement interrompu.
star	Encore une version de **tar**. Ne possède pas de limite sur les longueurs des noms.
locate	La commande **locate** permet, comme la commande **find**, de rechercher des fichiers mais beaucoup plus rapidement. Elle fait partie du paquetage GNU FindUtils.
sudo	Cet outil permet à l'administrateur d'autoriser des utilisateurs à exécuter des commandes sous le compte de root.
top	Un outil de surveillance du système, il visualise notamment les processus les plus consommateurs de ressources.
CVS	Des outils de gestion de version en réseau.
ssh	Un shell qui permet une connexion sécurisée. Il remplace **telnet**, **rlogin**, **rsh** et **rcp**.
mtools	Un ensemble de commandes pour manipuler des disquettes MS-DOS.
AMANDA	Un outil de sauvegarde en client/serveur.

Les autres logiciels

Outils Web

Mozilla	La version libre du logiciel navigateur Netscape.

Lynx	Le navigateur web en mode texte.
SWISH-E	Un outil d'indexation de sites.
ht://Dig	Un autre outil d'indexation de sites.
Excite	Le moteur Excite d'indexation de sites.
Apache::ASP	Un module ASP pour Apache.
Ex. Frontpage	Un module d'extension Frontpage pour Apache.
PHP	Le module d'extension PHP pour Apache.
SSL	Le module de sécurisation de transactions pour Apache.

Outils bureautiques

K Office	La suite bureautique de KDE.
AbiWord	Un traitement de texte.
StarOffice	La suite bureautique de Sun.
OpenOffice	La version libre de StarOffice.

Outils réseaux

BIND	Le serveur DNS de l'ISC d'origine BSD.
DHCP	Le serveur DHCP de l'ISC.
uw-IMAP	Le serveur IMAP et POP de l'université de Washington.
ucd-snmp	Les logiciels SNMP de l'UCD.
tcpdump	Un analyseur de protocoles.

Sécurité

Nous ne citons que les principaux produits (*cf. Le Module 14 : La sécurité*) pour compléments.

Open-ssh	Le système de connexion sécurisée déjà mentionné.
Open-ssl	La couche réseau qui sécurise les transactions TCP/IP.
Gnu-pg	L'implémentation GNU du logiciel PGP de chiffrement.
tcpd	Un « wrapper » de sécurité réseau.
CRACK	Un logiciel pour casser les mots de passe.
John The Ripper	Un autre logiciel pour casser les mots de passe.
SATAN	Un outil d'audit d'un réseau.
COPS	Un logiciel qui vérifie l'intégrité d'un système.
Tripwire	Un autre outil de vérification d'intégrité d'un système.

L'environnement graphique

XFree86	Le serveur X pour plate-forme Intel.
GNOME	Le bureau GNOME.
KDE	Le bureau KDE.

Les langages informatiques

Il existe un compilateur ou un interpréteur libre pour la plupart des langages informatiques, citons notamment : C, C++, Objective C, Fortran, PERL, Python, Tcl, PHP, Simula, Forth, Smalltalk, Pascal, BASIC, ADA, LISP, Prolog, Eiffel, Java.

Les jeux

Plusieurs jeux font également l'objet de version libre : le jeu d'échecs, le backgammon, le Go, QUAKE, DOOM, Wumpus.

Autres logiciels

SANE	Logiciel de gestion de scanner.
Gimp	Logiciel de traitement d'image.
HylaFax	Logiciel d'émission et réception de fax.
mkiosfs	Logiciel permettant de graver des images ISO sur CD-ROM.

Installer une application, les paquetages

- **tarball = fichier tar compressé**
- **Paquetage GNU**
  - gunzip, tar x, cd ..., configure, make, make install
- **Paquetage PKG**
  - pkgadd -d fichier.pkg
  - pkgadd -d le_paquetage # répertoire
  - pkginfo
  - pkginfo -l le_paquetage
  - pkgrm le_paquetage

TSOFT - UNIX Administration Module 6 : Les processus - 6.11

tarball

Le format traditionnel d'une application obtenue à partir d'Internet, d'un CD-ROM, ... est le « tarball ». Un fichier *tarball* est tout simplement un fichier *tar* compressé.

Ce fichier contient tous les composants de l'application : les exécutables, les bibliothèques, les fichiers de configuration, la documentation, des fichiers de données, ...

On trouve aussi sur l'archive des fichiers qui permettent de réaliser l'installation : *README*, *copyright*, *Makefile*, *install.sh*. Il faut d'abord lire le fichier *README* qui contient des informations souvent essentielles. Il décrit le logiciel et la marche à suivre pour réaliser l'installation. Elle utilise habituellement deux outils : le shell et make. Le fichier *install.sh* est un script shell et le fichier *Makefile* est un fichier *make*. Malheureusement, chaque développeur suit ses propres conventions et les noms des fichiers et des procédures d'installation varient d'une personne à une autre.

La commande make

Cette commande est essentielle dans la production de logiciel. Elle se base sur un fichier, le *Makefile*, qui décrit toutes les opérations à effectuer pour créer une application. Ce sont essentiellement des compilations qui sont exécutées par un makefile, mais tout ce qui concourt à l'édification d'un logiciel peut être utilisé. L'intérêt majeur de la commande **make** réside dans le fait qu'elle n'accomplit, du makefile, que les opérations nécessaires en se basant sur les dates de dernière modification des fichiers.

Paquetage GNU

Un paquetage GNU est en fait un tarball. La procédure d'installation suit toujours les même étapes :

- récupération du tarball

- décompression avec l'outil gzip du GNU

- restauration avec tar

- déplacement dans le répertoire principal créé à l'étape précédente

- activation du script shell « configure »

- compilation de l'application via la commande **make**

- installation du logiciel via la commande **make install**

L'exécution du script configure est l'étape essentielle de l'opération. L'installateur l'a créé avec l'outil GNU **autoconf**. Il génère le fichier *Makefile* qui permet la compilation du produit avec, comme intérêt majeur, de fabriquer un *Makefile* spécifique de la plate-forme. Il prend en compte les outils de développement installés (ld, as, ar, m4, make, lex, yacc, ...), leur emplacement, les options de compilation liées à l'architecture matérielle, l'emplacement des fichiers et des commandes… Le même tarball peut être utilisé pour les différentes plates-formes UNIX existantes. La portabilité UNIX, dans ce cas, n'est pas un vain mot.

Syntaxe d'utilisation d'un script configure

Un script configure peut être activé avec des options qui précisent notamment l'emplacement des fichiers, ou bien le comportement du logiciel.

Nous mentionnons quelques options d'installation d'Apache.

--help : affiche la liste de toutes les directives de configuration, et la liste des modules disponibles et leur état d'inclusion.

--quiet : mode silencieux.

--verbose : mode verbeux.

--show-layout : affiche les emplacements utilisés.

--prefix=/usr/httpd : spécifie la racine d'installation, par défaut /usr/local/apache.

--enable-shared=max : Apache utilise l'édition de liens dynamique, par défaut, il utilise l'édition de liens statique.

Voir, en fin de chapitre, un exemple d'installation de paquetage GNU.

CVS *(cf. le chapitre suivant : Application de patches)*

Les paquetages évolués des systèmes UNIX

Les paquetages GNU apportent une solution à la portabilité d'une application UNIX, mais elle ne résout en rien la gestion et la mise à jour d'un serveur UNIX comportant des dizaines d'applications et des centaines d'utilitaires, de documentation, de bibliothèques partagées… La notion de paquetage (« *package* ») attendu alors doit être plus évoluée. Un paquetage ne doit pas seulement contenir les fichiers d'une application, mais doit reposer sur un format strict qui permet sa manipulation automatique par l'intermédiaire d'un ensemble de commandes.

On veut notamment disposer des fonctionnalités suivantes :

- Installer automatiquement une application.
- Connaître les paquetages installés.
- Avoir des informations générales sur un paquetage.
- Désinstaller un paquetage.
- Vérifier avant l'installation les dépendances d'un paquetage.
- Avant, durant ou après l'installation, connaître les conflits associés à l'installation d'un paquetage.

- Vérifier la bonne installation d'un paquetage, l'intégrité de ses fichiers, l'authenticité du paquetage.
- Mettre à jour un paquetage.
- Connaître les composants du paquetage.

Cette liste n'est pas exhaustive, elle ne fait que mettre en exergue quelques intérêts marquants des paquetages.

Chaque système UNIX, dispose d'un format de paquetage et de commandes permettant de gérer l'installation et la désinstallation de paquetages. Malheureusement, il n'existe pas de standard. Solaris, et globalement les systèmes SVR4, utilisent le format PKG et les commandes **pkgadd**, **pkgrm**, **pkginfo**. Un système comme Linux dispose de plusieurs formats de paquetage : RPM de RedHat et Debian.

Les paquetages Solaris

Un paquetage Solaris se présente comme une arborescence de fichiers. Sous forme d'un seul fichier (« Data Stream »), il peut être utilisé en lieu et place de cette arborescence. Les paquetages Solaris sont gérés par les commandes **pkgadd**, **pkgrm**, **pkginfo**, ... ou, simplement, par l'outil **admintool**. Les noms des paquetages ne sont pas normalisés, les paquetages d'origine SUN commencent tous par le préfixe « SUNW ». Dans le répertoire */var/sadm/install*, le fichier *contents* contient la liste des fichiers, leur appartenance à un paquetage ainsi que d'autres informations permettant la vérification d'un paquetage. Le site « sunfreeware.com » comporte des centaines de logiciels libres au format PKG *(cf. l'exemple en fin de ce chapitre)*.

Liste des paquetages installés

```
$ pkginfo
...
system    SUNWxwplt    X-Window System platform software
system    SUNWxwrtl    X-Window System & Graphics Runtime Library Links in
/usr/lib
system    SUNWxwscf    X-Windows server probe and configuration, platform
specific
system    SUNWxwssu    X-Window platform specific, config start up software
system    SYMhisl    Symbios 8XX Hi-Performance SCSI HBA
$
```

Un paquetage est-il installé ?

```
$ pkginfo | grep -i sendmail
system    SUNWsndmr    Sendmail root
system    SUNWsndmu    Sendmail user
$
```

Information sur un paquetage installé

```
$ pkginfo -l SUNWsndmr
   PKGINST:  SUNWsndmr
      NAME:  Sendmail root
  CATEGORY:  system
      ARCH:  i386
   VERSION:  11.7.0,REV=1998.09.01.04.53
   BASEDIR:  /
    VENDOR:  Sun Microsystems, Inc.
      DESC:  sendmail root
```

```
 PSTAMP:  kapow19980901051850
INSTDATE:  oct  10 2001 11:31
 HOTLINE:  Please contact your local service provider
  STATUS:  Installation complète.
   FILES :    21 chemins d'accès installés
               9 chemins d'accès partagés
               4 fichiers liés
              10 répertoires
               1 fichiers exécutables
             182 blocs utilisés (approximativement)

$
```

Installer un paquetage (on utilise le CD-ROM d'installation)

```
# pkgadd -d /cdrom/sol_7_1199_x86/s2/Solaris_2.7/Product  SUNWman
Processing package instance <SUNWman> from
/cdrom/sol_7_1199_x86/s2/Solaris_2.7
/Product>
On-Line Manual Pages
(i386) 40.0,REV=23
Copyright 1998 Sun Microsystems, Inc. All rights reserved.
Using </usr> as the package base directory.
## Processing package information.
## Processing system information.
   4 package pathnames are already properly installed.
## Verifying package dependencies.
## Verifying disk space requirements.
## Checking for conflicts with packages already installed.
## Checking for setuid/setgid programs.

This package contains scripts which will be executed with super-user
permission during the process of installing this package.
Do you want to continue with the installation of <SUNWman> [y,n,?]y

Installing On-Line Manual Pages as <SUNWman>
## Installing part 1 of 1.
Installation of <SUNWman> was successful.
#
```

Information concernant un paquetage non installé

```
# pkginfo -d /cdrom/sol_7_1199_x86/s2/Solaris_2.7/Product   -l  SUNWypr
  PKGINST:  SUNWypr
     NAME:  NIS Server for Solaris (root)
 CATEGORY:  system
     ARCH:  i386
  VERSION:  11.7.0,REV=1998.09.01.04.53
  BASEDIR:  /
   VENDOR:  Sun Microsystems, Inc.
     DESC:  NIS Server for Solaris 2.6 and up
   PSTAMP:  kapow19980901051736
  HOTLINE:  Please contact your local service provider
   STATUS:  spooled
    FILES:     13 spooled pathnames
                4 directories
                2 executables
```

```
         7 package information files
        29 blocks used (approx)
#
```

Ajouter des paquetages au répertoire de spool et en installer un

```
# pkgadd -d `pwd` -s /var/spool/pkg SUNWxcu4t SUNWypr SUNWypu
# pkginfo -d /var/spool/pkg
system     SUNWxcu4t    XCU4 make and sccs utilities
system     SUNWypr      NIS Server for Solaris (root)
system     SUNWypu      NIS Server for Solaris (usr)
# pkgadd  SUNWxcu4t  # sans argument, on les installe tous
```

Retirer un paquetage

```
# pkginfo | grep SUNWypu
system     SUNWypu      NIS Server for Solaris (usr)
# pkgrm SUNWypu
The following package is currently installed:
  SUNWypu       NIS Server for Solaris (usr)
               (i386) 11.7.0,REV=1998.09.01.04.53
Do you want to remove this package? n
#
```

Exemple d'installation d'un logiciel libre sous forme de sources

On prend comme exemple l'installation d'Apache sur un système Solaris Intel. Elle nécessite de disposer de **gzip** et du compilateur c.

Installalation de *gzip*

(ftp://ftp.sunfreeware.com/pub/freeware/intel/7/gzip-1.2.4a-sol7-intel-local)

```
# ftp   ftp.sunfreeware.com
Connected to ftp.sunfreeware.com.
220 ftp.sunfreeware.com FTP server ready.
Name (ftp.sunfreeware.com:root): anonymous
331 Guest login ok, send your complete e-mail address as password.
Password:
230- ...
230 Guest login ok, access restrictions apply.
ftp> cd pub/freeware/intel/7
250 CWD command successful.
ftp> get gzip-1.2.4a-sol7-intel-local
...
ftp> quit
#  pkgadd -d gzip-1.2.4a-sol7-intel-local
```

Installation du compilateur GCC du GNU

On le décompresse et on l'installe.

```
# gunzip  gcc-2.8.1-sol7-intel-local.gz
# pkgadd -d gcc-2.8.1-sol7-intel-local
```

Vérification de la présence des outils de développement.

Il faut disposer des commandes **as**, **ld**, **m4**, **make** ... ainsi que des fichiers include et des bibliothèques.

Outils de développement : SUNWxcu4, SUNWxcu4t, SUNWbtool, SUNWsprot, SUNWtoo

Fichiers include : SUNWhea

Les bibliothèques : SUNWarc, SUNWlibm, SUNWlibms, SUNWdfbh, SUNWxwinc, SUNWolinc, SUNWxglh, ...

pkginfo | grep SUNWxcu4t # make est-il présent ?

...

On met à jour le PATH pour accéder à GCC et à make
PATH=/usr/bin:/usr/local/bin:/usr/xpg4/bin

On modifie le MANPATH pour accéder à la documentation de GCC
MANPATH=/usr/share/man:/usr/local/man/ ; export MANPATH
man gcc

Récupération d'Apache à partir du site www.apache.org

On le décompresse et on le « détare » :
gunzip apache_1.3.20.tar.gz
tar xvf apache_1.3.20.tar.gz

On active le script configure :
cd apache_13.20
./configure

On compile Apache :
make

On l'installe :
make install

On teste son fonctionnement :
/usr/local/apache/bin/apachectl start
ps -e |grep httpd

Les patches

- **Patch, diff -e, diff -c**
- **CVS**
  - CVSROOT = ...; export CVSROOT
  - cvs login
  - cvs co ...
- **Les patches Solaris**
  - patchadd, patchrm
  - les « patch cluster »

TSOFT - UNIX Administration — Module 6 : Les processus - 6.12

La commande patch

La commande **patch**, créée par Larry Wall, le concepteur de PERL, effectue la mise à jour de fichiers sources répartis dans une arborescence de fichiers. La commande applique les modifications mémorisées dans un fichier créé par la commande **diff -c**. Cette dernière génère les modifications qu'il faut apporter à un fichier pour obtenir la version modifiée. Contrairement à la commande **diff –e** qui crée un script **ed**, l'option « -c » génère une différence contextuelle qui prend en compte les lignes qui entourent les lignes modifiées. Dans certains cas, la commande échoue et le précise avec des balises qui encadrent les zones indécises.

Les mises à jour de sources sont disponibles sous forme de fichiers patch compressés.

Exemple simple d'utilisation de la commande **patch**

```
$ cal > f1.txt
$ cp f1.txt f2.txt
$ echo "Salut ..." >> f2.txt
$ diff -c f1.txt f2.txt
*** f1.txt     Fri Oct 12 14:36:31 2001
--- f2.txt     Fri Oct 12 14:39:42 2001
***************
*** 6,8 ****
--- 6,9 ----
  21 22 23 24 25 26 27
  28 29 30 31

+ Salut ...
$ diff -c f1.txt f2.txt > patch.txt
$ patch -p0 f1.txt < patch.txt
Ressemble à une opération new-style context diff.
terminé
$ cat f1.txt
```

```
   octobre 2001
 S  M Tu  W Th  F  S
    1  2  3  4  5  6
 7  8  9 10 11 12 13
14 15 16 17 18 19 20
21 22 23 24 25 26 27
28 29 30 31
```

Salut ...

$

Le système CVS

CVS (« Concurrent Version System ») est un système de gestion de version qui peut fonctionner en réseau. Ce logiciel est libre, sous licence GPL. Il est destiné à remplacer RCS, pour des cas complexes. Beaucoup de logiciels libres sont développés sur Internet grâce à CVS. Ce produit est d'abord destiné aux développeurs. Il peut être utilisé par toute personne qui récupère la dernière version d'un logiciel ou les dernières modifications dans le cas où l'on dispose déjà d'une version antérieure.

Exemple, récupération de Samba :

Après avoir récupéré le logiciel CVS, il faut créer la variable d'environnement CVSROOT qui donne l'adresse du serveur CVS, le compte sous lequel on se connecte et le répertoire où se trouvent les fichiers CVS.

```
$ CVSROOT=":pserver:cvs@cvs.samba.org:/cvsroot"
$ export CVSROOT
```

On se déplace dans le répertoire qui est destiné à recevoir les sources de Samba, et on se connecte au serveur en donnant le mot de passe « cvs ».

```
$ cd  /usr/samba_src
$ cvs login
password :  cvs
```

On télécharge les dernières modifications (ou tout le logiciel, si c'est la première fois). La commande **cvs checkout** va automatiquement mettre à jour les fichiers (de manière similaire à la commande **patch**).

```
$ cvs -z3 checkout  samba
```

Enfin, il ne reste plus qu'à compiler Samba comme un paquetage GNU. Le script configure se trouve dans le répertoire « source ».

Les patches Solaris

La gestion des patches Solaris est en fait intégrée au système des paquetages PKG, et utilise son architecture. Les patches se présentent sous la forme de fichiers dont le nom correspond au numéro du patch suivi de sa version, par exemple 106931-09. Un « patch cluster » est un ensemble de patches réunis dans un seul fichier compressé.

Visualiser les patches installés

```
# showrev -p
```

Visualiser les patches appliqués à un paquetage

```
# pkgparam  SUNWypr
```

Passer un patch particulier

On récupère le patch
On peut le récupérer à partir d'un CD-ROM ou à partir du site http://sunsolve.sun.com
On indique le numéro de patch désiré
On installe le patch grâce à la commande **patchadd**

```
# cd /cdrom/sol_7_1199_x86/s2/Solaris_2.7/Patches
# patchadd 106931-09
```

Passer l'ensemble des patches disponibles.

On récupère le « Recommended Solaris Patches Cluster ». Ce fichier contient l'ensemble des patches qu'il est nécessaire de passer. On peut le télécharger par http ou par ftp pour sa plate-forme et pour sa version à partir du site http://sunsolve.sun.com

On peut également s'abonner et recevoir ces fichiers sous forme de CD-ROM.

On décompresse le fichier zip

```
# unzip 7_Recommended.zip
```

On se déplace dans le répertoire créé

```
# cd 7_Recommended
```

On active la mise à jour

```
# ./install_cluster
```

On lit le compte rendu

```
# more /var/sadm/install_data/7_Recommended_log
```

Supprimer un patch

```
# patchrm 106931-09
```

Atelier 6 : La gestion des processus

Objectifs :

- **Savoir lancer et arrêter une application**
- **Savoir gérer le service cron pour activer des tâches périodiques**

Durée : 30 minutes.

Exercice n°1

Est-ce que l'application « cron » est active ? Si oui, quel est son PID ?

Exercice n°2

On exécute la commande suivante :

$ sleep 200 &

a) Quel est son père ?
b) Tuer cette application.

Exercice n°3

L'utilisateur pierre étant connecté, tuer son shell de connexion.

Exercice n°4

Comment autoriser tout le monde à utiliser la commande **crontab** ?

Exercice n°5 (suite de l'exercice précédent)

Comment interdire uniquement à paul d'utiliser la commande **crontab** ?

Exercice n°6

Quel est le nom du fichier « log » utilisé par le démon **cron** ? Est-il activé ? Si non, comment l'activer ?

Exercice n°7

Créez, sous le compte de pierre, un fichier *crontab* qui réalise les actions suivantes :

a) Ajout toutes les minutes du message « Bonjour » suivi de la date, au fichier */tmp/log*.
b) Liste des processus tous les ¼ d'heure, de 8h à 17h du lundi au vendredi, dans le fichier /tmp/processus.

Lister le crontab actif.

Exercice n°8

Sauvegarder le fichier *crontab* de l'administrateur, et ensuite y ajouter l'action suivante :

Ajout toutes les vingt minutes de la date au fichier */tmp/log*.

Cette action doit être exécutée avec les droits de l'utilisateur pierre.

Exercice n°9

Sauvegardez, grâce à la commande **tar**, l'ensemble des crontabs dans le fichier */var/adm/les_crontabs.tar*.

Exercice n°10

Ajoutez la variable d'environnement « PAYS=France » à tous les utilisateurs.

Exercice n°11

Listez les processus associés à votre terminal en faisant apparaître le numéro de groupe de processus. Tuez les processus du même groupe que votre shell de connexion.

Exercice n°12

Quelles sont les commandes de gestion de paquetage (« package ») existant sur votre système. Listez les paquetages existants. Affichez les informations du dernier paquetage listé.

Exercice n°13 (script)

Listez tous les descendants d'une application. On donne en paramètre un PID.

Exercice n°14

Installez le serveur FTP (packages SUNWftpr et SUNWftpu). S'il est déjà installé, commencez par le désinstaller.

Exercice n°15

En suivant les indications du support, installez le logiciel libre Apache à partir de ses sources.

- *Système de fichiers « root », swap primaire, périphérique de boot*
- *Le processus init, le fichier /etc/inittab*
- *Les scripts /etc/rc*
- ***shutdown***

7

L'arrêt et le démarrage

Objectifs

Après l'étude du chapitre, le lecteur sait démarrer et arrêter le système. Il maîtrise le paramétrage de l'arrêt et du démarrage.

Contenu

Le démarrage du système UNIX
Le processus init
Les scripts /etc/rc
Les sessions
SAF
L'arrêt du système

Références

Man

monitor(1m), init(1m), inittab(4), login(1), ksh(1), shutdown(1m)

Internet

http://uwsg.iu.edu/usail/index/install.html

Le démarrage du système UNIX

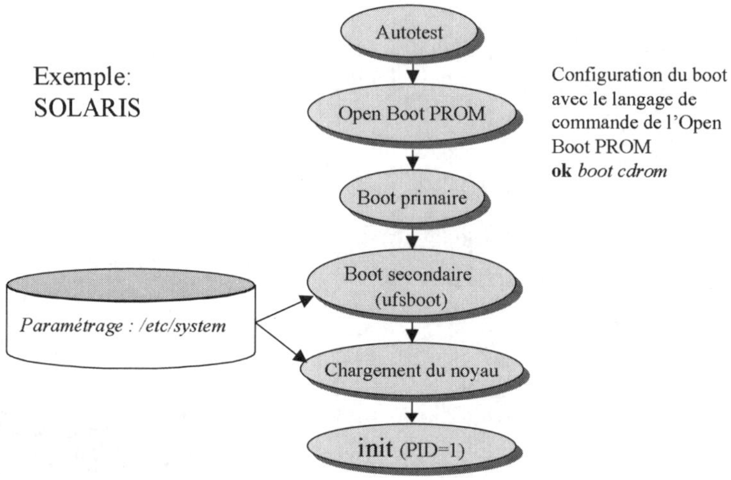

Le démarrage d'un système UNIX

Le démarrage d'un système UNIX, comme celui de tout système d'exploitation, commence par l'exécution d'un programme situé en mémoire morte de l'ordinateur. De nombreuses variantes existent, jusqu'au moment où, quel que soit le système UNIX, un noyau est chargé en mémoire. Ce noyau délègue le démarrage véritable du système au processus **init**, ancêtre des autres processus du système. Le « PID » du processus **init** est toujours 1.

Pour illustrer les opérations réalisées jusqu'à la création de **init**, nous avons choisi le système Solaris. Le déroulement est différent selon que nous avons affaire à Solaris pour le processeur SPARC ou Solaris pour les processeurs INTEL. La procédure présentée est celle des processeurs SPARC.

Après la mise sous tension de l'ordinateur, la PROM affiche l'identification du système et exécute le test du matériel et de la mémoire. A l'issue de ce test, une procédure de boot automatique est déclenchée, à moins que l'opérateur, via le langage de commande de l'Open Boot PROM, ne modifie les paramètres du boot (*cf. Démarrer autrement*).

Le transparent illustre la procédure de boot exécutée pour charger un noyau Solaris à partir du disque défini par défaut. La procédure de boot se déroule elle-même en quatre phases :

1. Le programme de boot de la PROM charge et exécute le boot primaire (« *bootblk* ») qui réside dans les quinze premiers secteurs du disque à partir duquel on boote.

2. Le programme **bootblk** exécute le boot secondaire, le fichier */platform/`uname –m`/ufsboot*.

3. Le boot secondaire charge le noyau Solaris. Ce dernier est composé des fichiers */platform/`uname –m`/unix* pour la partie propre à un ordinateur, */platform/`uname –i`/unix* pour la partie propre à une classe d'ordinateurs et */kernel/genunix* pour la partie indépendante d'un type d'ordinateurs. Le noyau

fait appel à ufsboot pour charger les modules. Après avoir effectué le montage du système de fichiers principal (« *root file system* »), le noyau récupère l'espace mémoire occupé par ufsboot.

4. Le noyau crée alors le processus **init** qui procède alors au démarrage des services (*cf. L'activation des processus*).

Le fichier */etc/system* permet à l'administrateur de paramétrer le boot du système. Il permet, entre autres, de spécifier le type de système de fichiers « root ».

Démarrer autrement

Les administrateurs sont un jour confrontés à la défaillance du disque dur contenant le système de fichiers principal */dev/root* « bootable » par défaut. Il est nécessaire qu'il puisse « booter » à partir d'un autre support et pour cela disposer d'un support « bootable ».

Les trois principales réponses à ce problème sont :

- Démarrer l'installation à partir du support d'installation, qui est toujours « bootable ». L'installation crée toujours un disque en « RAM » et charge un noyau. Il est ensuite possible d'interrompre le cours normal de l'installation pour diagnostiquer et réparer le disque endommagé ou poursuivre l'installation pour ne créer que le disque « */dev/root* ». Dans le cas du système Solaris, et pour les machines SPARC, l'opération est réalisée en interrompant le boot par défaut et en choisissant le support de boot, éventuellement le noyau. L'invite du langage de commande de la PROM est « ok ». Les lignes qui suivent illustrent quelques possibilités de démarrage :Booter par défaut à partir du CD-ROM
  ok boot cdrom
- Booter à partir du réseau
  ok boot net
- Démarrer à partir d'un support « bootable » fabriqué par l'administrateur et qui contienne un système minimal pour diagnostiquer et réparer le disque « */dev/root* ». La nature et la fabrication de ce support externe dépendent des implémentations d'UNIX et nous invitons l'administrateur à consulter la documentation de son système.

L'activation des processus : init (1/2)

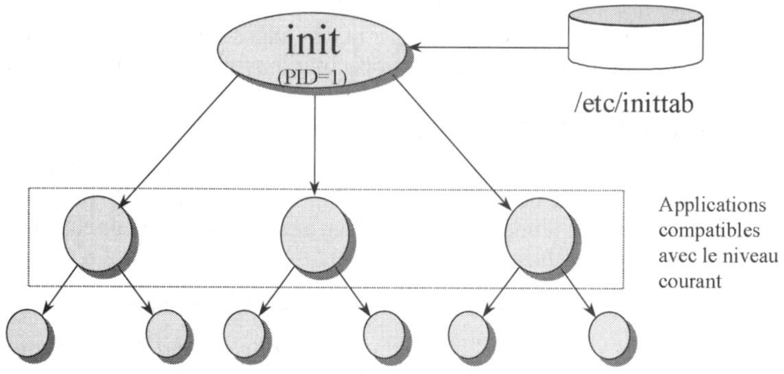

Principes de fonctionnement

Le système UNIX offre plusieurs niveaux de fonctionnement. A chacun d'eux correspond un certain nombre de services pour les utilisateurs. Le rôle de la commande **init**, qui a comme argument le niveau de fonctionnement choisi, est d'activer tous les processus associés à ce niveau. La commande **init** trouve la définition des commandes à exécuter pour un niveau donné dans le fichier */etc/inittab*. *On ne peut avoir qu'un seul niveau de fonctionnement actif à la fois.*

Une commande peut être associée à plusieurs niveaux. Cela permet de définir des services qui sont activés pour plusieurs niveaux. Pour le reste, on trouve deux cas de figure :

- Un niveau en englobe un autre. Il ajoute de nouveaux services à ceux déjà offerts par le niveau précédent. Le niveau 4 offrira, par exemple, tous les services du niveau 3 plus un service particulier.
- Un niveau offre des services totalement différents de ceux offerts par les autres niveaux. Le changement de niveau se traduit alors par une forme complètement nouvelle de fonctionnement.

Au démarrage du système, lorsque le noyau crée le processus **init**, il ne spécifie pas de niveau. C'est le niveau défini par défaut dans *inittab* qui est choisi.

Si l'on change de niveau de fonctionnement, init envoie le signal SIGTERM (le signal 15 sur les systèmes AT&T) à tous les processus qui ne sont pas concernés par le nouveau niveau demandé. Au bout de 20 secondes, les processus qui ne sont pas terminés reçoivent le signal SIGKILL (le signal 9) qui, rappelons-le, ne peut pas être intercepté.

Les niveaux

Il existe huit niveaux définis par les chiffres de 0 à 6, plus le niveau s ou S.

Le tableau qui suit présente leur usage conventionnel.

Niveau	Utilisation conventionnelle
0	Le niveau 0 est utilisé pour arrêter le système. Dans les systèmes UNIX qui emploient le niveau 0, la commande **shutdown** est souvent un script qui, en final, exécute le basculement au niveau 0 (**init** 0).
1	Le niveau 1 est associé au mode maintenance. Dans ce mode, tous les systèmes de fichiers sont montés mais seul un nombre restreint de services est démarré. Les utilisateurs ne peuvent pas se connecter. La console opérateur est disponible pour l'administrateur « root ».
2	Le niveau 2 est associé au mode multi-utilisateur. Les systèmes de fichiers sont montés, les services, y compris réseau, sont démarrés et autorisent des connexions, via la commande **telnet**.
3	Le niveau 3 est associé au démarrage des services de partage de fichiers à distance, tel que « NFS » (« *Network File System* »). Le niveau 3 est typiquement un sur-ensemble du niveau 2.
4	Le niveau 4, rarement utilisé, est associé à un mode multi-utilisateur spécifique, propre à un site.
5	Le niveau 5 est associé au mode de maintenance matérielle du constructeur. Il arrête le système et donne le contrôle à un moniteur « *firmware* ».
6	Le niveau 6 est associé à l'arrêt et au redémarrage du système.
s, S	Le niveau « s » ou « S », indifféremment, est associé au mode « un seul utilisateur » *(« single user »)*. Dans ce mode, les systèmes de fichiers des utilisateurs ne sont pas montés, seuls les processus fondamentaux pour le bon fonctionnement du système sont démarrés et un shell, en mode « root » est activé sur la console maîtresse. Le niveau « s » ne requiert pas de fichier */etc/inittab* et n'y est pas référencé, à l'exception du système UNIX SCO qui en fait son niveau de démarrage par défaut.

Remarque
Dans de nombreux systèmes, l'interruption du « boot » par défaut, permet de préciser le niveau de démarrage, dont le niveau « s ». Si le démarrage au niveau « s » se fait sans qu'il soit besoin de fournir le mot de passe de « root », il convient d'interdire aux utilisateurs l'accès physique à la console maîtresse.

Il existe aussi des pseudo-niveaux, les niveaux « a », « b » et « c ». Ils permettent de faire exécuter les commandes qui sont associées à l'un de ces niveaux, en sus de celles déjà exécutées pour le niveau courant. Ils ne se traduisent pas par un changement de niveau. Cela permet à l'administrateur de rassembler toutes les commandes dans /etc/inittab, plutôt que de les activer manuellement.

Remarque
Les processus qui résultent de l'exécution de commandes associées aux pseudo-niveaux « a », « b » et « c » ne sont pas tués lors d'un véritable changement de niveau.

Il existe aussi le niveau « q », qui par le biais de la commande **init q**, demande à init de relire le fichier */etc/inittab*.

L'activation des processus : init (2/2)

- **Le fichier /etc/inittab**

```
$ more /etc/inittab
r2:23:wait:/etc/rc2  < /dev/console > /dev/concole  2>&1
r3:3:wait:/etc/rc3  < /dev/console > /dev/concole  2>&1
t0::respawn:/etc/getty  console  console
t1:23:respawn:/etc/getty  tty1  9600
```

① *Etiquette* ② *Niveaux* ③ *Action* ④ *Commande*

- **Les commandes**

telinit	Permet de changer de niveau
who -r	Permet de connaître le niveau courant

Le fichier */etc/inittab* détermine quelles sont les commandes que le processus **init** doit exécuter pour un niveau donné. Le processus **init** l'examine séquentiellement. C'est un fichier composé de lignes de texte. Chaque ligne est une ligne de commentaires qui commence par le caractère # où elle définit une commande à exécuter. Une ligne de commande est composée de quatre champs séparés par le caractère :.

Id : [niveau ...] : action : commande [# commentaire]

Les champs ont la signification suivante :

Champ	Signification
Id	Le champ « id » est composé d'au plus quatre caractères et n'a comme seule utilité que d'identifier la ligne. Il est ignoré par le processus **init**.
Niveau	Le champ « niveau » permet à init de décider si la commande doit être prise en compte pour le niveau demandé. Il est possible de préciser plusieurs niveaux. Un champ vide est équivalent à 0123456 (tous les niveaux sauf « s »). On comprend ainsi comment faire pour qu'un niveau en englobe un autre. Ajoutons un service, actif pour le niveau 4, qui s'ajoute à ceux du niveau 3. 1. On édite le fichier /etc/inittab (vi /etc/inittab). 2. On ajoute la ligne spécifique au niveau 4. Id4 : 4 : ---------- : --------------------------- 3. On modifie toutes les lignes mentionnant le niveau 3, pour y intégrer le niveau 4. Avant : id31 : 23 : --------- : ------------------------- id3 : 3 : ---------- : ---------------------------

Après

id31 : 234 : --------- : -------------------------
id3 : 34 : ---------- : ---------------------------

Remarque
L'administrateur est très rarement concerné par la modification des lignes « tous niveaux », qui sont associées à des commandes fondamentales dont il ne faut surtout pas modifier la logique d'exécution.

Action

Le champ action indique à **init** le contexte dans lequel la commande doit être exécutée. Pour chaque cas, il existe deux variantes possibles, avec ou sans attente. Dans le cas avec attente (« *wait* »), **init** attend que le processus qui exécute la commande soit terminé pour passer à la ligne suivante. Dans le cas sans attente, **init** passe à l'exécution de la ligne suivante du fichier, sans attendre que le processus en cours soit achevé. Ceci permet de décider d'une exécution séquentielle (attente) ou parallèle (sans attente) des commandes du fichier *inittab*. Les valeurs possibles sont :

sysinit — Les lignes dont le champ action est « sysinit » sont exécutées une seule fois, lors du démarrage à froid du système, y compris pour le niveau « s ». Les lignes en « sysinit » sont par nature « tous niveaux » et exécutent les commandes fondamentales et nécessaires au bon fonctionnement du système.

boot — Les lignes dont le champ action est « boot » sont exécutées la première fois que l'on active l'un des niveaux du champ niveau. Elles ne le sont plus ensuite.

Soit la ligne :

Bo23 : 23 : boot : cmd

Le niveau de fonctionnement actuel est 2, la commande **cmd** a été exécutée. La commande émise par l'administrateur est :
init 3
La ligne est ignorée, le service a déjà été activé lors du « boot » en niveau 2.

Avec le champ « boot », le processus **init** n'attend pas que le processus soit terminé pour exécuter le reste du fichier *inittab*.

bootwait — Le principe de fonctionnement est le même que précédemment mais **init** attend que l'exécution de la commande soit terminée pour poursuivre.

initdefault — L'action « initdefault » permet à **init** de déterminer quand il est créé par le noyau, le niveau de fonctionnement par défaut. Cette ligne est la première recherchée avant que **init** exécute le fichier. Si la ligne « initdefault » n'existe pas, **init** demande à l'utilisateur, sur la console maîtresse, le niveau de démarrage souhaité.

off — La ligne est ignorée. En cas de changement de niveau, si le processus est actif, il est tué.

once	La commande est activée à chaque fois que le processus **init** exécute *inittab* et que la ligne est concernée par le niveau demandé. « once » est la forme sans attente.
wait	Le comportement est identique à celui d'une ligne « once », mais avec attente.
respawn	La commande est exécutée une première fois quand **init** exécute *inittab* et que la ligne est concernée par le niveau demandé. Si le processus généré vient à se terminer avant que **init** n'ait eu à relire le fichier *inittab*, **init** exécute à nouveau la commande. Le cas le plus significatif de ligne avec le champ « respawn » est celui des lignes de commande **getty** qui rend possible la connexion sur un terminal. Si une telle ligne était « once », il n'y aurait qu'une seule connexion possible sur le terminal, sauf à exécuter à nouveau **init** ou à rebooter le système.
powerfail	La commande est exécutée quand **init** reçoit le signal SIGPWR. Un onduleur peut être à l'origine de ce signal. L'administrateur peut ainsi par exemple déclencher automatiquement un arrêt propre du système en cas de coupure de courant.
powerwait	Le principe est le même que précédemment, mais les commandes suivantes attendent la fin de la commande.
ondemand	Le terme « ondemand » est synonyme de respawn. On le réserve aux pseudo-niveaux « a », « b » et « c ».

Commande — Le champ commande contient la ligne de commandes à exécuter. La commande et ses arguments sont désignés par un chemin absolu. Les commandes, majoritairement des scripts, n'ont pas de terminal de contrôle quand elles s'exécutent. C'est pourquoi on note les redirections : cmd < /dev/console > /dev/console 2>&1
qui permettent aux scripts de s'exécuter en dialoguant avec l'opérateur de la console maîtresse.

Exemple de fichier /etc/inittab (Solaris)

```
ap::sysinit:/sbin/autopush -f /etc/iu.ap
ap::sysinit:/sbin/soconfig -f /etc/sock2path
fs::sysinit:/sbin/rcS sysinit           >/dev/msglog 2<>/dev/msglog </dev/console
is:3:initdefault:
p3:s1234:powerfail:/usr/sbin/shutdown -y -i5 -g0 >/dev/msglog 2<>/dev/msglog
sS:s:wait:/sbin/rcS                     >/dev/msglog 2<>/dev/msglog </dev/console
s0:0:wait:/sbin/rc0                     >/dev/msglog 2<>/dev/msglog </dev/console
s1:1:respawn:/sbin/rc1                  >/dev/msglog 2<>/dev/msglog
/dev/console
s2:23:wait:/sbin/rc2                    >/dev/msglog 2<>/dev/msglog </dev/console
s3:3:wait:/sbin/rc3                     >/dev/msglog 2<>/dev/msglog </dev/console
s5:5:wait:/sbin/rc5                     >/dev/msglog 2<>/dev/msglog </dev/console
s6:6:wait:/sbin/rc6                     >/dev/msglog 2<>/dev/msglog </dev/console
fw:0:wait:/sbin/uadmin 2 0              >/dev/msglog 2<>/dev/msglog </dev/console
of:5:wait:/sbin/uadmin 2 6              >/dev/msglog 2<>/dev/msglog </dev/console
rb:6:wait:/sbin/uadmin 2 1              >/dev/msglog 2<>/dev/msglog </dev/console
sc:234:respawn:/usr/lib/saf/sac -t 300
co:234:respawn:/usr/lib/saf/ttymon -g -h -p "`uname -n` console login: " -T AT386 -d
/dev/console -l console
```

Les commandes

Les commandes sont simples et peu nombreuses :

La commande **who –r** affiche le niveau de fonctionnement courant.

La commande **init** permet de changer de niveau ou d'activer une commande avec un pseudo-niveau.

```
# who –r
.    run-level 2  Nov  7 14:12   2    0    S
```

Niveau courant   Niveau antérieur au niveau courant

```
# init 2
# init s
# init a
```

La commande **telinit** a le même effet.

```
# telinit 2
# telinit s
```

Remarque
Le changement de niveau est souvent réalisé via une commande, souvent un script, qui cache à l'administrateur, l'exécution de la commande **init**. Le script **shutdown**, sur les systèmes UNIX qui utilisent le niveau 0 pour arrêter le système, en est un exemple significatif. Pour exécuter manuellement la commande **init**, l'administrateur doit parfaitement maîtriser le contenu du fichier *inittab*.

Les scripts de démarrage : /etc/*rc* (1/2)

- **Vérification des FS (fstat ou fsck)**
- **Montage des FS (mountall)**
- **Activation des quotas (quotaon)**
- **Activation du swap secondaire (swapon)**
- **Lancement des démons**
  - ***cron*** gère les travaux périodiques
  - ***lpsched*** gère les impressions
- **Le réseau est activé**
  - Les cartes réseaux sont activées (ifconfig)
  - Le routage est activé (route)
  - Les démons réseaux sont lancés (inetd,...)

TSOFT - UNIX Administration Module 7 : L'arrêt et le démarrage - 7.5

La connaissance de la structure du fichier */etc/inittab* et de la programmation en shell est théoriquement suffisante pour qu'un administrateur analyse toutes les opérations exécutées à partir de ce fichier.

La plupart des commandes exécutées à partir de *inittab* sont en effet des scripts. L'administrateur ne modifie que rarement ce fichier mais plutôt les scripts qu'il déclenche.

Le processus **init** exécute d'abord les scripts associés aux actions sysinit, boot et bootwait. Ils contiennent des opérations et des contrôles indispensables au démarrage du système.

Le script **/etc/bcheckrc** effectue ainsi le contrôle de l'état du système de fichiers principal et le fait réparer par la commande **fsck**, si nécessaire. Il monte ensuite les systèmes de fichiers /stand, /proc et /var.

Le script **/etc/brc** exécute des actions en relation avec le partage de fichiers. Le script **brc** n'existe plus dans le système UNIX SCO. Les opérations ont été réparties dans d'autres scripts.

Les « run commands »

Le processus **init** exécute ensuite les scripts spécifiques d'un niveau demandé. C'est alors que dans le mode multi-utilisateur, sont montés les autres systèmes de fichiers, activés les « swap » et les quotas, puis démarrés les principaux démons de base du système UNIX :

- Le démon **cron** qui gère l'exécution les tâches périodiques.
- Le démon **lpsched** qui gère le service d'impression.
- Le démon principal du réseau, **inetd**.
- Le démon **sendmail** qui gère l'échange du courrier dans le réseau.

Les scripts activés à partir du fichier */etc/inittab* et qui exécutent les opérations précédentes sont communément appelés des « run commands ». Le préfixe de leur nom est d'ailleurs « rc ».

Remarque
L'ajout d'un système de fichiers, d'un disque de swap secondaire ou la mise en place des quotas ne requiert normalement pas de modification des « run commands ». Il suffit de modifier le fichier de montage automatique (*cf.* */etc/vfstab*).

Les scripts de démarrage : /etc/*rc* (2/2)

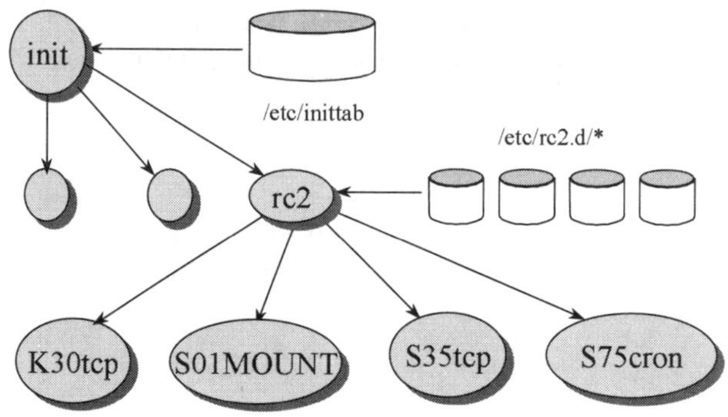

Les premiers systèmes UNIX, avant que n'existent les niveaux de fonctionnement et le fichier *inittab*, possédaient un seul fichier « rc », exécuté directement par **init**. Le standard adopté aujourd'hui dans UNIX est qu'il existe un script « rc » par niveau. Le principe de mise en œuvre est simple et la lecture du fichier */etc/inittab* nous renseigne : au niveau 0 correspond le fichier */sbin/rc0*, au niveau 1 correspond le fichier */sbin/rc1* et ainsi de suite pour tous les niveaux jusqu'à 6.

Le schéma de programme d'un script rc<n> est toujours le même. Il comporte deux boucles de programmes. La première déclenche l'exécution des scripts « K* » du répertoire /etc/rc<n>.d, la seconde celle des scripts « S* » du même répertoire /etc/rc<n>.d. La lettre « K » signifie « *kill* » et « S » « *start* ». Ils ont comme rôle respectif d'arrêter ou de démarrer un service. Le nombre qui suit la lettre « K » ou « S » guide l'ordre d'exécution, celui des noms de fichiers générés par le shell par « K* » ou « S* ». Le suffixe nous fait comprendre le contenu du script.

Le script « S75cron » démarre le démon **cron**. Il est clair que le répertoire */etc/rc2.d*, associé au démarrage du système en mode multi-utilisateur, contient essentiellement et, peut-être uniquement, des scripts « Snnxxx », alors que le répertoire */etc/rc0.d*, associé à l'arrêt du système, ne contient que des scripts « Knnxxx ».

Exemples

Extraits du script /sbin/rc2 d'un système Solaris

```
if [ -d /etc/rc2.d ]; then
        for f in /etc/rc2.d/K*; do
            if [ -s $f ]; then
                case $f in
                    *.sh)   .      $f ;;
                    *)      /sbin/sh $f stop ;;
                esac
            fi
        done
    fi
```

```
for f in /etc/rc2.d/S*; do
        if [ -s $f ]; then
            case $f in
                *.sh)   .    $f ;;
                *)     /sbin/sh $f start ;;
            esac
        fi
    done
```

Extrait de la liste des fichiers (ls –l) du répertoire /etc/rc2.d

```
total 132
-rwxr--r--  6 root   sys     861 sep   1  1998 K07dmi
-rwxr--r--  6 root   sys    2307 sep   1  1998 K28nfs.server
-rwxr--r--  3 root   sys    1886 sep   9  1999 S01MOUNTFSYS
-rwxr--r--  2 root   sys     624 sep   1  1998 S20sysetup
-rwxr--r--  5 root   sys    7317 sep   1  1998 S69inet
-rwxr--r--  5 root   sys    2750 oct  14  1999 S71rpc
-rwxr--r--  3 root   sys    1223 oct  14  1999 S73nfs.client
-rwxr--r--  5 root   sys     364 oct  14  1999 S74autofs
-rwxr--r--  5 root   sys     867 oct  14  1999 S74syslog
-rwxr--r--  5 root   sys     504 sep   1  1998 S75cron
-rwxr--r--  5 root   sys     460 sep   1  1998 S80lp
-rwxr--r--  5 root   sys     868 sep   1  1998 S88sendmail
-rwxr--r--  5 root   sys     597 sep   1  1998 S88utmpd
-rwxr--r--  5 root   sys     391 oct  14  1999 S92volmgt
-rwxr--r--  5 root   sys    2804 sep  12  1998 S99dtlogin
```

Ajout d'un script « S* » ou « K* »

Un administrateur qui veut automatiser le démarrage et l'arrêt d'un nouveau service n'a pas à modifier le fichier */etc/inittab* mais, plus souvent, à intégrer un nouveau script « Snnxxx » pour le démarrer et « Knnxxx » pour l'arrêter dans les répertoires « rc<n>.d » associés aux niveaux de démarrage et d'arrêt du service (généralement 2 et 0).

Deux stratégies sont possibles :

1. Ecrire un script « Snnxxx » qui démarre le service dans le répertoire */etc/rc2.d* et un script Knnxxx qui l'arrête, dans le répertoire */etc/rc0.d*, en choisissant le nombre « nn » pour qu'ils soient exécutés en bonne place, c'est-à-dire en dernier.

2. Si l'administrateur est expérimenté dans la programmation en shell, il est préférable de garder la logique utilisée pour les scripts « K* » et « S* » déjà existants. Dans le script rc0 et rc2, la commande d'exécution d'un script « K* » comporte l'argument « stop » et la commande d'exécution d'un script « S* » comporte l'argument « start ». Ce fait, surprenant au premier abord car les noms semblent suffisants pour discriminer les scripts, s'explique simplement. Les noms « K* » et « S* » qui se rapportent à un même service, « rpc » par exemple, sont des liens matériels qui désignent un seul et même script situé dans le répertoire */etc/init.d*. Ce script compte un aiguillage (*case in*) de traitement du « *start* » et du « *stop* ».
   Pour ajouter le service, l'administrateur doit créer un script « mondemon » dans le répertoire */etc/init.d*, qui effectue l'arrêt et le démarrage du service selon qu'il est appelé avec l'argument start ou stop et créer les liens Knnmondemon et Snnmondemon respectivement dans tous les répertoires rc<n>.d où le service associé à mondemon doit être arrêté ou démarré. Cette solution est avantageuse car le script du service n'existe qu'en un seul exemplaire, ce qui est fondamental pour gérer les modifications ultérieures.

Extraits des répertoires /etc/init.d, /etc/rc0.d et /etc/rc2.d.

```
$ ls -li /etc/init.d/rpc
    18962 -rwxr--r--  5 root   sys     2750 oct  14  1999 /etc/init.d/rpc
$ ls -li /etc/rc2.d/*rpc
    18962 -rwxr--r--  5 root   sys     2750 oct  14  1999 /etc/rc2.d/S71rpc
$ ls -li /etc/rc0.d/*rpc
    18962 -rwxr--r--  5 root   sys     2750 oct  14  1999 /etc/rc0.d/K41rpc
```

Remarque

Quand l'administrateur veut arrêter ou démarrer manuellement un service, nfs par exemple, en saisissant une ligne de commande et être certain de ne pas oublier d'exécuter des opérations, il peut exécuter la ligne de commande suivante :

```
# /etc/init.d/nfs.server  start     # démarrage

# /etc/init.d/nfs.server  stop      # arrêt
```

Extrait du script lp de /etc/init.d

```
#!/sbin/sh
#
# Copyright (c) 1997 by Sun Microsystems, Inc.
# All rights reserved.
#
#ident  "@(#)lp 1.9    97/12/08 SMI"
case "$1" in
'start')
        if [ -z "$_INIT_PREV_LEVEL" ]; then
                set -- `/usr/bin/who -r`
                _INIT_PREV_LEVEL="$9"
        fi

        [ $_INIT_PREV_LEVEL = 2 -o $_INIT_PREV_LEVEL = 3 ] && exit 0
        [ -f /usr/lib/lpsched ] && /usr/lib/lpsched
        ;;
'stop')
        [ -f /usr/lib/lpshut ] && /usr/lib/lpshut
        ;;
*)
        echo "Usage: $0 { start | stop }"
        exit 1
esac
exit 0
```

Les sessions

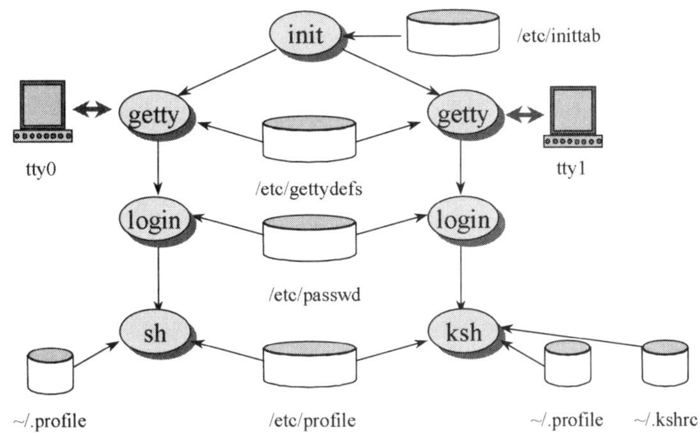

La commande **getty** affiche l'invite de connexion « login : » sur les terminaux passifs connectés par une liaison filaire asynchrone, multiplexée ou non, au système UNIX.

Le processus qui l'exécute est créé par **init**, via le fichier */etc/inittab* avec un champ action à « respawn ».

La ligne « se1a:234:respawn:/etc/getty tty1a m » active la connexion sur la liaison série numéro un d'un micro-ordinateur fonctionnant avec le système UNIX SCO. Les deux arguments de la commande **getty** sont le port de connexion et la clé d'entrée dans le fichier */etc/gettydefs* pour paramétrer la liaison.

Une ligne du fichier */etc/gettydefs* est composée de champs séparés par le caractère #. Sa structure est la suivante :

Clé d'entrée # paramètres initiaux # paramètres finaux # invite # clé suite
avant la connexion après la connexion

Les paramètres initiaux et finaux sont constitués d'identificateurs, séparés par des espaces, qui définissent les caractéristiques de la liaison, telles que la vitesse, la parité, etc.

Ces identificateurs sont présentés dans la documentation de la commande **stty** ou dans la présentation des principes de gestion des terminaux **(man stty**, **man 5 termio)**.

La clé « clé suite » renvoie à une autre entrée de */etc/gettydefs*, qui sera utilisée par la commande **getty**, pour tenter un autre paramétrage, au cas où celui-ci ne fonctionnerait pas. Cette fonctionnalité est utile dans le cas d'une liaison par MODEM pour chaîner les clés des différentes possibilités de fonctionnement du MODEM.

Le système UNIX SCO Open Server définit ainsi l'entrée associée à la clé m de l'exemple présenté de la commande **getty** :

m # B9600 HUPCL # B9600 CS8 SANE HUPCL TAB3 ECHOE IXANY # \r\n login : # m

Symbole	Signification
B9600	Vitesse de la liaison.
HUPCL	Déconnexion de la ligne quand il n'y a plus de processus pour laquelle elle est ouverte.
CS8	Taille des caractères, sans compter le bit de parité.
TAB3	Les tabulations sont remplacées par des espaces.
ECHOE	Le caractère d'effacement efface physiquement le dernier caractère à l'écran. Il ne se contente pas de déplacer le curseur.
IXANY	N'importe quel caractère en entrée provoque le redémarrage d'un affichage suspendu.
SANE	Positionne et inhibe d'autres drapeaux standard (*cf. man 5 termio*).

Remarque
Les connexions réalisées sur un réseau TCP/IP, via l'émulation de terminal « telnet », ne sont pas concernées par la commande **getty**. Le démon principal du réseau inetd crée, à chaque demande de connexion via telnet, un démon serveur, telnetd, qui alloue un pseudo-terminal pour la session. Le processus telnetd est le père du processus qui exécute le shell et il prend fin en même temps que la session, donc du shell.

Quand l'utilisateur, en réponse à l'invite de connexion « login : » saisit un nom, le processus qui réalise la commande **getty** exécute la commande **login** qui valide ou rejette la demande de connexion en saisissant le mot de passe de l'utilisateur et en examinant ensuite le fichier */etc/passwd*. La commande **getty** et la commande **login** sont exécutées par le même processus.

La commande **login** exécute le fichier */etc/default/login* qui paramètre la connexion des utilisateurs. Ce fichier contient des lignes de texte. Chaque ligne est de la forme « PARAMETRE=valeur ». On y trouve, parmi d'autres, la possibilité de restreindre la connexion de « root » à une console et de définir la valeur du « umask » :

CONSOLE=/dev/ttyxx
UMASK=077

Nous renvoyons l'administrateur au manuel de référence « man login » pour apprécier l'étendue des possibilités.

En cas de validation, le processus exécute la commande, en général un shell, associée à l'utilisateur par le dernier champ du fichier */etc/passwd*.

Le shell exécute à son tour le fichier */etc/profile* puis, s'il existe, le fichier .profile de l'utilisateur (~/.profile). Dans le cas d'un Korn shell, il peut exécuter en sus le fichier *~/.kshrc* (*cf. UNIX shell*).

Le processus qui exécute le shell est toujours celui qui exécutait les commandes **getty** et **login**. Le père du shell est donc le processus **init** (PID=1). L'exécution de la commande **ps –f** permet de s'en convaincre. Quand le shell se termine, **init** crée un nouveau processus qui exécute à nouveau la commande **getty** pour cette liaison.

SAF

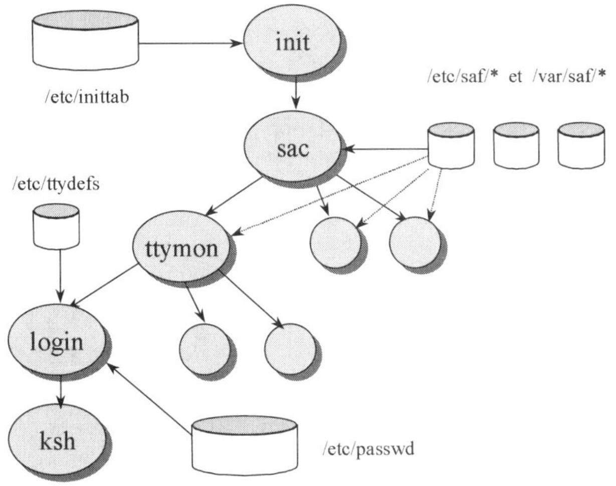

« SAF » est l'acronyme de « *Service Access Facility* ». Le service SAF est un service propre à UNIX System V, release 4 (« SVR4 ») et n'existe que dans les systèmes UNIX qui s'y rattachent pleinement.

Le service SAF vise à unifier et à optimiser la gestion des connexions au système UNIX. En haut du service, on trouve le démon **sac** (« *Service Access Control* ») qui supervise l'activité des moniteurs de ports d'accès. Le démon **sac** configure son environnement grâce au fichier */etc/saf/_sysconfig*. L'environnement qui en résulte sera hérité par les moniteurs que va créer **sac**. Pour cela, il examine le fichier */etc/saf/_sactab* pour savoir quels moniteurs il faut démarrer. Il exécute ensuite autant de créations de processus que nécessaire.

Chaque moniteur est capable de gérer plusieurs ports. C'est ainsi que le moniteur **ttymon** se substitue à plusieurs processus **getty**. Le moniteur **ttymon** trouve les paramètres des ports à surveiller dans */etc/ttymon* et des liaisons dans */etc/ttydefs*.

L'administration du service SAF est réalisée par les commandes **sacadm** pour le démon sac et **pmadm** pour les moniteurs.

Le fichier */etc/termcap*

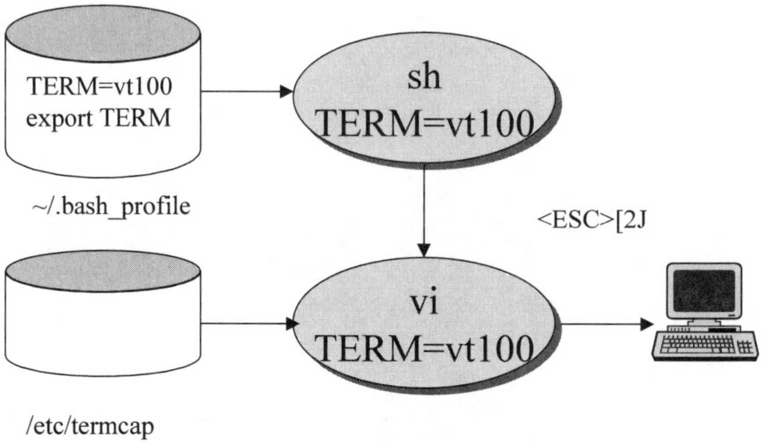

Le fichier */etc/termcap* décrit les séquences de contrôle des attributs de la vidéo de la quasi-totalité des terminaux de type texte existants. Ces séquences de contrôle consistent en une suite de caractères qui, lorsqu'ils sont reçus par le moniteur, génèrent des actions telles que le déplacement du curseur, le passage en vidéo inverse, en surbrillance ou en caractère gras. Comme le premier caractère de la séquence est souvent le caractère « Escape », elles sont souvent appelées les « *Escape sequences* ».

Le contenu du fichier */etc/termcap* est peu facile à lire. Un terminal y est décrit sur plusieurs lignes. Comme souvent dans Linux, la présence du caractère « \ » en fin de ligne indique que la ligne suivante contient la suite de la description, ici du terminal.

Le rôle de l'administrateur se borne bien souvent à vérifier que les terminaux ou les modes d'émulation de son système sont bien définis dans le fichier. Le cas d'un terminal exotique qui ne serait pas décrit dans le fichier */etc/termcap* serait vraiment une curiosité du monde informatique.

Un terminal du fichier */etc/termcap*

Les lignes qui suivent donnent le début de la description du terminal vt100. La première ligne donne le nom du terminal et ses synonymes, séparés par le caractère « | ». Les lignes suivantes décrivent les séquences de contrôle. Les séquences sont séparées les unes des autres par le caractère « : ».

```
vt100|vt100-am|dec vt100 (w/advanced video):\
        :am:ms:xn:xo:\
        :co#80:it#8:li#24:vt#3:\
        :@8=\EOM:DO=\E[%dB:K1=\EOq:K2=\EOr:K3=\EOs:K4=\EOp:\
        :K5=\EOn:LE=\E[%dD:RA=\E[?7l:RI=\E[%dC:SA=\E[?7h:\
        :UP=\E[%dA:\
```

Principe de fonctionnement

Le programme qui a besoin d'utiliser les séquences de contrôle d'un terminal doit trouver son nom dans la variable d'environnement TERM.

L'alternative terminfo

La base de données, connue sous le nom de terminfo, représente une alternative efficace au fichier */etc/termcap*. L'accès à la définition des séquences de contrôle d'un terminal par un programme se fait toujours grâce à la variable TERM. Il est plus rapide car il existe un fichier par terminal. Pour améliorer encore les temps d'accès, le format du fichier est binaire. C'est la commande **tic** qui fabrique la base de données de termcap.

La base de données terminfo est située dans le répertoire */usr/share/terminfo*. Elle consiste en un ensemble de répertoires nommés « a », « b » ... Le répertoire « v » contient les fichiers de tous les terminaux dont le nom commence par « v ». Le nom du fichier est celui du terminal qu'il décrit, vt100 par exemple.

Une commande utilise */etc/termcap* ou la base de données *terminfo* selon le choix réalisé par le programmeur. Ce n'est pas l'utilisateur qui en décide.

L'arrêt du système : **shutdown**

- **Les utilisateurs sont prévenus de l'arrêt du système**
- **Les applications sont arrêtées proprement**
  (grâce à un signal ou une commande ad hoc)
- **Les sessions des utilisateurs sont stoppées**
- **L'intégrité des FS est assurée (umount, sync)**
- **En fonction des options, le système :**
  - Passe en mode mono-utilisateur
  - Est arrêté
  - Est redémarré

TSOFT - UNIX Administration Module 7 : L'arrêt et le démarrage - 7.10

L'arrêt du système est réalisé par la commande **shutdown**. Dans les systèmes UNIX qui empruntent la logique AT&T, les plus fréquents, la commande **shutdown** est un script qui, toutes les minutes, avertit les utilisateurs de l'arrêt imminent du système et, pour terminer, bascule le système UNIX dans le niveau de fonctionnement 0 pour un arrêt définitif du système.

Mis à part l'apprentissage des options de la commande **shutdown**, le paramétrage de l'arrêt du système nous renvoie directement au fonctionnement du processus **init** et à la lecture du script /etc/rc0, qui s'inscrit complètement dans la logique des scripts rc<n>.

On exécute les scripts du répertoire */etc/rc0.d*, c'est-à-dire les scripts du répertoire */etc/init.d* avec l'option stop.

La commande **shutdown**, comme beaucoup de commandes d'administration, possède une syntaxe très spécifique du système UNIX. Il faut lire le man ! Globalement, comme toujours, il y a deux écoles : AT&T et BSD.

Syntaxe du shutdown AT&T

shutdown [-y] [-g délai_de_grâce] [-i niveau] [message]

La commande **shutdown** est une commande interactive qui pose des questions à l'administrateur. L'option « -y » supprime les questions, la réponse est oui à toutes.

Elle envoie, via la commande **wall**, un message d'avertissement aux utilisateurs, toutes les minutes. Le délai de grâce par défaut est de 60 secondes. Il peut être modifié avec l'option « -g ». A l'issue du délai de grâce, le processus qui exécute l'arrêt du système commence par envoyer le signal 15 à tous les processus qui ne sont pas terminés. Après un nouveau délai, réduit cette fois à au plus quelques dizaines de secondes, les processus récalcitrants reçoivent le signal 9, qui les tue définitivement.

L'option « -i » indique le niveau de fonctionnement du système à l'issue de la commande **shutdown**. Nous invitons le lecteur à consulter le manuel de la commande **shutdown** pour connaître les niveaux autorisés.

Exemples :

Arrêt immédiat du système
/usr/sbin/shutdown -y -g0 -i0

Redémarrage dans trois minutes
/usr/sbin/shutdown -y -g180 -i6

Passage en mode maintenance
/usr/sbin/shutdown -iS

Syntaxe du shutdown BSD

shutdown [option] time [message]

L'argument time indique l'heure d'arrêt, par exemple : « 12:30 ». La valeur « now » signifie maintenant. On peut également exprimer time sous la forme « +X » où X est une valeur en minutes.

L'arrêt est déclenché par l'option « -h » (halt).

Le redémarrage est déclenché par l'option « -r » (reboot).

Exemples :

Arrêt immédiat du système
shutdown -h now

Redémarrage dans trois minutes
shutdown -r +3

Passage en mode maintenance à 12h30, avec affichage d'un message
shutdown 12:30 'veuillez vous déconnecter avant 12h30'

Atelier 7 : L'arrêt et le démarrage

Objectifs :

- **Comprendre le démarrage de son système**
- **Savoir modifier le démarrage en modifiant /etc/inittab et les scripts /etc/*rc***
- **Savoir arrêter le système avec shutdown**

Durée : 60 minutes.

TSOFT - UNIX Administration — Module 7 : L'arrêt et le démarrage - 7.11

Remarque préalable

Les exercices n°5,6,8,9 et 12 peuvent être regroupés pour minimiser les arrêts et les redémarrages.

Exercice n°1

Quel est le niveau de fonctionnement actuel pour **init** ?

Exercice n°2

Quelles sont les commandes qui sont définies dans le fichier */etc/inittab* pour le niveau 2 ?

Exercice n°3

Quels sont les scripts qui sont activés au niveau 2 d'**init** ?

Exercice n°4

En vous servant de la documentation, indiquer quels sont les niveaux qui peuvent être utilisés sur votre système.

Exercice n°5

Dans le fichier *inittab*, ajouter une application qui enregistre la date dans le fichier */home/pierre/date.log* et qui est lancée dans le niveau usuel (le niveau 2). Réalisez un arrêt et un redémarrage pour tester la commande.

Exercice n°6

Sans supprimer la ligne ajoutée dans l'exercice n°5, désactiver la commande.

Exercice n°7

Quel est le script de démarrage qui active le démon **cron** ?

Exercice n°8 (script)

Créez un script qui écrit le résultat de la commande **ps** dans le fichier */home/pierre/ps.log*. Ce script doit s'exécuter au démarrage au niveau 2. Réaliser un arrêt et un redémarrage pour tester la commande.

Exercice n°9

Provoquez l'arrêt complet du système dans trois minutes avec l'affichage du message « arrêt pour maintenance ». Eteindre le système et ensuite le remettre sous tension, lire les messages qui s'affichent.

Exercice n°10

Visualisez les messages affichés lors du dernier démarrage.

Exercice n°11

Passez en mode maintenance (niveau S), modifier la date et l'heure système et revenir au mode multi-utilisateur (niveau 2).

Exercice n°12 (script)

Ecrivez un script qui enregistre la date à la fin du fichier */home/pierre/arret*. Ce script doit être activé automatiquement à chaque arrêt du système. Réalisez un arrêt et un redémarrage pour tester la commande.

Exercice n°13

Faites en sorte que l'utilisateur pierre possède la commande **vi** comme application gérant sa session : **vi** remplacera son shell de connexion et à chaque démarrage **vi** sera activée, la sortie de **vi** entraînera la fin de la session. Testez et reconfigurez la session dans l'état antérieur.

- *« spool » d'impression*
- *Les commandes AT&T **lp**, **lpstat**, **lpadmin**, ...*
- *Les commandes BSD **lpr**, **lpq** et **lpd***
- *Les imprimantes déportées*

8

L'impression

Objectifs

Après la lecture de ce module, le lecteur sait administrer les files d'attente d'impression. Le principe des imprimantes déportées lui a été présenté.

Contenu

Les files d'attente d'impression (les « spools »)
Les commandes **lp, lpr, lpstat, lpq, lpadmin, lpsched, lpd,**...

Références

Man

lp(1), lpstat(1), lpadmin(1m), lpsched(1m)

Livre

Network Printing

Internet

http://www.stokely.com/unix.sysadm.resources/printing.html

Les commandes d'impression AT&T (rappel)

Les commandes de l'utilisateur

- **lp** **Imprime un fichier.**
- **lpstat** **Affiche les requêtes d'impression.**
- **lpstat -t** **Affiche le paramétrage du service.**
- **cancel** **Supprime une requête d'impression.**

TSOFT - UNIX Administration Module 8 : L'impression - 8.2

La commande lp

lp [-d destination] [-n nombreDeCopies] [fichier ...]

La commande **lp** demande l'impression des fichiers dont les noms sont fournis en argument.

L'option « -d » permet d'utiliser une file d'attente d'impression autre que celle par défaut. Elle devient obligatoire si l'administrateur a omis d'en désigner une. L'argument de l'option « -n » indique le nombre d'exemplaires que l'on veut imprimer.

Si l'utilisateur ne fournit pas de fichiers en argument, la commande **lp** demande à imprimer les lignes qui proviennent de l'entrée standard. Dans la pratique, cela autorise l'écriture *commande ... | lp*.

La commande lpstat

lpstat [-t]

La commande **lpstat** affiche les requêtes de l'utilisateur qui sont encore en file d'attente.

L' option « -t » permet de connaître tous les paramètres du service d'impression :

- L'état du service d'impression, actif ou non.
- Le nom des files d'attente de requêtes et leur état.
- Le nom du périphérique associé à une file d'attente.
- Le nom de la file d'attente par défaut.

Remarque
Pour qu'une impression puisse être exécutée, il faut que le service d'impression soit actif (lpsched en cours), que la file concernée accepte le dépôt de requêtes (« accepting request ») et qu'elle soit active (« enable »).

La commande cancel

cancel requête

La commande **cancel** supprime la requête de la file d'attente où elle est stockée.

Exemples

Lancer l'impression de plusieurs fichiers sur l'imprimante par défaut.

```
$ lp   /etc/passwd   /etc/group
request   id  is  hpII-918  (1 file)
```

Imprimer le résultat de la commande **ls**.

```
$ ls  -l   |  lp
request   id  is  hpII-919  (standard input)
```

Lancer une impression sur une imprimante particulière, en fait sur une file d'attente particulière.

```
$ lp   -d   deskjet fichier
request   id  is  deskjet-920  (1 file)
```

Visualiser les travaux d'impression en attente.

```
$ lpstat
hpII-918      pierre     653   Jun 24 09:52
hpII-919      pierre     945   Jun 24 09:53
deskjet-920   pierre     893   Jun 24 09:55
```

Supprimer un travail d'impression.

```
$ cancel   hpII-918
```

Les « spools » d'impression AT&T

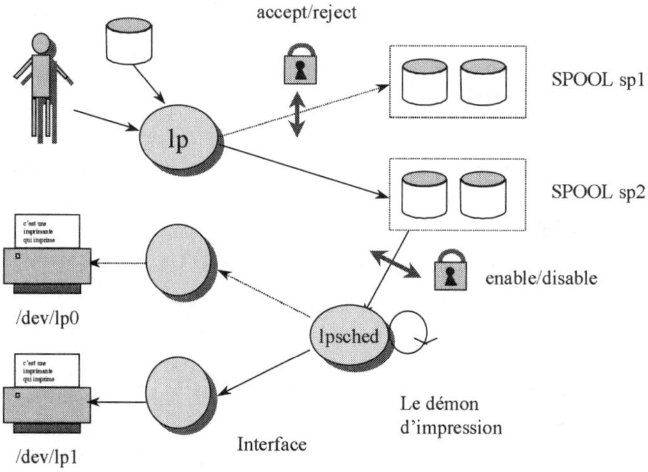

Les spools d'impression disponibles sous UNIX

Le principe général d'un service d'impression UNIX est assez simple et il est résumé dans la planche. Un utilisateur active une impression grâce à une commande qui dépose une requête dans un répertoire de spool. Un démon lit et fait exécuter ces requêtes.

Sous UNIX, il existe plusieurs systèmes d'impression. Comme on l'a déjà constaté dans d'autres modules, il y a toujours une solution d'origine AT&T et une autre d'origine BSD. Actuellement les systèmes UNIX utilisent principalement le système AT&T. AIX utilise un système qui lui est propre.

Voici les éléments clefs de ces différents systèmes :

	Dépôt de requête	Démon	Fichier
ATT	lp	lpsched	
BSD	lpr	lpd	/etc/printcap
AIX	qprt	qdaemon	/etc/qconfig

Pour faciliter le portage des scripts, la gestion des requêtes (dépôt, suppression, liste) peut être effectuée indifféremment en utilisant les commandes AT&T ou BSD. Ainsi, sous AIX, les commandes **lp** et **lpr** et **qprt** constituent une interface à la commande **enq**.

Les systèmes d'impression actuels doivent prendre en compte l'impression en réseau, supporter les nouveaux protocoles et les systèmes d'impression non UNIX. Deux systèmes du monde libre s'imposent actuellement :

- CUPS (« *Common UNIX Printing System* »).

- LPRng (« *LPR new generation* ») qui dérive du système BSD.

Ces deux systèmes s'interfacent avec le logiciel libre Samba et permettent ainsi l'impression venant de ou destinée à un système Windows *(cf. Références Internet)*.

Les spools d'impression AT&T

Le service d'impression du système UNIX System V de AT&T est théoriquement capable de gérer un nombre illimité d'imprimantes. A chaque imprimante sont associées une ou plusieurs files d'attente, souvent une, dans lesquelles sont mémorisées les requêtes d'impression émises par les utilisateurs, via la commande **lp**. Rappelons que l'option « -d » de la commande **lp** permet de désigner la file d'impression (« le spool »).

Les utilisateurs n'ont normalement pas à connaître le port physique associé à l'imprimante mais seulement le nom de la file où il dépose la requête. Le nom de la file identifie, pour les utilisateurs, l'imprimante sélectionnée.

Le dépôt d'une requête ne peut être effectué que si la file « accepte » le dépôt de requêtes (« *Accepting request* »). Elle le rejette sinon (« *Not accepting request* »).

Le démon d'impression **lpsched** fait exécuter les requêtes des files d'attente qui sont actives (« *enable* »). Les requêtes déposées dans des files d'attente inactives (« *disable* ») restent bloquées jusqu'à activation de la file.

Le démon d'impression crée un processus d'arrière-plan pour exécuter une requête. Cette tâche est en fait un script shell, dit d'interface, associé à la file où est déposée la requête. Chaque script d'interface réalise une configuration spécifique de l'imprimante attachée à la file. Le script d'interface porte d'ailleurs le nom de la file. Il gère les options spécifiques de la file d'attente et réalise l'impression des fichiers. Ceci explique pourquoi deux files d'attente peuvent être attachées à une même imprimante physique :

- Une file d'attente est utilisée pour l'impression en langage « PCL » des imprimantes de la société Hewlett Packard.
- Une file est associée à l'utilisation du langage « Postscript » pour la même imprimante.

Remarque
Plusieurs files d'attente peuvent être regroupées dans une classe. La classe est vue, par les utilisateurs, comme une file d'attente ordinaire. Le démon d'impression dépose une requête adressée à la classe dans la file d'attente la moins chargée de la classe. La création d'une classe est utile pour regrouper plusieurs imprimantes banalisées, souvent du même type.

Les fichiers utilisés pour gérer le service d'impression sont nombreux et il est inutile de vouloir en retenir exhaustivement les noms. Il est cependant intéressant d'avoir une vue schématique de l'arborescence et de quelques fichiers significatifs. Cela facilite la tâche de l'administrateur qui doit rétablir manuellement la cohérence.

Le répertoire de base du système d'impression est */var/spool/lp* ; il n'est pas rappelé dans le tableau qui suit.

Parmi les fichiers de données et les répertoires, notons principalement :

Fichier	Signification
SCHEDLOCK	Utilisé pour n'exécuter qu'une instance de **lpsched**.
default	Définit la file d'attente par défaut (ASCII).
model	Le répertoire qui contient les scripts qui peuvent servir de modèles pour les scripts d'interface.

requests	Le répertoire qui contient les requêtes déposées dans les files d'attente.
system/pstatus	Le fichier qui mémorise l'état des files d'attente.
admins/lp/classes	Le répertoire qui contient la définition des classes d'imprimantes.
interfaces	Le répertoire qui contient les scripts d'interface, souvent des copies de modèles. Ils portent le nom de la file d'attente.
printers	Le répertoire qui définit les files d'attente.

Les commandes de gestion d'impression AT&T

- **lpadmin** **Permet de configurer le service :**
  crée/modifie/supprime une file d'attente (spool)
  spécifie le spool par défaut
- **lpsched** **Le démon d'impression**
- **lpshut** **Arrête le démon d'impression**
- **accept** **Autorise le dépôt de requêtes dans un spool**
- **reject** **Interdit le dépôt de requête dans un spool**
- **lpmove** **Bascule une file d'attente vers une autre destination**
- **lpstat** **Permet de connaître la configuration courante**
- **enable** **Autorise l'impression d'un spool**
- **disable** **Interdit l'impression d'un spool**

TSOFT - UNIX Administration Module 8 : L'impression - 8.4

lpadmin

La commande **lpadmin** est la commande la plus importante pour l'administration du service d'impression. Elle permet d'ajouter, de paramétrer et de retirer une file d'attente d'impression pour une imprimante et de définir la file d'attente par défaut, celle où se fait l'impression en l'absence de l'option « -d » de la commande **lp**.

Ajouter une file d'attente d'impression

L'administrateur doit recueillir trois informations essentielles :

- Le nom de la file d'attente, qui est argument de l'option « -p ».
- Le nom du fichier spécial de connexion de l'imprimante à laquelle la file est attachée, qui est argument de l'option « -v ».
- Le nom du script d'interface à utiliser pour cette file d'attente. Le script d'interface peut être précisé de plusieurs façons :

-e imprimante1
: Pour faire une copie du script d'interface de la file imprimante1 pour la file que l'on est en train de créer. Cette option est utile si l'administrateur a été amené à modifier le script d'interface imprimante1 et que la même modification soit à réaliser pour la file en cours de création.

-m modèle_d'interface
: L'administrateur indique le nom du script modèle (répertoire */usr/spool/lp/model*) qui doit devenir le script d'interface de la file en cours de création.

Remarque
Selon les systèmes, le nombre des modèles varie énormément. L'administrateur peut importer des modèles venant d'autres systèmes, à condition qu'ils aient le même service d'impression.

Retirer une file d'attente d'impression

Pour retirer une file d'attente d'impression, il suffit d'exécuter la commande **lpadmin –x file**.

L'argument imprimante peut désigner une imprimante ou une classe. Si elle désigne la seule file qui reste dans une classe, la classe est aussi supprimée.

Définir la file d'attente par défaut

Pour définir la file d'attente par défaut, il faut exécuter la commande **lpadmin –d file**. Là encore, file peut désigner une classe.

Autres possibilités de lpadmin

Parmi les nombreuses autres possibilités de la commande **lpadmin**, remarquons :

lpadmin –p file –c classe

La commande ci-dessus ajoute la file « file » à la classe « classe ». La classe « classe » est créée si elle n'existe pas.

lpadmin –p file –u allow :liste_utilisateurs

La commande ci-dessus autorise les utilisateurs dont le nom figure dans la liste à déposer des requêtes dans la file d'attente. Par défaut, tout le monde est autorisé.

lpadmin –p file –u deny :liste_utilisateurs

La commande ci-dessus interdit aux utilisateurs dont le nom figure dans la liste de déposer des requêtes dans la file d'attente. Par défaut, personne n'est interdit.

L'administrateur choisit l'une des deux formes, la plus simple (*allow* ou *deny*), pour définir qui est autorisé.

lpsched/lpshut

Le démon **lpsched** est normalement démarré en même temps que le système. Pour arrêter le service d'impression, il convient d'exécuter la commande **lpshut**. L'exécution de la commande **lpsched** le redémarre.

Les impressions en cours qui sont arrêtées par l'exécution de la commande **lpshut** sont reprises au début quand redémarre **lpsched**.

Remarques

Une seule instance de **lpsched** doit normalement s'exécuter. L'impossibilité de démarrer **lpsched** ou l'existence de plusieurs instances résultent de la présence ou de l'absence malencontreuse du fichier SCHEDLOCK qu'il faut alors manuellement créer ou détruire.

L'administrateur ne doit jamais arrêter **lpsched** autrement qu'en exécutant la commande **lpshut**. L'utilisation de la commande **kill** peut empêcher la reprise normale du service d'impression. Le rétablissement manuel de nombreux fichiers peut s'avérer fastidieux sinon complexe.

---

accept/reject

Le dépôt de requêtes dans une file d'attente n'est possible que lorsque l'administrateur l'a autorisé en exécutant la commande **accept file**.

Il peut l'interdire grâce à la commande **reject [-r "raison"] file**.

La destination peut être une classe. Il est d'ailleurs obligatoire de mettre en service une classe en exécutant **accept** classe.

enable/disable

Pour que le démon lpsched serve une file d'attente, elle doit être active. Ceci se réalise en exécutant la commande **enable file**.

La commande **disable [-r raison] [-c | -W] file** désactive la file d'attente.

L'option « -r », comme pour la commande **reject** prévient l'utilisateur de la raison pour laquelle la file est désactivée.

Quand une file d'impression est désactivée, l'impression en cours est arrêtée. Quand la file est activée, l'impression est à nouveau exécutée, dans sa totalité, sur la même imprimante ou une autre imprimante de la classe.

L'option « -c » supprime la requête en cours. La commande **disable** génère la commande **cancel** qui est exécutée pour cette requête.

L'option « -W » permet de terminer l'impression en cours avant que la file soit effectivement désactivée.

Rappelons qu'il est possible de déposer des requêtes dans une file inactive.

Remarque
Selon les systèmes UNIX, les commandes **enable** et **disable** sont classées dans la section 1 ou 1M du manuel de référence.

---

lpmove

La commande **lpmove** permet de transférer des requêtes d'une destination vers une autre.

lpmove requête … destination

Ou de basculer une file d'attente vers une autre.

lpmove dest1 dest2

Dans ce dernier cas, toutes les requêtes en attente de dest1 sont dirigées vers dest2 et dest1 n'accepte plus de requêtes.

lpstat (rappel)

La commande **lpstat** permet de visualiser l'état partiel ou complet du service d'impression. L'option « -t » de la commande permet d'afficher tous les paramètres (*cf. UNIX utilisateur*).

lpusers

La commande **lpusers** permet de gérer des priorités d'exécution des requêtes d'impression.

La priorité est une valeur numérique comprise entre 0 et 39. La valeur 0 est la priorité la plus forte et 39 la plus faible. La priorité par défaut est de 20. Rappelons que l'option « -q » de la commande **lp** permet à un utilisateur de choisir une priorité différente de celle par défaut. Cette priorité doit être inférieure à la priorité maximum que l'administrateur a fixée pour cet utilisateur.

Si la priorité maximum fixée pour pierre est de 10 et la priorité par défaut de 20, ce dernier pourra exécuter les commandes d'impression suivantes :

```
$ lp fichier          # la priorité est de 20
$ lp –q 30 fichier    # la priorité est de 30 (plus faible que celle par défaut)
$ lp –q 15 fichier    # la priorité est de 15
$ lp –q 10 ficher     # la priorité est de 10, la valeur maximum.
$ lp –q 5 ficher      # pierre n'est pas autorisé à émettre une requête avec une
                      # priorité 5, la priorité est de 10, la valeur maximum.
```

La commande **lpusers** permet à l'administrateur de gérer les priorités. Elle a plusieurs syntaxes selon l'opération désirée.

Fixer la priorité par défaut.
lpusers –d niveau_priorité

Fixer la priorité maximale pour des utilisateurs.
lpusers –q niveau_priorité –u liste_utilisateurs
Un utilisateur de la liste est de la forme :
utilisateur un utilisateur du système local
hôte !utilisateur un utilisateur du système distant « hôte »
all !utilisateur un utilisateur de n'importe quel hôte
hôte !all tous les utilisateurs du système distant « hôte »
all tous les utilisateurs de tous les systèmes distantsFixer la priorité maximale des utilisateurs qui n'ont pas été mentionnés par une commande **lpusers –q niveau_priorité –u liste_utilisateurs**.
lpusers –q niveau_priorité

Supprimer la priorité maximale pour des utilisateurs.
lpusers –u liste_utilisateurs

Visualiser la priorité par défaut et les priorités des utilisateurs.
lpusers –l

Remarque
La priorité maximale implicite des utilisateurs est 0, soit la plus haute priorité possible. Il convient donc de commencer par la réduire.

Un exemple d'administration en mode commande

Connaître l'état du système

```
# lpstat -t
 scheduler is running
system default destination: impr
device for impr: /dev/lp1
impr accepting requests since mardi, 21 août 2001, 13:56:03 WET DST
printer impr is idle. enabled since mardi, 21 août 2001, 14:01:08 WET DST. available.
```

Arrêter le service d'impression

```
# lpshut
Print services stopped.
```

Visualiser les modèles existants

```
# ls /var/lp/spool/lp/model/d*
/var/spool/lp/model/dqp10
/var/spool/lp/model/dumb
```

Créer l'imprimante

```
# lpadmin -p imp_stand -v /dev/lp1 -m dumb
UX:lpadmin: ATTENTION: "/dev/lp1" is accessible by others.
        TO FIX: If other users can access it you may get
            unwanted output. If this is not what you
            want change the owner to "lp" and change
            the mode to 0600.
            Processing continues.
```

Redémarrer le service

```
# /usr/lib/lpsched
```

Print services started.

Autoriser le dépôt de requêtes

```
# accept imp_stand
destination "imp_stand" now accepting requests
```

Activer l'imprimante

```
# enable imp_stand
printer "imp_stand" now enabled
# /usr/lib/lpadmin -d imp_stand
```

Imprimer un fichier et vérifier l'état du service d'impression

```
# lp .profile
request id is imp_stand-3 (1 file)
# lpstat –t
...
```

Créer une seconde imprimante

```
# lpadmin -p impr2 -v /dev/lp1 -m standard
UX:lpadmin: ATTENTION: "/dev/lp1" is accessible by others.
        TO FIX: If other users can access it you may get
            unwanted output. If this is not what you
            want change the owner to "lp" and change
            the mode to 0600.
            Processing continues.

# accept impr2
# enable impr2
```

Créer une classe nommée aurore composée de l'imprimante impr

```
# lpadmin -p impr -c aurore
```

Ajouter l'imprimante impr2 à la classe aurore

```
# lpadmin -p impr2 -c aurore

# lpstat –t
scheduler is running
no system default destination
members of class aurore:
    impr
    impr2

device for impr2: /dev/lp1
...
```

Retirer l'imprimante impr2 de la classe aurore

```
# lpadmin -p impr2 -r aurore

# lpstat -c
members of class aurore:
    impr
```

Fixer la priorité maximale des utilisateurs gilles et root

```
# lpusers -q 10 -u gilles,root
```

Fixer la priorité maximale des autres utilisateurs

lpusers -q 15

Visualiser les paramètres du système de priorité

lpusers –l
Default priority: 20
Priority limit for users not listed below: 15
Priority Users 10 gilles,root

Les commandes d'impression BSD

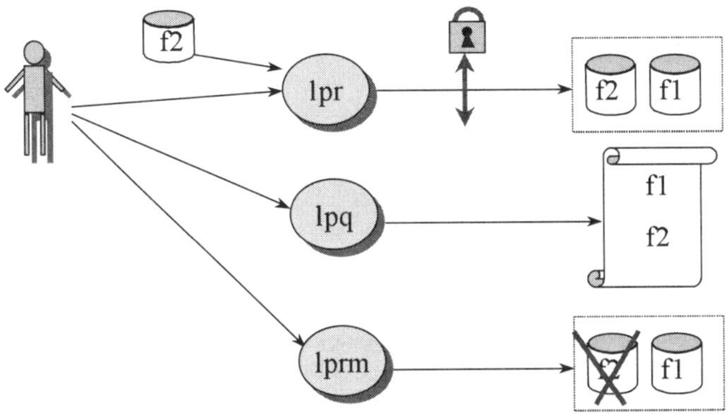

La commande lpr

La commande **lpr** permet de déposer une requête d'impression dans un spool.

Une fois ces fichiers créés, **lpr** envoie un signal au démon **lpd**, qui délègue le traitement de la requête à un autre démon ; ce dernier restera actif jusqu'à ce qu'il n'y ait plus de requêtes dans cette file d'attente.

Si, depuis la machine locale, le service **lpd** n'est pas accessible (l'appel système connect retourne en erreur), **lpr** affiche le message :

> lpr: connect: Connexion refusée.
> jobs queued, but cannot start daemon.

Syntaxe

lpr [-Pprinter] [-#num] [-mrs] [name ...]

-P imp	Impression sur le spool imp au lieu du spool par défaut. La variable d'environnement PRINTER définit sinon la file d'attente par défaut.
-m	L'utilisateur est prévenu par un message envoyé par **mail** en fin d'impression.
-r	Le fichier à imprimer est détruit en fin d'impression.
-s	Plutôt que de réaliser une copie du fichier dans le spool, la commande **lpr** crée un lien symbolique.
-# nb	Imprime le fichier en « nb » exemplaires.

Exemples

```
# lpr –P epson /etc/services
request id is 6
```

```
# ls /usr/spool/lpd/epson
cfA000Aa00426
dfA000Aa00426
```

Extrait du fichier *cfxxx* résultant de la commande précédente.

```
# cat /usr/spool/lpd/epson/cfA000Aa00426
Hlocalhost.localdomain
Proot
Jservices
Clocalhost.localdomain
Lroot
UdfA000Aa00426
N/etc/services
```

La commande lpq

La commande **lpq** affiche des informations sur le spool.

Syntaxe

lpq [-l] [-P imp] [Numéro_de_job ...] [Nom_utilisateur ...]

-P imp	Spécifie le spool imp au lieu du spool par défaut. La variable d'environnement PRINTER définit sinon la file d'attente par défaut.
-l	Affiche des informations détaillées.
Numéro_de_job	Indique le numéro de la requête pour laquelle on veut des informations.
Nom_utilisateur	Indique le nom de l'utilisateur pour lequel on veut des informations.

Exemples

```
# lpq
printing disabled
Rank  Owner  Job  Files            Total Size
 1st  pierre  25  .bash_profile     220 bytes
 1st  cathy   21  /etc/hosts         43 bytes
2nd   cathy   22  /etc/group        395 bytes
 3rd  pierre  23  /etc/passwd       676 bytes
 4th  pierre  24  /etc/services    4534 bytes
 5th  root    26  /etc/profile      516 bytes
```

```
# lpq -P hplanman
hplanman is ready and printing
Rank   Owner   Job  Files          Total Size
active  root    0   /etc/passwd     676 bytes
```

La commande lprm

La commande **lprm** permet de détruire des requêtes d'impression.

Syntaxe

lprm [-P imp] [-] [Numéro_de_job ...] [Nom_utilisateur ...]

-P imp	Supprime sur le spool imp au lieu du spool par défaut. La variable d'environnement PRINTER définit sinon la file d'attente par défaut.
-	Détruit toutes les requêtes de l'utilisateur. Dans le cas de root, détruit toutes les requêtes du spool.

Numéro_de_job	Indique le numéro de la requête à supprimer.
Nom_utilisateur	Indique le nom de l'utilisateur pour lequel on veut supprimer toutes les requêtes.

Remarque
La commande **lprm** commence par tuer le démon **lpd** qui prend en charge l'impression des requêtes du spool avant de détruire une requête. Le démon associé au spool est ensuite exécuté.

Exemples

Détruire la requête 26.

```
# lprm 26
dfA026Aa01215 dequeued
cfA026Aa01215 dequeued
```

Affiche les requêtes du spool par défaut.

```
# lpq
printing disabled
Rank  Owner   Job   Files          Total Size
 1st  pierre   25   bash_profile   220 bytes
 1st  cathy    21   /etc/hosts      43 bytes
2nd   cathy    22   /etc/group     395 bytes
 3rd  pierre   23   /etc/passwd    676 bytes
 4th  pierre   24   /etc/services  4534 bytes
```

Détruire toutes les requêtes de pierre.

```
# lprm pierre
dfA023Aa00993 dequeued
cfA023Aa00993 dequeued
dfA024Aa00995 dequeued
cfA024Aa00995 dequeued
```

```
# lpq
printing disabled
Rank  Owner   Job   Files          Total Size
 1st  cathy    21   /etc/hosts      43 bytes
2nd   cathy    22   /etc/group     395 bytes
```

Les spools d'impression BSD

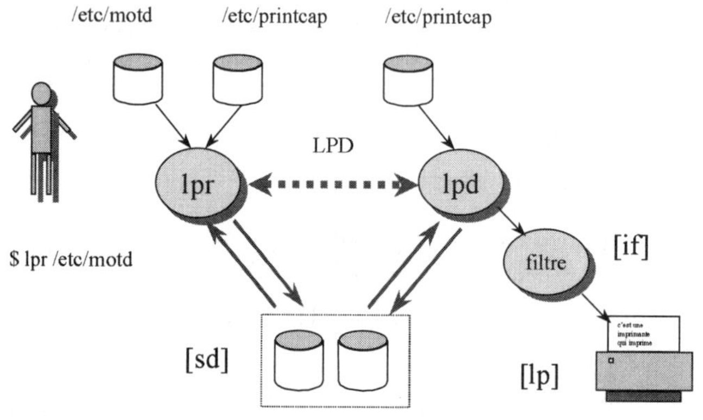

Le service d'impression du système UNIX BSD est aussi connu sous la dénomination service d'impression TCP/IP ou plus simplement « LPD » (« *Line Printer Daemon* »), acronyme du démon d'impression de ce service.

Architecture

Le système d'impression BSD fonctionne selon le principe du client/serveur. Dans ce système, l'impression locale suit la même logique que l'impression à distance.

Un utilisateur demande une impression grâce à la commande **lpr**. Celle-ci entre en communication avec le serveur **lpd** grâce au protocole TCP/IP LPD (RFC-1179) et lui transfère le fichier à imprimer en utilisant le répertoire de spool (*/var/spool/lpd/xxx*) . Il y a un répertoire de ce type par file d'attente d'impression. Ensuite, le serveur lpd (ou un de ses fils) se charge de réaliser l'impression en utilisant un filtre spécifique de l'imprimante.

A la différence du système d'impression AT&T, il n'existe pas, du moins en standard, de commande de création d'imprimante. La configuration des spools, aussi bien du côté client que du côté serveur est mémorisée dans le fichier */etc/printcap*. Ce fichier est modifié à l'aide d'un éditeur de texte, comme **vi**. Si l'on a affaire à une impression locale, c'est bien sûr le même fichier *printcap* qui sert à la fois au client lpr et au serveur lpd.

La file d'attente « lp », si elle existe, correspond à la file d'attente par défaut.

Le démon **lpd** peut exécuter des requêtes d'impression émises localement ou venant d'un client distant. S'il s'agit d'une requête distante, le transfert des fichiers n'est pas réalisé par un répertoire de spool, mais directement par le protocole LPD. Ce protocole ne relie pas forcément des systèmes UNIX. Un serveur LPD peut être un serveur Windows NT ou une imprimante connectée directement sur le réseau.

Le fichier *printcap*

Le rôle du fichier */etc/pri*ntcap est essentiel comme on vient de le voir. Il permet de configurer les différentes queues d'impression. La plupart du temps, il n'est pas nécessaire de le modifier à la main, l'outil d'administration le génère ou le met à jour automatiquement.

Syntaxe

C'est un fichier ASCII où chaque ligne correspond à une file d'attente différente. Le caractère « \ » permet de continuer un enregistrement sur la ligne suivante. Le caractère « # » débute une ligne commentaire. La description d'une file d'attente comporte plusieurs champs séparés par le caractère « : ». Le premier champ indique le nom de la file d'attente. Si plusieurs noms sont spécifiés, ils sont séparés par le caractère « | ». Chacun des champs suivants comporte des couples « champ=valeur », par exemple sd=/var/spool/lpd/lp. Le tableau qui suit décrit les principaux champs.

Les principaux champs

sd	Le répertoire de spool.
lp	Le périphérique d'impression (impression locale).
rm	Le nom ou l'adresse du serveur d'impression (impression distante).
rp	Le nom de la file d'attente distante (impression distante).
if	Le filtre d'impression.
mx	Taille du plus gros fichier. La valeur 0 indique une taille illimitée.
sh	Supprime l'impression de l'en-tête.
lf	Le fichier log des erreurs.
af	Le fichier comptable (« accounting »).

Exemple de fichier printcap

```
# /etc/printcap

lp|deskjet:\
        :lp=/dev/lp0:sd=/var/spool/lpd/lp:\

rem:\
        :sd=/var/spool/lpd/rrem:\
        :rm=venux:rp=imp:
```

Le démon lpd

Le démon **lpd** lit le fichier */etc/printcap* afin de connaître les imprimantes installées.

Remarque
Comme **lpd** est un service TCP/IP qui fonctionne en client-serveur, il exécute les appels système de l'API « socket » (*cf. Module 13 : Le réseau*) accept(2) et listen(2), pour prendre en compte les requêtes des utilisateurs.

Le démon **lpd** fait exécuter les requêtes d'impression d'une file d'attente, un spool par un processus fils. Le fichier *lock* du spool concerné prévient la création de plusieurs processus fils pour le même spool. Ce fichier contient le PID du processus fils **lpd** et le nom du fichier de contrôle de la requête en cours de traitement. On trouve aussi un deuxième fichier, *status*, qui décrit l'état de l'imprimante.

```
# cd /var/spool/lpd
# cat epson/lock
391
cfA001Aa00390

# cat epson/status
epson is ready and printing
```

```
# cat hp6/status
waiting for hp6 to become ready (offline ?)
```

Détails du fonctionnement du service lpd

Le mécanisme de fonctionnement du service d'impression, bien que complexe, est normalement transparent à l'administrateur et, a fortiori, aux utilisateurs. En cas de problème, il peut cependant être utile de connaître la suite des opérations qui conduisent du dépôt d'une requête à son exécution.

1. L'utilisateur dépose une requête d'impression grâce à la commande **lpr**.
2. La commande **lpr** consulte le fichier */etc/printcap* pour préparer le travail (« job ») d'impression selon les caractéristiques des formats d'impression de la file d'attente sélectionnée (taille du papier, police, ...), puis copie dans le répertoire du « spool » deux fichiers :
   - Un fichier de contrôle de nom *cfxx* où « cf » signifie « *Control File* » et « xx » est l'identificateur de la requête. Parmi les informations du fichier de contrôle, figurent le nom de l'utilisateur qui a déposé la requête et le nom du fichier à imprimer. Chaque ligne commence par un caractère de contrôle qui identifie l'information donnée sur le reste de la ligne. Voici quelques caractères de contrôle des fichiers *cfXX* :
     J « Job », le nom du fichier à imprimer.
     P « Person », le nom de l'utilisateur qui a déposé la requête.
     H « Host », le nom de l'hôte émetteur.
     N Le nom du fichier à imprimer.
     U Le nom du fichier *dfXX* à supprimer en fin d'impression.
   - Un fichier de données de nom *dfxx* où « df » signifie « *Data File* » et « xx » est l'identificateur de la requête. Ce fichier est une copie du fichier à imprimer.
3. La commande **lpr** signale au démon **lpd** le dépôt d'une nouvelle requête. Le démon vérifie que l'hôte qui a émis la requête est défini dans le fichier */etc/hosts.equiv* ou */etc/host.lpd*. Dans la négative, le démon **lpd** rejette la requête.

Remarques
Le fichier */etc/hosts.lpd* contient le nom de tous les ordinateurs clients autorisés à imprimer. On met un nom d'ordinateur par ligne. Le fichier */etc/hosts.equiv* est un fichier qui est utilisé pour autoriser des clients d'autres services que le service TCP/IP (*cf. Module 13 : Le réseau*).

---

4. Dans le cas où la file d'attente est attachée à une imprimante locale, le démon **lpd**, sur la base des informations du fichier */etc/printcap*, fait exécuter les requêtes en attente par un processus fils. Ce fils est créé, si besoin est. Il en existe un par file d'attente. Dans le cas d'une file attachée à une file d'attente distante, le démon **lpd** initie une connexion TCP sur le serveur distant, transfère les fichiers *cfxx* et *dfxx* dans le spool distant et notifie au démon **lpd** distant l'arrivée de la requête. Il supprime localement les fichiers *cfxx* et *dfxx*.

Remarque
Le service lpd est défini par l'X/OPEN dans le guide de programmation XPG4 et dans le RFC 1179.

La commande lpc

La commande **lpc** permet de gérer les spools, d'afficher des informations sur le service, d'activer ou de désactiver un spool, de le purger, d'arrêter ou de démarrer le démon **lpd**.

Syntaxe

lpc [commande [argument] ...]

En l'absence de commande, **lpc** affiche un prompt et passe en mode interactif.

Dans le tableau qui suit, le terme « imp » désigne le nom de la file d'attente sur laquelle **lpc** doit opérer. L'attribut « all » permet d'agir sur toutes les files d'attente. Les principales commandes sont :

Commande	Description
status imp	Affiche des informations sur le spool imp.
abort imp | all	Arrête l'impression en cours et remet le job dans le spool.
clean imp | all	Supprime toutes les requêtes.
disable imp | all	Désactive la mise en file d'attente. Le dépôt de requêtes par la commande **lpr** n'est plus possible.
down imp message	Arrête une imprimante et écrit le message « message » dans le fichier status du répertoire de spool imp. Ce message est affiché sur l'écran des utilisateurs qui tentent de déposer des requêtes sur cette file d'attente.
enable imp | all	Active la mise en file d'attente. Le dépôt de requêtes par la commande **lpr** est possible.
start imp	Lance le démon d'impression du spool imp. Cette commande démarre l'impression des requêtes en attente.
stop imp	Arrête le démon du spool imp. Les requêtes déposées restent bloquées en file d'attente.
restart imp | all	Redémarre le démon (souvent après une fin anormale).
topq imp numreq	Place la requête numreq en début de file d'attente.
topq imp user	Place les requêtes de l'utilisateur « user » en début de la file d'attente.
up imp	Redémarre une imprimante arrêtée par down.
exit	Quitte le programme lpc.
help	Affiche de l'aide.
help commande	Affiche de l'aide sur la commande.

Exemples de gestion du spool avec la commande lpc

```
# lpq

lp is ready and printing
Rank   Owner     Job  Files                   Total Size
active cathy     21   /etc/hosts              43 bytes
1st    cathy     22   /etc/group              395 bytes
2nd    pierre    23   /etc/passwd             676 bytes
3rd    pierre    24   /etc/services           4534 bytes
4th    pierre    25   .bash_profile           220 bytes
5th    root      26   /etc/profile            516 bytes

# lpc
lpc> help Commands may be abbreviated.  Commands are:
abort   enable  disable help    restart status  topq    ?
```

```
disable hp6
hp6:
        queuing disabled
lpc> stop hp6
hp6:
        printing disabled
lpc> status hp6
hp6:
        queuing is disabled
        printing is disabled
        no entries
        no daemon present
lpc>
lpc> enable hp6
hp6:
        queuing enabled
lpc> start hp6
hp6:
        printing enabled
        daemon started
lpc> status hp6
hp6:
        queuing is enabled
        printing is enabled
        no entries
        no daemon present
lpc> topq epson 25
epson:
        moved cfA025Aa00997
lpc>q
# lpq
lp is ready and printing
Rank   Owner    Job  Files                     Total Size
1st    pierre   25   .bash_profile             220 bytes
1st    cathy    21   /etc/hosts                 43 bytes
2nd    cathy    22   /etc/group                395 bytes
3rd    pierre   23   /etc/passwd               676 bytes
4th    pierre   24   /etc/services            4534 bytes
5th    root     26   /etc/profile              516 bytes
```

Les impressions déportées

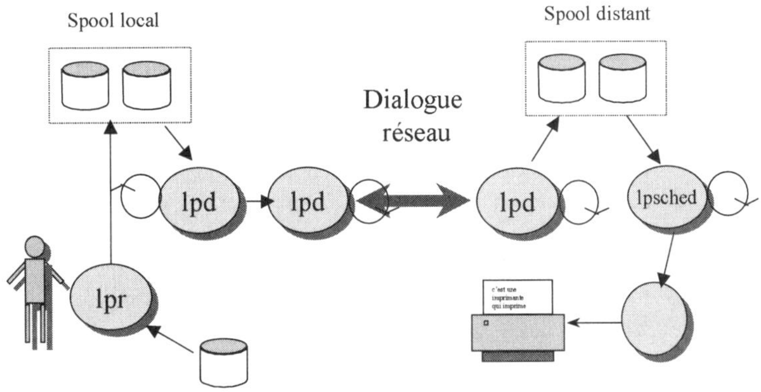

Il existe plusieurs approches dans le partage d'imprimantes à travers un réseau.

Le service d'impression UNIX BSD

Le service le plus souvent utilisé est celui du système d'impression du système UNIX BSD dont le démon d'impression **lpd** s'appuie sur les protocoles du réseau TCP/IP.

Il permet, selon le modèle client-serveur, de prendre en compte des requêtes émises depuis une machine distante, le client, et de les transférer dans le service de « spool » local du serveur pour qu'il soit pris en compte par le démon du serveur, **lpsched** ou **lpd** selon que le système d'impression du serveur est AT&T ou BSD. La configuration du système d'impression distant sur le serveur est facilitée par la connaissance du réseau, des protocoles et des services de TCP/IP.

La configuration au niveau du serveur est simple à réaliser. Les machines clientes autorisées à émettre doivent ainsi être mentionnées dans le fichier */etc/hosts.equiv* ou */etc/hosts.lpd* du serveur.

La configuration au niveau des clients dépend de son système d'impression. Dans tous les cas, il s'agit de créer, sur le client, une file d'impression associée à une file d'impression d'un hôte distant ou simplement à un hôte distant s'il s'agit d'une imprimante réseau.

Le service d'impression AT&T

Des variantes existent selon les systèmes. Dans le cas du système Solaris, à partir de la version 7, les opérations sont extrêmement simples à réaliser tant au niveau du serveur que du client.

Toutes les imprimantes définies au niveau d'un hôte sont potentiellement utilisables par des clients, tant BSD que AT&T. L'administrateur utilise la commande **lpadmin _p imprimante –u deny:utilisateur** pour interdire l'accès à l'imprimante à des utilisateurs locaux ou distants (*cf. Les commandes de gestion d'impression : commande **lpadmin**, commande **lpusers** pour l'expression des noms d'utilisateurs*).

La configuration au niveau du client se fait en utilisant la commande **lpadmin –p impimante –s hôte!imprimante**. Pour créer sur le client mars une imprimante impr associée à l'imprimante impr du serveur venus, on exécute la commande suivante :

mars # lpadmin –p impr –s venus !impr

La configuration du client ne nécessite plus d'exécuter les commandes **accept** et **enable**.

Remarques
L'utilisation de l'outil intégré d'administration permet souvent, sans avoir beaucoup d'expérience en réseau, de configurer le serveur d'impression et les postes clients. Il faut d'ailleurs noter que le serveur d'impression et certains clients ne sont pas nécessairement des ordinateurs fonctionnant avec le système d'exploitation UNIX.

Le service d'impression est normalisé par l'X/OPEN dans le guide de programmation XPG 4 et défini par le « rfc » 1179.

Les versions antérieures à la version 7 de Solaris et d'autres systèmes UNIX nécessitent, en sus, l'exécution de la commande **lpsystem** pour configurer le serveur et le client.

Atelier 8 : L'impression

Objectif :

- **Savoir ajouter et configurer un spool d'impression**

Durée : 15 minutes.

Exercice n°1

Quelles sont les différentes files d'attente d'impression (« *spool* ») définies sur votre système, et quel est leur état ?

Exercice n°2

Est-ce que le démon gérant le multi-spooler d'impression est actif ?

Exercice n°3

Ajoutez une file d'attente d'impression associée au fichier disque /home/pierre/imp. Réalisez quelques impressions sur cette file, à fin de tests. Désignez l'imprimante comme imprimante par défaut.

Exercice n°4

Quelles sont les commandes gérant l'impression sur votre système ?

Exercice n°5 (script)

Ecrivez un script qui permet de créer de manière interactive une file d'attente d'impression. Le script, par exemple, demande le nom de la file, le nom de l'imprimante et génère ensuite la commande **lpadmin** appropriée.

- *Disque*
- *Système de fichiers, swap, « raw device »*
- *Disque RAID, « striped disk », groupe de volumes*
- */dev/dsk, /dev/rdsk*

9

Les disques physiques et logiques

Objectifs

Après la lecture de ce module, le lecteur sait la définition et toutes les utilisations possibles d'un disque au sens du système UNIX.

Contenu

Les disques
Ajout d'un disque
Les disques RAID
Les «*striped disks*»
Les groupes de volumes
Le swap
Les «*raw device*»
L'installation et la réinstallation d'un système UNIX

Références

Man

prtvtoc(1m), format(1m), swap(1m), installboot(1m)

Internet

http://www.stokely.com/unix.sysadm.resources/disk.printing.html

Les disques

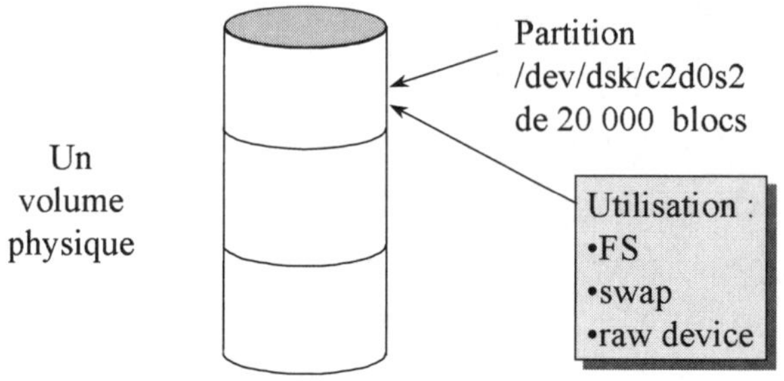

La forme d'un disque UNIX est variable selon les systèmes, suivant qu'ils sont vus physiquement ou logiquement. Quoi qu'il en soit, un disque d'un système UNIX peut toujours être défini comme un ensemble de blocs logiquement contigus et accessibles par deux noms définis dans le répertoire */dev* du système de fichiers principal. Le premier le désigne comme périphérique de type bloc, le second de type caractère.

Suivant le nom utilisé, la nature des échanges, et donc des écritures de données entre le module de gestion de fichiers du noyau (le disque est vu comme un fichier) et le pilote du disque, est en mode caractère ou en mode bloc. On utilise alors des buffers du noyau pour procéder aux échanges.

La question du choix du nom, donc du mode de transfert, ne se pose en réalité que dans un nombre très limité de cas. La grande majorité des commandes impose l'utilisation du nom en mode bloc ou en mode caractère, selon leur vision du disque. Les commandes de formatage utilisent le nom en mode caractère et les commandes de gestion des systèmes de fichiers le nom en mode bloc. La commande **tar** est un cas où le choix est laissé d'utiliser l'un ou l'autre. On utilisera le nom en mode caractère si, à l'instar d'une bande magnétique, on souhaite définir sa propre taille de bloc et un facteur de blocage. De plus, les écritures de données fournies par l'application sont synchrones puisque l'on n'utilise pas les buffers du noyau.

Il existe deux approches pour nommer les disques :

1. Les noms sont directement définis dans le répertoire */dev*. Les noms sont alors */dev/disque* pour un disque en mode bloc et */dev/rdisque* pour le même disque en mode caractère.

2. Les noms des disques en mode bloc sont définis dans le répertoire */dev/dsk* et les noms des disques en mode caractère sont définis dans le répertoire */dev/rdsk*. Dans les deux répertoires les noms qui désignent un même disque sont alors identiques : **/dev/dsk/disque** et **/dev/rdsk/disque**.

Un disque UNIX peut avoir trois utilisations :

1. Contenir un système de fichiers.
2. Etre utilisé comme disque de swap.
3. Etre utilisé directement, en mode caractère, par un logiciel. On parle alors de « *raw device* ». Les gestionnaires de bases de données savent utiliser des disques de cette manière. Les tables de la base de données ne sont plus visibles dans l'arborescence. Leur gestion relève exclusivement du logiciel. Quand le nom du disque utilisé avec une commande de sauvegarde, comme **tar**, est celui en mode caractère, on peut parler de « *raw device* ».

La reconnaissance des disques durs physiques qui existent sur un système UNIX ne se fait pas forcément de la même façon selon les systèmes.

Certains systèmes proposent une commande spécifique pour visualiser les périphériques physiquement présents dans le système informatique (commande **ioscan** de HP-UX) ou afficher les fichiers spéciaux associés aux périphériques (**lsdev**,…). D'autres ne contiennent, dans le répertoire */dev*, que les noms des périphériques physiquement existants. Il suffit alors de trouver, dans le manuel de référence des fichiers spéciaux, la nomenclature des noms pour associer un nom à un disque physique.

Pour les autres cas, souvent celui des autres UNIX pour micro-ordinateurs, la liste des noms de périphériques du répertoire */dev* contient les noms des fichiers spéciaux de tous les périphériques normalement possibles sur l'ordinateur. Elle ne coïncide pas avec la réalité. A défaut d'une commande propre à UNIX, on dispose souvent, sur ces ordinateurs, d'un autre système d'exploitation qui visualise les périphériques existants, dont les disques.

Si le système UNIX utilise des partitions physiques, il faut, une fois connu le nom des disques physiques, visualiser la table des partitions de chaque disque, pour en connaître le nombre et la taille. Là encore, le manuel de référence des noms de fichiers périphériques (section 7) permet de leur associer ensuite un nom de disque.

Ajout d'un disque

- **Connecter physiquement le disque**
- **Ajouter le pilote du disque au noyau**
- **Formater le disque**
- **Définir les partitions (au moins une)**
- **Créer les fichiers spéciaux**
- **Créer un FS par partition (utilisation courante)**
- **Réaliser le montage automatique des FS**

L'ajout d'un disque à un ordinateur fonctionnant sous UNIX comporte plusieurs opérations dont certaines dépendent de l'utilisation attendue du disque.

Opérations de base

1) Installez physiquement le disque et éventuellement son contrôleur. Vérifiez que l'installation physique est correcte et notez toutes les informations significatives pour ensuite associer le disque aux entrées correspondantes du répertoire */dev* (Numéro d'emplacement, Identificateur SCSI,...).
2) Ajoutez, si nécessaire, le pilote du disque au noyau UNIX (*cf Mmodule 11 : Le noyau*).
3) Formatez le disque. Le formatage du disque consiste dans sa sectorisation, la création d'une table des partitions et la reconnaissance des secteurs défectueux, si leur gestion ne relève pas directement du contrôleur du disque. La commande d'initialisation physique du disque n'est pas standard. Elle se nomme fréquemment **format**.
4) Dans les systèmes UNIX où les disques sont partitionnés physiquement, l'administrateur doit créer au moins une partition, la totalité du disque dans ce cas. On trouve essentiellement quatre possibilités :

La solution BSD

La solution retenue dans le système UNIX BSD. Le fichier */etc/disktab* contient des modèles de plans de partitionnement pour la plupart des disques existants. Il existe huit noms de partition pour chaque disque, de « a » à « h ». Le nom disk2b désigne la deuxième partition du deuxième disque. Les symboles qui suivent permettent la compréhension du fichier /etc/disktab placé derrière. Cette solution est aujourd'hui très rarement mise en œuvre.

ty	Type de disque
se	Nombre d'octets par secteurs
ns	Nombre de secteurs par piste

nt Nombre de pistes par cylindre
nc Nombre de cylindres par disque
rm Vitesse de rotation en nombre de tours par minute.
p[a-h] Taille des partitions en secteurs

b[a-h] Taille des blocs des partitions en octets
f[a-h] Taille des fragments en octets

Exemple de fichier ***/etc/disktab***

```
eagle|Eagle|2351|Fujitsu Eagle 2351A :\<NL>
        :ty=winchester:ns#48:nt#842:rm#3691:sf:\<NL>
        :pa#15884:ba#8192:fa#1024:\<NL>
        :pb#66880:bb#8192:fb#1024:\<NL>
        :pc#808128:bc#8192:fc#1024:\<NL>
        :pd#15884:bd#8192:fd#1024:\<NL>
        :pe#307200:be#8192:fe#1024:\<NL>
        :pf#109248:bf#8192:ff#1024:\<NL>
        :pg#432768:hg#8192:fg#1024:\<NL>
        :ph#291346:ba#8192:fh#1024:\<NL>
```

La solution UNIX SVR4

La solution retenue dans UNIX SVR4 : chaque disque physique contient une table des partitions du disque, la « vtoc » (« *Volume Table Of Content* »). L'administrateur dispose de deux commandes pour visualiser les partitions ou en créer une : **prtvtoc** et **mkvtoc**. Les sections sont numérotées de 0 à 7 ou de 0 à f et les noms des partitions sont de la forme c<n>d<m>s<l>, <n> désigne le contrôleur, <m> le disque et <l> la section. Un des numéros de section désigne le disque dans sa totalité. Chaque section a un « tag » qui permet de connaître son utilisation. Dans le cas des disques SCSI, le nom comporte en plus l'indication de l'identificateur SCSI. On obtient c<n>t<i>d<m>s<l> où <i> est l'identificateur SCSI.

« Tag »	Signification
0	Section non utilisée.
1	Section utilisée pour le boot (système de fichiers « bfs »).
2	Section utilisée pour le système de fichiers principal /.
3	Section utilisée comme disque de swap.
4	Section utilisée pour le système de fichiers /usr.
5	Section utilisée pour un backup.
6	Section utilisée pour le système de fichiers /stand.

La solution Linux

La solution retenue dans le système Linux : on utilise une commande **fdisk** pour décider des partitions, au sens de Microsoft, où installer les disques du système LINUX.

La solution SCO Open Server

La solution retenue dans UNIX SCO : on utilise une commande **fdisk** pour choisir une partition du disque où installer la totalité d'UNIX et la commande **divvy** pour sous-partitionner l'espace UNIX.

5) La création des fichiers spéciaux. A chaque partition doivent correspondre deux entrées dans le répertoire /dev, une en mode bloc et l'autre en mode caractère. Cette opération peut être réalisée manuellement, via la commande **mknod** (*cf. Module 10 : Les périphériques*). Elle est souvent automatisée et cachée à l'administrateur par l'installation du disque qui crée les fichiers spéciaux désignant la totalité du disque et le partitionnement qui crée les noms associés aux sections.

Opérations spécifiques

L'usage le plus fréquent d'un disque, souvenons-nous qu'une section est un disque, est de contenir un système de fichiers. L'administrateur doit alors créer un système de fichiers sur ce disque et automatiser son montage (*cf. Module 5 : Les systèmes de fichiers*).
L'administrateur peut aussi décider d'utiliser le disque comme disque de « swap ».

L'ajout d'un disque SCSI sur une station Sparc sous Solaris

1 - Ajout physique du disque

On installe le disque sur le bus scsi et on positionne son identifiant scsi (« *target number* ») par une molette ou un cavalier. L'exemple utilise la valeur « 5 ». Il ne faut pas oublier de terminer le bus scsi. Pour que le système identifie ce nouveau disque, le redémarrage doit être interrompu par la séquence « Stop-A » qui permet d'obtenir le prompt de l'Open Boot Prompt et d'exécuter la commande **probe-scsi**. Après cette opération, on démarre Solaris en lui demandant de reconfigurer les périphériques.

```
ok  probe-scsi

ok  boot  -r
```

Après le démarrage du système, la commande **dmesg** doit indiquer la prise en compte du disque par le système. La commande **boot -r** a aussi provoqué la création des fichiers spéciaux (*/dev/dsk/..*) qui vont permettre l'accès au périphérique.

2 Partitionnement du disque

La commande **format** permet toutes les opérations de gestion d'un disque : le formatage, le partitionnement, la réparation, la pose du label, ... La commande fonctionne en mode texte et procède par menu. Activée sans argument, elle liste les disques disponibles et on choisit celui sur lequel opérer. L'exemple qui suit spécifie le disque nouvellement ajouté. Dans Solaris, la deuxième partition « s2 » correspond au disque complet. La taille d'une partition est exprimée en octets, cylindres ou méga-octets (b, c, ou m).

Pour rendre un disque opérationnel, avant d'y créer par exemple des systèmes de fichiers, il faut d'abord le formater, le partitionner et mettre le label (écrire la VTOC). L'étape de formatage n'est normalement pas nécessaire, car les disques sont vendus déjà formatés. Cette opération peut s'avérer nécessaire pour un disque endommagé.

```
# format /dev/rdsk/c0t5d0s2
selecting /dev/rdsk/c0t5d0s2
[disk formatted]

FORMAT MENU:
      disk      - select a disk
      type      - select (define) a disk type
      partition - select (define) a partition table
      current   - describe the current disk
      format    - format and analyze the disk
      repair    - repair a defective sector
```

```
        label     - write label to the disk
        analyze   - surface analysis
        defect    - defect list management
        backup    - search for backup labels
        verify    - read and display labels
        save      - save new disk/partition definitions
        inquiry   - show vendor, product and revision
        volname   - set 8-character volume name
        quit

format> partition

PARTITION MENU:
        0      - change `0' partition
        1      - change `1' partition
        2      - change `2' partition
        3      - change `3' partition
        4      - change `4' partition
        5      - change `5' partition
        6      - change `6' partition
        7      - change `7' partition
        select - select a predefined table
        modify - modify a predefined partition table
        name   - name the current table
        print  - display the current table
        label  - write partition map and label to the disk
        quit
partition> print
Current partition table (original):
Total disk cylinders available: 3361 + 2 (reserved cylinders)

Part      Tag    Flag     Cylinders      Size          Blocks
  0 unassigned    wm       0              0        (0/0/0)          0
  1 unassigned    wm       0              0        (0/0/0)          0
  2     backup    wu       0-3360         1.12GB   (3361/0/0) 2352700
  3 unassigned    wm       0              0        (0/0/0)          0
  4 unassigned    wm       0              0        (0/0/0)          0
  5 unassigned    wm       0              0        (0/0/0)          0
  6 unassigned    wm       0              0        (0/0/0)          0
  7 unassigned    wm       0              0        (0/0/0)          0

partition> 3
Part      Tag    Flag     Cylinders      Size          Blocks
  3 unassigned    wm       0              0        (0/0/0)          0
Enter partition id tag[unassigned]:
Enter partition permission flags[wm]:
Enter new starting cyl[0]: 0
Enter partition size[0b, 0c, 0.00mb]: 1680c

partition> 4
Enter partition id tag[unassigned]:
Enter partition permission flags[wm]:
Enter new starting cyl[0]: 1681
Enter partition size[0b, 0c, 0.00mb]: 1680c

partition> label
```

```
Ready to label disk, continue? y
partition> quit
format> quit
#
```

Les partitions qui viennent d'être créées sont visibles grâce à la sous-commande **print** de la commande **format**. La commande **prtvtoc** permet également de les visualiser :

```
# prtvtoc /dev/rdsk/s0t5d0s2
* /dev/rdsk/c0t5d0s2 partition map
*
* Dimensions:
*     512 bytes/sector
*     140 sectors/track
*       5 tracks/cylinder
*     700 sectors/cylinder
*    3363 cylinders
*    3361 accessible cylinders
*
* Flags:
*   1: unmountable
*  10: read-only
*
* Unallocated space:
*       First     Sector    Last
*       Sector    Count     Sector
*     1176000       700   1176699
*
*                    First    Sector    Last
* Partition  Tag  Flags    Sector    Count     Sector  Mount Directory
      2       5    01          0   2352700   2352699
      3       0    00          0   1176000   1175999
      4       0    00    1176700   1176000   2352699
```

3 - Créer des FS

```
# newfs /dev/rdsk/c0t5d0s3
# fsck -y /dev/rdsk/c0t5d0s3
```

Les disques RAID et les « *striped disks* »

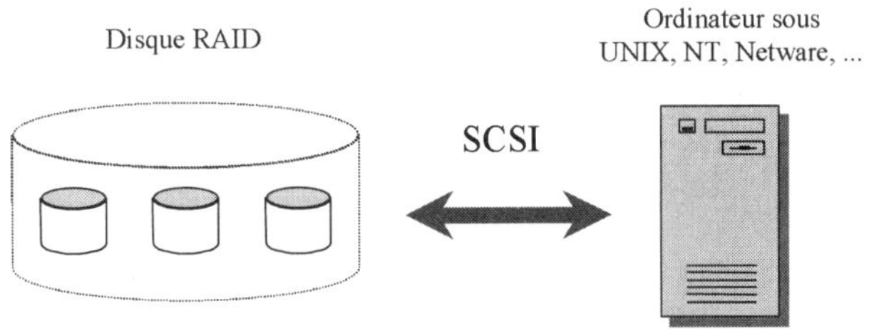

Principaux niveaux de RAID :
0: Fusion
1: Miroir
3: Fusion avec parité
5: Fusion avec parité répartie sur les disques

Disques en miroir

La technique des disques en miroir consiste à dupliquer l'écriture des données sur plusieurs disques, typiquement deux, pour se prémunir contre la perte de données en cas de défaillance d'un disque. Les disques en miroir sont gérés par le logiciel ou par le matériel, la seconde technique étant la plus efficace.

Bandes de données (« *data striping* », « *striped disk* »)

La technique des bandes de données (« *data striping* ») consiste à découper les données à écrire sur disque en une suite de segments séquentiels, logiquement contigus et qui peuvent résider sur plusieurs disques physiques distincts. L'ensemble des segments d'une bande constitue en fait un disque logique (« *striped disk* »). Une solution, plus élaborée, consiste à disposer d'une bande spécifique de parité, calculée à partir des données des autres bandes. La bande de parité permet de reconstituer une bande de données défaillante.

Disques RAID

La mise en œuvre des disques en miroir et des bandes de parité se fait le plus souvent grâce à l'utilisation de disques conformes aux spécifications « RAID » (« *Redundant Arrays of Independant Disks* »). On parle en fait de disques RAID. Ils trouvent leur origine dans un projet de recherche sur les systèmes à tolérance de pannes, mené par l'université de Berkeley en Californie.

Il existe plusieurs spécifications de disques RAID, connues sous les appellations RAID 0, RAID 1, RAID 2, RAID 3, RAID 4 et RAID 5.

A ces spécifications correspondent des fonctionnalités que l'on peut résumer de la manière suivante :

RAID 0	Un disque sans redondance avec bandes.
RAID 1	Des disques en miroir.
RAID 2	Miroir et écriture en parallèle avec contrôle et correction d'erreur (« EEC »).
RAID 3	Ecriture en parallèle avec contrôle de parité.
RAID 4	Bandes avec parité, la bande de parité est sur un seul disque.
RAID 5	Bandes avec parité, la bande est répartie sur plusieurs disques.

Bien que ne procurant pas de sécurité particulière, le RAID0 offre l'avantage de regrouper plusieurs disques physiques en un seul. Les écritures peuvent être réalisées en parallèle. Une solution RAID0, même réalisée par logiciel, peut améliorer les performances d'écriture sur des disques IDE connectés à des contrôleurs différents. Dans le cas de disques SCSI, les disques peuvent être connectés au même contrôleur.

Les solutions les plus courantes dans les systèmes à tolérance de panne sont le RAID 1 et le RAID 5.

Le choix est essentiellement fonction de la nature des applications, du coût et des performances attendues.

Remarque
Un disque RAID est transparent pour le système qui le voit comme un disque SCSI ordinaire. Les performances sont supérieures à celles obtenues en émulant le disque RAID au niveau du noyau. Dans ce dernier cas, les performances pourront être améliorées en éclatant les entrées/sorties sur plusieurs contrôleurs.

Les groupes de volumes

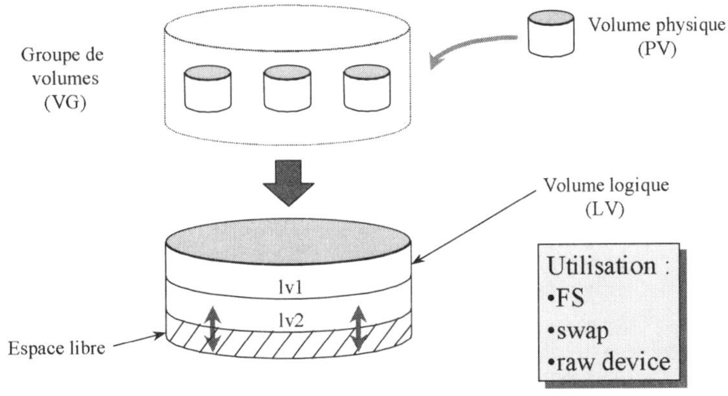

Les groupes de volumes représentent une alternative intéressante aux partitions physiques. Ils offrent souplesse et dynamisme pour la création de disques UNIX.

Parmi les systèmes UNIX qui supportent les groupes de volumes, nous citerons AIX (IBM),HP-UX (Hewlett Packard), TRU64 (Compaq) et certains Linux (SuSe…). Ils sont d'ailleurs devenus le standard pour les disques de AIX et de HP-UX. Dans Solaris, les groupes de volumes sont en option. Les possesseurs de serveurs Sun préfèrent le plus souvent acheter les logiciels de la société Veritas.

Les concepts

Un groupe de volumes (« *Volum Group* ») est un ensemble de disques physiques ou volumes physiques (« *Physical Volum* »). Il est aisé d'ajouter ou de retirer un volume physique d'un groupe de volumes. Un système qui utilise les groupes de volumes est constitué d'au moins un groupe constitué d'au moins un volume physique. On trouve communément qu'un tel système peut contenir jusqu'à 32 groupes de volumes et un groupe de volumes jusqu'à 255 volumes physiques.

L'espace total d'un groupe de volumes est constitué d'un ensemble d'unités (granules) d'allocation physique (« *Physical Extent* » ou « *Physical Partition* ») qui peuvent être allouées à des disques logiques ou volumes logiques (« *Logical Volum* »).

Un volume logique est constitué d'un certain nombre d'unités d'allocation logiques (« *Logical Extent* ») ou (« *Logical Partition* ») qui correspondent aux « *Physical Extent* » ou « *Physical Partition* » allouées dans le groupe de volumes. Les unités d'allocation physiques qui ont été allouées ne sont pas contiguës. Le terme « extent » est utilisé dans le système HP-UX et « partition » dans AIX. A une unité d'allocation logique correspondent deux ou trois unités d'allocation physiques si l'on crée des volumes logiques avec un ou deux disques miroirs. Dans le cas courant, sans disque miroir, on a une unité physique pour une unité logique.

Un volume logique, comme tous les disques UNIX, possède, dans le répertoire /dev, l'entrée qui le désigne en mode bloc et celle pour le mode caractère.

Les gestionnaires de volumes logiques proposent des noms par défaut pour les groupes et les volumes logiques, mais l'administrateur peut librement choisir des noms à sa convenance.

/dev/volume_groupe/volume_logique
/dev/volume_groupe/**r**volume_logique

Remarque
Grâce aux volumes logiques, la taille d'un disque peut être supérieure à la taille d'un disque physique et celle d'un fichier également.

Les principales opérations que l'on peut réaliser sur les groupes de volumes sont :

- La création d'un groupe de volumes.
- L'ajout d'un disque physique à un groupe de volumes.
- Le retrait d'un disque physique d'un groupe de volumes.
- Le rattachement d'un disque physique à un nouveau groupe de volumes.

Les principales opérations que l'on peut réaliser sur les volumes logiques sont :

- La création ou la suppression d'un volume logique.
- L'extension ou la réduction de la taille d'un volume logique.

Via l'outil intégré d'administration, la création d'un volume logique est bien plus facile à réaliser que celle d'une partition physique. Une fois la création d'un volume logique effectuée, il n'y a aucune différence d'utilisation avec celle d'une partition physique. Un volume logique est un disque UNIX qui peut être utilisé pour y créer un système de fichiers, un disque de swap ou bien laissé en l'état en tant que raw device.

Remarques

S'il est possible de réduire la taille d'un volume logique, on en est souvent empêché par les données qu'il contient et qui seraient endommagées.Quand on étend la taille d'un volume logique qui contient un système de fichiers, **il ne faut surtout pas oublier d'augmenter également la taille du système de fichiers**. L'espace nouvellement alloué reste sinon inexploité.

Les volumes logiques d'HP-UX et de Linux SuSe

Les commandes

Il existe un grand nombre de commandes. Toutes n'ont pas le même degré d'importance. Le tableau qui suit en donne la liste, mais seules les commandes fondamentales sont ensuite développées :

Commande	Description
pvcreate	La commande **pvcreate** est la première commande à exécuter pour un disque que l'on souhaite ensuite intégrer à un groupe de volumes.
vgcreate	La commande qui crée un groupe de volumes.
lvcreate	La commande qui crée un volume logique.
vgdisplay	La commande qui visualise les caractéristiques d'un groupe de volumes.
lvdisplay	La commande qui visualise les caractéristiques d'un volume logique.
vgextend	La commande qui étend un groupe de volumes par incorporation de nouveaux PVs.

lvextend	La commande qui accroît la taille d'un volume logique.
vgremove	La commande qui supprime un groupe de volumes.
lvremove	La commande qui supprime un volume logique.
extendfs	La commande HP-UX qui étend un système de fichiers.

Exemple

Création des volumes sur le groupe de volumes cao

Le premier volume logique aura pour nom /dev/cao/database, le second /dev/cao/programme. La commande **lvcreate** crée également les noms en mode « raw » /dev/cao/rdatabase et /dev/cao/rprogramme.

lvcreate -L 75M -n database /dev/cao

lvcreate -L 50M -n programme /dev/cao

Création de systèmes de fichiers

newfs /dev/cao/rdatabase
newfs /dev/cao/rprogramme

Montage des systèmes de fichiers

mkdir /cao
mkdir /cao/database
mkdir /cao/programme
mount /dev/cao/database /cao/database/
mount /dev/cao/programme /cao/programme/

Les volumes logiques d'AIX

Les commandes

Nous ne présentons, là aussi, que les commandes fondamentales.

Commande	Description
mkvg	La commande qui crée un groupe de volumes.
mklv	La commande qui crée un volume logique.
lsvg	La commande qui visualise les caractéristiques d'un groupe de volumes.
lslv	La commande qui visualise les caractéristiques d'un volume logique.
chvg	La commande qui étend un groupe de volumes par incorporation de nouveaux PVs.
chlv	La commande qui accroît la taille d'un volume logique.
rmvg	La commande qui supprime un groupe de volumes.
rmlv	La commande qui supprime un volume logique.
crfs	La commande qui crée un système de fichiers sur un volume logique. Elle est capable de créer préalablement le volume logique.
chfs	La commande AIX qui étend un volume logique et le système de fichiers qu'il contient. Cette commande peut être exécutée alors que le système de fichiers est monté.
rmfs	La commande qui supprime un système de fichiers et le volume logique qui le contenait.

Exemple

Création des volumes sur le groupe de volumes cao

Le premier volume logique aura pour nom /dev/database, le second /dev/programme. La commande **mklv** crée également les noms en mode « raw » /dev/rdatabase et /dev/rprogramme. On suppose que la taille d'une partition physique est de 4 Mo et que l'on souhaite créer un volume logique database de 76 Mo, soit dix neuf partitions.

mklv –y database cao 19

mklv –y programme cao 19

Création des systèmes de fichiers de type jfs.

crfs –v jfs –ddatabase –m/cao/database -Ayes

crfs –v jfs –dprogramme –m/cao/programme -Ayes

Montage des systèmes de fichiers

mkdir /cao
mkdir /cao/database
mkdir /cao/programme
mount /dev/database /cao/database/
mount /dev/programme /cao/programme/

Le montage peut être réalisé par les commandes suivantes :

mount /dev/database
mount /dev/programme

Les paramètres du montage, dont le point de montage, ont été enregistrés dans le fichier */etc/filesystems*.

Le « swap »

Différents types de swap :

- swap primaire : activé au démarrage par le noyau
- swaps secondaires : activés par les scripts de démarrage
  - Fin de partition (après un FS)
  - Une partition complète
  - Un fichier à l'intérieur d'un FS

Le « *swapping* » est un mécanisme d'échange de données entre la mémoire RAM et un espace sur disque spécialement aménagé à cet effet.

Pour réaliser les échanges avec le maximum d'efficacité, le système UNIX oblige, dès l'installation du système, à créer un disque de swap, dit disque de swap primaire, réservé à cet usage.

Il est généralement conseillé de créer un disque de swap primaire d'une taille égale à au moins deux fois la taille de la RAM. L'administrateur peut affiner le calcul de la taille du disque de swap. Nous le renvoyons pour cela au guide de l'administrateur. La règle de calcul n'est pas complexe mais prend souvent en compte des informations que l'administrateur ignore.

Remarque
On peut penser que les ordinateurs modernes n'ont plus besoin de swap étant donné leur capacité mémoire très importante. C'est vrai en théorie, mais comme la taille des applications a aussi augmenté et que le système doit pouvoir en exécuter plusieurs en même temps, on continue à utiliser un espace de swap. L'utilisation de cet espace ralentit les applications. Les applications n'utilisent souvent qu'une partie de leur espace virtuel. Si l'on n'utilise pas de swap, on diminue de manière importante le nombre d'applications que l'on peut exécuter. Si l'espace de swap est grand et peu sollicité, il permet d'exécuter l'ensemble des applications sans ralentir le système.

Si la taille du disque de swap s'avère insuffisante (La commande **sar** permet de surveiller l'utilisation du swap), il est possible de créer des disques de swap secondaires.

Selon les systèmes les disques de swap peuvent être créés :

- A la fin d'une partition qui contiendrait un système de fichiers qui n'occuperait pas toute la partition, le disque de swap s'installe sur l'espace laissé libre.
- Sur un nouveau disque UNIX dédié à cet usage. Le disque peut être une partition, la totalité d'un disque physique ou un volume logique.

Remarque
Pour améliorer la rapidité des échanges, il est préférable de créer deux disques de swap de 20 Mo sur deux disques physiques différents, plutôt qu'un seul disque de 40 Mo.

Si l'administrateur n'a plus d'espace disque libre disponible, certains systèmes UNIX permettent de faire du swap dans un fichier de l'arborescence. On indique généralement les tailles minimum et maximum requises pour le fichier de swap. Les performances sont moindres mais cela permet de pallier temporairement l'insuffisance d'espace disque.

Les zones de swap sont généralement activées automatiquement au démarrage du système UNIX par les scripts « run commands » rc qui exécutent la commande **swap** (AT&T) ou la commande **swapon –a** (BSD). Cette dernière active tous les disques de swap définis dans le fichier */etc/fstab*.

La commande **swap** (AT&T) permet d'ajouter, de supprimer ou de visualiser les disques de swap.

Action	Commande
Ajout	swap –a /dev/disque | fichier [début] [taille] « début » désigne le numéro du bloc physique où commence la zone de swap sur le disque et « taille » la taille en blocs physiques de 512 octets. Par défaut le « swap » occupe la totalité du disque.
Suppression	swap –d /dev/disque [début]
Visualisation	swap –l
Statistiques	swap –s

Même si les performances sont moindres, il peut être intéressant de faire du swap dans un fichier. Il faut, préalablement à la création du swap, créer le fichier de la taille nécessaire pour le « swap » pour obtenir le maximum de contiguïté pour le fichier. Le système Solaris offre la commande **mkfile**. A défaut de commande spécifique, certains systèmes UNIX, tel Linux, mais également Solaris, mettent à disposition de l'administrateur un fichier */dev/zero* pour créer des fichiers en réservant de l'espace.

Création d'un fichier de swap de 100 Mo.

```
# mkfile  100000k /var/tmp/swap1

# swap –a /var/tmp/swap1

# swap –l
swapfile          dev       swaplo  blocks     free
/dev/dsk/c0d1s7   102,71         8  819304   816368
/var/tmp/swap1      -            8  199992   199992
```

Les « raw device »

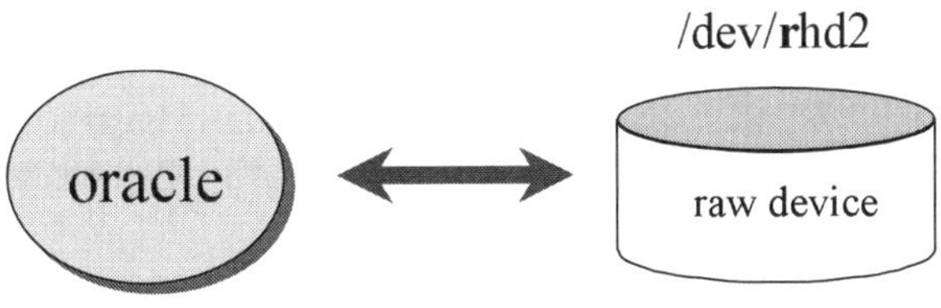

• Une application utilise de manière exclusive un disque.
• L'application accède directement au disque, elle n'utilise pas les tampons système.

Le terme « *raw device* » est utilisé pour désigner un disque dont l'usage est dédié à un logiciel d'application qui, pour accéder au disque en tant que fichier, utilise son nom en mode caractère, on dit en mode « *raw* » (nu, brut).

Les fichiers de données du disque ne sont connus que du logiciel et sont dans un format spécifique. Ils n'apparaissent pas dans l'arborescence.

Les gestionnaires de bases de données offrent cette possibilité de stocker une base de données dans un « raw device » plutôt que dans les systèmes de fichiers d'UNIX.

C'est l'administrateur de bases de données (le « DBA »), plus que l'administrateur du système UNIX, qui effectue l'administration du disque. L'administrateur du système UNIX se limite à initialiser le disque (partition ou volume logique) et éventuellement à en modifier les attributs (droits, propriétaire et groupe).

Les commandes **dd** ou **volcopy** permettent de les sauvegarder quand les applications qui les utilisent sont arrêtées.

L'installation et la réinstallation d'un système UNIX

- **Chargement d'un mini-système UNIX**
  Chargement à partir d'une unité bootable. Le script d'installation propose une installation rapide ou paramétrée.
- **Préparation des disques**
  Reconnaissance, formatage et partitionnement des disques. Création des FS et du swap. Le mini-système s'installe sur le disque dur.
- **Installation du système de base**
  Installation des utilitaires de base à partir d'un jeu de sauvegarde. Création d'un noyau adéquat.
- **Installation du reste du système**

TSOFT - UNIX Administration Module 9 : Les disques physiques et logiques - 9.9

Principes d'installation

L'installation d'un système UNIX n'est pas complexe et ne nécessite pas une connaissance approfondie du système. Elle est réalisée par un script d'installation qui évite de connaître les commandes utilisées. Il suffit de répondre à un ensemble de questions pour lesquelles il est souvent nécessaire d'avoir préalablement, hors du feu de l'action, prévu les bonnes réponses. Répondre au hasard ou accepter une valeur par défaut, sans savoir les conséquences, amène souvent à reprendre complètement l'installation. « On corrigera plus tard » nécessite souvent une expérience que l'on n'a pas encore ou alors, on saurait répondre.

Bien que des variantes existent selon les systèmes, il est possible de définir quelques éléments essentiels qu'il faut connaître avant de démarrer l'installation :

Quelle est la configuration physique de son ordinateur ?

- Combien de disques ? Quelle taille ont-ils individuellement et globalement ? Quel est le type de contrôleur, IDE ou SCSI ?
- Quels sont les systèmes de fichiers que le système va automatiquement créer ? Quel espace disque vont-ils occuper ?
- Quelle taille pour le disque de swap primaire ?
- Quelle taille pour le système de fichiers des utilisateurs (*/home*) ?
- Faut-il créer des systèmes de fichiers supplémentaires ? Si oui, immédiatement ? Si non, quel espace doit-on laisser pour les partitions ou les groupes de volumes ultérieurs ?

Quels paramètres pour le réseau ?

- Définir une adresse IP ?
- Choisir un masque (« Netmask ») ?

- Un nom d'hôte ?
- Pour un micro-ordinateur, quelles sont l'IRQ et les adresses pour les entrées/sorties ?

Quel est le fuseau horaire ?

Quelles sont les règles de passage de l'heure d'hiver à l'heure d'été ?

Quel mot de passe pour « root » ?

Quels sont les produits à installer immédiatement ?

Quels sont les clés et les numéros de licence du système, des produits ?

Remarque
Dans le cas des systèmes UNIX freeware tels que LINUX, il est conseillé de lire attentivement les fichiers « Howto » qui décrivent les multiples expériences vécues par d'autres et qui vous disent comment éviter les pièges.

L'installation peut alors commencer.

Dans le cas de systèmes UNIX qui cohabitent avec d'autres systèmes d'exploitation ou une mise à jour, il est fortement conseillé de commencer par réaliser une sauvegarde de l'existant.

Pour démarrer l'installation, il faut « booter » un système qui déclenche l'exécution du script d'installation. Ceci se fait à partir d'une unité « bootable » : disquette, CD-ROM, cartouche DAT ou d'un serveur d'installation sur le réseau.

Le système chargé en mémoire crée un système de fichiers « root » en mémoire, dans un disque virtuel en RAM (*RAM disk*) et démarre l'exécution du script d'installation qui propose une installation typique ou paramétrée (pas toujours).

La phase suivante de l'installation consiste en l'initialisation des disques durs, du formatage et de la reconnaissance des secteurs défectueux. L'installateur accepte ou modifie les valeurs proposées pour les systèmes de fichiers obligatoires et le disque de swap primaire. Il décide de l'utilisation de l'espace disque qui reste disponible. Le script d'installation propose en général de l'affecter dans sa totalité au système de fichiers des utilisateurs. C'est alors qu'il convient d'en réduire la taille pour pouvoir créer des systèmes de fichiers spécifiques, pour un SGBD par exemple.

La suite de l'installation consiste en la poursuite de la collecte des informations relatives au fuseau horaire (souvent choisi dans une liste), d'un réseau, d'un mot de passe de « root » et à l'installation des commandes et des fichiers de base du système UNIX.

A l'issue de cette phase, un nouveau noyau est généré.

Le script d'installation déclenche alors un arrêt et un redémarrage du système dont le noyau est, cette fois, chargé à partir du système de fichiers qui vient d'être créé et nouvellement installé sur disque dur.

L'installation du système se poursuit par le chargement des produits fournis sur le support d'installation. Leur nombre et leur nature dépendent des licences d'utilisation achetées pour le système.

Réinstallation d'un système

Un administrateur doit prévoir le pire, son système ne démarre pas. La raison en est souvent la panne du disque qui abrite le système de fichiers root. Il faut dans ce cas réinstaller le système tel qu'il était peu de temps avant l'incident, opération qui ne pause pas de problèmes pour les systèmes de fichiers applicatifs ou liés aux utilisateurs. Il en va tout autrement pour les systèmes de fichiers essentiels, */*, */var*, */usr*...

Voici la démarche générale pour se prémunir contre ce type de problème :

1 - Sauvegarder l'architecture du système

Les données liées à l'architecture sont spécifiques d'un système UNIX et du matériel. On peut citer quand même les éléments suivants :
- Les partitions du disque système.
- La géométrie du disque (pour un PC).
- Les blocs de démarrage, le MBR sur un PC. La commande **dd** permet de les sauvegarder.
- La description des systèmes de fichiers montés au démarrage (*/etc/fstab*, */etc/vfstab*, ...).

2. La sauvegarde du système de fichiers root

On le sauvegarde en utilisant une commande de type **dump**. D'une manière générale, il faut sauvegarder tous les systèmes de fichiers nécessaires au bon fonctionnement du système (*/usr*, */var*...), ceux qui sont liés à des applicatifs pourront être sauvegardés ultérieurement.

Lorsque le problème survient, on accomplit les opérations suivantes :

1 - On démarre grâce à un système UNIX de dépannage

Ce système est très souvent présent sur le CD-ROM d'installation. Les systèmes Linux et SCO Open Server permettent de démarrer à partir d'une disquette bootable. La plupart des serveurs peuvent démarrer à partir d'une cartouche bootable.

2 - On restaure l'architecture du système

Il faut initialiser et repartitionner le disque système.

3 - On restaure le système de fichiers root

On crée le système de fichiers root, on le vérifie, on le monte sur /mnt et on le restaure avec une commande du type **restore**. Il faut éventuellement restaurer d'autres systèmes de fichiers.

4 - On restaure les blocs de démarrage

La commande **dd** permet de restaurer les blocs de démarrage.

5 - On démarre le système

Remarque
Dans le cas d'un système UNIX où le système de fichiers root appartient à un LVM, la procédure décrite devient très complexe à réaliser. Heureusement, ces systèmes fournissent un outil qui permet de créer une sauvegarde destinée à restaurer le système. Le système AIX propose la commande **mksysb** qui sauvegarde le groupe de volume root sous une forme bootable, ce qui permet une réinstallation aisée du système.

Exemple de réinstallation : le système Solaris

Réalisation de la sauvegarde.

1. Sauvegarder l'architecture

```
# prtvtoc /dev/dsk/c0t3d0s0  # affiche la géométrie du disque et le partitionnement
# cat /etc/vfstab            # affiche les FS montés au démarrage
```

2. Sauvegarder le FS root et le FS /var

```
# ufsdump 0uf /dev/rmt/0n  /
# ufsdump 0uf /dev/rmt/0   /var
```

Restauration du système

1 - On démarre grâce à un système UNIX de dépannage

Sur un système Solaris fonctionnant sur une plate-forme Sparc, sous le prompt de l'Open Boot Prom, on demande à démarrer sur le CD-ROM d'installation en mode « single user » :
Ok boot cdrom -s

2 - On restaure l'architecture du système

Il faut ensuite initialiser le disque système avec la commande interactive **format** *(cf. Ajout d'un disque dans le présent module)*.
format c0t3d0

3 - On restaure le FS root et le FS /var

```
# newfs /dev/dsk/c0t3d0s0
# fsck /dev/rdsk/c0t3d0s0
# mount /dev/dsk/c0t3d0s0 /mnt
# cd /mnt
# ufsrestore rf /dev/mt/0n
# newfs /dev/dsk/c0t3d0s1
# fsck /dev/rdsk/c0t3d0s1
# mount /dev/dsk/c0t3d0s1 /mnt/var
# cd /mnt/var
# ufsrestore rf /dev/mt/0
```

4 - On restaure les blocs de démarrage

Sous Solaris, la commande **installboot** permet de rendre un disque bootable.

```
# installboot /usr/platform/`uname -i`/lib/fs/ufs/bootblk /dev/dsk/c0t3d0s0
```

5 - On redémarre le système

```
# reboot
```

Atelier 9 : Les disques physiques et logiques

Objectifs :

- **Comprendre les possibilités d'organisation d'un système UNIX**
- **Comprendre les opérations que nécessite l'ajout d'un disque**
- **Faire le lien entre ressource physique et FS**

Durée : 30 minutes.

TSOFT - UNIX Administration — Module 9 : Les disques physiques et logiques - 9.10

Exercice n°1

Quelles sont les différences entre un « *striped disk* » et un groupe de volumes ?

Exercice n°2

Quelles sont les différences entre un « *striped disk* » et un disque Raid 0 ?

Exercice n°3

Connaissez-vous des commandes qui utilisent des « raw device » ?

Exercice n°4

Réalisez les opérations suivantes :

a) Formater une disquette.
b) Installer un FS sur la disquette.
c) Vérifier la cohérence du FS en utilisant le « raw device » correspondant à la disquette.
d) Lister la place libre et les inodes libres du FS.
e) Afficher la taille en blocs de la disquette.
f) Monter la disquette sur le répertoire /mnt/fd.
g) Lister les FS montés.

Exercice n°5

Listez les commandes gérant l'espace de swap de votre système.

Exercice n°6

Quels sont les espaces de swap de votre système ?
Quel est l'espace de swap qui reste libre ?

Exercice n°7

Listez les différents disques présents sur votre système.
Listez également les partitions de chaque disque, laquelle abrite le FS root ?

Exercice n°8

Retrouvez dans la documentation les différentes commandes qui permettent d'ajouter un disque à votre système.

Exercice n°9

Quelles sont les commandes qui permettent d'installer des applications ?

Exercice n°10 (exercice long : ~ 2 h)

En vous aidant de la documentation, réinstallez le système.

Exercice n°11 (script)

Ecrivez un script qui, pour un disque donné, liste les partitions qui ne sont pas des FS ou qui correspondent à des FS non montés.

- *Périphérique, pilote, contrôleur*
- *API du système UNIX*
- *Fichier spécial (/dev), majeur, mineur*
- *Mode caractère et mode bloc*

10

La gestion des périphériques

Objectifs

Après la lecture de ce module, le lecteur connaît les caractéristiques des périphériques d'un système UNIX et les principales conventions de nommage des périphériques. Il sait identifier les périphériques configurés dans le système.

Contenu

Introduction à la gestion des périphériques
Les fichiers spéciaux

Références

Man

Intro(7), pci(4), sbus(4), mknod(1m), prtconf(1m), sd(7d), st(7d)

Internet

http://www.uwsg.indiana.edu/usail/index/peripherals.html

Introduction à la gestion des périphériques

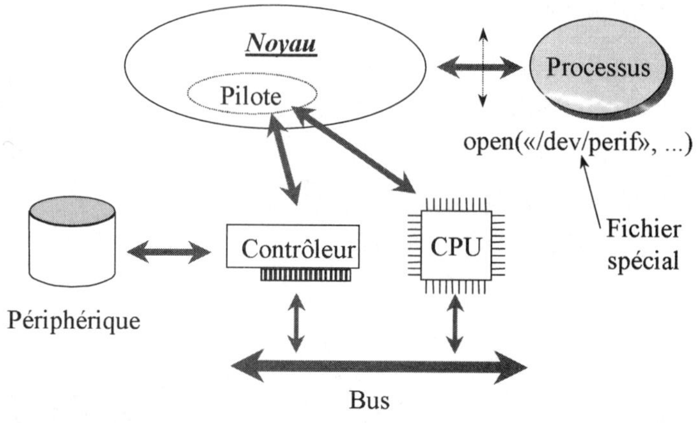

L'architecture physique des systèmes informatiques est fonctionnellement la même sur tous les ordinateurs. Il existe un bus sur lequel circulent les informations de données et de commandes échangées entre l'unité centrale de l'ordinateur (le « CPU », « *Central Processor Unit* ») et les processeurs d'entrées/sorties que sont les contrôleurs de périphériques.

Les contrôleurs de périphériques sont capables de piloter plusieurs périphériques d'un même type, cas d'un contrôleur de disques IDE, par exemple, ou plusieurs périphériques de types différents, tel un contrôleur « SCSI » (« *Small Computer System Interface* »).

Dans le système UNIX, les périphériques sont vus comme des fichiers. Les processus agissent sur les fichiers par l'intermédiaire de primitives. Les primitives sont des formes de fonctions du langage C, dont le code est dans le noyau UNIX et pas dans les processus. L'ensemble des primitives définies dans une norme, comme « POSIX », constitue une « API » (« *Application Program Interface* »).

Quand un processus veut lire ou écrire des données depuis ou vers un périphérique, il doit préalablement procéder à l'ouverture du fichier spécial associé au périphérique, grâce à la primitive « *open* » et ensuite lire ou écrire des données avec les primitives « *read* » ou « *write* », comme il le ferait pour un fichier de données classiques, de type texte ou binaire. Ces primitives appartiennent donc au module de gestion de fichiers du noyau.

Les opérations de lecture ou d'écriture physiques de données vers le périphérique, via le contrôleur, sont rassemblées dans le pilote (« *driver* ») associé au contrôleur. Le pilote est également un module du noyau.

C'est dans le fichier spécial */dev/périphérique* que le système de gestion de fichiers trouve les informations nécessaires pour s'adresser au pilote concerné par le périphérique ouvert par un processus.

Les fichiers spéciaux

- **Visualiser une entrée de périphérique**

```
$ ls -l  /dev/perif
crw-rw-rw-- 1 root  sys  3,102  Jun 18  14:00 /dev/perif
```

Mode :
c caractère
b bloc

Majeur   *Mineur*

- **Créer une entrée de périphérique**

```
# mknod /dev/perif c  3  102
```

Mode   *Majeur*   *Mineur*

Attributs des fichiers spéciaux périphériques

Les fichiers spéciaux ont leurs noms définis dans l'arborescence, dans le répertoire */dev*. La commande **ls –l** permet, comme pour n'importe quel fichier, d'en connaître les attributs.

Le premier caractère « c » ou « b » identifie le type du périphérique : « c » pour le mode caractère, « b » pour le type bloc. Rappelons que le type « c » ou « b » identifie le type d'échange de données entre le module de gestion de fichiers et le pilote du périphérique. En mode caractère, il n'y a pas d'utilisation des buffers du système. L'échange se fait octet par octet.

Les deux autres attributs essentiels d'un fichier périphérique sont la paire d'information que l'on trouve, en lieu et place de la taille d'un fichier ordinaire. Ce sont, respectivement, le majeur et le mineur du fichier spécial.

Le majeur, associé au type du périphérique (« c » ou « b »), identifie le pilote et, en conséquence, le contrôleur du périphérique.

Le mineur identifie très souvent le périphérique mais il peut aussi désigner une particularité physique d'un périphérique :

- Une partition d'un disque.
- Un emplacement (« *slot* ») d'un contrôleur de bus.
- Une particularité d'un périphérique : densité, rembobinage à la fermeture,...

Remarque
Il arrive parfois que plusieurs noms de périphériques différents aient le même majeur et le même mineur. Ce sont simplement des liens matériels, souvent créés pour fournir des noms simplifiés de périphériques. Ils ne traduisent alors aucune particularité de fonctionnement, à la différence de ceux dont le mineur diffère et qui ont des inodes différents.

Les noms des périphériques

Il existe certains périphériques particuliers dont les noms sont communs à tous les systèmes UNIX :

Fichier spécial	Signification
/dev/mem	La mémoire physique.
/dev/kmem	La mémoire virtuelle du noyau.
/dev/console	La console maîtresse. On trouve aussi le synonyme /dev/syscon.
/dev/tty	L'entrée et la sortie standard du processus en cours.
/dev/mouse	La souris.
/dev/swap	Le disque de swap primaire.
/dev/null	La « poubelle » du système UNIX. On peut y écrire. La lecture renvoie systématiquement fin de fichier.
/dev/zero	Disponible dans certains systèmes UNIX, ce périphérique renvoie en lecture un octet qui vaut 0. Il est utilisé pour créer des fichiers en réservant de l'espace. # dd if=/dev/zero of=fiche count=100 bs=1024k
/dev/root	Le nom qui désigne le système de fichiers principal.
/dev/dump	Le disque dans lequel le noyau fait un « dump » de la RAM en cas de panique du système (« *system panic* »). Le dump est normalement destiné à être ensuite analysé. Le fichier */dev/dump* est souvent le même que */dev/swap*.

Pour les autres périphériques, il existe plusieurs nomenclatures de noms. Le tableau qui suit en donne les formes les plus courantes :

Fichier spécial	Signification
/dev/disk0d	Une partition disque en mode bloc pour les systèmes UNIX BSD.
/dev/rdisk0d	La même partition en mode caractère.
/dev/dsk/c1d0s2	Une partition d'un disque IDE, en mode bloc pour les systèmes UNIX basés sur AT&T.
/dev/rdsk/c1d0s2	La même partition en mode caractère.
/dev/dsk/c0t0d1s2	Une partition d'un disque SCSI, en mode bloc, pour les systèmes UNIX basés sur AT&T.
/dev/rmt0	Un lecteur de bande magnétique ou de cartouche en mode caractère.
/dev/fd0	Un lecteur de disquette en mode bloc.
/dev/rfd0	Le même lecteur en mode caractère.
/dev/tty1	Une liaison série (terminal, imprimante,...).
/dev/term/1	La même liaison pour UNIX SVR4.
/dev/tty[p-s]1	Un pseudo-terminal utilisé dans les connexions en réseau via **telnet** ou pour les terminaux graphiques.
/dev/pts/1	Le même terminal pour UNIX SVR4.

/dev/lp0	Une imprimante parallèle.

Remarque
Dans le système Solaris, les noms du répertoire */dev* sont des liens symboliques sur les fichiers spéciaux du répertoire */devices*.

```
# ls –l /dev/diskette
lrwxrwxrwx 1 root other  33 juil 15 /dev/diskette ->../devices/isa/fdc@1,3f0/fd@0,0:c

# ls –l /devices/isa/fdc@1,3f0/fd@0,0:c
brw-rw-rw- 1 root   sys    36,   2 juil 15 09 :31  fd@0,0:c
```

Retrouver les noms des périphériques

La connaissance des périphériques installés varie selon les systèmes. Nous renvoyons le lecteur à la section 7 des fichiers spéciaux pour de plus amples informations. Les deux stratégies les plus utilisées consistent à visualiser les fichiers de configuration du noyau, cas du système SCO avec les fichiers *mdevice* et *sdevice*, ou à exécuter des commandes spécifiques telles que les commandes **lsdev** (AIX, HP-UX) ou **ioscan** (HP-UX). Sous Linux, l'arborescence /proc permet de connaître les périphériques connectés au système, en particulier le fichier */proc/partitions* liste les partitions des différents disques.

Le système Solaris offre la commande **ptrconf** qui affiche les périphériques présents physiquement sur le système et indique pour chacun d'entre eux si le pilote associé est chargé (*cf. Module 11 : Le noyau – Pourquoi modifier ou construire un nouveau noyau*).

```
# prtconf
System Configuration:  Sun Microsystems  i86pc
Memory size: 64 Megabytes
System Peripherals (Software Nodes):

i86pc
   +boot (driver not attached)
   ...
   isa, instance #0
      lp, instance #0 (driver not attached)
```

A défaut de connaître le nom d'un périphérique et de disposer d'une commande qui fournisse la liste des périphériques, nous proposons la démarche suivante pour rechercher les noms d'un type de périphérique :

Rechercher les chapitres de la section 7 qui traitent des disques.

```
# man -k disk | grep '(7'
ata           ata (7d) - AT attachment disk driver
cmdk          cmdk (7d)      - common disk driver
dkio          dkio (7i)      - disk control operations
...
sd            sd (7d)  - SCSI disk and ATAPI/SCSI CD-ROM device driver
```

Afficher le manuel des chapitres qui semblent intéressants.

```
# man cmdk
Devices                             cmdk(7D)
NAME
   cmdk - common disk driver
SYNOPSIS
   cmdk@target,lun:[partition|slice]
DESCRIPTION
```

```
The cmdk device driver is a common interface to various disk
devices. The driver supports magnetic fixed disks and mag-
netic removable disks.
...
FILES

/dev/dsk/cndn[s|p]n
        block device (IDE)

/dev/rdsk/cndn[s|p]n
        raw device (IDE)

        where:
        cn              controller n
        dn              lun n (0-7)
        sn              UNIX system slice n
# man sd

Devices                           sd(7D)
NAME

   sd - SCSI disk and ATAPI/SCSI CD-ROM device driver
SYNOPSIS
   sd@target,lun:partition

...

FILES
   /dev/dsk/cntndnsn
        block files

   /dev/rdsk/cntndnsn
        raw files

   Where:
   cn     controller n
   tn     SCSI target id n (0-6)
   dn     SCSI LUN n (0-7 normally; some HBAs support LUNs
          to 15 or 32. See the specific manpage for details)
   sn     partition n (0-7)
```

Ajout d'un périphérique

La création d'un fichier périphérique est réalisée par la commande **mknod** :

mknod /dev/périphérique type majeur mineur

L'administrateur n'est pas supposé être la personne qui a écrit le pilote du périphérique, en connaître le mode, le majeur et être capable de reconstituer le mineur en fonction de ses attributs physiques (emplacement, identificateur SCSI…).

La démarche la plus fréquente, en cas d'ajout d'un nouveau périphérique, est de démarrer le système en ayant mis le périphérique sous tension. Une commande, souvent **mkdev**, est exécutée par les scripts de démarrage et créera, si nécessaire, le fichier spécial du périphérique.

A titre d'exemple, nous donnons la démarche d'ajout d'un périphérique dans le système Solaris :

1. S'assurer de la présence du pilote (« driver ») du périphérique *(cf. Module 11 : Le noyau).*
2. Créer le fichier */reconfigure*
   # touch reconfigure

3. Arrêter le système
   # shutdown –g0 –y –i5
4. Installer physiquement le périphérique
5. Redémarrer le système
6. Tester le périphérique

Atelier 10 : La gestion des périphériques

Objectif :

- **Comprendre comment sont gérés les périphériques sous UNIX**

Durée : 15 minutes.

Exercice n°1

Quels sont les majeur et mineur du périphérique /dev/fd0 ?

Exercice n°2

Quels sont les différents fichiers spéciaux, notamment /dev/fd0, associés au pilote gérant /dev/fd0 ?

Exercice n°3

En utilisant la documentation, indiquez quels sont les fichiers spéciaux correspondant au lecteur de disquette (en anglais « *floppy disk* »).

Exercice n°4

J'ajoute un périphérique, quelles sont les étapes à suivre pour qu'enfin une application puisse y accéder ?

Exercice n°5 (script)

En vous inspirant du script donné en exercice dans le module 1, écrivez un script qui liste les documentations associées aux pilotes de périphériques.

- *Noyau*
- *API du système UNIX*
- *Paramètres du noyau*
- *IPC*
- *« streams »*

11

Le noyau

Objectifs

Après l'étude de ce module, le lecteur sait pourquoi et quand il est nécessaire de construire un nouveau noyau.

Contenu

Le rôle du noyau
Pourquoi modifier ou reconstruire un noyau
La reconstruction d'un nouveau noyau
Les paramètres système
Informations sur le système, les périphériques
Le service syslog

Références

Man

kernel(1m), system(4), sysdef(1m), modload(1m), modinfo(1m), crash(1m), dmesg(1), uname(1), syslogd(1m), syslog.conf(4), logger(1), log(7d)

Livres

The Design of the UNIX Operating System
Unix Internals, the new frontiers

Internet

http://www.sean.de/Solaris/tune.html

Le rôle du noyau

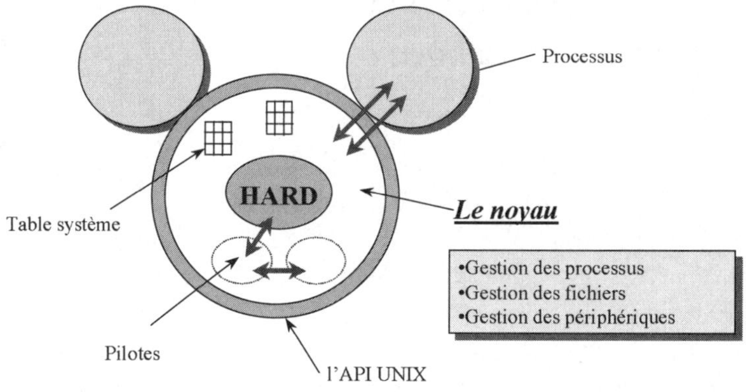

Le noyau UNIX est un fichier exécutable qui existe sur le disque de « boot » dans la racine du système de fichiers */dev/root* ou dans le système de fichiers monté sur le répertoire */stand*. Son nom, qui n'est pas standardisé, est souvent UNIX.

Le noyau assure la gestion des ressources physiques et logiques du système informatique :

- La gestion des périphériques qui est prise en charge par les pilotes intégrés au noyau.
- La gestion des fichiers qui est associée à la gestion des périphériques pour réaliser les opérations de lecture et d'écriture physiques.
- La gestion des processus qui est prise en charge par l'ordonnanceur (« *process scheduler* ») qui assure l'allocation du ou des processeurs aux processus qu'il contrôle. Dans un mode de fonctionnement en temps partagé, cas le plus fréquent pour les systèmes UNIX, le partage du processeur vise à l'équité entre les processus.

Les processus adressent des demandes de services au noyau, par le biais d'une interface de programmation, une « API ».

Une API regroupe l'ensemble des fonctions système, les primitives.

Les primitives sont le seul et unique moyen que les processus ont pour accéder aux fonctionnalités du noyau. Leur syntaxe les rend directement accessibles en langage C et permet la portabilité des programmes d'un système UNIX à un autre, à condition que les systèmes intègrent les mêmes API.

L'API POSIX, définie par l'IEEE et normalisée par l'ISO, est sans doute la plus utilisée par les programmeurs d'application système du monde UNIX.

Les trois lignes qui suivent illustrent la primitive d'ouverture d'un fichier en lecture, de création d'un processus et de l'exécution d'un nouveau programme par un processus.

```
fd=open("donnee.txt",O_RDONLY) ;
i=fork() ;
execl("/bin/date","date",0) ;
```

Le noyau UNIX initialise également, lors de son chargement, de nombreuses tables qui lui permettent de mémoriser les paramètres de fonctionnement, les attributs des processus, des fichiers,...

L'administrateur d'un système UNIX n'a pas à connaître la structure interne des tables. Il peut cependant être amené à modifier les attributs statiques des tables comme la taille ou le nombre maximum d'entrées dans une table.

Visualisation des appels système d'une commande

```
# truss date
execve("/usr/bin/date", 0x08047EEC, 0x08047EF4) argc = 1
open("/dev/zero", O_RDONLY)              = 3
mmap(0x00000000, 4096, PROT_READ|PROT_WRITE|PROT_EXEC,
AP_PRIVATE, 3, 0) = 0xDF
...
 open("/usr/lib/libc.so.1", O_RDONLY)        = 4
time()                          = 1004192005
brk(0x0804B4B8)                      = 0
brk(0x0804D4B8)                      = 0
open("/usr/share/lib/zoneinfo/WET", O_RDONLY)  = 3
read(3, "\0\0\0\0\0\0\0\0\0\0\0".., 8192)   = 682
close(3)                         = 0
time()                          = 1004192005
ioctl(1, TCGETA, 0x08047D58)              Err#25 ENOTTY
fstat64(1, 0x08047D84)                  = 0
brk(0x0804D4B8)                      = 0
brk(0x0804F4B8)                      = 0
llseek(0, 0, SEEK_CUR)                   = 261866
Sat Oct 27 15:13:25 WET DST 2001
write(1, " S a t   O c t   2 7   1".., 33)   = 33
_exit(0)
```

Pourquoi modifier ou construire un nouveau noyau

- **Ajouter un périphérique qui nécessite un nouveau pilote**
- **Retier un pilote**
- **Modifier les paramètres systèmes**
  (taille des tables systèmes, ...)
- **Modifier les périphériques du noyau**
  - La console maîtresse
  - Le FS root
  - Le swap primaire
  - L'unité de Dump

Les systèmes UNIX récents sont dynamiques et l'ajout d'un pilote de périphérique, la modification des paramètres de gestion du système n'imposent plus de recompiler le noyau. Cette opération est parfois possible, comme dans le système Linux. Elle répond alors à des cas particuliers, tels que la production d'un noyau monolithique.

Les noyaux statiques

L'administrateur peut être amené à reconstruire un nouveau noyau (*cf. La reconstruction d'un nouveau noyau*).

Les raisons qui peuvent être à l'origine de ces opérations sont :

- L'ajout ou le retrait d'un pilote de périphérique. Le cas de l'ajout est le plus fréquent. Il résulte de l'ajout physique d'un nouveau périphérique et de son contrôleur et du fait que le pilote n'est pas déjà dans le noyau UNIX. Les fichiers de configuration ou des commandes spécifiques permettent de connaître les pilotes déjà présents dans le noyau.
  Ce qui suit est un extrait du fichier *sdevice*, provenant du système UNIX SCO et qui donne la liste des pilotes existants dans le noyau.

  Pour informations, la première colonne donne le nom du périphérique et la seconde indique s'il faut intégrer son pilote dans le noyau.

arp	Y	1	0	0	0	0	0	0	0
async	N	1	0	0	0	0	0	0	0
fd	Y	1	4	2	6	3f0	3f7	0	0
hd	Y	2	5	1	14	1f0	1ff	0	0
icmp	Y	1	0	0	0	0	0	0	0
ip	Y	1	0	0	0	0	0	0	0

lp	Y	1	3	1	7	378	37f	0	0
rtc	Y	1	5	1	8	0	0	0	0
scsi	Y	1	5	1	15	330	333	0	0

- La modification des paramètres statiques du noyau est le cas le plus fréquent de reconstruction d'un noyau. L'ajout de nouvelles applications amène fréquemment à augmenter le nombre de processus autorisés dans le système ou le nombre de fichiers que l'on peut ouvrir simultanément. Ces paramètres de gestion (« *tunable parameters* ») servent au noyau pour dimensionner ses tables lors du chargement (*cf. Les paramètres système*).

La modification des périphériques du noyau nécessite aussi la reconstruction d'un nouveau noyau. La console maîtresse du système (*/dev/console*), le disque qui contient le système de fichiers principal (*/dev/root*), le disque de swap primaire (*/dev/swap*) et l'unité de dump (*/dev/dump*) sont les périphériques que le noyau doit connaître sans avoir accès à des ressources externes et dont la modification de lieu nécessite, dans la plupart des systèmes UNIX, une reconstruction du noyau.

Le fichier qui suit, *sassign*, est extrait du système UNIX SCO et donne l'affectation des périphériques du noyau.

Pour information, la première colonne donne le nom du périphérique, la seconde sa nature et la troisième le mineur du périphérique.

swap	hd	41
dump	hd	41
root	hd	42

Remarque
L'unité choisie pour le dump est souvent la même que celle utilisée pour le swap primaire.

Les noyaux dynamiques

Dans les systèmes UNIX où le noyau est dynamique, l'ajout ou le retrait d'un pilote de périphérique est facile à réaliser grâce à des commandes de chargement ou de déchargement d'un pilote. Le terme de pilote (« *driver* ») désigne un pilote de périphérique aussi bien qu'un pseudo pilote associé par exemple à la gestion des spécificités d'un type de système de fichiers. Nous supposons dans ce qui suit que le périphérique auquel est associé le pilote est physiquement installé et que les noms de fichiers spéciaux qui lui sont associés existent. La démarche est bien souvent identique :

1. Installer le fichier contenant le code compilé du pilote dans un répertoire prédéfini. Il est possible qu'il soit aussi nécessaire de copier un fichier de configuration propre au pilote ou de modifier un fichier commun à tous les pilotes.
2. Automatiser le chargement du pilote. Il existe d'ailleurs souvent plusieurs méthodes concurrentes pour réaliser cette opération :
   . Ne rien faire si le noyau est en mesure de procéder au chargement automatique du pilote dès que ce dernier est sollicité par un processus.
   . Modifier un fichier de configuration pour que le pilote soit systématiquement chargé au démarrage du système. Cette solution est employée pour qu'un pilote utilisé fréquemment reste chargé en permanence afin de ne pas dégrader les performances du système.

L'exemple qui suit présente le cas d'un système Solaris. Nous renvoyons les lecteurs à l'ouvrage « *Linux Administration* » de la même collection pour étudier la forme mise en œuvre pour Linux.

Exemple du système Solaris

Les principaux fichiers utilisés

Le noyau n'est plus compilé dans le système Solaris. Les pilotes sont gérés dynamiquement. Les répertoires qui les contiennent sont les suivants :

Fichier	**Contenu**
/kernel/drv	Le répertoire des pilotes utilisés au moment du boot.
/usr/kernel/drv	Le répertoire des pilotes potentiellement indépendants d'une plate-forme.
/platform/`uname –i`kernel/drv	Le répertoire des pilotes spécifiques d'une plate-forme.
/etc/system	Le fichier de configuration du système. Il permet de définir les répertoires des pilotes et de forcer le chargement d'un module au démarrage du système.

Les commandes

Les principales commandes qui traitent des pilotes sont :

Commande	**Description**
prtconf	La commande qui affiche la configuration du système, en particulier les périphériques existants. Elle indique pour chaque périphérique si son pilote est chargé ou non.
modinfo	La commande qui affiche tous les pilotes actuellement chargés.
modload	La commande qui charge un pilote.
add_drv	La commande qui attache un pilote à un périphérique (*/devices/xxx/périph*). La commande réalise aussi le chargement du pilote.
modunload	La commande qui décharge un pilote. Elle supprime aussi l'attachement du pilote au périphérique.
rem_drv	La commande qui supprime l'attachement d'un pilote à un périphérique. Elle réalise aussi le déchargement du pilote.

Un pilote est normalement automatiquement chargé et l'attachement à son périphérique effectué quand un processus le nécessite.

Exemple

L'exemple qui suit illustre le cas du port parallèle d'un PC sous contrôle du système Solaris pour Intel.

Visualisation des pilotes chargés

```
# modinfo
 Id Loadaddr  Size Info Rev Module Name
  5 fe8cd000  37be   1   1  specfs (filesystem for specfs)
 ...
```

```
163 fe9f1818  104c  -  1  seg_drv (Segment Device Driver v1.1)
166 fe9f3950  b76  84  1  pci_pci (PCI to PCI bridge nexus driver)
```

Visualisation de la configuration, en particulier des périphériques

```
# prtconf
System Configuration:  Sun Microsystems  i86pc
Memory size: 64 Megabytes
System Peripherals (Software Nodes):
i86pc
   +boot (driver not attached)
   ...
   isa, instance #0
      lp, instance #0 (driver not attached)
```

Impression d'un fichier

```
# lp /etc/group
```

Le pilote du périphérique /dev/lp1 a été chargé et l'attachement réalisé.

```
# modinfo | grep lp
165 fe9f27cc  1314  83   1  lp (lp driver v1.29)
```

```
# prtconf | grep lp
      lp, instance #0
```

Le pilote ne peut pas être déchargé, il est en cours d'utilisation.

```
# modunload -i 165                        # 165 est le numéro affecté au module.
can't unload the module: Device busy
```

Le module chargé n'est pas nécessairement attaché à un périphérique.

Après avoir monté une disquette MS-DOS :

```
# mount –F pcfs /dev/diskette /mnt/floppy
```

On constate qu'un nouveau module a été chargé comme l'indique l'extrait de la sortie produite par la commande **modinfo**.

```
Id Loadaddr   Size Info Rev Module Name
 76 fe967830    2e0   1   1  intpexec (exec mod for interp)
```

Le chargement du module peut être automatisé au démarrage du système.

Si l'administrateur souhaite forcer le chargement d'un pilote lors du démarrage du système, il doit modifier la section « forceload » du fichier */etc/system*.

Le chargement du pilote lp sera provoqué par l'ajout de la ligne :

```
forceload lp
```

La construction d'un nouveau noyau

- **Sauvegarder l'ancien noyau**
  et ses fichiers de configuration
- **Modifier les fichiers de configuration du noyau**
- **Lancer la génération du noyau**
  (génération des sources, recompilation, ...)
- **Arrêter le système et redémarrer**

TSOFT - UNIX Administration Module 11 : Le noyau - 11.4

La reconstruction d'un nouveau noyau prend des formes différentes selon les systèmes. La logique des opérations est cependant toujours la même. Il est possible de reconstruire un noyau en utilisant l'outil intégré d'administration. Les systèmes UNIX où cette opération est nécessaire sont de moins en moins nombreux. Nous l'illustrons succinctement à travers le système UNIX SCO.

Les opérations à effectuer sont les suivantes :

- Il faut d'abord effectuer la copie du noyau actuel et des fichiers de configuration du système (cp /stand/unix /stand/unix.old).
- Il faut ensuite procéder à la modification des fichiers de configuration. Quand on procède à l'ajout d'un pilote de périphérique, il est en outre nécessaire de placer les fichiers qui contiennent le code du pilote dans un répertoire particulier pour qu'il soit pris en compte lors de la compilation du nouveau noyau.

  Dans le système UNIX SCO, il existe en dessous du répertoire */etc/conf/pack.d* un sous-répertoire par pilote. Le sous-répertoire porte le nom du pilote et il est composé de trois fichiers dont le résultat de la commande **file** est présenté ci-dessous.

device.dat:	ascii text
Driver.o:	ELF 32-bit LSB relocatable 80386 Version 1
space.c:	English text

- L'administrateur déclenche ensuite la compilation et l'édition de liens qui conduisent à la production du nouveau noyau exécutable, par la commande **idbuild**.
- Il faut ensuite procéder à l'arrêt et au redémarrage du système pour que le nouveau noyau soit chargé.

Remarque
La régénération d'un nouveau noyau UNIX peut être effectuée en mode multi-utilisateur. Cela n'a pas d'incidence sur le noyau en cours d'exécution.

Les paramètres système

- **Les processus**
  ```
  Nombre maximum de processus :
       pour tout le système,
       par utilisateur...
  ```
- **Les fichiers**
  ```
  Nombre maximum de fichiers ouverts...
  ```
- **Les IPC**
  ```
  Taille maximum d 'un segment de mémoire
  partagée...
  ```
- **Le « swap », la pagination**
- **Le réseau, les streams...**

Les paramètres système (« *tunable parameters* ») permettent au noyau de paramétrer ses tables internes et de décider de l'espace nécessaire aux principales ressources dont il a besoin pour fonctionner.

L'évolution des systèmes UNIX tend à diminuer le nombre de paramètres statiques, les seuls que l'administrateur peut être amené à modifier.

Remarque
Les valeurs par défaut sont d'ailleurs souvent assez élevées et conviennent dans la majorité des cas. Nous renvoyons le lecteur au module 12 qui traite de la gestion des performances pour mettre en place une politique de surveillance.

Les paramètres système sont regroupés par rubriques. Les principales rubriques du système Solaris sont les suivantes :

- Les paramètres généraux
- Les processus
- La pagination
- Le « swapping »
- Les variables du noyau
- Les pilotes
- Les entrées-sorties
- Les paramètres généraux des systèmes de fichiers
- Les paramètres du système de fichiers UFS
- Les « Streams »
- Les paramètres des IPC Système V
  Les files d'attente de messages
  Les sémaphores
  Les mémoires partagées

- L'ordonnancement
- Les paramètres de TCP/IP

Quand l'administrateur veut modifier la valeur par défaut d'un paramètre statique, il doit le faire dans le fichier de configuration */etc/system*. Ce fichier contient une rubrique set où il est possible de préciser la valeur d'un paramètre (*cf. Exemple de modification d'un paramètre*).

Les paragraphes qui suivent présentent, à titre d'illustration, quelques paramètres significatifs. Nous renvoyons le lecteur à la lecture de la documentation de son système pour trouver la liste exhaustive des paramètres, qu'ils soient statiques ou dynamiques, et la manière de les définir quand ils sont statiques.

Paramètres des processus

maxusers	Ce paramètre ne correspond pas au nombre maximum d'utilisateurs qui peuvent se connecter, comme on pourrait le penser. Il est cependant le plus important de tous, car les principaux autres paramètres en dépendent. Sur un système multi-utilisateurs, le nombre de ressources nécessaires est globalement une fonction linéaire du nombre d'utilisateurs. Plus la valeur de maxusers choisie sera grande, plus les tables système seront grandes. Ce paramètre n'est pas dynamique.
max-nprocs	Le nombre maximum de processus que le système peut supporter, y compris les processus système. Ce paramètre n'est pas dynamique et sa valeur par défaut est 10+(16 x maxusers).
maxuprc	Le nombre maximum de processus qu'un utilisateur peut exécuter.

Paramètres de la pagination

desfree	La quantité de mémoire qui doit rester libre à tout moment. Cette valeur ne doit pas être inférieure à 15% de la mémoire physique. Cette valeur est dynamique.
minfree	Le seuil de mémoire en dessous duquel le système libère suffisamment de pages ou « swappe » complètement un processus pour revenir au-dessus de ce seuil.

Paramètres du système de fichiers UFS

ufs_ninode	Nombre d'inodes de type « ufs » devant être conservés en mémoire. Ce paramètre est dynamique.

Paramètres des streams

Un « stream » peut être défini comme une file d'attente à laquelle on associe une procédure de traitement des données qui y transite. Pratiquement, un stream est un module que l'on intercale entre un processus et un pilote de périphérique, et il est possible d'en empiler plusieurs. Ils sont particulièrement utilisés pour implémenter les protocoles des réseaux, de manière transparente au pilote et aux applications.

nstrpush	Le nombre maximum de modules qui peuvent être empilés dans un stream.

Paramètres des « IPC »

Les « IPC » (« *Inter Process Communication* ») sont des mécanismes de synchronisation de processus et d'échange ou de partage de données entre processus.

Leur nombre et leurs attributs sont des paramètres du noyau. Il en existe trois catégories :

Les sémaphores pour la synchronisation.

Les files d'attente de messages pour l'échange de données avec synchronisation.

Les segments de mémoire partagée pour le partage d'informations.

Une ressource de type IPC est identifiée par un identificateur ou une clé. C'est l'identificateur qui est le plus souvent utilisé. Deux commandes existent pour visualiser les IPC et leurs attributs et les détruire : **ipcs** et **ipcrm**.

La commande IPCS

Syntaxe

ipcs [-qmscta]

Description

La commande **ipcs** affiche des informations sur les ressources IPC existantes.

-q Informations sur les files d'attente de messages.

-m Informations sur les segments de mémoire partagés.

-s Informations sur les sémaphores.

-c Nom et groupe du créateur.

-t Informations sur les dates des dernières opérations réalisées sur les IPC.

-a Affiche tout.

Exemple

```
$ipcs
IPC status from /dev/kmem as of Wed Jul 17 10:34:04 1996
T   ID   KEY         MODE         OWNER   GROUP
Message Queues:
Shared Memory:
m  500 0x00011910 -Crw-r-----  oracle   dba
m    1 0x01011910 -Crw-r-----  oracle   dba
Semaphores:
s    0 0x00000000 --ra-r-----  oracle   dba
```

La commande IPCRM

Syntaxe

```
ipcrm [ -q msgid | -Q msgclef  -m shmid | -M shmclef
        -s semid | -S semclef ]
```

Description

La commande **ipcrm** supprime une ressource de type IPC. L'option indique le type, avec comme argument son « ID » pour une minuscule ou la clé pour une majuscule.

Exemple

```
$ipcs
...
```

Shared Memory:

m 500 0x00011910 -Crw-r----- oracle dba

...

$ipcrm -m 500

Les paramètres des « IPC »

Compte tenu de l'importance des IPC, nous avons fait le choix de conserver le tableau des paramètres des IPC tels qu'ils étaient originellement définis par AT&T. Dans le système Solaris, ils sont exprimés en minuscules. Le caractère « * » qui suit le paramètre AT&T signifie que ce paramètre est reconnu par Solaris.

Paramètres des files d'attente de messages	**Valeur par défaut**	**UNIX SVR4**	
Nombre d'entrées de la table de gestion des segments de messages	100	MSGMAP	
Longueur maximum d'un message	2048	MSGMAX	*
Longueur maximum d'une file	4096	MSGMNB	*
Nombre maximum de files dans le système	50	MSGMNI	*
Taille, en octets, d'un segment de message. Un message est stocké dans un ensemble contigu de segments MSGSSZ * MSGSEG <= 128 Ko	8	MSGSSZ	
Nombre d'en-têtes de messages dans le système (nombre maximum de messages en suspens)	40	MSGQTL	
Nombre de segments de message dans le système	1024	MSGSEG	
Paramètres des sémaphores	**Valeur par défaut**	**UNIX SVR4**	
Nombre d'entrées de la table de gestion des tableaux de sémaphores	10	SEMMAP	
Nombre maximum de tableaux de sémaphores actifs en même temps	10	SEMMNI	*
Nombre maximum de sémaphores dans le système	60	SEMMNS	*
Nombre de structures « undo » dans le système	60	SEMMNU	*
Nombre maximum de sémaphores par tableau (un tableau par id)	25	SEMMSL	*
Nombre maximum d'opérations que peut réaliser un appel de la primitive semop(2)	10	SEMOPM	*
Nombre maximum d'entrées par structure « undo »	10	SEMUME	*
Valeur maximum d'un sémaphore La valeur par défaut est la valeur maximum autorisée	32767	SEMVMX	*
Valeur maximum de « semadj », utilisée sur exit	16384	SEMAEM	*
Paramètres des segments de mémoire partagés	**Valeur par défaut**	**UNIX SVR4**	
Taille maximum d'un segment de mémoire partagée	524288	SHMMAX	*
Taille minimum d'un segment de mémoire partagée	1	SHMMIN	*
Nombre maximum de segments de mémoire partagées dans le système	100	SHMMNI	*
Nombre maximum de segments de mémoire partagées attachés à un processus	6	SHMSEG	*
Nombre maximum de blocs de 4 Ko partageables dans le système	512	SHMALL	

Modification du fichier */etc/system* de Solaris

Quand l'administrateur veut modifier la valeur par défaut d'un paramètre statique ou fixer celle d'un paramètre qui sinon eut été dynamique, il doit compléter la section set du fichier */etc/system*.

La syntaxe d'une ligne est la suivante :

rubrique:paramètre=valeur

La ligne « shmsys :shminfo_shmmni=50 » fixe à 50 le nombre de segments de mémoire partagée dans le système. La valeur par défaut est de 100.

Informations sur le système, les périphériques

- **Commandes**
  - **uname** Affiche la version de l'OS, son nom, ...
  - **what** Affiche les commentaires SCCS
  - **dmesg** Affiche les données du démarrage
  - **swap** Affiche l'espace de swap
- **Fichier**
  - */usr/adm/messages* Contient les messages du démarrage

Il existe des commandes qui permettent d'obtenir des informations utiles sur le système. A défaut d'être fondamentales pour l'administration, elles participent souvent à la connaissance globale du système que l'on administre.

uname

La commande **uname** permet d'obtenir le nom du système UNIX, le nom d'hôte de l'ordinateur (son nom réseau), la version du système. Les informations données peuvent varier d'un système à l'autre. Certains indiquent le type de licence ou la date de compilation du noyau..

```
$ uname -A                # sur un système SCO
2-user
$ uname -n
pluton
$ uname -a                # sur un système SCO
SCO_SV pluton 3.2 2 i386
$ uname -a                # sur un système Solaris
SunOS ponita 5.7 Generic_106542-08 i86pc i386 i86pc
$ uname -a                # sur un système Linux
Linux bulbizarre 2.2.16 #1 Tue Aug 15 23:04:42 GMT 2000 i586 unknown
$ uname -a                # sur un système Irix
IRIX venus 5.2 02282013 IP12 mips
$ uname -a                # sur un  système AIX
AIX saturne 2 3 000065074100
$ uname -a                # sur un système HP-UX
```

```
HP-UX mars A.08.07 A 9000/720 17927181
$ uname -a                          # sur un système  Digital UNIX
OSF1 saturne V5.0 1094 alpha
$ uname -a                          # sur un système UnixWare
UnixWare mercure 5 7.1.1 i386 x86at SCO UNIX_SVR5
```

what, ident

Les commandes **what** (AT&T) et **ident** (BSD) permettent d'extraire de n'importe quel fichier les commentaires, au sens de **sccs** (« *Source Code Control System* ») ou rcs. On obtient ainsi la date de production et la version de la commande. Le noyau et les pilotes sont fabriqués avec les mêmes outils de développement que les commandes. On peut donc leur appliquer **what** ou **ident**.

```
# /usr/ccs/bin/what genunix              # le noyau générique de Solaris
genunix:
     SunOS 5.7 Generic 106542-08 October 1999
#  /usr/ccs/bin/what /kernel/drv/smceu   # un pilote de Solaris
/kernel/drv/smceu:
      lebm.c version 1.07a 11/14/94
      GetCnfg.c version 1.04a 08/30/94
     SunOS 5.7 s998_FCS August 1998
     SunOS Internal Development: glen 08/07/98 [WOS-RE-gate-crank]
#
```

dmesg

La commande **dmesg** affiche les informations contenues dans le fichier */var/adm/messages*. On y trouve en particulier les informations affichées à la console maîtresse lors du démarrage du système UNIX.

```
# dmesg |more
Sat Oct 27 16:16:31 WET DST 2001
Oct 20 16:52:49 ponita unix: pseudo-device: lockstat0
Oct 20 16:52:49 ponita unix: lockstat0 is /pseudo/lockstat@0
Oct 20 16:52:49 ponita unix: pseudo-device: llc10
Oct 20 16:52:49 ponita unix: llc10 is /pseudo/llc1@0
Oct 20 16:52:49 ponita unix: pseudo-device: vol0
Oct 20 16:52:49 ponita unix: vol0 is /pseudo/vol@0
Oct 20 16:52:50 ponita unix: pseudo-device: pm0
Oct 20 16:52:50 ponita unix: pm0 is /pseudo/pm@0
Oct 20 16:53:47 ponita sendmail[215]: My unqualified host name (ponita) unknown;
 sleeping for retry
Oct 20 16:53:58 ponita unix: ISA-device: asy0
Oct 20 16:53:58 ponita unix: asy0 is /isa/asy@1,3f8
...
```

adb, crash, /proc/sys, ...

Les systèmes UNIX ont été conçus par des développeurs. Quand un programmeur professionnel conçoit un logiciel, il fournit des outils de mise au point de son logiciel. Ces outils, sous UNIX, sont livrés avec le système et autorisent l'administrateur à accéder, en temps réel, aux tables système et aux paramètres du noyau.

Les systèmes AT&T disposent de la commande **crash** qui permet de visualiser les tables système du noyau actif ou de l'image d'un noyau après un plantage du système.

Exemple :

```
# crash
dumpfile = /dev/mem, namelist = /dev/ksyms, outfile = stdout
> lck

Active and Sleep Locks:
INO      TYP START   END      PROC  PID  FLAGS STATE  PREV     NEXT
OCK
e082eea8  w  0     ffffffffffffffff 7     62   0001 3     e081f658 e081f
658 e07d75b8
e09b9138  w  0     ffffffffffffffff 8     64   0001 3     e081f158 e0a8a
d50 e07d7478
e0912138  w  0     ffffffffffffffff 14    201  0001 3     e07d7478 e081f
158 e0a8ad50
e0c08af8  w  0     ffffffffffffffff 29    246  0001 3     e0a55028 e0a55
028 e0a8a8f0
e0c36750  w  0     ffffffffffffffff 4     260  0021 3     e081f8d8 e081f
8d8 e06203d0
e0c39d68  w  0     ffffffffffffffff 5     263  0021 3     e0c16670 e0c16
670 e06205b0
Summary From List:
 TOTAL   ACTIVE  SLEEP
   6       6       0
> quit
#
```

La commande **adb** est un des débogueurs disponibles sur un système UNIX, il permet l'accès à l'image d'un processus ou même du noyau.

Exemple : visualiser la valeur d'un paramètre système sur le noyau actif

```
# adb -k /dev/ksyms /dev/mem
physmem 38d3
maxusers/D
maxusers:
maxusers:      56
maxusers/X
maxusers:
maxusers:      38
^D
#
```

Les systèmes Linux permettent l'accès aux paramètres système via le système de fichiers */proc*. Nous renvoyons les lecteurs à l'ouvrage « *Linux Administration* » de la même collection pour de plus amples informations.

Le service « syslog »

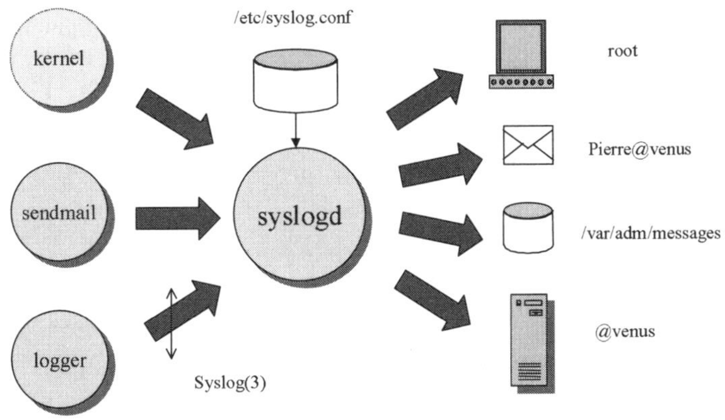

TSOFT - UNIX Administration   Module 11 : Le noyau - 11.7

Le démon **syslogd** reçoit des messages d'erreur émis par le noyau ou les démons de certains services (les sous-systèmes). Le fichier */etc/syslog.conf* permet à l'administrateur de décider de la destination des messages pour chaque sous-système et selon le degré de sévérité de l'erreur.

Syntaxe du fichier *syslog.conf*

Sur chaque ligne du fichier */etc/syslog.conf* qui n'est pas un commentaire, on indique, comme premier champ, une liste des sous-systèmes avec, pour chacun d'entre eux, le niveau de sévérité du message. Le second champ indique la destination du message.

La structure d'une ligne est donc formellement définie de la manière suivante :

Priorité [; priorité …]   action

Un champ priorité est de la forme :

Sous-système[, sous système …] .niveau

Le caractère * utilisé pour désigner un sous-système signifie tous les sous-systèmes.

Le caractère * comme niveau signifie tous les niveaux.

Le champ action désigne la destination du message.

Le caractère *, comme action, signifie tous les utilisateurs connectés (wall).

Exemple de fichier *syslog.conf*

```
# more /etc/syslog.conf
# ident "@(#)syslog.conf     1.5     99/02/03 SMI"   /* SunOS 5.0 */
#
# Copyright (c) 1991-1999 by Sun Microsystems, Inc.
# All rights reserved.
#
*.err;kern.notice;auth.notice                 /dev/sysmsg
```

```
*.err;kern.debug;daemon.notice;mail.crit      /var/adm/messages
*.alert;kern.err;daemon.err        operator
*.alert                            root
*.emerg                              *
...
```

La deuxième ligne qui n'est pas un commentaire envoie des messages de logs dans le fichier */var/adm/messages*. C'est la ligne de configuration la plus importante. Les messages d'erreur de tous les sous-systèmes et tous les messages en provenance du noyau sont journalisés. Les messages des démons à partir du niveau « notice » et ceux du service de messagerie à partir du niveau « critical » sont également enregistrés. La dernière ligne nous dit que les messages urgents de tous les sous-systèmes sont envoyés à tous les utilisateurs.

Les sous-systèmes

Sous-système	Signification
auth	Le service de sécurité et d'authentification.
cron	Le service cron.
daemon	Les démons du système tel **ftpd (in.ftpd)**.
kern	Le noyau.
lpr	Le service d'impression.
mail	Le service de messagerie.
news	Le système de nouvelles USENET.
syslog	Le démon syslog lui-même.
user	Messages envoyés par les processus des utilisateurs.
uucp	Le sous-système uucp (« *Unix to Unix CoPy* »).
loacal0-7	Pour un usage spécifique.

Les niveaux de sévérité

Les niveaux de sévérité (« level of severity ») sont dans un ordre décroissant d'importance :

Niveau	Signification
emerg	Le système est inutilisable.
alert	Une intervention immédiate est indispensable.
crit	Erreur critique pour le sous-système.
err	Erreur de fonctionnement.
warning	Avertissement.
notice	Evénement normal mais qui mérite d'être signalé.
Info	Pour information seulement
debug	Message envoyé pour la mise au point.
none	Ignorer les messages.

Le niveau none permet d'ignorer des messages. La ligne qui suit signifie qu'il faut écrire tous les messages de niveau crit dans le fichier */var/adm/messages*, sauf ceux de mail :

*.crit ;mail.none /var/adm/messages

Emission de messages vers syslog

Les messages sont écrits par le noyau sur le périphérique */dev/log*. Les applications utilisent normalement l'interface syslog(3) pour écrire des messages de logs.

Des messages distants sont reçus sur la « socket » liée au port 514.

Le champ action peut être :

- Un fichier.
- Un hôte distant, le champ a alors la forme @hôte.
- Une liste d'utilisateurs connectés : util[,util…].
- Le caractère * pour désigner tous les utilisateurs.

La commande **logger** peut être utilisée pour envoyer des messages à **syslogd**. Elle permet aux développeurs de scripts de s'intégrer dans la logique de base pour émettre des informations à destination de **syslogd**, comme n'importe quel autre processus.

Si le fichier *syslog.conf* contient la ligne : local0.emerg /var/adm/messages,
la commande **logger –p local0.emerg "Erreur grave"** provoque l'enregistrement du message dans le fichier */var/adm/mesages*.

Atelier 11 : Le noyau

Objectifs :

- **Savoir reconstruire un noyau pour ajouter un pilote ou modifier un paramètre système**
- **Savoir rechercher les pilotes et les périphériques présents sur le système**
- **Savoir afficher des informations concernant le système**

Durée : 15 minutes.

TSOFT - UNIX Administration — Module 11 : Le noyau - 11.8

Exercice n°1

Sur un disque bootable, possédant un FS, suffit-il de copier le noyau actif pour le rendre autonome ?

Exercice n°2

Quelle est la liste des périphériques installés, actifs sur votre système ?

Exercice n°3

Quels sont les pilotes (en anglais « *device driver* ») installés et actifs sur votre système ?

Exercice n°4

Combien y a-t-il de mémoire centrale, de mémoire de swap, sur votre système ?

Exercice n°5

Combien de processus au maximum peuvent cohabiter sur votre système ?

Exercice n°6

Modifiez le nombre maximum de processus autorisés par utilisateur (ajoutez 5 à la valeur actuelle). Reconstruisez un nouveau noyau et redémarrez.

Exercice n°7

Quelle est la version du système ?

Affichez également la taille du noyau, et ses commentaires SCCS.

Exercice n°8

Utilisez la commande **logger** pour envoyer le message « l'application serveur XXX a démarré ». Visualisez le résultat dans le fichier */var/adm/messages*.

Exercice n°9 (script)

Ecrivez un script qui permet une rotation des fichiers de logs gérés par syslog.

- *Mémoire virtuelle, « paging » et « swapping »*
- *Diagnostics et remèdes*
- *La commande* **sar**
- *Automatiser la surveillance*

12

La gestion des performances

Objectifs

Après la lecture de ce module, le lecteur sait quelles sont les principales ressources à surveiller et comment, les commandes existantes et particulièrement la commande **sar**.

Contenu

Les ressources à surveiller
Panorama des commandes de surveillance du système
Surveiller le système avec la commande **sar**

Références

Man

sar(1m), vmstat(1m), iostat(1m), uptime(1), ps(1), time(1), netstat(1m),acct(1m)

Livre

System Performance Tuning

Internet

http://uwsg.iu.edu/usail/index/tuning.html

http://www.sun.com/sun-on-net/performance.html

Les ressources à surveiller

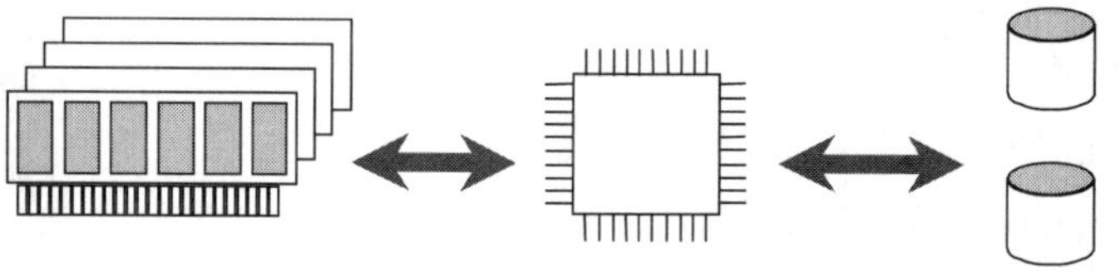

L'administrateur se doit de surveiller l'utilisation des principales ressources du système : processeur, mémoire centrale, pagination et « swapping », et les entrées/ sorties.

Il doit être capable de remédier à leur mauvaise utilisation ou à leur insuffisance.

Après avoir effectué le diagnostic, il peut augmenter les ressources :

- Changer de machine.
- Augmenter la mémoire, le swap.
- Ajouter de l'espace disque.
- Augmenter la taille des tables système.

Il peut les gérer autrement, principalement en diminuant leur utilisation, par exemple :

- Décider d'exécuter certains programmes la nuit.
- Installer des quotas pour les utilisateurs.
- Diminuer la taille de certaines tables du système pour augmenter celle des autres.

Rappelons que les processeurs actuels fonctionnent avec des mécanismes de mémoire virtuelle. L'espace adressable d'un processus est virtuel. Il représente un espace logique supérieur en taille à l'espace physique adressable.

L'espace mémoire du processus (code, données et pile) est découpé en pages. La taille d'une page est de quelques kilo-octets, souvent quatre. Quand le processeur doit accéder à une donnée ou à une instruction, il en convertit l'adresse virtuelle en une adresse physique. Pour cela, il divise l'adresse virtuelle par la taille de la page. Le quotient lui fournit le numéro de la page et le reste l'offset de la cellule mémoire dans la page.

Taille de la page :   4 096 octets

Adresse virtuelle : 10 512

Numéro de page : 3

Offset dans la page : 2 320

Le numéro de page est une entrée dans la table des descripteurs de pages du processus. Si la page est présente en RAM, le descripteur contient son adresse physique. L'offset permet d'atteindre la donnée dans la page.

A défaut, une interruption matérielle de type « défaut de page » est générée, qui déclenche le chargement de la page manquante du disque en RAM (« *page in* »). Ce chargement nécessite parfois le vidage préalable d'une page non utilisée de la RAM vers le disque (« *page out* ») de swap.

Un système qui échange peu ou pas de pages ne perd donc pas de temps à réaliser des lectures et des écritures sur disque, pour son propre compte. Il se consacre tout entier aux entrées/sorties demandées par les processus.

Le swapping entre en jeu quand la quantité de mémoire RAM libre devient critique. Les seuils sont des paramètres du noyau. Des processus entiers sont copiés sur le disque de swap pour libérer suffisamment de mémoire. La plupart des noyaux modernes ont abandonné le swapping car il est trop pénalisant pour les applications. Pour le remplacer, le noyau, toujours à partir d'un seuil critique, essaye de manière prioritaire de libérer le maximum de pages.

Un système qui dispose de plusieurs processeurs peut exécuter physiquement plusieurs processus en parallèle dans le temps.

Si deux disques IDE sont connectés à deux contrôleurs distincts, le système peut exécuter des opérations d'entrées/sorties simultanément pour plusieurs processus. Dans le cas de disques SCSI, ceci est également vrai si les disques sont connectés à un même contrôleur.

Panorama des commandes de surveillance du système

- **sar** — **Outil général de surveillance (AT&T)**
- **vmstat** — **Utilisation de la mémoire (BSD)**
- **iostat** — **Utilisation des disques (BSD)**
- **uptime** — **Charge générale du système (BSD)**
- **swapinfo** — **Utilisation du swap (BSD)**
- **ps** — **Information sur les processus**
- **top** — **Les processus les plus gourmands en ressources**
- **time, timex** — **Information sur l'utilisation des ressources par une commande**
- **netstat** — **Utilisation du réseau**

Les commandes mentionnées dans ce transparent n'existent pas toutes sur un système UNIX particulier. Les origines AT&T ou BSD des systèmes UNIX, les agrégats successifs font qu'il n'y a pas de règles générales quant à la disponibilité de telle ou telle commande. Nous invitons l'administrateur à tester leur existence sur le(s) système(s) dont il dispose et à consulter, en cas de succès, leur manuel de référence.

sar

La commande **sar**, d'origine AT&T, est la plus répandue. Elle permet de surveiller toutes les ressource du système (*cf. Surveiller les ressource du système par* ***sar***).

vmstat

La commande **vmstat** affiche des statistiques sur les processus, la pagination, l'activité du CPU et les interruptions.

vmstat [options] [<n> [<m>]

Par défaut, la commande **vmstat** affiche les informations depuis le démarrage du système ou, sinon, dans les <n> dernières secondes, <m> fois, à l'infini si <m> n'est pas précisé.

```
# vmstat -s
       0 swap ins
       0 swap outs
       0 pages swapped in
       0 pages swapped out
  784278 total address trans. faults taken
    8541 page ins
     163 page outs
   13071 pages paged in
     496 pages paged out
    2258 total reclaims
```

```
    2216 reclaims from free list
       0 micro (hat) faults
  784278 minor (as) faults
    7801 major faults
  188514 copy-on-write faults
  238114 zero fill page faults
       0 pages examined by the clock daemon
       0 revolutions of the clock hand
     450 pages freed by the clock daemon
    7174 forks
    1114 vforks
    6338 execs
20775183 cpu context switches
62508814 device interrupts
  979154 traps
 7122578 system calls
  966687 total name lookups (cache hits 92%)
   40697 user   cpu
  100405 system cpu
61365484 idle   cpu
   38891 wait   cpu
#
```

```
# vmstat  10  2
 procs     memory            page            disk          faults      cpu
 r b w   swap  free   re mf pi po fr de sr cd cd f0 s0   in   sy    cs us sy  id
 0 0 0  26244 11960   0  1  0  0  0  0  0  0  0  0  0    1   11   33  0  0 100
 0 0 0 108776  7412   0  0  0  0  0  0  0  0  0  0  0    2    2   33  0  0 100
#
```

iostat

La commande **iostat** affiche des statistiques sur l'utilisation des disques, des terminaux et des lecteurs de cartouche.

```
# iostat
      tty        cmdk0          cmdk1           fd0            sd0          cpu
 tin tout kps tps serv  kps tps serv  kps tps serv  kps tps serv  us sy wt  id
   0    3   0   0    4    0   0   54    0   0    0    0   0   33   0  0  0 100
#
```

uptime

La commande **uptime** affiche des statistiques sur la charge du système. Elle est très utile car elle donne un condensé d'informations : l'heure de démarrage du système, le nombre d'utilisateurs et la charge système dans la dernière minute, les cinq dernières minutes et le dernier quart d'heure. Cette dernière information permet de connaître la tendance de l'évolution de la charge.

```
# uptime
  7:57pm  up 7 day(s),  3:05,  2 users,  load average: 0.00, 0.01, 0.02
#
```

swapinfo, swap

Les commandes **swapinfo (BSD)** et **swap -l (AT&T)** affichent des statistiques sur l'utilisation des espaces de swap.

```
# swap -l
swapfile             dev  swaplo blocks   free
```

```
/dev/dsk/c1d0s1    102,65    8 169336 169336
#
```

ps

La commande **ps** affiche des informations sur les processus.

```
# ps -ef | more
   UID  PID PPID  C   STIME TTY      TIME CMD
  root    0    0  0  Oct 20 ?        0:03 sched
  root    1    0  0  Oct 20 ?        0:04 /etc/init -r
  root    2    0  0  Oct 20 ?        0:00 pageout
  root    3    0  0  Oct 20 ?        9:43 fsflush
  root  260    1  0  Oct 20 ?        0:00 /usr/lib/saf/sac -t 300
  root  263  260  0  Oct 20 ?        0:00 /usr/lib/saf/ttymon
...
# /usr/ucb/ps aux |more
USER       PID %CPU %MEM   SZ  RSS TT      S    START  TIME COMMAND
root      8352  0.3  1.7 1196  960 pts/0   O 20:03:35  0:00 /usr/ucb/ps aux
root      8351  0.1  1.3  960  724 pts/0   S 20:03:35  0:00 more
root         3  0.1  0.0    0    0 ?       S   Oct 20  9:42 fsflush
root       253  0.0  2.5 1840 1424 ?       S   Oct 20  3:06 mibiisa -r -p
4992
```

top

La commande **top** est un logiciel libre qui affiche en permanence des informations générales sur les processus et les ressources, par défaut les processus les plus gourmands en temps de calcul *(cf Références Internet)*

Syntaxe

top [d delai]

où délai exprime la durée en secondes entre deux rafraîchissements d'écran. Une fois la commande **top** démarrée, l'utilisateur dispose de commandes interactives qu'il peut exécuter en saisissant une lettre pour indiquer la commande à exécuter.

Le tableau qui suit mentionne quelques-unes de ces commandes :

Commande	**Description**
espace	Rafraîchît immédiatement l'écran.
h	Affiche une aide en ligne.
k	Tue le processus dont on saisit ensuite le PID.
i	N'affiche pas les zombies.
q	Termine top.
M	Affiche les processus en fonction de l'usage de la mémoire et pas de celui du CPU.

Exemple d'écran produit par la commande top :

```
HJH1m 12:11pm  up 31 min,  1 user,  load average: 0.00, 0.00, 0.00K
26 processes: 25 sleeping, 1 running, 0 zombie, 0 stoppedK
CPU states:  0.2% user,    0.3% system,  0.0% nice, 99.3% idleK
Mem:   63200K av,  22580K used,    40620K free,  10196K shrd,   1048K buffK
Swap:  36284K av,      0K used,    36284K free            17164K cachedK

  PID USER   RI  NI SIZE RSS  SHARE STAT  LIB %CPU %MEM   TIME COMMAND
  490 root   10   0  984  984   820 R      0  0.9  1.5   0:00 topK
    1 root    0   0  476  476   408 S      0  0.0  0.7   0:04 initK
```

```
  2 root  0  0    0    0     0 SW   0  0.0 0.0    0:00 kflushdK
  3 root  0  0    0    0     0 SW   0  0.0 0.0    0:00 kpiodK
  4 root  0  0    0    0     0 SW   0  0.0 0.0    0:00 kswapdK
229 root  0  0  592  592   492 S    0  0.0 0.9    0:00 syslogdK
240 root  0  0  708  708   388 S    0  0.0 1.1    0:00 klogdK
268 root  3  0  592  592   504 S    0  0.0 0.9    0:00 crondK
282 root  0  0  556  556   472 S    0  0.0 0.8    0:00 inetdK
296 root  0  0  404  404   352 S    0  0.0 0.6    0:00 lpdK
302 root  0  0  540  540   456 S    0  0.0 0.8    0:00 lpdK
311 lp    0  0  784  784   644 S    0  0.0 1.2    0:00 filterK
343 lp    0  0  744  744   628 S    0  0.0 1.1    0:00 asc-to-printK
348 lp    0  0  328  328   272 S    0  0.0 0.5    0:00 catK
360 root  0  0  424  424   364 S    0  0.0 0.6    0:00 gpmK
375 xfs   0  0  968  968   624 S    0  0.0 1.5    0:00 fsKJ6
```

time

La commande **time** affiche le temps CPU consommé par un processus :

- Le temps réel écoulé entre sa création et sa mort.
- Le temps consommé pour exécuter des instructions en mode « user », les instructions du processus, les calculs par exemple.
- Le temps consommé pour exécuter des instructions en mode « kernel », les primitives du noyau.

```
# time gcc  prog.c

real    1.8
user    0.4
sys     0.1
#
```

La somme de « user » et de « sys » est inférieure ou égale à « real ».

timex

En sus des informations déjà produites par la commande **time**, la commande **timex** peut afficher des informations sur le processus et les processus fils qu'il a pu créer. La commande **timex** nécessite que la comptabilité des processus utilisée par **sar** soit activée.

w

La commande **w** affiche des informations sur les utilisateurs actuellement connectés.

```
# w
 11:33pm  up 7 day(s),  6:41,  2 users,  load average: 0.02, 0.01, 0.01
User   tty        login@  idle  JCPU  PCPU  what
root   console    20Oct01 4days             -sh
jf     pts/0      Fri 7pm        2:30       w
#
```

netstat

La commande **netstat** affiche des informations sur l'utilisation du réseau. Cette commande est développée dans les manuels qui traitent de TCP/IP.

La commande **netstat** possède de nombreuses options, parmi lesquelles :

-a Affiche l'état des sockets.

-i Affiche l'état des interfaces configurées sur le système.

-n Affiche les numéros de port, de réseau et les adresses.

-s Affiche les statistiques sur les protocoles.

-r Affiche les tables de routage.

-m Affiche les informations sur les ressources mémoire utilisées par les protocoles réseau.

```
# netstat -i
Name  Mtu  Net/Dest       Address    Ipkts Ierrs Opkts Oerrs Collis Queue
lo0   8232 loopback       localhost    260     0   260     0      0     0
nei0  1500 192.168.218.0  ponita     29313     0 16210     0      0     0
#
```

```
# netstat -m
streams allocation:
                          cumulative  allocation
            current  maximum     total  failures
streams         137      168     22685         0
queues          398      420     42104         0
mblk            495     1651     50185         0
dblk            486     1527   3643471         0
linkblk          18      169        28         0
strevent          6      169    692784         0
syncq            14       56        85         0
qband             2      127         2         0

255 Kbytes allocated for streams data
#
```

Surveiller le système avec la commande **sar**

- **Surveiller l'usage du CPU**
  - sar -u Pourcentage d'utilisation du CPU
  - sar -q Nombre de processus en attente
- **Surveiller l'usage de la mémoire**
  - sar -r Utilisation de la mémoire centrale et de swap
  - sar -w Surveille le swapping
  - sar -p Surveille le paging
- **Surveillance des entrées/sorties**
  - sar -b Utilisation des tampons
  - sar -d Utilisation des disques

Le service de surveillance des processus doit être activé ainsi que celui des données produites qui seront exploitées par la commande **sar**.

L'activation et la production des données sont réalisées par la commande **sadc**. Les scripts **sa1** et **sa2** collectent et sauvegardent les données du système.

La commande **sadc** permet de collecter des données <n> fois à intervalle de <t> secondes et de stocker les données dans un fichier journalier, au format binaire : le fichier */var/adm/sa/sa<jj>*, où <jj> désigne le jour du mois (sa12 pour le douzième jour). L'intervalle <t> doit être supérieur à 5 secondes pour que l'exécution de la commande **sadc** n'affecte pas la signification des résultats.

Le script **sa1** exécute la commande **sadc**.

Le script de démarrage */etc/init.d/perf* met à jour le fichier du jour */var/adm/sa/sa<jj>*. Il indique dans le fichier à quelle heure les compteurs ont été remis à 0 lors du passage en mode multi-utilisateur.

Le script **sa2** qui appelle la commande **sar**, surveille les ressources et écrit quotidiennement les données dans un fichier au format texte */var/adm/sa/sar<jj>*.

Les scripts **sa1** et **sa2** sont activés, via **cron**, pour produire les données quotidiennes pour le compte de l'utilisateur « sys ».

Extrait de la table « cron » de sys

```
#ident "@(#)sys     1.5    92/07/14 SMI"  /* SVr4.0 1.2  */
#
# The sys crontab should be used to do performance collection. See cron
# and performance manual pages for details on startup.
#
0 * * * 0-6 /usr/lib/sa/sa1
20,40  8-17   *    *    1-5    /usr/lib/sa/sa1
    5    18   *    *    1-5    /usr/lib/sa/sa2 -s 8:00 -e 18:01 -i 1200 -A
```

L'utilisation de **sa2** n'est pas une obligation et la ligne qui le concerne peut être mise en commentaire et remplacée par une ligne de commande **sar** personnalisée pour quelques types de ressources particulières.

La commande **sar** permet de surveiller toutes les ressources du système. Les options qu'elle propose sont très nombreuses. Le transparent montre les plus couramment utilisées, nous illustrerons l'utilisation de quelques autres.

Pour certaines options, nous renvoyons l'administrateur au manuel de référence de la commande **sar** pour comprendre, si besoin est, l'en-tête des colonnes produites par la commande.

Remarque
Dans le cas de nombreux systèmes UNIX, dont Solaris, la production de données pour **sar** n'est pas activée par défaut. Le fichier *crontab* de l'utilisateur sys existe et il est correctement paramétré, mais les lignes sont en commentaires. Pour activer le service, il suffit d'enlever ces commentaires.

Syntaxe

sar [-aAbcdgkmpqruvwy] [-o fichier] t [n]

ou

sar [-aAbcdgkmpqruvwy] [-e heure] [-f fichier] [-i sec] [-s heure]

-abcdgkmpqruvwy désigne les ressources à surveiller.

A est équivalent à -abcdgkmpqruvwy.

Dans la première forme, on demande « n » rapports espacés de « t » secondes, un rapport par défaut.

L'option **–o fichier** permet de stocker les données dans « fichier » dans un format binaire, pour une lecture ultérieure avec la seconde forme et l'option **–f fichier**.

Dans la seconde forme, l'option **–s heure** permet de dire l'heure de début et **–e heure** l'heure de fin de l'examen des performances. L'heure est de la forme hh[:mm[:ss]].

L'option **–i** précise l'intervalle. A défaut tous les intervalles sont affichés pour la période horaire demandée.

A défaut d'indication de fichier (-o fichier –f fichier), la commande **sar** lit les données dans le fichier du jour */var/adm/sa/sa<jj>*.

Les options de sar qui ont trait aux ressources sont les suivantes :

Option	Ressource surveillée
-u	Utilisation du CPU. L'option –u est appliquée par défaut.
-a	Opérations d'accès aux fichiers.
-b	Utilisation du cache.
-c	Utilisation des primitives.
-d	Utilisation des périphériques de type bloc.
-g	Statistiques de pagination.
-k	L'activité d'allocation dynamique interne au noyau.

-m	Utilisation des IPC message et sémaphores.
-p	Statistiques de la pagination.
-q	Nombre moyen de processus prêts à s'exécuter.
-r	Pages de la mémoire et blocs de disque de swap inutilisés.
-R	Statistiques sur l'ordonnancement.
-S	Statistiques sur les requêtes SCSI.
-v	Etat des tables du noyau.
-w	Etat de la pagination et du swapping
-y	Activité des terminaux.

Exemples

```
# sar

SunOS ponita 5.7 Generic_106542-08 i86pc    10/28/01

00:00:00    %usr    %sys    %wio   %idle
01:00:01       0       0       0     100
01:00:01       0       0       0     100
02:00:00       0       0       0     100
03:00:00       0       0       0     100
04:00:00       0       0       0     100
05:00:01       0       0       0     100
06:00:00       0       0       0     100
07:00:00       0       0       0     100
08:00:01       0       0       0     100
09:00:00       0       0       0     100
10:00:00       0       0       0     100

Average        0       0       0     100

# sar -u 5 3

SunOS ponita 5.7 Generic_106542-08 i86pc    10/28/01

10:19:13    %usr    %sys    %wio   %idle
10:19:18      83      17       0       0
10:19:23      83      17       0       0
10:19:28      81      19       0       0

Average       82      18       0       0

# sar -r 5 3

SunOS ponita 5.7 Generic_106542-08 i86pc    10/28/01

10:19:55 freemem freeswap
10:20:00     248   208541
10:20:05     246   207883
```

```
10:20:10      234   207213

Average       243   207880

# sar -w 5 3

SunOS ponita 5.7 Generic_106542-08 i86pc     10/28/01

10:20:26 swpin/s bswin/s swpot/s bswot/s pswch/s
10:20:31    0.00     0.0    0.00     0.0     126
10:20:36    0.00     0.0    0.00     0.0     126
10:20:41    0.00     0.0    0.00     0.0     120

Average     0.00     0.0    0.00     0.0     124
# sar -p 5 3

SunOS ponita 5.7 Generic_106542-08 i86pc     10/28/01
10:20:49  atch/s  pgin/s ppgin/s  pflt/s  vflt/s slock/s
10:20:54    0.00    9.78   12.18  372.26  601.80    0.00
10:20:59    0.20   10.00   12.40  399.20  641.60    0.00
10:21:04    0.40   11.60   16.60  387.60  639.20    0.00

Average     0.20   10.46   13.72  386.34  627.51    0.00

# sar -b 5 3

SunOS ponita 5.7 Generic_106542-08 i86pc    10/28/01
10:21:08 bread/s lread/s %rcache bwrit/s lwrit/s %wcache pread/s pwrit/s
10:21:13       0       6      93       0       0     100       0       0
10:21:18       1      49      98       9      53      82       0       0
10:21:24       1       6      91       0       0     100       0       0

Average        1      20      97       3      18      82       0       0

# sar -d 5 3

SunOS ponita 5.7 Generic_106542-08 i86pc    10/28/01
10:21:32   device        %busy   avque   r+w/s  blks/s  avwait  avserv

10:21:37   cmdk0             0     0.0       0       0     0.0     0.0
           cmdk1             6     0.1       5      77     0.1    12.3
           fd0               0     0.0       0       0     0.0     0.0
           nfs1              0     0.0       0       0     0.0     0.0
           sd0               0     0.0       0       0     0.0     0.0
10:21:42   cmdk0             0     0.0       0       0     0.0     0.0
           cmdk1             1     0.0       3       6     0.1     4.8
           fd0               0     0.0       0       0     0.0     0.0
           nfs1              0     0.0       0       0     0.0     0.0
           sd0               0     0.0       0       0     0.0     0.0
10:21:47   cmdk0             0     0.0       0       0     0.0     0.0
           cmdk1            13     1.5      10     109   132.3    23.7
           fd0               0     0.0       0       0     0.0     0.0
           nfs1              0     0.0       0       0     0.0     0.0
           sd0               0     0.0       0       0     0.0     0.0

Average    cmdk0             0     0.0       0       0     0.0     0.0
           cmdk1             7     0.5       6      64    71.4    17.2
           fd0               0     0.0       0       0     0.0     0.0
           nfs1              0     0.0       0       0     0.0     0.0
           sd0               0     0.0       0       0     0.0     0.0

# sar -c 5 3

SunOS ponita 5.7 Generic_106542-08 i86pc    10/28/01

10:22:34 scall/s sread/s swrit/s  fork/s  exec/s rchar/s wchar/s
```

```
10:22:39      504      28      11    8.38    8.38    2317     567
10:22:44      532      28      11    9.00    9.00    1407     567
10:22:49      503      29      11    9.00    8.40    4637     554

Average       513      28      11    8.79    8.59    2787     563
```

```
# sar -g 5 3

SunOS ponita 5.7 Generic_106542-08 i86pc    10/28/01
10:23:07  pgout/s ppgout/s pgfree/s pgscan/s %ufs_ipf
10:23:12     1.00    11.58    39.12    56.09     0.00
10:23:17     0.60     5.80    21.00    32.00     0.00
10:23:22     0.40     5.60    14.00    18.40     0.00

Average      0.67     7.66    24.72    35.51     0.00
```

```
# sar -p 5 3

SunOS ponita 5.7 Generic_106542-08 i86pc    10/28/01
10:23:26  atch/s  pgin/s ppgin/s  pflt/s  vflt/s slock/s
10:23:31    0.00    6.00   13.20  361.00  601.40    0.00
10:23:36    0.00   11.40   46.00  214.80  364.60    0.00
10:23:41    0.20    8.60   17.00  342.20  568.00    0.00

Average     0.07    8.67   25.40  306.00  511.33    0.00
```

```
# sar -k 5 3

SunOS ponita 5.7 Generic_106542-08 i86pc    10/28/01

10:23:50 sml_mem   alloc  fail  lg_mem   alloc  fail  ovsz_alloc  fail
10:23:55 1486848 1100604     0 4935680 4245612     0     2408448     0
10:24:00 1490944 1092304     0 4935680 4250660     0     2408448     0
10:24:05 1490944 1092332     0 4935680 4253124     0     2408448     0

Average  1489579 1095080     0 4935680 4249799     0     2408448     0
```

```
# sar -m 5 3

SunOS ponita 5.7 Generic_106542-08 i86pc    10/28/01

10:24:13   msg/s  sema/s
10:24:18    0.00    0.00
10:24:23    0.00    0.00
10:24:28    0.00    0.00

Average     0.00    0.00
```

```
# sar -v 5 3

SunOS ponita 5.7 Generic_106542-08 i86pc    10/28/01

10:24:56   proc-sz    ov  inod-sz    ov  file-sz    ov   lock-sz
10:25:01    54/906     0 4327/4327    0  284/284     0    0/0
10:25:06    54/906     0 4342/4342    0  284/284     0    0/0
10:25:11    54/906     0 4357/4357    0  284/284     0    0/0
```

```
# sar -y 5 3

SunOS ponita 5.7 Generic_106542-08 i86pc    10/28/01
```

```
10:25:24 rawch/s canch/s outch/s rcvin/s xmtin/s mdmin/s
10:25:29       0       0      46       0       0       0
10:25:34       0       0      23       0       0       0
10:25:39       0       0      23       0       0       0

Average        0       0      31       0       0       0

#
```

La comptabilité BSD

- **La comptabilité du CPU**
  - accton — Active/désactive la comptabilité
  - sa — Affiche les résultats par catégories
  - lastcomm — Affiche les données comptables
- **La comptabilité des connexions**
  - login — Enregistre les connexions
  - ac — Affiche les temps de connexions
  - last — Affiche les dernières connexions
- **La comptabilité des impressions**
  - pac — Affiche les données comptables

Introduction

Sur un système BSD, on peut enregistrer l'usage du CPU, les temps de connexion et les impressions. L'exploitation de ces données permet de mesurer l'utilisation du système, en particulier de connaître les utilisateurs qui consomment le plus de ressources. A l'époque de la création de ce système comptable, les données enregistrées étaient utilisées pour émettre des factures.

La comptabilité des temps CPU

Le démon accton

Le démon **accton** est le responsable de l'enregistrement des données comptables liées à l'usage du CPU. Ce démon doit être activé au démarrage du système par un fichier RC. A la fin de l'exécution d'une commande, il enregistre l'UID, le temps CPU, l'usage de la mémoire et les requêtes d'entrées/sorties. Ces données sont stockées dans un fichier binaire dont le nom est donné en argument de la commande **accton**. Le fichier comptable doit exister au préalable.

```
# touch  /var/log/pacct   # crée le fichier comptable
# accton  /var/log/pacct  # active le service
# accton                  # arrêt du service
```

La commande lastcomm

La commande **lastcomm** affiche le contenu du fichier comptable et l'utilisation des ressources par commande.

```
# lastcomm
aumix-minimal        root   ??   0.01 secs Fri Oct 12 22:19
grep                 root   ??   0.01 secs Fri Oct 12 22:19
halt                 root   ??   0.00 secs Fri Oct 12 22:19
killall5       S     root   ??   0.01 secs Fri Oct 12 22:19
sleep                root   ??   0.00 secs Fri Oct 12 22:18
```

su		jf	??	0.05 secs Fri Oct 12 21:37
minilogd	F	root	??	0.00 secs Fri Oct 12 22:18

La commande sa

La commande **sa** est très utile, car elle fournit des totalisations par catégories. Elle possède beaucoup d'options.

Totalisation par commande (par défaut)

```
# sa
1349   7407.48re   0.72cp   0avio   363k
  51   2613.83re   0.07cp   0avio   368k  ***other*
   2    214.90re   0.06cp   0avio   303k  in.telnetd
  54      0.06re   0.06cp   0avio   577k  ps
  16      0.07re   0.06cp   0avio   333k  lastcomm
  13      0.08re   0.05cp   0avio   535k  troff
   3      0.04re   0.04cp   0avio   288k  locate
  63     10.92re   0.04cp   0avio   336k  man
  80      0.41re   0.04cp   0avio   341k  ls
  29     11.94re   0.03cp   0avio   332k  more
 127      5.15re   0.03cp   0avio   363k  gunzip
   9   1564.42re   0.03cp   0avio  1659k  httpd*
```

Totalisation par utilisateur

```
# sa -m
                1349   7407.48re   0.72cp   0avio    363k
root            1274   4195.23re   0.69cp   0avio    354k
xfs                1    173.74re   0.01cp   0avio    890k
jf                59    428.77re   0.01cp   0avio    354k
nobody            13   2261.42re   0.00cp   0avio   1209k
bin                1    174.34re   0.00cp   0avio    303k
named              1    173.99re   0.00cp   0avio    628k
```

La comptabilité des connexions

Le programme **login** enregistre chaque connexion dans un fichier binaire, le fichier *wtmp*. La commande **last** affiche en clair les connexions. La commande **ac** affiche différentes totalisations.

Exemples :

Les totaux de connexion

```
# ac
    total    21.00
```

Les totaux par utilisateur

```
# ac -p
    jf              9.39
    bebe            5.76
    root            5.85
    total          21.01
```

Les totaux par jour

```
# ac -d
Sep  3  total      0.02
Oct  12  total     3.57
Today  total      17.42
```

Les dernières connexions

```
# last
bebe     tty3                             Sat Oct 13 11:36   still logged in
jf       pts/0      pikachu               Sat Oct 13 11:33   still logged in
root     tty1                             Sat Oct 13 11:32   still logged in
reboot   system boot  2.2.14-5.0          Sat Oct 13 11:19          (06:06)
jf       pts/1      bulbizarre            Fri Oct 12 21:37 - down  (00:41)
jf       pts/0      bulbizarre            Fri Oct 12 19:25 - down  (02:52)
reboot   system boot  2.2.14-5.0          Fri Oct 12 19:24          (02:54)
root     tty1                             Mon Sep  3 21:43 - down  (00:01)
reboot   system boot  2.2.14-5.0          Mon Sep  3 21:41          (00:02)
```

La comptabilité des impressions

Le démon **lpd** active les impressions. On peut lui demander d'enregistrer des données comptables liées aux impressions. Pour ce faire, il faut renseigner le champ « af », et lui affecter le nom du fichier comptable. La commande **pac** affiche les totaux par utilisateur.

La comptabilité AT&T

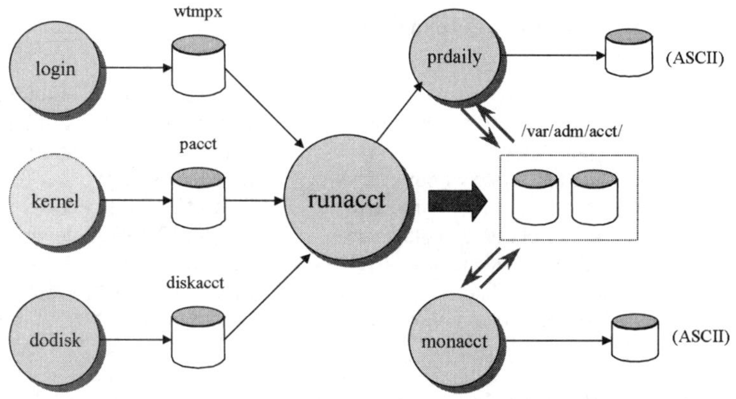

TSOFT - UNIX Administration   Module 12 : La gestion des performances - 12.6

Introduction

Sur un système AT&T, on peut enregistrer l'usage des ressources consommées par les commandes et les temps de connexion des utilisateurs. En exploitant ces données, on peut connaître ensuite l'utilisation du système, en particulier de connaître les utilisateurs qui consomment le plus de ressources. A l'époque de la création de ce système comptable, les données enregistrées étaient utilisées pour émettre des factures.

Architecture du service

Les fichiers

/var/adm/pacct	Enregistre les données comptables brutes provenant du noyau.
/var/adm/fee	Frais supplémentaires provenant de la commande **chargefee**.
/var/adm/wtmpx	Historique des connexions.
/var/adm/acct/nite/diskacct	Enregistre l'activité des disques, mis à jour par la commande **dodisk**.
*/var/adm/acct/fiscal/**	Bilan de l'exercice et résumé des anciens exercices (généralement basé sur le mois).
*/var/adm/acct/nite/**	Fichiers binaires, fichiers de statut, fichiers logs, fichiers verrous, ...
*/var/adm/acct/sum/**	Rapports quotidiens (ASCII) et cumuls.
/var/adm/acct/sum/rprt1027	Le rapport du 27/10 (ASCII).
/etc/acct/holidays	Les jours de vacances.

Les commandes

accton	Active la comptabilité.
turnacct	Interface d'accton.
acct	Script RC qui gère le service.
runacct	Active les actions quotidiennes (via un crontab).
ckpacct	Vérifie la taille du fichier *pacct* (via un crontab).
dodisk	Enregistre l'activité des disques (via un crontab).
chargefee	Permet de facturer artificiellement les utilisateurs.
monacct	Génère les bilans de fin d'exercice (via un crontab).
prdaily	Génère les rapports quotidiens (invoqué par runacct).
last	Visualise les dernières connexions.
lastcomm	Visualise les dernières commandes.

Activer la comptabilité des ressources

Le fichier pacct

La commande **turnacct** demande au noyau d'activer la comptabilité des ressources. Cette commande doit être exécutée au démarrage du système par un script RC (*/etc/init.d/acct*). A la fin de l'exécution de chaque commande, le noyau enregistre les ressources système utilisées comme par exemple le temps CPU, l'usage de la mémoire et les requêtes d'entrées/sorties. Ces données sont stockées dans un fichier binaire, le fichier */var/adm/pacct*. On peut vérifier que le système fonctionne en voyant ce fichier grossir.

```
# /usr/lib/acct/turnacct  on

# ls -l /var/adm/pacct

# ls -l /var/adm/pacct  # le fichier doit être plus gros !
```

Les fichiers crontab

Pour traiter périodiquement le fichier *pacct*, il est conseillé de créer le crontab suivant, avec l'identité de l'utilisateur adm :

```
# su - adm
$  cat > mon_cron
0 * * * *  /usr/lib/acct/ckpacct
30 4 * * * /usr/lib/acct/runacct > /var/adm/acct/nite/fd2log
30 5 1 * * /usr/lib/acct/monacct
CTRL-D
$ crontab  mon_cron
```

Pour activer l'enregistrement des données comptables liées à l'activité des disques, on modifie le crontab de root :

```
# crontab -l > moncron
# cat  >> moncron
30 22 29 * 7  /usr/lib/acct/dodisk
CTRL-D
# crontab  moncron
```

Exemple de rapport comptable

```
# cat /var/adm/acct/sum/rprt1027

Oct 27 23:50 2001  DAILY REPORT FOR ponita Page 1

from Fri Oct 26 23:50:01 2001
to   Sat Oct 27 23:50:02 2001
1    runacct
1    acctcon

TOTAL DURATION IS 1440 MINUTES
LINE        MINUTES  PERCENT  # SESS  # ON  # OFF
console        1440      100       1     1      1
pts/0          1440      100       1     1      1
TOTALS         2880       --       2     2      2

Oct 27 23:50 2001  DAILY USAGE REPORT FOR ponita Page 1

     LOGIN  CPU   (MINS) KCORE-MINS   CONNECT (MINS) DISK # OF # OF # DISK    FEE
UID  NAME  PRIME NPRIME PRIME NPRIME PRIME   NPRIME  BLOCKS  PROCS SESS SAMPLES
0    TOTAL  0      3      0       6630     0       2880    0 1767  2    0    0
0    root   0      3      0       6467     0       1440    0 1359  1    0    0
4    adm    0      0      0       163      0       0       0 408   0    0    0
100  jf     0      0      0       0        0       1440    0 0     1    0    0


Oct 27 23:50 2001  DAILY COMMAND SUMMARY Page 1


                    TOTAL COMMAND SUMMARY
COMMAND  NUMBER   TOTAL     TOTAL     TOTAL  MEAN    MEAN   HOG      CHARS   BLOCKS
NAME      CMDS   KCOREMIN  CPU-MIN  REAL-MIN SIZE-K CPU-MIN FACTOR   TRNSFD    READ

TOTALS    1767   6629.27    2.82    225.19 2353.31  0.00 0.01   67718976    1593

nsgmls      59   5621.42    1.55      2.01 3621.66  0.03 0.77   18963712       6
instant     59    150.13    0.13      1.61 1120.39  0.00 0.08    8152256       0
sendmail   174    116.19    0.08      0.35 1386.02  0.00 0.24    1144591     312
...

Oct 27 23:50 2001  MONTHLY TOTAL COMMAND SUMMARY Page 1

                    TOTAL COMMAND SUMMARY
COMMAND  NUMBER   TOTAL     TOTAL     TOTAL  MEAN    MEAN   HOG      CHARS   BLOCKS
NAME      CMDS   KCOREMIN  CPU-MIN  REAL-MIN SIZE-K CPU-MIN FACTOR   TRNSFD    READ

TOTALS    8659  18273.52    9.59  173550.40   1905.31  0.00 0.00  157221040    7828

nsgmls     122  11991.94    3.27       4.24   3667.07  0.03 0.77   42070656       6
mibiisa      1   2040.49    1.43    5914.62   1423.43  1.43 0.00       4356       0
sendmail  1926   1267.48    0.93   14815.68   1361.18  0.00 0.00   12679495    3451
sh        1780    493.31    0.60    8635.66    816.06  0.00 0.00     947162      25
...

Oct 27 23:50 2001  LAST LOGIN Page 1

00-00-00  adm          00-00-00  noaccess     00-00-00  sys
00-00-00  bin          00-00-00  nobody       00-00-00  uucp
00-00-00  cathy        00-00-00  nobody4      01-10-15  bebe
00-00-00  daemon       00-00-00  nuucp        01-10-27  jf
00-00-00  listen       00-00-00  pierre       01-10-27  root
00-00-00  lp
```

Atelier 12 : La gestion des performances

Objectif :

- **Savoir estimer si le CPU, la mémoire ou les entrées/Pagination (" *paging* ") et *swapping* sont donc des mécanismes complémentaires.**
- **sorties sont sous-dimensionnés**

Durée : 15 minutes.

Exercice n°1

On mesure l'activité du CPU, de la mémoire et des entrées/sorties blocs, avec la commande **sar**. On réalise quatre mesures à 30 secondes d'intervalle.

Remarque : Si l'on enregistre l'activité de **sar** avec l'option -o, on peut ensuite visualiser indépendamment chaque paramètre.

Exercice n°2

On relance les commandes exécutées dans l'exercice n°1, mais après avoir exécuté les commandes suivantes (qui réalisent beaucoup d'entrées/sorties) :

```
$ find / -type f -print -exec grep -i UNIX {} \ ; | wc -l &
$ find / -type f -print -exec grep -i UNIX {} \ ; | wc -l &
$ find / -type f -print -exec grep -i UNIX {} \ ; | wc -l &
```

Exercice n°3

On relance les commandes exécutées dans l'exercice n°1, mais après avoir exécuté les commandes suivantes (qui utilisent beaucoup de CPU) :

```
$ cat  > calcul
BEGIN  {
      var = 2.5
      while (1)  {
              var  *= 3
              var  /= 3
      }
```

```
}
CTRL-D
$ awk -f calcul /dev/null &
$ awk -f calcul /dev/null &
$ awk -f calcul /dev/null &
```

Exercice n°4

On relance les commandes exécutées dans l'exercice n°1, mais après avoir exécuté les commandes suivantes (qui utilisent beaucoup de mémoire) :

```
$ cat > memoire
BEGIN {
    for(i=0 ; i<100000000 ; i++)
            tb1[i] = i ;
}
CTRL-D
$ awk -f memoire /dev/null &
$ awk -f memoire /dev/null &
$ awk -f memoire /dev/null &
```

Exercice n°5

On relance les commandes exécutées dans l'exercice n°1, mais après avoir lancées les commandes des exercices n°2, 3 et 4.

Remarque : Il est plus simple d'utiliser un script pour lancer toutes ces commandes.

Exercice n°6 (script)

Votre hiérarchie interdit l'utilisation de logiciels libres. Créez un script qui simule, globalement, le comportement de la commande **top**. Elle doit afficher les processus classés par ordre décroissant d'utilisation du CPU avec un temps de rafraîchissement de 5 secondes. Avant de visualiser les processus, la commande exécute **uptime** et montre la mémoire vive et de la mémoire swap restantes.

- *TCP/IP*
- *Les commandes* ***ping, ifconfig****,...*
- *Les services* ***(/etc/services)***
- *Commandes* ***remote***
- *NFS*
- *NIS*

13

Le réseau

Objectifs

Après l'étude de ce chapitre, le lecteur sait les éléments fondamentaux de l'administration de systèmes UNIX dans un environnement TCP/IP. A défaut de maîtriser la totalité du domaine, il est autonome pour réaliser les actions essentielles.

Contenu

TCP/IP, panorama des protocoles
Ajouter un système dans un réseau IP
Les services réseau
Les commandes **remote**
NFS (présentation), les RPC
NIS, NIS+
DNS
Samba
Apache
e-mail
sendmail
DHCP

Références

Man

ping(1m), ifconfig(1m), netstat(1m), inetd(1m), inetd.conf(4), rcp(1), rsh(1), rlogin(1), hosts.equiv(4), in.rshd(1m), in.rlogind(1m), nfsd(1m), mount_nfs(1m), rpcinfo(1m), ypbind(1m), ypinit(1m), ypserv(1m), ypcat(1), yppasswd(1), in.ftpd(1m), sendmail(1m), in.dhcpd(1m), in.named(1m)

Livres

TCP/IP Network Administration
Managing NFS and NIS

Internet

http://uwsg.iu.edu/usail/index/network.html
http://www.unidata.ucar.edu/projects/unix/

TCP/IP, panorama des protocoles

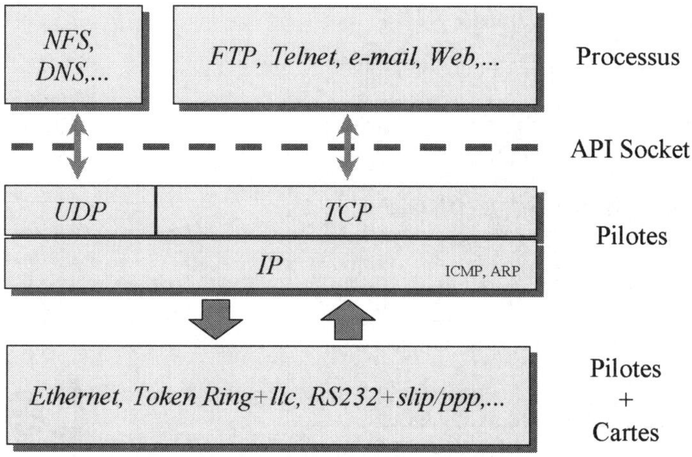

Le réseau TCP/IP trouve ses origines dans les travaux de recherche du « DARPA » (« *Defense Advanced Research Project Agency* ») qui débutent en 1970 et débouchent sur ARPANET.

Le « DARPA » finança l'université de Berkeley qui intégra les protocoles de base de TCP/IP au système UNIX BSD 4.

TCP/IP se popularisa alors car il intégra des protocoles applicatifs et les primitives qu'on appelle les « sockets ». Les « sockets » sont une interface générique de programmation d'échanges de données entre les machines d'un réseau.

L'IAB (« *Internet Activites Board* ») est l'organisme qui supervise l'ensemble des protocoles de TCP/IP.

Il supervise deux organisations :

- L'IRTF (« *Internet Research Task Force* ») qui est responsable des développements de protocoles.
- L'IETF (« *Internet Engineering Task Force* ») qui est responsable du réseau Internet.

L'attribution des adresses réseau est l'affaire du NIC (« *Network Information Center* »), dont le correspondant français est l'INRIA.

L'ensemble des protocoles de TCP/IP sont décrits dans des documents que l'on appelle des « RFC » (« *Request For Comments* »).

La couche supérieure est celle des applicatifs qui, selon les cas, utilisent la couche de transport UDP ou TCP.

NFS (« *Network File System* ») est un protocole de partage de fichiers à distance (*cf. NFS)*.

DNS (« *Domain Name System* ») est un service qui associe un nom d'hôte à une adresse IP.

FTP (« *File Transfer Protocol* ») est un protocole de transfert de fichiers.

telnet est un protocole applicatif qui émule un terminal de type texte.

e-mail couvre la messagerie électronique.

Web désigne l'application majeure du réseau Internet. Elle permet la gestion de données multimédia en hypertexte.

Les protocoles présentés sont ceux de la version IP.V4. L'évolution vers la version IP.V6 qui permettra d'adresser plus de stations pour un plus grand nombre de réseaux est rendue inéluctable par l'évolution du réseau mondial Internet. La compatibilité avec la version 4 est assurée.

Ajouter un système dans un réseau IP

- **Ajouter une carte réseau**
- **Ajouter les pilotes (carte, streams, TCP/IP)**
- **Configurer IP**
  - L'adresse IP et Netmask associés à la carte ou DHCP
  - Le routage (route par défaut, autres routes, routage dynamique)
- **Configurer un service de noms**
  - Le fichier /etc/hosts
  - Le service client-serveur DNS
    (nom, domaine, adresse(s) IP de serveur(s) DNS)
- **Tester avec ping**

TSOFT - UNIX Administration — Module 13 : Le réseau - 13.3

Le principe

La mise en réseau d'un ordinateur dans un réseau IP obéit, pour une première partie, aux règles d'installation d'un périphérique dans le système UNIX :

- Ajoutez une carte réseau dans le système informatique et créez les fichiers spéciaux qui lui sont attachés.
- Ajoutez les pilotes de la carte et les pseudo-pilotes que sont les « streams », associés aux couches réseau et transport des protocoles TCP/IP.

Il est ensuite nécessaire de paramétrer l'interface réseau nouvellement installée.

Pour cela, plusieurs opérations sont nécessaires :

- Définir l'adresse IP de l'ordinateur hôte, ainsi que le « netmask » associé.
  L'adresse IP est une adresse définie sur 32 bits et qui se représente par quatre nombres séparés par le symbole . : n1.n2.n3.n4.

  L'adresse IP de 32 bits est constituée de deux parties qui définissent respectivement l'adresse réseau et l'adresse de l'hôte dans le réseau.

  Il existe quatre classes de réseau : A, B, C et D.
  Les trois premières sont effectives au niveau qui nous intéresse :

  1) La classe « A » des grands réseaux contient au plus 127 réseaux d'au plus 16 777 214 hôtes. Elle est reconnaissable par la valeur « n1 » de l'adresse IP comprise entre 1 et 126.
  2) La classe « B » des réseaux intermédiaires contient au plus 16 382 réseaux d'au plus 65 534 hôtes. Elle est reconnaissable par la valeur « n1 » de l'adresse IP comprise entre 128 et 191.
  3) La classe « C » des petits réseaux contient au plus 2 097 150 réseaux d'au plus 254 hôtes. Elle est reconnaissable par la valeur « n1 » de l'adresse IP comprise entre 192 et 223.

Pour faciliter la localisation d'un hôte dans le réseau par les routeurs, une partie de l'adresse de l'hôte peut servir à désigner un sous-réseau. Le « netmask » définit le masque binaire qui permet de séparer immédiatement l'adresse du réseau et du sous-réseau de l'adresse de l'hôte dans l'adresse IP globale. Il existe des « netmask » prédéfinis pour les trois classes de réseau :

Classe A 255.0.0.0

Classe B 255.255.0.0

Classe C 255.255.255.0

Remarque
Pour communiquer directement, des hôtes doivent appartenir à un même réseau ou sous-réseau.

Le service « DHCP » (« *Dynamic Host Control Protocol* ») est une alternative à l'attribution d'une adresse statique IP. Ce service est bâti sur le modèle client-serveur. Le serveur attribue une adresse IP et d'autres attributs au client quand il se branche sur le réseau.

C'est la commande **ifconfig** qui définit l'adresse IP et le netmask ou qui active le service « DHCP ».

La configuration du service IP peut amener l'administrateur à définir des routes à emprunter pour acheminer des paquets entre des hôtes de réseaux différents. La commande **route** permet de définir une route à emprunter par défaut et d'autres routes. Le routage peut être statique ou dynamique via les démons **routed** et **gated**.

- Configuration du service des noms
  Il est préférable de configurer ensuite le service des noms. Cela consiste à associer un nom d'hôte à une adresse IP pour faciliter l'identification de l'hôte.
  Il existe là aussi une approche statique. Elle consiste à mémoriser les associations de nom et d'adresse d'hôte dans le fichier */etc/hosts*. Le service « DNS » permet de réaliser une association dynamique. Le client, qui connaît le nom de l'hôte, demande à un serveur de lui communiquer son adresse IP. C'est la solution retenue dans l'architecture hiérarchique de noms utilisée dans le réseau mondial Internet (nom.org, nom.com, nom.pays). Le paramétrage de « DNS » nécessite de fixer le nom d'hôte avec la commande **uname** et le nom de domaine ainsi que l'adresse IP d'un serveur « DNS » dans le fichier */etc/resolv.conf*. Ces commandes sont activées dans les scripts de démarrage. La configuration du service peut être réalisée avec l'outil intégré d'administration.

- Tester l'accessibilité de l'hôte avec la commande **ping**. En effet, avant d'essayer les protocoles applicatifs **telnet** ou **ftp**, il convient de s'assurer que l'hôte parvient à communiquer avec des hôtes distants du même réseau. La commande **ping** le permet :

```
# ping localhost    # pour tester l'installation locale, en boucle.

# ping mars         # pour tester l'hôte lui-même.

# ping venus        # pour tester l'hôte distant venus.
venus is alive
#
```

La configuration d'un poste UNIX

Pour intégrer un poste UNIX dans un réseau IP, le plus simple est souvent d'utiliser l'outil intégré d'administration de votre système : SAM pour HP-UX, smit pour AIX, linuxconf, yast… pour Linux. Ces outils, simples d'emploi, vous demandent de fournir les informations développées dans le paragraphe « Le principe ».

Le système Solaris nécessite de renseigner des fichiers et d'exécuter des commandes *(cf. particularités Solaris)*. Il y a une possibilité, conseillée dans les manuels d'administration Solaris, d'exécuter la commande **sys-unconfig**. Cette commande nécessite, malheureusement, de redémarrer le système.

Les commandes de diagnostic

Connaître la configuration IP, l'usage de DHCP, l'adresse IP, le « netmask », de chaque carte réseau.

```
# ifconfig -a
lo0: flags=849<UP,LOOPBACK,RUNNING,MULTICAST> mtu 8232
     inet 127.0.0.1 netmask ff000000
nei0: flags=863<UP,BROADCAST,NOTRAILERS,RUNNING,MULTICAST>
tu 1500
     inet 192.168.218.20 netmask ffffff00 broadcast 192.168.218.255
     ether 0:40:5:5c:b6:5e
```

Connaître la configuration DNS.

```
# hostname  # affiche le nom de l'hôte
ponita
# uname -n  # la même chose
ponita
# cat /etc/resolv.conf
domain societe.fr
nameserver 192.168.218.10
```

Visualiser l'ordre de recherche des services de noms.

```
# more /etc/nsswitch.conf
```

Afficher les tables de routage.

```
# netstat – nr

Routing Table:
 Destination          Gateway          Flags  Ref  Use  Interface
-------------------- -------------------- ----- ----- ------ ---------
192.168.218.0     192.168.218.20       U      3    4    nei0
224.0.0.0         192.168.218.20       U      3    0    nei0
default           192.168.218.10       UG     0    0
127.0.0.1              127.0.0.1       UH     0    7    lo0
```

La destination default (ou 0.0.0.0) indique la présence d'une route, par défaut, pour sortir du réseau.

Afficher des statistiques réseaux.

```
# netstat -i
Name  Mtu  Net/Dest        Address     Ipkts  Ierrs Opkts  Oerrs Collis Queue
lo0   8232 loopback        localhost   69     0     69     0     0      0
nei0  1500 192.168.218.0   ponita      1596   0     1014   0     0      0
```

Visualiser les tables ARP qui donnent la correspondance entre les adresses IP et les adresses des cartes.

```
# arp -a
Net to Media Table
```

Device	IP Address	Mask	Flags	Phys Addr
nei0	pikachu.societe.fr	255.255.255.255		00:40:05:49:fa:67
nei0	bulbizarre.societe.fr	255.255.255.255		00:50:ba:31:c9:ec
nei0	ponita	255.255.255.255	SP	00:40:05:5c:b6:5e
nei0	224.0.0.0	240.0.0.0	SM	01:00:5e:00:00:00

Tester le serveur DNS.

nslookup venus

Tester l'accessibilité d'une machine grâce à la commande ping.

```
# ping localhost    # pour tester l'installation locale, en boucle.
# ping mars         # pour tester l'hôte lui-même.
# ping venus        # pour tester l'hôte distant venus.
        ...
# ping 192.3.8.7    # pour tester l'accessibilité sans utiliser DNS.
```

Les services réseaux

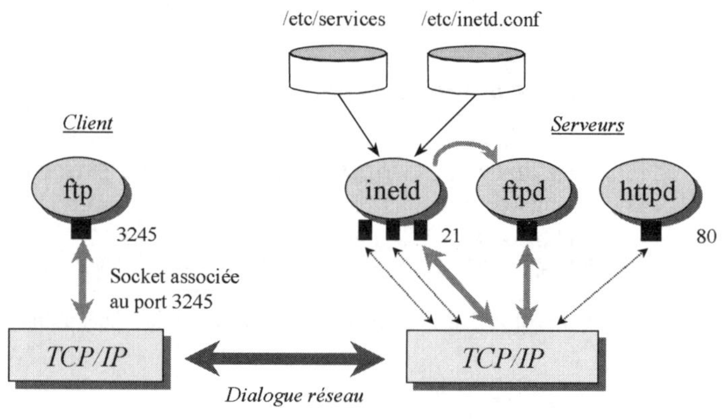

TSOFT - UNIX Administration Module 13 : Le réseau - 13.4

Les services réseaux fonctionnent selon le modèle client-serveur. Certains démons associés à des services réseaux, tels les démons nfs, sont démarrés par les « run commands » et d'autres quand les clients en font la demande. C'est alors qu'intervient le démon **inetd** ou son alternative récente **xinetd**.

Le service inetd

Le démon principal du réseau, **inetd**, est configuré via les fichiers */etc/services* et */etc/inetd.conf*.

Dans le fichier */etc/services*, un service est associé à un numéro de port. Les requêtes destinées à un serveur sont identifiées par le numéro de port. Le fichier associe un nom à un numéro de port.

Le fichier */etc/inetd.conf*

Dans le fichier */etc/inetd.conf*, une application serveur est associée à un nom de port. Il y est précisé l'identité (« UID ») sous laquelle elle sera exécutée. Le paramètre « *nowait* » indique qu'il y aura un serveur par client, c'est le cas de **in.telnetd**, et le paramètre « *wait* », qu'il y aura un seul serveur pour l'ensemble des clients. C'est le cas de **in.talkd**, le serveur qui permet le dialogue avec la commande **talk**.

Le tableau qui suit mentionne quelques ports associés à des services définis dans */etc/services* :

Port	Service
21	ftp
23	telnet
53	domain (DNS)
80	http

Quand un client émet une demande de connexion, FTP par exemple, la requête est émise via une socket attachée à un port local d'un numéro supérieur à 1023, alloué dynamiquement pour la session. La requête de connexion, reçue, sur le serveur distant, par le démon **inetd**, contient le numéro du port du service demandé, ici 21. Le démon **inetd** exécute alors un démon serveur **in.ftpd** dédié à cette connexion et dont la durée de vie est celle de la session FTP.

Une application serveur, comme **httpd** (le serveur Web Apache), n'est normalement pas exécutée par **inetd**, mais directement via les scripts de démarrage **rc**.

Extrait du fichier /etc/inetd.conf

```
# Ftp and telnet are standard Internet services.
#
ftp    stream  tcp    nowait  root   /usr/sbin/in.ftpd      in.ftpd
telnet stream  tcp    nowait  root   /usr/sbin/in.telnetd   in.telnetd
#
```

Remarques

La modification du fichier */etc/inetd.conf* consiste le plus souvent à insérer ou supprimer le caractère # au début d'une ligne pour activer ou désactiver un service. Après avoir modifié le fichier */etc/inetd.conf*, il faut envoyer le signal 1 (SIGHUP) au démon **inetd**, afin qu'il prenne en compte les modifications.

Exemple :

```
# vi /etc/inetd.conf
# ps -e | grep inetd
  590 ?      00:00:00 inetd
# kill -1 590 # Ou kill -HUP 590
```

Extrait du fichier /etc/services

```
# more /etc/services
#ident "@(#)services  1.20   98/07/08 SMI"   /* SVr4.0 1.8   */
#
# Network services, Internet style
#
tcpmux        1/tcp
echo          7/tcp
echo          7/udp
discard       9/tcp       sink null
discard       9/udp       sink null
systat        11/tcp      users
daytime       13/tcp
daytime       13/udp
netstat       15/tcp
chargen       19/tcp      ttytst source
chargen       19/udp      ttytst source
ftp-data      20/tcp
ftp           21/tcp
telnet        23/tcp
smtp          25/tcp      mail
time          37/tcp      timserver
time          37/udp      timserver
name          42/udp      nameserver
whois         43/tcp      nicname        # usually to sri-nic
domain        53/udp
domain        53/tcp
bootpc        68/udp                     # BOOTP/DHCP client
```

```
hostnames   101/tcp   hostname   # usually to sri-nic
pop2        109/tcp   pop-2      # Post Office Protocol - V2
pop3        110/tcp              # Post Office Protocol - Version 3
sunrpc      111/udp   rpcbind
sunrpc      111/tcp   rpcbind
imap        143/tcp   imap2      # Internet Mail Access Protocol
exec        512/tcp
login       513/tcp
shell       514/tcp   cmd        # no passwords used
printer     515/tcp   spooler    # line printer spooler
courier     530/tcp   rpc        # experimental
uucp        540/tcp   uucpd      # uucp daemon
biff        512/udp   comsat
who         513/udp   whod
syslog      514/udp
```

La commande **netstat** permet de visualiser les connexions actives, les adresses IP et les numéros de port.

```
#  netstat -an | more        # sans l'option -n, on obtient les noms

UDP
   Local Address        Remote Address     State
-------------------- -------------------- -------
      *.520                                Idle
      *.*                                  Unbound
      *.111                                Idle
      *.*                                  Unbound
      *.32771                              Idle
      *.4045                               Idle
      *.32772                              Idle
...

TCP
   Local Address        Remote Address    Swind Send-Q Rwind Recv-Q  State
-------------------- -------------------- ----- ------ ----- ------ -------
      *.*                  *.*               0      0     0      0 IDLE
      *.111                *.*               0      0     0      0 LISTEN
   *.32778                 *.*               0      0     0      0 LISTEN
      *.*                  *.*               0      0     0      0 IDLE
192.168.218.20.23    192.168.218.1.1028   8110      1  8760      0 ESTABLISHED
      *.*                  *.*               0      0     0      0 IDLE
...
```

Le « *wrapper* » tcpd

Un « wrapper » offre une couche de protection. Il contrôle l'accès à des services réseaux grâce à des fichiers contenant des listes de contrôle d'accès (« ACL »).

Le logiciel libre tcpd permet de sécuriser la plupart des services réseaux à travers le fichier *inetd.conf* :

```
ftp   stream   tcp   nowait   root   /usr/sbin/tcpd in.ftpd
```

Chaque fois qu'une requête est adressée au service FTP, le démon principal du réseau, **inetd**, active **tcpd** plutôt que **in.ftpd** directement.

tcpd met à jour un journal de bord (« log ») et vérifie que le client est autorisé à utiliser le service. Dans l'affirmative, **tcpd** exécute le serveur demandé, **in.ftpd** dans l'exemple.

Les listes de contrôle d'accès sont conservées dans les fichiers :

/etc/hosts.allow et
/etc/hosts.deny

Le format de ces fichiers est décrit dans le manuel hosts_access(5). Si les fichiers n'existent pas ou sont vides, il n'y a pas de contrôle d'accès.

Dans le cas contraire, l'administrateur du système UNIX utilise le fichier *hosts.allow* ou *hosts.deny* pour indiquer les clients qui sont autorisés ou interdits de service.

Le contrôle d'accès est global, pour l'ensemble des services, ou peut être décidé service par service, pour chaque ordinateur hôte ou pour un domaine.

La structure d'une ligne de l'un des deux fichiers ACL est :

liste_de_démon : liste_de_client [: commande]

Les listes sont composées des identificateurs de démons ou de clients, séparés par des virgules ou des espaces.

Les noms des hôtes ou des clients peuvent être des mots clés pour désigner un ensemble prédéfini.

Extrait du fichier */etc/hosts.allow* :

```
in.ftpd : LOCAL, .societe.com
```

Tous les clients dont le nom ne comporte pas de point (LOCAL) et les clients du domaine societe.com ont le droit d'utiliser le service FTP de l'hôte.

xinetd

Le logiciel xinetd est destiné à remplacer inetd. Il apporte de nouvelles possibilités de configuration et un paramétrage plus fin des informations enregistrées dans les journaux de bord. Il est toujours possible de continuer d'utiliser inetd. Il faut choisir d'exécuter l'un ou l'autre, au démarrage, via les scripts inetd ou xinetd du répertoire */etc//init.d* (*cf. Module 7 : L'arrêt et le démarrage*).

Le programme xinetd est configuré par le fichier */etc/xinetd.conf*, dont voici un exemple :

```
# xinetd.conf
defaults
{
    instances           = 60
    log_type            = SYSLOG  authpriv
    log_on_succes  = HOST  PID
    log_on_failure  = HOST  RECORD
}
includedir  /etc/xinetd.d
```

Ce fichier ne contient pas directement la description des services, mais précise le répertoire, ici */etc/xinetd.d*, qui les contient. Dans ce répertoire, chaque service est décrit par un fichier. Voici l'exemple d'un de ces fichiers :

```
# imap
service imap
{   socket_type         =  stream
    wait                =  no
    user                =  root
    server              =  /usr/sbin/imapd
    log_on_success +=  DURATION USERID
    log_on_failure  +=  DURATION  USERID
```

```
    disable         =  yes
}
```

Dans le fichier associé à un service, on retrouve les informations présentes dans une ligne du fichier */etc/inetd.conf*, mais sous une forme différente.

Voici les principaux paramètres :

id	Identifie le service.
socket_type	Indique la nature de la socket : stream pour une application TCP, dgram pour une application UDP.
protocol	Indique le protocole : tcp ou udp.
port	Indique le numéro de port. A défaut, c'est le numéro associé au nom du service dans le fichier */etc/services*.
wait	Si ce paramètre a la valeur no, xinetd active un serveur par client. S'il a la valeur yes, xinetd n'active qu'un seul serveur pour l'ensemble des clients.
user	Indique le compte sous lequel s'exécute l'application serveur.
server	Indique le chemin d'accès de l'application serveur.
server_args	Précise les arguments transmis au serveur.
disable	Si ce paramètre a la valeur yes, le service est désactivé.

Remarque
Le programme itox (ou inetd2xinetd) permet de convertir un fichier */etc/inetd.conf* en son équivalent au format xinetd. Le résultat de la conversion est envoyé sur la sortie standard et doit donc être redirigé.

Références

Les fichiers du répertoire */etc/xinetd.d* fournissent les exemples clés pour utiliser correctement ce service.

Le manuel : xinetd(1m), xinetd.conf(4) et xinetd.log(4).

Les commandes **remote**

- **Les commandes**
  - *rcp* Copie de fichiers distants
  - *remsh* Exécution à distance de commandes
  - *rlogin* Connexion à distance
  - *rwho* Liste des utilisateurs connectés au réseau
- **Les fichiers**
  - *~/.rhosts* Les systèmes ou utilisateurs équivalents
  - */etc/hosts.equiv* Les systèmes équivalents

TSOFT - UNIX Administration Module 13 : Le réseau - 13.5

Les commandes **remote**, d'origine BSD, sont destinées à faire exécuter une action sur une machine distante, via une seule ligne de commande, sans avoir à activer un service spécifique tel que **telnet** ou **ftp**. Les commandes **remote** peuvent éviter de s'authentifier lors de leur exécution.

Ces commandes sont pratiques à mettre en œuvre au cours d'une session ou dans un script.

Elles sont a priori spécifiques des systèmes UNIX, même si certaines implémentations ont été développées pour d'autres systèmes d'exploitation.

Pour l'ensemble des commandes **remote** et les exemples associés, nous supposons que l'utilisateur s'appelle pierre, qu'il est connecté sur la machine venus et que la machine distante est mars.

rcp

La commande **rcp** réalise des copies de fichiers entre ordinateurs. C'est une alternative à la commande **ftp**.

Copie sur mars

venus $ rcp fichier mars:fichier.copie

Copie de fichier depuis mars

venus $ rcp mars:fichier .

Remarque
Les options –i et –r de la commande **cp** sont valables dans **rcp**.

---

rlogin

La commande **rlogin** permet de se connecter sur une machine distante. C'est une alternative à telnet. C'est le serveur **in.rlogind** qui répond aux requêtes de la commande **rlogin**. Il écoute sur le port tcp 513 (login).

venus $ rlogin mars

mars $ comande

mars $ exit

venus $

remsh

La commande **remsh** (on trouve aussi **rcmd** et **rsh**) permet d'exécuter une commande sur une machine distante. C'est le serveur **in.rshd** qui répond aux requêtes de **remsh**. Il écoute sur le port tcp 514 (shell ou cmd).

La commande qui suit supprime le fichier *fichier* du répertoire de connexion de pierre sur le serveur mars.

venus $ remsh mars rm fichier

La commande remsh s'exécute sur le serveur mais utilise l'entrée et la sortie standard du client.

venus $ remsh mars cal 1789 > revolution   # revolution est créé sur venus

venus $ remsh mars 'cal 1789 > revolution'   # revolution est créé sur mars

Cette particularité de fonctionnement permet de fabriquer à peu de frais des commandes de sauvegarde ou d'impression qui fonctionnent en réseau, en utilisant les mécanismes de redirection et de tube.

Exemples de sauvegardes en réseau

Sauvegardes des fichiers du répertoire de connexion de pierre sur venus dans un fichier ordinaire de son répertoire de connexion sur mars.

venus $ pwd
/home/pierre

venus $ find . – print | cpio –o | remsh mars dd of=sauve.cpio

venus $ tar cf - . | remsh mars dd of=sauve.tar

Création d'une image disque sur une bande distante.

venus # dd if=/dev/rdsk/c0d0s5 | remsh mars dd of=/dev/rmt0 bs=16k

Exemple d'impression distante

Impression du fichier *fichier* sur l'imprimante impr de mars.

venus $ cat fichier | remsh mars lp –d impr

rwho

La commande **rwho** donne la liste des utilisateurs connectés au réseau.Le démon **rwhod** doit être actif sur les différentes machines du réseau. Il écoute sur le port udp 513.

```
ponita $ rwho
jf     bulbizarre:tty3 Oct 26 21:57 :03
jf     ponita:pts/0   Oct 31 09:53
root   bulbizarre:tty2 Oct 29 20:21 :01
```

Equivalence de machines

Pour que les commandes **remote** s'exécutent sans que l'utilisateur ait à fournir un mot de passe, il faut que la machine distante, dans notre cas venus, déclare l'utilisateur pierre de la machine mars équivalent à l'utilisateur pierre de la machine venus. Deux fichiers permettent de définir les équivalences entre utilisateurs :

- Le fichier */etc/hosts.equiv*, que seul l'administrateur peut éditer.
- Le fichier *~/.rhosts*, que chaque utilisateur peut créer et éditer dans son répertoire de connexion, pour définir ses propres équivalences. Dans le cas où les deux fichiers existent, le fichier */etc/hosts.equiv* de l'administrateur est prioritaire sur celui d'un utilisateur, en cas de conflit de définition.

Les fichiers contiennent des lignes de commentaire ou de définition d'équivalences. La syntaxe d'une équivalence est :

Hôte [utilisateur]

Le nom d'hôte doit être le véritable nom de l'hôte et pas l'un de ces alias. Le nom complet du système (« FDQN ») peut être requis. Les champs hôte ou utilisateur peuvent être de la forme +@groupe ou -@groupe pour respectivement autoriser ou interdire les utilisateurs ou les hôtes d'un groupe. Les groupes sont définis dans le fichier */etc/netgroup*.

Exemples

mars		Tous les utilisateurs qui ont un compte de même nom sur mars et venus sont équivalents.
mars	pierre	Pierre est équivalent sur mars et venus.
+		Tous les utilisateurs de n'importe quel hôte du réseau sont équivalents.
+	pierre	Tous les utilisateurs pierre du réseau sont équivalents.
+	-@groupe	Tous les utilisateurs, sauf ceux du groupe groupe, sont équivalents sur toutes les machines du réseau.

Seul le fichier */etc/hosts.equiv* peut contenir des restrictions. Elles peuvent être éliminées par des autorisations effectuées dans le fichier *.rhosts*.

La commande rdist

Quand la commande **rdist** est utilisée sans option, elle exécute les actions définies dans le fichier *distfile* du répertoire courant. Elle utilise la commande **rsh**. Voici quelques options :

-f fic	Spécifie le nom du fichier de commande, par défaut distfile ou Distfile.
-n	Affiche les commandes sans les exécuter.
-P cmd	Indique le protocole utilisé pour exécuter les commandes à distance, par défaut rsh. Pour utiliser ssh, il faut en donner le chemin d'accès, par exemple : rdist –P /usr/local/bin/ssh.
-D	Indique le mode debug.
-l options	Paramètre la mise à jour du journal de bord local. Les options sont de la forme facilité=type:… Les types indiquent le niveau des messages : change, info, notice, noerror, ferror, warning, debug, all. Exemple : -l stdout=all:syslog=change,notice:file=/tmp/rdist.log=all.
-L options	Paramètre la mise à jour du journal de bord distant.

Le fichier *distfile*

Le fichier *distfile* contient les opérations que la commande **rdist** doit exécuter.

Le début du fichier peut définir des variables, référencées ultérieurement par $nom_de_la_variable. Le fichier permet de réaliser des mises à jour très sophistiquées (*cf. rdist(1)*). Cette commande est couramment utilisée pour avoir des fichiers identiques sur plusieurs machines :

```
( fichier ... ) -> [utilisateur@]ordinateur ...
        install ;
```

Exemple

Alice possède des fichiers sur l'ordinateur venus, elle veut les mettre à jour sur l'ordinateur mars. Son accès à mars est autorisé par le fichier */etc/hosts.equiv* ou par le fichier *~alice/.rhosts*.

```
venus$ cal > un_fic
venus$ mkdir rep
venus$ cp /etc/passwd /etc/group rep
venus$ cat distfile
HOSTS  = ( mars )
FILES = ( /home/alice/rep  /home/alice/un_fic )
${FILES} -> ${HOSTS}
     install ;

venus$ rdist
mars: updating host mars
mars: /home/alice/rep: installing
mars: /home/alice/rep: mkdir
mars: /home/alice/rep/passwd: installing
mars: /home/alice/rep/group: installing
mars: /home/alice/un_fic: installing
mars: updating of mars finished
venus$ echo "++++++++++" >> un_fic

venus$ rdist
mars: updating host mars
mars: /home/alice/un_fic: updating
mars: updating of mars finished

venus$
```

NFS (présentation), les RPC

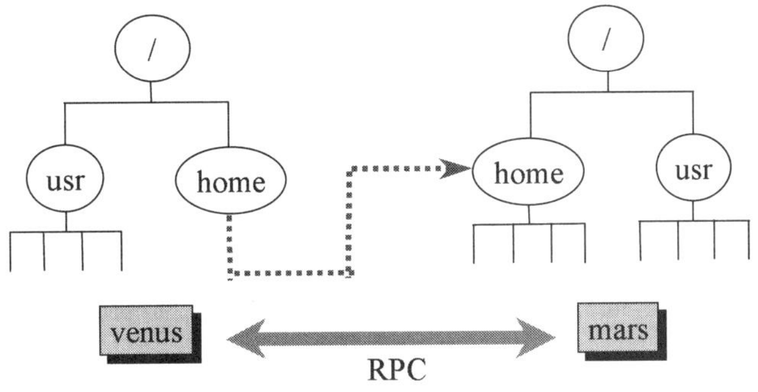

venus# mount mars:/home /home
venus$ cd /home

Les « RPC » (« Remote Procedure Call »)

Les « RPC » (« *Remote Procedure Call* ») constituent une API, à l'origine développée par la société SUN, maintenant mise dans le domaine public, pour l'écriture d'applications en mode client-serveur. Les RPC constituent une couche de plus haut niveau que les sockets, sur lesquelles elles s'appuient. Le principe est de faire exécuter une procédure distante avec échange de données et renvoi de résultats. C'est l'approche procédurale classique, mais exécutée sur des machines distantes.

Les RPC de Sun, également nommés RPC-ONC (« Open Netwosk Computing ») correspondent aussi à un protocole réseau. C'est un protocole ouvert. Sun l'a décrit en détail.

Les données échangées par le client et le serveur sont représentées dans un format indépendant des applications, le format « XDR » (« *eXternal Data Representation* »). Les sociétés qui développent des logiciels doivent réaliser un adaptateur pour convertir les données du format interne au format « XDR ».

Les procédures qui participent à un même service sont regroupées dans un programme « RPC ». Procédures et programme sont identifiés par un nombre entier. Un programme « RPC » possède aussi un numéro de version. Il faut que le programme « RPC » utilisé par un serveur soit d'une version supérieure ou égale à celle du programme du client. L'appel d'une procédure, chose par ailleurs transparente à l'administrateur, consiste à transmettre le numéro du programme, la version, le numéro de la procédure et les paramètres au format « XDR ». Le fichier */etc/rpc* établit une correspondance entre numéro de programme RPC et nom symbolique de l'application. Ainsi, l'application NFS porte le numéro de programme 100003.

Les RPC fonctionnent sur TCP/IP. Mais il faut faire le lien entre le numéro de programme et celui du port udp ou tcp associé. Un logiciel, qui s'appelle **portmap** ou **rpcbind** selon les systèmes UNIX, joue ce rôle. Lorsque un serveur RPC démarre, il s'enregistre sur le « portmapper » local qui mémorise le port udp ou tcp et le numéro de programme. Quand un client veut communiquer avec un serveur RPC, il demande d'abord au « portmapper » distant le port de l'application en lui fournissant le numéro de programme en paramètre. Le « portmapper » est à l'écoute des ports 111 udp et tcp.

La commande **rpcinfo** permet principalement de dialoguer avec un « portmapper » et de visualiser ses tables. Elle permet de connaître les services RPC actifs sur une machine.

```
# rpcinfo –p
  program vers proto   port  service
   100000    4   tcp    111  rpcbind
   100000    3   tcp    111  rpcbind
...
   100005    1   udp  32781  mountd
   100003    2   udp   2049  nfs
   100003    3   udp   2049  nfs
```

Le fichier */etc/rpc* fournit une liste de nom qui peuvent être utilisés à la place du numéro de programme « RPC ».

```
# cat /etc/rpc
#ident        "@(#)rpc        1.11     95/07/14 SMI" /* SVr4.0 1.2    */
#
#     rpc
#
rpcbind               100000 portmap sunrpc rpcbind
rstatd                100001 rstat rup perfmeter
rusersd               100002 rusers
nfs                   100003 nfsprog
ypserv                100004 ypprog
mountd                100005 mount showmount
ypbind                100007
```

La configuration d'un serveur nfs

« NFS » est un service qui permet le partage de fichiers à distance et qui s'appuie sur les « RPCs ». Nous renvoyons l'administrateur à un manuel traitant de TCP/IP et de NFS pour connaître toutes les subtilités du service. Les explications qui suivent permettent cependant de mettre en œuvre des partages.

Le serveur doit dire quels sont les répertoires qu'il partage et les clients autorisés à monter les arbres partagés.

Dans le monde UNIX, il existe deux modes de gestion du partage : BSD ou AT&T. Le mode BSD est le plus répandu (AIX, HP-UX, Linux). Le système Solaris utilise le mode AT&T.

Le partage AT&T

La commande **share** définit le partage d'une ressource. L'automatisation du partage peut être réalisée en mettant les commandes de partage **share ...** dans le fichier */etc/dfs/dfstab*.

Sa syntaxe est la suivante :

share –F nfs -o options_de_partage –d commentaire /repertoire

Les options, séparées par des virgules, indiquent si la ressource est partagée en lecture et en écriture ou en lecture seulement et avec quels clients :

Les clients autorisés à faire des lectures et des écritures :

rw[=client[:client…]]

Les clients autorisés en lecture seulement :

ro[=client[:client…]]

L'UID attribué à des utilisateurs anonymes, généralement des clients non UNIX. Cet UID est NOBODY par défaut :

anon=UID

Les clients dont l'administrateur « root » aura les accès de « root » sur le serveur (la liste est vide par défaut) :

root=hôte|groupe(netgroup)[: …]

Les fichiers qui sont créés sur la ressource partagée ne peuvent pas avoir le bit « s » positionné (l'option est à suid par défaut) :

nosuid

La commande **share –F nfs –o rw=mars,ro=venus:saturne /appli/data** partage le répertoire */appli/data* en lecture et en écriture avec le client mars et en lecture seulement avec venus et saturne.

L'ensemble des démons du serveur doit être démarré. Ceci est généralement réalisé au niveau 3 de fonctionnement du système UNIX **(init 3)**. Cette opération peut aussi être effectuée manuellement en exécutant le script de démarrage du service :

/etc/init.d/nfs.server start

Les démons du serveur nfs comprennent le démon **rpcbind (portmap)**, plusieurs démons **nfsd,** un démon **mountd** qui effectue les requêtes de montage des clients, les démons **lockd** et **statd** qui gèrent les accès concurrents et les procédures de reprise.

Exemple de fichier ***/etc/dfs/dfstab***

Le fichier partage les répertoires /export et /home/cao de la machine mars.

```
#       place share(1M) commands here for automatic execution
#       on entering init state 3.
#
#       share [-F fstype] [ -o options] [-d "<text>"] <pathname> <resource>
#       .e.g,
#       share -F rfs -d "/var/news"  /var/news NEWS
/usr/sbin/share -F nfs -o anon=nobody,rw /export
/usr/sbin/share -F nfs -o anon=nobody,rw /home/cao
```

La commande **unshare** permet de mettre fin à un partage :

#unshare /home/cao

La commande **share** permet de visualiser les partages.

Le partage BSD

La différence essentielle tient dans le nom de la commande qui s'appelle **exportfs**.

Elle possède deux syntaxes :

La forme qui permet un partage à la volée :

exportfs –i –o options_de_partage –d commentaire /répertoire

La forme qui est le plus souvent exécutée au moment du démarrage du système pour partager les répertoires définis dans le fichier */etc/exports* :

exportfs –a

Le format du fichier */etc/exports* peut légèrement varier selon les systèmes et nous renvoyons le lecteur au manuel de ce fichier. Il contient les options de partage.

Exemple d'un fichier */etc/exports* d'un système Linux :

/export/games	venus(rw)
/doc	(ro)

La commande **exportfs –u** permet de mettre fin à un partage.

La commande **exportfs** permet de visualiser les partages.

La configuration d'un client nfs

Le montage sur le client d'un répertoire distant du serveur se fait grâce à la commande **mount**. Un répertoire partagé est vu, sur le client, comme un système de fichiers de type nfs. Son montage peut être automatisé dans le fichier */etc/fstab* (*/etc/vfstab*) ou encore réalisé par le démon **automountd** (*cf. Module 4 : Montage à la volée de systèmes de fichiers*). La syntaxe de la commande **mount** diffère peu. On remplace simplement le disque à monter par le nom du serveur et du répertoire, sous la forme :

serveur:répertoire

Le noyau UNIX est le client NFS. Il n'y a donc pas d'applications à démarrer au niveau du client. Il faut le plus souvent exécuter un script RC pour lancer les démons qui gèrent notamment les verrous à distance. Antérieurement, ce script était également utilisé pour activer des démons **biod** qui servent de cache.

/etc/init.d/nfs.client start

C'est parfois le même script **nfs** qui démarre le serveur et le client.

Montage du répertoire distant sur le répertoire local /opt/cao de venus.

venus # mount –F nfs mars:/opt/cao /opt/cao

La commande **mount** supporte de nombreuses options propres à nfs (-o option,…).

Option	Description
fg | bg	Si le montage échoue, les tentatives suivantes se font en arrière-plan (bg) ou en avant-plan (fg, valeur par défaut).
rw | ro	L'accès est en lecture et en écriture (défaut) ou en lecture seulement.
hard | soft	Recommence l'opération jusqu'à sa réussite (hard par défaut) ou se termine en cas d'échec (soft).
intr | nointr	Autorise (intr par défaut) l'interruption de la commande par CTRL-C ou non (nointr).
suid | nosuid	Autorise (suid par défaut) ou interdit la prise en compte des bits « s ».

Le test du service nfs

La commande **share** ou **exportfs** permet de visualiser le partage sur le serveur.

Plusieurs commandes permettent de tester efficacement le service nfs :

rpcinfo	Afficher les services RPC offerts par le serveur.
showmount	Afficher les clients NFS d'un serveur ou les ressources exportées d'un serveur.
nfsstat	Afficher des statistiques concernant les RPC et NFS.

Remarque
Le fichier */var/adm/messages* reçoit les messages provenant des serveurs nfsd et mountd.

Syntaxe et options essentielles de ces commandes

Afficher la liste des services RPC d'un serveur. Un serveur NFS doit supporter les services mountd et nfs. A défaut de nommer le serveur, la commande liste les services RPC locaux.

```
# rpcinfo        # les services RPC locaux (rpcbind version 3)

# rpcinfo  venus # idem, mais présent sur venus

# rpcinfo  -p    # les services RPC locaux(rpcbind version 2)

# rpcinfo   -p   venus # idem, mais présent sur venus
program vers proto  port  service
100000   2  tcp    111  rpcbind
100000   2  udp    111  rpcbind
100021   1  udp   1024  nlockmgr
100021   3  udp   1024  nlockmgr
100005   1  udp    863  mountd
100005   1  tcp    865  mountd
100005   2  udp    868  mountd
100005   2  tcp    870  mountd
100024   1  udp    860  status
100024   1  tcp    862  status
100003   2  udp   2049  nfs
#
```

Liste des serveurs supportant une application RPC Version 2 particulière. La liste est obtenue grâce à un « *broadcast* » UDP. On peut utiliser le nom de l'application ou son numéro (*cf. Le fichier /etc/rpc*).

```
# rpcinfo  -b  nfs  2

# rpcinfo  -b  100003  2
```

Liste des clients NFS locaux.

```
# showmount
```

Liste des clients d'un serveur NFS distant.

```
# showmount  venus
```

Liste des ressources d'un serveur NFS distant, montées par des clients .

```
# showmount  -d  venus
```

Liste des ressources montées et des clients d'un serveur NFS.

```
# showmount  -a  venus
```

Liste des ressources exportées par un serveur NFS.

```
# showmount  -e  venus
```

NIS, NIS+

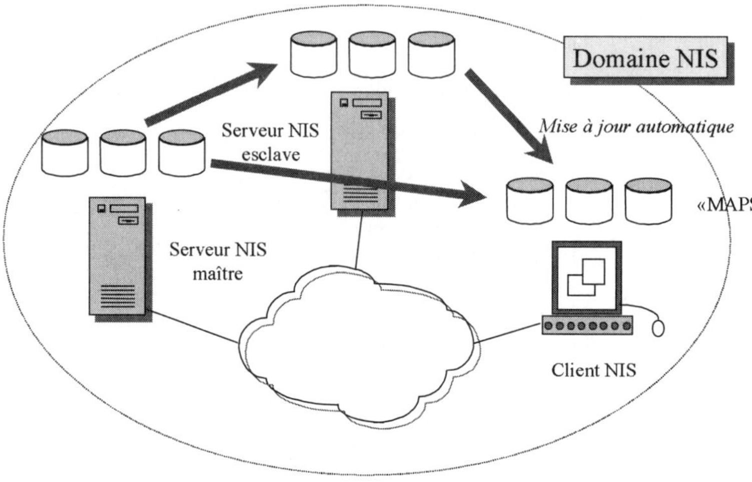

NIS – les concepts

NIS (« *Network Information Service* ») est un service réseau qui permet l'administration centralisée de bases de données de configuration. Grâce à NIS, on peut gérer, entre autres, les comptes des utilisateurs et des groupes d'utilisateurs de plusieurs systèmes UNIX à partir d'un seul poste.

Les bases de données gérées par NIS s'appellent des « NIS *maps* ». Si on installe NIS, les maps sont utilisées en complément des fichiers */etc/passwd* et */etc/group*. Outre les fichiers d'administration, n'importe quel fichier structuré en champs peut être géré par NIS. Les fichiers d'administration liés au réseau (*/etc/hosts, /etc/services*, ...) sont avantageusement gérés à travers des maps. NIS offre donc une alternative à DNS.

NIS est un service réseau fonctionnant en client-serveur organisé en *domaines*. Un client NIS demande à un serveur NIS un champ d'une base de données en fournissant une clé, par exemple le nom d'un utilisateur, pour obtenir son mot de passe codé. Un serveur du domaine lui répond.

Les maps sont distribuées sur les différents serveurs d'un domaine NIS. Il n'y a qu'un seul *serveur maître* par domaine, il est le garant de l'unicité des informations. Les autres serveurs, appelés *serveurs esclaves*, ne contiennent qu'une copie des données.

Les applications NIS reposent sur des bibliothèques RPC, et en conséquence peuvent être utilisées en mode sécurisé. Dans ce mode, les transactions réseaux sont cryptées et authentifiées.

L'utilisation de NIS est quasi indispensable si l'on gère un parc important de systèmes UNIX utilisant NFS. L'authentification sur laquelle repose NFS est basée sur les UID et GID. Si l'on veut qu'un utilisateur possède les mêmes droits sur un ensemble de systèmes UNIX et Linux, il doit être créé avec les mêmes UID et GID sur chacune des machines. NIS résout le problème en ne créant l'utilisateur qu'une seule fois sur le serveur maître, les autres systèmes appartenant au même domaine accèdent à ce compte unique.

NIS a été créé par la société Sun sous le nom, à l'origine, de « Yellow Pages ». De même que pour ses produits RPC et NFS, Sun a mis dans le domaine public la description des protocoles sur lesquels repose NIS et licencie à faible prix sa technologie. Le service NIS est disponible sur tous les systèmes UNIX. NIS permet donc d'administrer de manière centralisée un parc hétérogène de systèmes UNIX.

NIS+ est une version améliorée de NIS :

- Les domaines sont gérés de manière hiérarchique en domaines et sous-domaines.
- Les maps sont gérées par un SGDBR.
- NIS+ utilise une approche objet.
- NIS+ est plus sécurisé.
- NIS+ est plus rapide
- NIS+ est plus simple d'utilisation.

La gestion de NIS peut être effectuée par des commandes. Les commandes de la version NIS commencent par le préfixe « yp », les commandes de la version NIS+ commencent par le préfixe « nis ». Sur un système Solaris, l'outil graphique **admintool** permet facilement la gestion de NIS/NIS+.

NIS+ est boudé par les administrateurs de parcs hétérogènes qui lui préfèrent NIS. NIS+ est donc surtout utilisé pour gérer un ensemble de machines sous Solaris. C'est pourquoi nous ne traitons que NIS dans la suite du chapitre. Nous renvoyons le lecteur à la documentation Sun et à la bibliographie pour une étude complète de NIS+.

Les maps

L'arborescence d'un serveur NIS est située dans le répertoire */var/yp* et les maps dans le répertoire */var/yp/nom_domaine*, où nom_domaine désigne le nom du domaine NIS, défini par l'administrateur. Les maps sont construites à partir de fichiers d'administration d'UNIX. Le format d'une map, appelé DBM, est un format binaire, implémenté à l'origine dans le système UNIX BSD. Les maps sont des tables indexées sur une clé (nom, UID, adresse IP…). Cette organisation interne permet une recherche de type « hachage », plus rapide qu'une recherche séquentielle dans un fichier texte. Un fichier ASCII peut engendrer plusieurs fichiers, selon le nombre de clés de recherche. Le tableau qui suit indique quelques noms de maps.

Fichier ASCII	maps NIS	Clé de recherche
/etc/passwd	passwd.byname passwd.byuid	Le nom d'utilisateur L'UID de l'utilisateur
/etc/group	group.byname group.bygid	Le nom du groupe Le GID du groupe
/etc/hosts	hosts.byname hosts.byaddr	Le nom d'hôte L'adresse IP de l'hôte

Une map contient aussi des clés d'identification propres. Ces clés sont automatiquement valorisées lors de la création d'une map :

Clé	Valeur
YP_MASTER_NAME	Le nom d'hôte du serveur maître
YP_INPUT_NAME	Le chemin et le nom du fichier texte qui a produit la map
YP_OUTPUT_NAME	Le chemin et le nom du fichier map lui-même
YP_LAST_MODIFIED	La date et l'heure de dernière modification de la map

Les maps du serveur maître et des serveurs esclaves sont créées en même temps que les serveurs, par la commande **ypinit**. La commande **make** permet de reconstruire une (des) map(s) du serveur maître (*cf. Configuration du serveur maître*) et les commandes **yppush** et **ypxfr** de recopier une map du serveur maître vers un serveur esclave (*cf. Configuration d'un serveur esclave*).

Exemples

cd /var/yp

make   # reconstruit toutes les maps dont l'image texte est plus récente

make passwd # reconstruit, si nécessaire, la map passwd

Configuration d'un client NIS

La configuraion de base d'un client NIS est élémentaire. Sur un système Solaris, il faut avoir installé les paquetages SUNWnisr et SUNWnisu. La commande **pkginfo** permet de vérifier leur présence et la commande **pkgadd**, de les installer (*cf. Module 6 : La gestion des processus, installation d'une application*).

Définition du nom de domaine NIS

Il faut définir le nom du domaine NIS auquel le client appartient. La commande **domainame** permet de définir ce nom. La commande **domainname** doit être exécutée à chaque démarrage du système (*cf. Module 7 : L'arrêt et le démarrage*). Sous Solaris, le fichier */etc/defaultdomain* permet de mémoriser le domaine NIS qui est activé par le RC */etc/init.d/inetinit.*

domainname univers   # Crée le domaine NIS de nom univers

domainname   # Affiche le nom de domaine
univers

Démarrage du client NIS

La configuration de base d'un client NIS est simple à réaliser. C'est la commande **ypbind** qui démarre ou arrête le client NIS. Pour démarrer le client, il faut exécuter la commande suivante :

ypbind –broadcast   # on trouve un serveur sur le même réseau, par diffusion

ou

ypbind –ypsetme   # on force l'adresse du serveur
ypset –d Domaine Serveur

Ces commandes peuvent être automatisées au démarrage et à l'arrêt du système (*cf Module 7 : L'arrêt et le démarrage*).

#/etc/init.d/NIS_client_script start   # Démarrage du client #/etc/init.d/ypbind start   # Démarrage du client

Pour l'arrêter, on exécute symétriquement :

#/etc/init.d/NIS_client_scriptstop   # Arrêt du client

Sur un système Solaris, c'est le script RC */etc/init.d/rpc* qui active le service NIS aussi bien client que serveur. Ce script active la commande **ypstart** qui elle-même active **ypbind**.

Si nous supposons que les comptes utilisateurs (*/etc/passwd*), les groupes (*/etc/group*) et les hôtes (*/etc/hosts*) sont gérés en NIS, la connexion d'un utilisateur dont le compte ne figure pas dans le fichier */etc/passwd* entraînera une demande du client à l'un des serveurs du domaine, en vue de l'authentifier.

De nombreux systèmes UNIX imposent que les fichiers du client qui sont gérés par NIS se terminent par une ligne contenant le caractère « + ». Il en est ainsi du fichier */etc/passwd* et du fichier */etc/group*. La syntaxe peut varier selon les systèmes. C'est pourquoi, nous conseillons aux lecteurs de configurer le client en utilisant l'outil intégré d'administration.

L'ordre de recherche des informations

Il est possible qu'une information soit définie localement et dans une map du serveur. C'est alors le fichier */etc/nsswitch.conf* qui fixe l'ordre de recherche. Il est principalement utilisé pour la résolution d'un nom d'hôte. Dans sa version initiale, l'ordre de recherche est : le fichier */etc/hosts*, puis le service NIS et enfin le service DNS.

Extrait du fichier */etc/nsswitch.conf* :

```
passwd:   files nisplus nis
shadow:   files nisplus nis
group:    files nisplus nis
hosts:    files nisplus nis dns
```

Configuration du serveur maître

Les paquetages du service NIS

Pour créer un serveur NIS, il est nécessaire, sur un système Solaris, d'installer les paquetages suivants SUNWypr, SUNWypu et SUNWnisr, SUNWnisu, pour qu'il puisse être aussi client. La commande **pkginfo** permet de vérifier leur présence et la commande **pkgadd**, de les installer (*cf. Module 13 : Les paquetages*).

Définition du nom de domaine NIS

Il faut définir un nom de domaine NIS. Un domaine NIS est distinct d'un domaine DNS, même si les deux domaines rassemblent les mêmes hôtes. La commande **domainame** permet de définir ce nom. La commande **domainname** doit être exécutée à chaque démarrage du système (*cf. Configuration d'un client NIS*).

```
# domainname univers        # Crée le domaine NIS de nom univers

# domainname                # Affiche le nom de domaine
univers
```

Création des maps NIS

Pour réaliser cette opération, il faut se placer dans le répertoire */var/yp*, racine du service NIS. On édite le fichier *Makefile* pour modifier des options et indiquer les fichiers ASCII qui doivent être gérés en NIS. On lance ensuite la commande **make** qui exécute le fichier */var/yp/Makefile*.

Il faut définir les fichiers à gérer en NIS. Le choix de ces fichiers se fait en modifiant la cible du fichier *Makefile*.

```
all: passwd group hosts ethers networks rpc services protocols \
    netgroup bootparams aliases publickey netid netmasks c2secure \
    timezone auto.master auto.home
```

Il faut, dans ces lignes, insérer le caractère « # » juste après le dernier fichier que vous voulez retenir, au besoin en regroupant en début de liste ceux qui vous intéressent.

Remarque
Il faut faire attention à ne pas effacer le caractère de continuation de ligne « \ ».

```
# cd /var/yp          # Obligatoire pour exécuter la commande make

# vi Makefile
```

Dans l'exemple qui suit, on ne veut gérer, en NIS, que les utilisateurs, les groupes et les noms d'hôtes.

```
all: passwd group hosts # ethers networks rpc services protocols \
     # netgroup bootparams aliases publickey netid netmasks c2secure \
     # timezone auto.master auto.home
```

Le fichier *Makefile* ayant été modifié, il reste à exécuter la commande **ypinit**, avec l'option « -m » pour créer les maps initiales du serveur maître. La commande vous demande la liste des serveurs esclaves. Il sera toutefois possible d'en ajouter d'autres ultérieurement (*cf. Configuration d'un serveur esclave*).

Démarrage du serveur NIS

Il reste à démarrer le serveur NIS. Pour cela, il faut exécuter la commande suivante :

ypserv

Ces commandes peuvent être automatisées au démarrage et à l'arrêt du système (*cf Module 7 : L'arrêt et le démarrage*).

Sur un système Solaris, c'est le script RC */etc/init.d/rpc* qui active le service NIS aussi bien client que serveur. Ce script active la commande **ypstart** qui elle-même active **ypserv**.#/etc/init.d/rpc start   # Démarrage du serveur

Pour l'arrêter, on exécute symétriquement :

#/etc/init.d/ rpc stop   # Arrêt du serveur

Exemple de création d'un serveur maître

Le domaine NIS s'appelle univers. Le serveur maître s'appelle saturne. On désigne venus comme serveur esclave, dès la création de saturne.

```
# ypinit -m

In order for NIS to operate sucessfully, we have to construct a list of the
NIS servers.  Please continue to add the names for YP servers in order of
preference, one per line.  When you are done with the list, type a <control D>
or a return on a line by itself.
        next host to add:  ponita
        next host to add:
The current list of yp servers looks like this:

ponita

Is this correct?  [y/n: y]

Installing the YP database will require that you answer a few questions.
Questions will all be asked at the beginning of the procedure.

Do you want this procedure to quit on non-fatal errors? [y/n: n]
OK, please remember to go back and redo manually whatever fails.  If you
don't, some part of the system (perhaps the yp itself) won't work.
The yp domain directory is /var/yp/univers
There will be no further questions. The remainder of the procedure should take
5 to 10 minutes.
Building /var/yp/univers/ypservers...
Running /var/yp /Makefile...
updated passwd
updated group
updated hosts
ponita has been set up as a yp master server without any errors.

If there are running slave yp servers, run yppush now for any data bases
```

```
which have been changed. If there are no running slaves, run ypinit on
those hosts which are to be slave servers.
#
```

Visualisation des maps créées.

Les maps sont crées dans le répertoire */var/yp/univers*.

```
# cd univers
# ls
group.bygid.dir    hosts.byaddr.dir   passwd.byname.dir  ypservers.dir
group.bygid.pag    hosts.byaddr.pag   passwd.byname.pag  ypservers.pag
group.byname.dir   hosts.byname.dir   passwd.byuid.dir
group.byname.pag   hosts.byname.pag   passwd.byuid.pag
#
```

Démarrage du serveur NIS.

```
# /etc/init.d/rpc start           # Lance le serveur NIS
starting rpc services: rpcbind keyserv ypserv ypbind ypxfrd rpc.yppasswdd rpc.yp
updated done.
#
```

Tests du service

Vérifier la présence du serveur.

```
# ps -e |grep ypserv
 875 ?      0:00 ypserv
```

```
# rpcinfo -p |more
   program vers proto   port  service
    100000    4   tcp    111  rpcbind
    ...
    100004    2   udp    831  ypserv
    100004    1   udp    831  ypserv
    100004    1   tcp    832  ypserv
    100004    2   tcp  32814  ypserv
```

Démarrer le client sur le serveur.

Cette opération est réalisée automatiquement sur un système Solaris.

Visualiser une map, ici passwd (*cf. Les commandes NIS*).

```
# ypcat passwd
nis1::5000:5000::/home/nisuser/nis1:/bin/bash
aurore9:$1$FTNodwNF$D0E21MjjNtzpwYeIi9Aea/:501:45::/home/aurore9:/bin/false
pierre::502:502::/home/pierre:/bin/bash
nis2::5001:5001::/home/nisuser/nis2:/bin/bash
gilles::504:504::/home/gilles:/bin/bash
```

Configuration d'un serveur esclave

Opérations à effectuer sur le serveur maître

Il faut que l'hôte destiné à devenir un serveur esclave soit renseigné dans la map ypservers du serveur maître. Les opérations sont propres à un système. Nous conseillons d'utiliser l'outil d'administration. Sur un système Solaris, on peut effectuer les opérations suivantes :# ypcat -k ypservers > /tmp/ypservers

```
#  echo "venus" >> /tmp/ypservers # on ajoute le nouveau serveur esclave
# cd  /var/yp
# cat /tmp/ypservers | makedbm - /var/yp/`domainname`/ypservers
```

Opérations à effectuer sur le serveur esclave

Comme dans le cas du serveur maître, il convient de s'assurer de la présence des paquetages serveurs et clients. Sur le serveur esclave, on exécute la commande **domainname** pour renseigner le nom du domaine NIS et, pour terminer, la commande **ypinit –s Nom_du_maître**, qui crée, par recopie, les maps du serveur esclave.

Pour démarrer le service manuellement ou automatiquement, reportez-vous au paragraphe *Configuration du serveur maître*.

Exemple d'ajout d'un serveur esclave

On veut configurer l'hôte venus comme serveur esclave.

Définition du nom du domaine.

domainname univers

Génération des maps par recopie depuis le serveur.

/usr/lib/ypinit –s saturne.planete
We will need a few minutes to copy the data from saturne.planete.
Transferring hosts.byaddr...
Trying ypxfrd ... not running
Transferring hosts.byname...
Trying ypxfrd ... not running
Transferring group.bygid...
Trying ypxfrd ... not running
...
Transferring passwd.byuid...
Trying ypxfrd ... not running
venus.planete's NIS data base has been set up.
If there were warnings, please figure out what went wrong, and fix it.
At this point, make sure that /etc/passwd and /etc/group have
been edited so that when the NIS is activated, the data bases you
have just created will be used, instead of the /etc ASCII files.

#

Remarque
Le message « Trying ypxfrd ... not running » n'indique pas une erreur d'exécution, mais que le démon **rpc.ypxfrd**, dont la fonction est d'accélérer le transfert de maps volumineuses, n'est pas activé sur le serveur maître. Les maps ont quand même été transférées.

Vérification des maps obtenues auprès du serveur maître.

ls /var/yp/univers
group.bygid hosts.byaddr passwd.byname ypservers
group.byname hosts.byname passwd.byuid

Démarrage du serveur NIS.

/etc/init.d/rpc start # Lance le serveur NIS

La mise à jour des maps des serveurs esclaves

L'administrateur d'un serveur d'un domaine NIS doit porter une attention particulière à la mise à jour des maps des serveurs esclaves.

Pour cela, il dispose de deux procédés symétriques :

- Propager les maps du serveur maître vers les serveurs esclaves, grâce à la commande **yppush**.
- Demander à partir de l'esclave, le transfert des maps du maître avec la commande **ypxfr**. Elle copie une map du serveur maître sur le serveur esclave, par exemple à la suite d'un arrêt prolongé du serveur esclave. Cette tâche peut même être automatisée, via cron (*cf. Module6 : Les processus*).

Exemples

venus demande à saturne, le maître, le transfert de la map passwd.byname.

Sur le serveur saturne

```
# rpc.ypxfrd

# ps -e |grep rpc
...
 979 ?      00:00:00 rpc.ypxfrd
```

Sur l'esclave venus

```
# ypxfr  -f  passwd.byname     # L'option  «-f» force le transfert du map
Trying ypxfrd ... success

# ypxfr  passwd.byname
ypxfr: Master's version not newer
```

Saturne transfère les maps passwd et group sur venus, l'esclave

```
# yppush -h venus.planete passwd.byname
...
# yppush -h venus.planete group.byname
```

Supprimer NIS sur un client

Pour retirer un client NIS, il faut mettre à jour les fichiers de configuration locaux qui ne contenaient pas les données uniquement définies dans les maps du serveur. Pour cela, on peut utiliser la commande **ypcat** pour extraire les informations concernant le client et les ajouter à ses fichiers de configuration. Il faudra peut-être également rapatrier certaines ressources, comme les répertoires de connexion, si le partage NFS n'est plus utilisé. Il suffit, ensuite, de ne plus démarrer le démon **ypbind**.

La sécurité d'accès

Le contrôle d'accès des clients

Le fichier */var/yp/securenets* définit les clients autorisés à se connecter à un serveur. Ce fichier contient des paires d'informations netmask/réseau. L'adresse IP d'un client doit correspondre à au moins l'une des deux informations.

Exemple de fichiers *securenets*

```
# cat securenets
# securenets
host   192.168.218.20
host   192.168.218.10
host   192.168.218.11
host   192.168.218.1
#
```

Remarques

- Le fichier n'est lu qu'au démarrage de NIS par les démons **ypserv** et **ypxfrd**.

- Si le fichier existe, seuls les postes indiqués ont accès aux maps. Il faut donc ne pas oublier d'inscrire le poste local.

Les commandes NIS

Commande	Description
nisdomainname(1), ypdomainname(1), domainname(1)	Ces commandes affichent ou positionnent le domaine NIS.
ypinit(1)	Crée le serveur maître et les serveurs esclaves.
ypwich(1)	Affiche le nom du serveur NIS ou la liste des maps.
yppasswd	Change le mot de passe, via les maps NIS. Cette commande nécessite que le démon yppasswdd soit lancé sur le serveur.
yppoll(1)	Affiche la version et le serveur maître d'une map.
ypmatch(1)	Affiche les valeurs des clés d'une map NIS.
ypcat(1)	Affiche une map NIS.
ypbind(8)	Recherche un serveur NIS. La commande procède généralement par diffusion pour trouver un serveur NIS. Il est possible de prédéfinir une liste de serveurs dans le fichier */etc/yp.conf*. Il est consulté avant que ne soit réalisée la diffusion.
ypset(8)	Associe le démon **ypbind** à un serveur NIS particulier. Cette commande est principalement utilisée quand le serveur est sur un réseau physique différent et qu'il ne peut pas être atteint par diffusion.
yppush(8)	Recopie une map du serveur maître sur un serveur esclave.
ypxfr(8)	Recopie les maps NIS du serveur maître vers le serveur esclave qui exécute ypxfr. Cette commande nécessite que le démon rpc.ypxfrd soit lancé sur le serveur maître.

Exemple de commandes NIS

Connaître le nom du serveur.

```
# ypwhich
venus
```

Afficher les alias et le nom de maps associées, le contenu du fichier */var/yp/nicknames*.

```
# ypwich –x
Use "ethers"    for map "ethers.byname"
Use "aliases"   for map "mail.aliases"
Use "services"  for map "services.byname"
Use "protocols" for map "protocols.bynumber"
Use "hosts"     for map "hosts.byname"
Use "networks"  for map "networks.byaddr"
Use "group"     for map "group.byname"
Use "passwd"    for map "passwd.byname"
#
```

Connaître le propriétaire d'une map, toutes par défaut.

```
# ypwhich –m
...
hosts.byname saturne
 group.byname saturne
...
```

Connaître la version d'une map et son serveur.

```
# yppoll passwd.byname
Domain univers is supported.
Map passwd.byname has order number 972252311. [Sun Oct 22 21:05:11 2000]
The master server is saturne
```

Visualiser une map sous sa forme texte d'origine.

```
# ypcat passwd
...
pierre:/TCd9tWICwcNQ:505:505::/home/pierre:/bin/bash
cathy:LGFyMc6PyOmvw:504:501::/home/cathy:/bin/bash
...
```

Visualiser une map et la valeur de la clé.

```
# ypcat -k passwd.byname
...
pierre pierre:/TCd9tWICwcNQ:505:505::/home/pierre:/bin/bash
cathy cathy:LGFyMc6PyOmvw:504:501::/home/cathy:/bin/bash
...
```

Afficher l'entrée d'une map pour une clé donnée.

```
# ypmatch cathy passwd
cathy:LGFyMc6PyOmvw:504:501::/home/cathy:/bin/bash
```

Utilisation de NIS pour la gestion des comptes utilisateurs

Premier exemple

Céline ne possède aucun compte sur les hôtes du domaine. Nous allons lui créer un compte NIS sur le serveur maître saturne.planete, mais son répertoire de connexion sera sur l'hôte mars.planete. Le nom de connexion est celine.

Opérations sur le serveur maître saturne.planete.

```
# useradd celine        # On n'utilise pas l'option « -m » pour ne pas créer de
répertoire de connexion.
```

```
# passwd celine
New password:
Re-enter new password:
passwd (SYSTEM): passwd successfully changed for celine
#
```

A présent, les fichiers */etc/passwd* et */etc/shadow* ont été modifiés. On peut lancer la commande **make**, qui va alors mettre à jour les maps correspondantes.

```
# cd /var/yp
```

```
# make
gmake[1]: Entering directory `/var/yp/univers'
Updating passwd.byname...
Updating passwd.byuid...
Updating group.byname...
Updating group.bygid...
gmake[1]: Leaving directory `/var/yp/univers'
```

On vérifie maintenant si Céline est bien dans la map passwd.byname.

```
# ypmatch celine passwd
celine:8zwxmlHcJwjFo:508:508::/home/celine:/bin/bash
```

Opérations sur l'hôte mars.planete.

La dernière opération consiste à lui créer un répertoire de connexion, ainsi que les fichiers de paramétrage de sa session (.profile, .kshrc, etc.) sur le serveur mars.

```
# mkdir /home/celine
# cp -r /etc/skel/* /home/celine
# chown -R celine /home/celine
```

Test de la connexion de Céline.

```
mars login: celine
Password:
Last login: Thu Jun 22 21:46:11 on tty3
$

$ id
uid=504(celine) gid=501(xgrp) groups=501(xgrp)

$
```

Deuxième exemple

Pierre possède déjà un compte sur l'hôte mars.planete, et l'on souhaite que ce dernier soit géré en NIS. Il s'agit du transfert d'un compte local en compte NIS. Il suffit alors de lui créer un compte NIS sur le serveur maître saturne.planete, et de supprimer sur mars.planete son compte local, sans supprimer son répertoire de connexion ni ses fichiers.

Opérations sur le serveur maître saturne.planete.

```
# useradd –u 2000 pierre        # On conserve l'UID actuel de pierre.

# passwd  pierre
New password:
Re-enter new password:
passwd (SYSTEM): passwd successfully changed for pierre
#

# cd /var/yp

# make
gmake[1]: Entering directory `/var/yp/univers'
Updating passwd.byname...
Updating passwd.byuid...
Updating group.byname...
Updating group.bygid...
gmake[1]: Leaving directory `/var/yp/univers'
```

Opération sur l'hôte mars.planete.

Il suffit de supprimer le compte de pierre sans supprimer son répertoire de connexion ni ses fichiers.

```
# userdel  pierre     # L'absence de l'option « -r » préserve le répertoire de pierre
```

Troisième exemple

On décide de faire du serveur NIS saturne un serveur NFS (*cf. Chapitre NFS*) et de centraliser sur saturne les comptes et les répertoires de connexion des utilisateurs. Leur répertoire de connexion sera sous */home/nisuser*. Un utilisateur du domaine peut alors se connecter de manière banalisée à partir de n'importe quel client. Pour que le montage NFS ne soit pas permanent, on utilise le service d'automontage autofs (*cf. Module 4 : Les systèmes de fichiers*). Les fichiers nécessaires à l'automontage sont transformés en maps NIS.

Le serveur saturne

Le service NFS est démarré.

```
# ps -e |grep nfs
  270 ?      0:00 nfsd
# ps -e |grep mountd
  268 ?      0:00 mountd
```

Le répertoire */home/nisuser* est exporté.

```
# share
-          /home/nisuser   rw   ""
```

Les maps pour l'automontage sont définies.

Extrait de Makefile :

```
all:  passwd group hosts rpc services auto_master auto_home\
        # netid protocols netgrp mail \
```

Les maps pour l'automontage ont été fabriquées par la commande **make**.
Les fichiers texte initiaux sont */etc/auto_master* et */etc/auto_home*.

```
# ypcat auto_master
auto_home       --timeout 60

# ypcat auto_home      # définit deux comptes : nis1 et nis2
-fstype=nfs,rw,nosuid          aurore11:/home/nisuser/nis1
-fstype=nfs,rw,nosuid          aurore11:/home/nisuser/nis2
```

Sur le client, mars par exemple, il faut démarrer le service d'automontage.

```
# /etc/init.d/autofs start
```

En ce qui concerne les maps, la situation varie selon le système du client. Pour certains, le répertoire */etc* ne doit pas comporter de table pour l'automontage, pour d'autres oui.

Dans le cas du système Solaris, les fichiers contiennent :

```
# cat /etc/auto_master
+

# cat /etc/auto_home
+auto_home
```

Il n'y a plus qu'à se connecter sous le nom d'un utilisateur nis, ici nis1 ou nis2.

```
Red Hat Linux release 6.2 (Zoot)
Kernel 2.2.14-5.0 on an i586
login: nis1
[nis1@mars nis1]$
```

in.ftpd, le transfert de fichiers

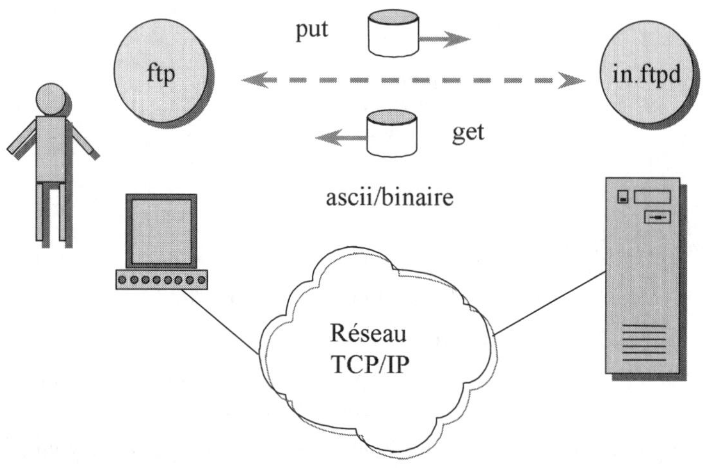

FTP est un service TCP/IP qui permet le transfert de fichiers. Il fonctionne en client-serveur et le démon **ftpd** joue le rôle de serveur de fichiers. C'est un paquetage standard d'UNIX. Le démon **ftpd** est démarré par le démon principal du réseau inetd.

Le démon in.ftpd

in.ftpd est la commande serveur dont les principales options sont :

-l Les sessions de transfert de fichiers sont enregistrées via le service syslog.

-d Des informations supplémentaires (« debugging ») sont envoyées à syslog.

Les fichiers de configuration du service ftp

/etc/ftpusers	Ce fichier donne une liste d'utilisateurs qui sont interdits de ftp.
FTPLIB/ftpaccess	Le fichier qui configure l'accès au service.

Le ftp anonyme

A l'ouverture d'une session ftp, le client doit fournir un nom et un mot de passe. Ces données d'authentification doivent correspondre à un compte d'utilisateur défini dans le fichier */etc/passwd*. Pour permettre à des utilisateurs d'établir une session ftp sur un serveur où ils ne possèdent pas de compte, on crée un utilisateur ftp. Le client fournit alors comme information d'authentification le nom anonymous et comme mot de passe son e-mail, pierre@societe.com.

nom : anonymous
mot de passe : pierre@societe.com

Pour garantir la sécurité, le démon **in.ftpd** exécute la commande **chroot** sur le répertoire de connexion de l'utilisateur ftp (*~ftp*). La commande **chroot** fait du répertoire associé, ici *~ftp*, la racine de l'arbre que voit l'utilisateur connecté. Le reste de l'arbre lui est caché.

Mise en place d'un ftp anonyme, le principe

Le principe de création d'un ftp anonyme est valable pour l'ensemble des systèmes UNIX mais, comme toujours, les détails d'implémentation varient.

Il faut créer une arborescence minimum correspondant à un système UNIX en miniature. Elle seule sera visible du client. L'utilisation de l'édition de liens dynamiques complique sa création. Il faut copier les bibliothèques dynamiques utiles au mini-système, notamment pour permettre l'utilisation de la commande **ls**.

L'exemple qui suit est tiré de la documentation SCO Open Server. Dans le cas d'un système Solaris, la procédure est décrite dans la page de manuel in.ftpd(1m). Elle est beaucoup plus complexe que dans le cas de SCO Open Server.

Mise en place d'un ftp anonyme sur un système SCO Open Server

Il faut créer un mini-système UNIX sous le répertoire *~ftp*, sans lequel rien ne serait possible.

Les fichiers qui sont accessibles par les clients doivent se trouver dans l'arborescence *~ftp/pub*.

1. Création du répertoire */home/ftp*

```
# mkdir /home/ftp
# chmod 555 /home/ftp
```

2. Création des répertoires *bin*, *lib*, *etc* et *pub*

```
# cd ~ftp
# mkdir bin lib etc pub
# chmod 111 bin lib etc
# chmod 555 pub # On attribue les droits 777 si l'on autorise la commande put.
```

3. Copie du fichier d'administration */etc/group* et */etc/passwd*

```
# cd etc
# cp /etc/passwd  /etc/group .
```

Remarque
On peut expurger ces fichiers pour n'y laisser que les comptes existant dans l'arborescence */home/ftp*.

---

4. Copie de la commande **ls** et de ses bibliothèques

```
# cd ~ftp/bin
# cp /bin/ls .
# cp /lib/libc.so.6 /lib/ld-linux.so.2 .
```

Le courrier électronique

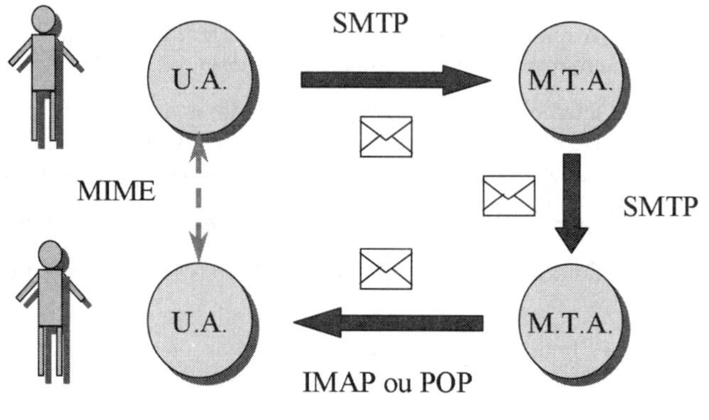

Le service de courrier électronique, e-mail, permet aux utilisateurs qui possèdent une boîte aux lettres d'envoyer ou de recevoir du courrier. La boîte aux lettres est identifiée par son adresse e-mail.

Les adresses e-mail

Les adresses e-mail ont le format suivant :

nom_utilisateur[@ adresse_DNS]

L'adresse DNS est l'adresse d'un domaine ou d'un hôte (*cf. DNS*). Si l'adresse n'est pas complètement qualifiée (sans l'« @ »), elle correspond à un compte local.

Exemples d'adresses e-mail :

pierre
cathy@venus.societe.com
Pierre.Dupont@societe.com
billy@Microsoft.COM
president@whitehouse.GOV
ministre@culture.fr

Remarque
Dans les adresses e-mail, la casse n'est pas significative.

Les composants d'un système de messagerie

On compte trois composants dans un système de messagerie. Leur rôle reproduit celui en vigueur dans un service postal. Ils sont :

- Le composant UA (« *User Agent* »), dont le rôle est de poster le courrier, de le lire, en un mot, de gérer le courrier.
- Le composant MTA (« *Message Transfer Agent* »), dont le rôle est de transférer le courrier d'une machine à l'autre.

- Le composant DA (« *Deliver Agent* »), dont le rôle est de stocker dans une boîte aux lettres un courrier venant d'un MTA.

Les logiciels sous UNIX

Les principaux logiciels qui assurent les fonctions d'un système de messagerie sont :

- UA : mail, mailx, elm, kmail (sous KDE) ...
- DA : procmail, mail.local.
- MTA : sendmail, postfix, smail, qmail. Le logiciel sendmail est le serveur de messagerie le plus puissant et le plus utilisé sur les systèmes Unix. Il est décrit dans le chapitre suivant.

On rencontre de nombreux autres logiciels. Citons, en particulier :

- fetchmail, décrit en fin de ce chapitre, permet de rapatrier du courrier sur un serveur.
- majordomo est un logiciel qui permet la gestion de listes de diffusion.

Citons également quelques logiciels UA pour Windows ou Macintosh :

- Outlook, Eudora, Pegasus Mail, Netscape Messenger, ...

Les protocoles

SMTP

Le protocole SMTP (« *Simple Mail Transfer Protocol* ») permet le transfert de messages entre un UA et un MTA ou entre MTA, dans un réseau, Internet ou intranet, TCP/IP.

ESMTP

Le protocole « *Extended SMTP* » est une modernisation du protocole SMTP. La représentation des données utilise 8 bits au lieu de 7 bits dans SMTP. Cela simplifie la manipulation des caractères accentués et des données binaires.

POP, IMAP

Les protocoles POP (« *Post Office Protocol* ») et IMAP (« *Interactive Mail Access Protocol* ») permettent l'accès à une boîte aux lettres distante, souvent localisée chez un fournisseur d'accès Internet (« *Internet Provider* »). Ces protocoles sont nécessaires aux utilisateurs d'UA comme Outlook ou kmail, qui fonctionnent sur des postes de travail qui ne possèdent pas de serveurs de messagerie (MTA) ou dont le serveur de messagerie (MTA) n'est pas en service en permanence.

MIME

Le protocole MIME (« *Multipurpose Internet Mail Extension* ») permet de spécifier le format d'une partie d'un courrier. Ce protocole est utilisé pour envoyer des documents attachés, des fichiers, au texte du message.

Exemples d'utilisation de la messagerie

Utilisation de systèmes UNIX indépendants

Les systèmes UNIX possèdent, en standard, le MTA sendmail et l'UA mail. Ces logiciels permettent d'échanger du courrier entre utilisateurs sans configuration particulière. La seule contrainte est que les comptes utilisateurs existent.

Envoi d'un e-mail à un utilisateur local (on termine par CTRL D) :

venus$ mail pierre

Envoi d'un e-mail à un utilisateur distant :

venus$ mail cathy@mars

Consultation de sa boîte aux lettres :

venus$ mail

Faire suivre son courrier :

```
venus$ cat .forward
    paul@mars
```

Création d'un serveur de messagerie pour postes clients Windows

Un système UNIX peut jouer, à peu de frais, le rôle d'un serveur de messagerie pour des utilisateurs travaillant sous Windows ou tout poste de travail, y compris UNIX, qui n'est pas en fonction en permanence.

1. Création des comptes

La première étape est de créer, sur le serveur, des comptes utilisateurs, un par utilisateur de système Windows. Il faut aussi leur attribuer un mot de passe. Les options de la commande **useradd** limitent les utilisateurs à la seule utilisation du service courrier et pas à **telnet**,**ftp**…

```
# useradd  -s /bin/false –g popusers -m pierre
# passwd pierre
# useradd -s /bin/false –g popusers -m cathy
# passwd cathy
```

2. Activation du serveur sendmail

Le logiciel sendmail, via mail.local, va stocker le courrier reçu dans les boîtes aux lettres des utilisateurs, par exemple */var/mail/pierre* pour l'utilisateur pierre. sendmail est normalement activé au boot. Si ce n'est pas le cas, il faut exécuter le script /etc/init.d/sendmail au boot (*cf. Module 7 : L'arrêt et le démarrage*).

3. Activation du serveur POP

Le logiciel libre IMAP contient un serveur POP et un serveur IMAP. Il faut le récupérer et l'installer *(cf. Module 6, Les logiciels libres et Installation d'une application)*. Il faut ensuite modifier le fichier */etc/inetd.conf* et ajouter le service POP3. Pour terminer, on signale la modification au démon **inetd**. Il faut, si besoin, installer les paquetages pop ou imap, selon la distribution.

```
# vi /etc/inetd.conf
(On ajoute la ligne décrivant pop3 et on vérifie l'ajout avec grep)
# grep pop  /etc/inetd.conf
pop3   stream  tcp    nowait  root    /usr/local/bin/ipop3d  ipop3d

# ps –e | grep inetd
532 ? 0:00 inetd

# kill  -1 532   # on demande à inetd de relire son fichier de configuration
```

4. Configuration des UA

Sur chaque poste Windows, il faut configurer le logiciel UA. On doit renseigner les points suivants :

L'adresse du serveur SMTP.

Le choix du protocole pour rapatrier le courrier : POP ou IMAP.

L'adresse du serveur POP ou IMAP.

Le nom et le mot de passe de l'utilisateur associé au compte POP ou IMAP.

L'adresse e-mail de l'utilisateur.

Le nom réel de l'utilisateur.

Eudora :

La configuration d'Eudora est réalisée dans le menu [Tools][Options]. On configure ensuite, dans la boîte de dialogue « Getting Started », le « pop account », par exemple cathy@venus. Dans la boîte de dialogue « Hosts », on saisit l'adresse du serveur de messagerie dans le champ « SMTP », par exemple venus.

5. Test de la messagerie

Outre le test de l'envoi et de la réception de messages, on peut réaliser les tests suivants :

Test de connexion sur le serveur avec les comptes que l'on a créés.

```
# su bin
$ su - pierre
password :
```

Tester si sendmail est actif.

```
# ps –e | grep sendmail    # vérifie si sendmail est actif
# netstat -an | grep 25   # vérifie si le port SMTP (25) est actif
tcp     0     0 0.0.0.0:25          0.0.0.0:*          LISTEN
```

Tester si le serveur POP3 est actif.

```
# netstat -an | grep 110  #  110 est le port d'écoute de POP3
tcp     0     0 0.0.0.0:110         0.0.0.0:*          LISTEN
```

L'un des tests les plus probants consiste à jouer le rôle d'un UA, en utilisant les protocoles SMTP et POP, via telnet. Il faut bien connaître ces protocoles. Le paragraphe suivant décrit le protocole SMTP et, en fin de chapitre, le lecteur trouvera, en référence, les RFC qui décrivent POP3 et IMAP.

Le protocole SMTP

Le protocole SMTP (« *Simple Mail Transfer Protocol* ») est le protocole réseau d'échange de messages entre MTA, dans le contexte d'un réseau Internet ou intranet TCP/IP.

Le format des messages est très simple :

- Un en-tête, qui comporte notamment les adresses :
  adresse e-mail source
  adresse e-mail destination
- Le corps du message ASCII. Le corps est séparé de l'en-tête par une ligne blanche.

Le tableau qui suit présente quelques requêtes SMTP :

HELO	présenter le client au serveur.
MAIL	donner l'adresse de l'émetteur.
RCPT	donner l'adresse du destinataire.
DATA	donner le message en ASCII 7 bits.
VRFY	vérifier si un compte existe, exemple : VRFY <pierre>.
EXPN	connaître les membres d'une liste de diffusion, exemple : EXPN <users>.

QUIT terminer le dialogue.

Exemple d'une session SMTP :

$ telnet venus 25
Trying 192.0.0.110 ...
Connected to saturne
Escape character is '^]'
220 venus SMTP
HELO saturne
250 saturne
MAIL From:pierre@venus
250 OK
RCPT To:louis@saturne
250 OK
DATA
354 Start mail imput; end with <CRLF>.<CRLF>
coucou
.
250 OK
QUIT
221 venus Terminating
Connection closed by Foreign host
$

Le logiciel fetchmail

Le logiciel libre fetchmail permet la récupération de courrier via POP ou IMAP. Il peut être configuré en tant que démon pour une récupération périodique et automatique du courrier. fetchmail transfère le courrier récupéré sur le port 25 (SMTP) de la machine locale, ce qui en permet un traitement normal par sendmail.

Le logiciel fetchmail est tout à fait adapté au rapatriement du courrier d'un serveur de messagerie d'un réseau local, à partir d'un serveur distant, par exemple au delà d'un firewall.

Exemple d'utilisation :

Le fichier de configuration *~/.fetchmailrc* :

```
poll mars protocol pop3
    user "alice" password "alice", is "alice" here
    user "sandrine" password "sandrine", is "beatrice" here;
```

Démarrage de fetchmail, en mode démon, avec récupération du courrier toutes les 900 secondes :

```
# fetchmail -d 900
```

Références de la messagerie

Les RFC : 821, 822, 1425 (SMTP), 1651 (ESMTP), 1081, 1082 (POP3), 1176 (IMAP), 1521, 1522 (MIME).

Livre

Sendmail

Man : mail(1), mailx(1), fetchmail(1), vacation(1), sendmail(1m)

sendmail

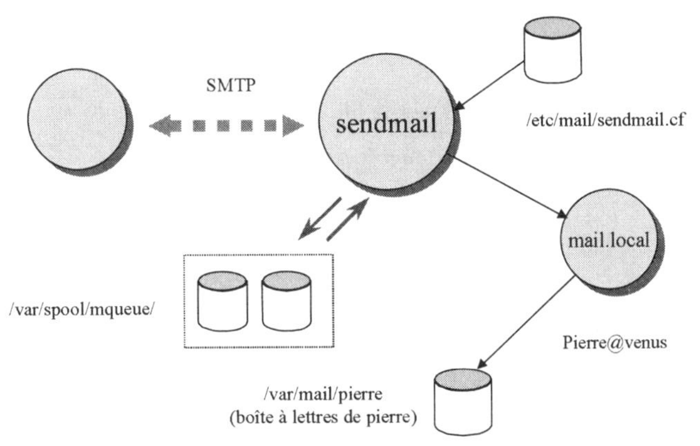

Le logiciel sendmail est un agent de transport (MTA : « *Message Transfer Agent* »). Ce programme est incroyablement complexe, pour supporter la complexité du transport du courrier. Il a été écrit par Eric Allman à l'époque où il était étudiant à l'université de Berkeley.

Les fichiers utilisés par sendmail

Le fichier */etc/mail/sendmail.cf* est le fichier de configuration principal :

- Il définit l'environnement de sendmail.
- Il précise les règles de réécriture des adresses e-mail.
- Il indique le routage du courrier entre les UA et les DA.
- Il précise le nom des autres fichiers de configuration.

Le fichier */etc/mail/sendmail.cw* contient la liste des hôtes pour lesquels le serveur local gère les comptes de messagerie (*cf. La directive Fw*).

Le fichier */etc/mail/relay-domains* contient la liste des hôtes dont on accepte de retransmettre le courrier (*cf. La directive FR-o*).

Le fichier */etc/aliases* (*cf. La directive O AliasFile*) permet de :

- Définir des surnoms pour les utilisateurs.
- De faire suivre le courrier vers d'autres ordinateurs.
- De créer des listes de diffusion (« *Mailing List* »).

Le répertoire */var/spool/mqueue/* contient les fichiers en attente de traitement.

Le répertoire */var/mail/* contient les fichiers représentant les boîtes aux lettres des utilisateurs. Chaque boîte aux lettres porte le nom de l'utilisateur UNIX.

Les options de la commande sendmail

-f addr	Fixer l'adresse du site émetteur.

-r addr	Fixer l'adresse du site émetteur.
-h cnt	Abandonner l'émission d'un message après cnt essais infructueux.
-F nom	Spécifier le nom complet de l'utilisateur.
-n	Ne pas utiliser les alias.
-t	Envoyer le message aux destinataires spécifiés par les champs To:, Cc: et Bcc:.
-bp	Afficher la file d'attente (queue).
-bm	Distribuer le courrier.
-ba	Fonctionner dans le mode Arpanet.
-bs	Utiliser SMTP en entrée (implique l'option « –ba »).
-bd	Fonctionner en mode démon.
-bt	Fonctionner en mode test, montrer l'interprétation des adresses.
-bv	Vérifier les adresses sans accepter et distribuer de courrier.
-bi	Initialiser les fichiers binaires qui définissent les alias, identique à newaliases.
-bp	Afficher la file d'attente.
-q	Traiter la file d'attente.
-qtime	Traiter la file d'attente, mais à time interval.
-Cfichier	Indiquer le nom du fichier de configuration, par défaut */etc/sendmail.cf.*
-dlevel	Spécifier le niveau de débogage.
-oxvalue	Fixer l'option « x » à la valeur value.
-i	Ignorer les points dans les messages en entrée.
-v	Positionner le mode verbeux.

Le fichier de configuration */etc/sendmail.cf*

Les principaux types de commandes :

Dxvalue	Fixer la valeur de x à value.
Ccword1[word2] ...	Créer une classe c composée des mots word1 word2 ...
Fcfile	Charger la classe c à partir du fichier *file.*
Oovalue	Fixer l'option « o » à value.
Tuser1[user2 ...]	Fixer la liste des utilisateurs autorisés à réécrire leurs adresses.

Exemple

DDsociete.com	Définit la macro D
$D	Référence la macro D

Les principales entrées :

Dw Définition du site local.

Cw Définition des autres noms du site local.

Fw Définition de Cw à partir d'un fichier, normalement */etc/mail/sendmail.cw.*

Dj Définition du domaine local. On doit fixer cette valeur si le système ne peut déterminer son nom de domaine.

DS Adresse de l'hôte auquel on envoie le courrier non local que l'on ne peut transmettre. C'est le cas d'un site UUCP qui n'accède pas au DNS.

DR,DH
L'hôte qui sert de site central, ou de relais, auquel on transmet le courrier local. Si sa valeur est à blanc, le courrier local est distribué en local.

CL Liste des utilisateurs dont le courrier est délivré localement.

DM Nom de l'hôte qui va masquer le nom du site local dans les adresses sources. Ce champ est utilisé si on précise les directives DR et DH.

CE Liste des utilisateurs dont l'adresse source ne sera pas masquée.

O AliasFile=/etc/aliases	Nom du fichier de définition des alias.
O MaxMessageSize=1000000	Taille maximum (en octets) d'un courrier.
O LogLevel=9	Le niveau de débogage.
O QueueDirectory=/var/spool/mqueue	Répertoire des files d'attente de courrier.

Exécution de sendmail

Exécution de sendmail comme démon

La commande **sendmail** est normalement exécutée au démarrage du système. Si ce n'est pas le cas, il faut activer le script /etc/init.d/sendmail au boot (*cf. Module 7 : L'arrêt et le démarrage*).

```
# mini-script d'activation de sendmail
    if [ -f /usr/lib/sendmail ]; then
        (cd /var/spool/mqueue; rm -f *)
        /usr/lib/sendmail -bd -q1h
        echo -n ' sendmail' >/dev/console
    fi
```

On peut démarrer et arrêter manuellement sendmail :

```
# cd /etc/init.d
# ./sendmail start    # lance sendmail
# ./sendmail stop     # arrête sendmail
```

Lancement dissocié des rôles de sendmail

L'option « –bd » précise à sendmail de se mettre à l'écoute du port 25 et ainsi d'être prêt à récupérer du courrier rentrant. L'option « –q1h » demande à sendmail de traiter la file d'attente de courrier toutes les heures afin de retransmettre le courrier ou de le délivrer en local. Il est possible de dissocier ces deux rôles.

```
# sendmail -bd

# sendmail -q1h
```

La commande **sendmail –q** ne traite la file qu'une fois. On peut donc la lancer par un crontab.

Les commandes de tests.

Afficher la version, les options de compilation, la configuration DNS :

```
# sendmail -d0.1 -bt < /dev/null
```

Tester la réécriture des adresses.

```
# sendmail -bt
>0 paul@venus.societe.com
```

Afficher la file d'attente.

```
# sendmail -bp
```

Se connecter au serveur via telnet sur le port 25 (*cf. Le chapitre e-mail*).

Les alias

Le fichier */etcaliases* va permettre de :

- Définir des surnoms pour les utilisateurs.
- Faire suivre le courrier vers d'autres ordinateurs.
- Créer des listes de diffusion (« *Mailing List* »).

Exemple de fichier */etc/aliases*

```
# Surnom d'utilisateur
postmaster:        root
paul.dupont :      paul

# Faire suivre le courrier
pierre:
     \pierre@venus
# Remarque : l'anti-slash empêche la réinterprétation du nom.

# Exemple de listes de diffusion

comptables: cathy, jeanne, alice, pierre

developpeurs: pierre,
     jean,
     thomas@saturne

toutlemonde: comptables, developpeurs, root
```

Mise à jour des alias

Le logiciel sendmail n'utilise pas directement le fichier */etc/aliases*, mais des fichiers binaires. Pour mettre à jour les alias, on utilise la commande **newaliases** ou l'option « -bi » de sendmail.

Exemples d'utilisation de sendmail

Premier exemple : un site central (Hub) et des sites périphériques

Dans le chapitre précédent, il apparaît que des sites équivalents ne nécessitaient pas de paramétrage particulier. Dans le cas présent, on veut centraliser le courrier sur un site que l'on va nommer « soleil ». Les autres sites vont relayer leur courrier sur le site « soleil ».

Configuration du site central « soleil ».

Le fichier de configuration */etc/mail/sendmail.cf* n'a pas besoin d'être modifié.

```
# cat sendmail.cf

...

Fw/etc/mail/sendmail.cw
DR
```

DH
DM
...

Le fichier */etc/mail/sendmail.cw* doit préciser la liste des sites périphériques.

```
# cat sendmail.cw

venus.societe.com
mars.societe.com
```

Configuration d'un site périphérique, par exemple venus.

Le fichier de configuration */etc/mail/sendmail.cf* doit adresser le site central :

```
# cat sendmail.cf

...
DRsoleil.societe.com
DHsoleil.societe.com
DMsoleil.societe.com
...
```

Deuxième exemple : les adresses e-mail sont des adresses de domaines

Si l'on veut des adresses e-mail qui ne comportent que l'adresse du domaine, comme par exemple « pierre@societe.com », on peut procéder comme suit :

Il faut configurer le serveur DNS du domaine pour qu'il permette aux différents systèmes d'adresser le site central :

```
@           IN      MX      10      soleil.societe.com.
```

Il faut aussi configurer le DNS du site central :

```
# cat /etc/resolv.conf
domain       societe.com
nameserver 192.168.218.11
```

Dans le fichier */etc/mail/sendmail.cf*, le domaine doit être éventuellement précisé :

```
# cat sendmail.cf

...
Dj$m
```

Références pour sendmail

Le manuel : sendmail(1m), newaliases(1), mail.local(1), aliases(4).

Internet : le site officiel de sendmail : http://www.sendmail.org.

Livre : *Sendmail* par B. Costales et E. Allman.

DHCP

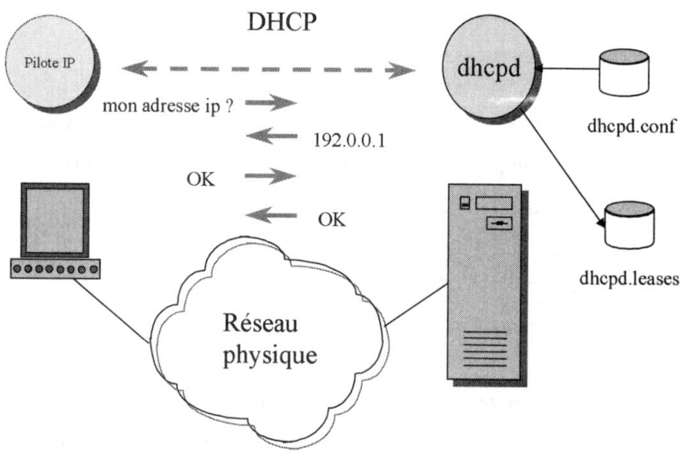

Le principe

Le protocole DHCP (« *Dynamic Host Configuration Protocol* ») permet à une station, lors de son démarrage, d'obtenir dynamiquement des informations de configuration, en particulier son adresse IP, à partir d'un serveur DHCP.

Au démarrage, la station émet un message de diffusion (« DHCP DISCOVER ») de demande d'adresse IP. La totalité des serveurs DHCP qui reçoivent cette demande proposent leur offre (« DHCP OFFER »).

La station choisit le premier qui a répondu, mais toujours par un message de diffusion (« DHCP REQUEST ») pour que les autres serveurs sachent qu'ils n'ont pas été retenus. Le serveur qui a été choisi répond par un message de diffusion (« DHCP ACK »), la station n'ayant pas encore d'adresse.

Un serveur a trois manières d'allouer une adresse :

L'allocation manuelle – l'administrateur associe une adresse IP à une adresse MAC.

L'allocation automatique – le serveur fournit l'adresse à partir d'un ensemble d'adresses réservées à cet effet.

L'allocation dynamique – le serveur fournit l'adresse à partir d'un ensemble d'adresses réservées à cet effet, mais la possession de l'adresse est limitée dans le temps.

Outre l'adresse, DHCP permet d'obtenir d'autres informations, telles le netmask, des tables de routage, la configuration DNS et même des informations propriétaires du système d'exploitation comme, par exemple, l'adresse d'un serveur Wins dans le cas des applications NetBios.

La configuration d'un serveur DHCP

Le logiciel libre DHCP de l'ISC offre un serveur DHCP puissant et standard. C'est lui que nous présentons. Il permet de fournir une adresse IP et, éventuellement, d'autres informations, au client.

Le démon **dhcpd** gère plusieurs fichiers :

dhcpd.conf	C'est le fichier de configuration du démon **dhcp**. Pour chaque sous-réseau, il précise les adresses disponibles, la durée du bail et les options de dhcp.
dhcp.leases	Ce fichier contient les baux en cours.
dhcp.leases~	Ce fichier contient les baux précédents.

Le manuel nous fournit des détails supplémentaires. Nous renvoyons le lecteur aux chapitres suivants :

dhcpd(8)	Le démon **dhcp**.
dhcpd.conf(5)	Le format du fichier *dhcpd.conf*.
dhcp-options(5)	Les options possibles de dhcp.

Le fichier */var/state/dhcp/dhcpd.leases* doit exister. Si besoin, il faut le créer en exécutant la commande :

```
# touch /var/state/dhcp/dhcpd.leases
```

Exemple de fichier *dhcpd.conf*

Exemple de fichier */etc/dhcpd.conf* :

```
subnet 239.252.197.0 netmask 255.255.255.0 {
 range 239.252.197.10 239.252.197.250;
 default-lease-time 600
 max-lease-time 7200;
 option subnet-mask 255.255.255.0;
 option broadcast-address 239.252.197.255;
 option routers 239.252.297.1;
 option domain-name-servers 239.252.197.2, 239.252.197.3;
 option domain-name "societe.com";
}

host venus {
 hardware ethernet 08:00:2b:4c:59:23;
 fixed adress 239.152.197.9;
 filename "/ftpboot/venus.boot" ;
 option domain-name-servers 192.5.5.1;
 option domain-name "vensus.com";
}
```

Apache

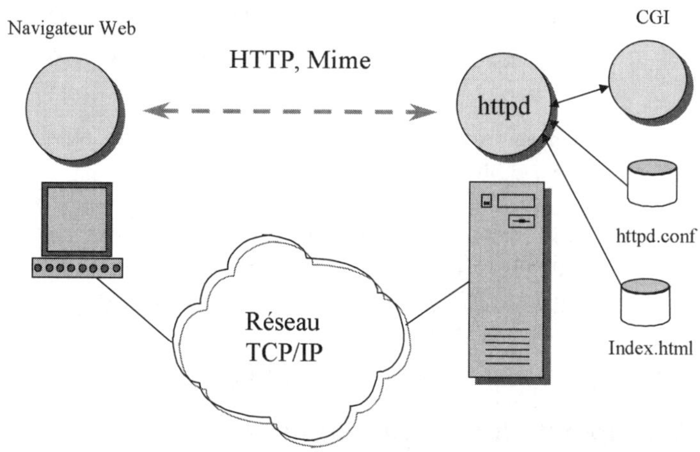

TSOFT - UNIX Administration

Module 13 : Le réseau - 13.12

Introduction à Apache

Apache est le serveur Web le plus performant et le plus utilisé sur Internet. C'est un logiciel libre, donc gratuit (licence GNU). Nous rappelons qu'un navigateur (« *Browser* »), comme « *Internet Explorer* (IE) » de Microsoft ou « *Netscape Communicator* » de Netscape, visualise des pages Web. Une page Web contient des données multimédias (texte, son, vidéo) en hypertexte. Un simple clic renvoie à une autre page Web.

Architecture réseau

Un serveur Apache, caractérisé par le démon httpd, communique avec un client (IE ou Communicator) grâce au protocole HTTP (« *Hyper Text Transfer Protocol* »). Le protocole HTTP est un protocole standard de la famille des protocoles TCP/IP. HTTP utilise le protocole MIME pour décrire le format des fichiers échangés : texte, html, image (GIF, JPEG, ...).

Démarrage et arrêt du serveur

Le serveur Apache est normalement exécuté au démarrage du système, via un script /RC, on peut utiliser ou s'inspirer du script */usr/local/apache/bin/apachectl*. Ce script, qui exécute la commande **httpd**, peut être lancé manuellement pour démarrer ou arrêter le serveur.

```
# cd /usr/local/apache/bin/
# ./apachectl start    # active le serveur
# ./apachectl stop     # arrêt du serveur
```

Installation

L'installation du serveur Apache a été décrite précédemment *(cf. Module 6, installation d'application)*.

Arborescence du serveur

Dans la configuration, cette arborescence est référencée sous le nom de *ServerRoot*. Par défaut, c'est le répertoire */usr/local/apache*. Ses principaux composants sont les répertoires et les fichiers suivants :

conf — Le répertoire qui contient les fichiers de configuration.

- *conf/httpd.conf* — Le principal fichier de configuration, souvent même le seul. Selon sa configuration, les deux fichiers suivants ne sont pas pris en compte.
- *conf/srm.conf* — Le fichier de configuration du traitement des requêtes. Il indique l'emplacement des documents et des scripts CGI.
- *conf/access.conf* — Le fichier qui définit le contrôle d'accès.

logs — C'est le répertoire qui contient les fichiers journaux de bord (*logs*).

- *logs/access_log* — Le fichier qui enregistre les requêtes des clients.
- *logs/error_log* — Le fichier qui mémorise les erreurs.

libexec — Le répertoire qui contient les bibliothèques partagées utilisées par le serveur.

php3.ini — Le fichier de configuration du module PHP.

Remarque
Le service Syslog enregistre également l'activité du serveur.

---

htdocs — Le répertoire qui contient les pages Web. Cette arborescence est référencée sous le nom de *DocumentRoot*.

html/index.html — La page d'accueil du site.

cgi-bin — Le répertoire qui contient les scripts CGI.

icons — Le répertoire qui contient les icônes.

Exemple de création d'un site

La configuration par défaut est tout à fait satisfaisante. Il suffit de supprimer, déplacer ou archiver les pages Web présentes par défaut et de les remplacer par les pages qui constituent le site que vous voulez créer.

```
# cd  /usr/local/apache/htdocs
# mkdir sauve
# mv  index.html*   sauve
# vi  index.html   # on crée une page Web
# cat  index.html
<HTML>
  <HEAD>
    <TITLE>Essai</TITLE>
  </HEAD>
  <BODY>
Ceci est ma première page Web sous Apache
  </BODY>
</HTML>
```

```
#  ps –ef  | grep  httpd  # teste la présence du serveur
root      617    1  0 10:47 ?        00:00:01 httpd
nobody    628  617  0 10:47 ?        00:00:00 httpd
```

```
nobody    629  617  0 10:47 ?     00:00:00 httpd
nobody    630  617  0 10:47 ?     00:00:00 httpd
nobody    631  617  0 10:47 ?     00:00:00 httpd
...
```

lynx http://localhost # test de l'accessibilité de la page d'accueil

lynx http://localhost/index.html # test identique, on spécifie explicitement la page d'accueil

---

Remarques

Le logiciel libre Lynx est un navigateur fonctionnant en mode texte. Il n'est pas dans le même paquetage qu'Apache.

Le serveur Apache se présente, par défaut, sous forme d'un ensemble de démons **httpd** pour assurer de meilleures performances.

La mauvaise définition du nom réseau du serveur est la cause principale de l'empêchement du démarrage du serveur Apache. Il est possible de forcer ce nom avec la directive « ServerName » du fichier *httpd.conf*. Il suffit d'enlever le commentaire associé et de mettre en argument le nom que l'on a choisi pour le serveur.

La commande httpd

La commande **httpd** est l'unique application qui compose le serveur Apache. Il est possible de l'activer à partir du script /usr/local/apache/bin/apachectl ou directement en lui passant éventuellement des paramètres.

Les principales options

-h Affiche un résumé des options et de la syntaxe.

-d Spécifie le répertoire racine de l'administration.

-f Spécifie le nom du fichier de configuration en remplacement de */usr/local/apache/conf/httpd.conf*

-v Affiche la version du logiciel Apache.

-l Liste les modules compilés.

-X Exécute une seule image de httpd.

-t Vérifie la syntaxe du fichier de configuration.

-T Identique, mais sans la vérification de la racine de la documentation.

-V Affiche les paramètres courants.

Exemples

httpd # active le serveur, utilise le répertoire */usr/local/apache*

httpd –d /home/www

httpd –f /home/www/conf/httpd.conf

La configuration du serveur

La configuration du serveur est principalement réalisée par le fichier *conf/httpd.conf*.

Les principales directives de ce fichier sont :

ServerType — Spécifie le mode de lancement du serveur : « Standalone » ou « inetd ». Le mode inetd est peu utilisé. Dans ce cas, le serveur Apache est activé par l'application inetd.

ServerName — Fixe le nom réseau du serveur.

ServerAdmin	Indique l'adresse e-mail du responsable du site.
ServerRoot	Spécifie le répertoire racine de l'administration du serveur, celle qui contient les sous-répertoires *conf* et *logs*. Cette directive est nécessaire si on lance le serveur avec l'option « –f ».
User	L'utilisateur auquel appartiennent les processus httpd.
Group	Le groupe auquel appartiennent les processus httpd.
Port	Le port réseau auquel s'associe Apache, par défaut 80.
Listen	Spécifie un couple « hôte:port ». Contrairement à la directive précédente, il peut y avoir plusieurs directives Listen. Cela permet à Apache de répondre à des requêtes adressées à plusieurs noms de machines, en fait à plusieurs adresses IP, sur des ports particuliers. Cette directive est généralement associée à l'usage des serveurs virtuels (« *Virtual Hosts* ») décrits plus loin.

Remarque
Par défaut, Apache écoute sur toutes les interfaces et donc sur plusieurs adresses IP, Listen permet de restreindre l'écoute à certaines interfaces.

AccessConfig	Le fichier qui contient les directives concernant la sécurité d'accès, *conf/access.conf* par défaut. Si l'on désire centraliser la configuration dans httpd.conf, on spécifie le fichier */dev/null*.
ResourceConfig	Le fichier de ressources. Il contient notamment l'emplacement des documents et des scripts CGI. Si l'on désire centraliser la configuration dans httpd.conf, on spécifie le fichier */dev/null*.
DocumentRoot	Le répertoire qui contient les pages Web.
ScriptAlias	Spécifie l'emplacement des scripts CGI (*cf. Les CGI*).
UserDir	Indique le nom du répertoire associé au chemin URL ~nom_de_l_utilisateur. Cette directive a normalement pour valeur « public_htlm ». Ainsi, l'URL http://localhost/~pierre est associé au répertoire */home/pierre/public_html*. Cette directive permet à chaque utilisateur d'avoir ses pages Web personnelles.
TypesConfig	Spécifie le nom du fichier qui contient les types MIME supportés et les extensions associées, par défaut *conf//mime.types*.
DefaultType	Spécifie le type MIME utilisé dans le cas où le serveur ne découvre pas le bon type. La configuration par défaut est normalement la valeur text/plain.
DirectoryIndex	Spécifie les noms des fichiers d'index d'un répertoire, normalement *index.html*.

Les principales directives de type bloc

Certaines directives définissent un bloc qui limite la portée des directives qu'il contient. Mentionnons principalement :

VirtualHost	Définir des sites virtuels (*cf. Les sites virtuels*).
Directory	Spécifier la configuration d'un ou plusieurs répertoires (*cf. Répertoires*).

Deuxième exemple de site avec une configuration minimum

Le site présenté, bien que peu réaliste, a l'avantage d'être très simple et de permettre de réaliser des tests de configuration sans être noyé dans l'ensemble des directives.

```
# mkdir /home/www
```

```
# cd  /home/www

# mkdir conf  htdocs  logs

# chmod 777 conf htdocs logs

# vi  conf/httpd.conf

# cat   conf/httpd.conf
# -- un mini fichier de config
ServerType standalone
Port    8000
User    nobody
Group   nobody
ServerRoot       /home/www
DocumentRoot    /home/www/htdocs
AccessConfig    /dev/null
ResourceConfig  /dev/null

# cd   htdocs

# vi   index.html   # on crée une page Web

# cat   index.html
<HTML>
 <HEAD>
  <TITLE>Essai</TITLE>
 </HEAD>
 <BODY>
Ceci est ma première page Web sous Apache
 </BODY>
</HTML>

# vi  page.html

# cat page.html
<HTML>
      <HEAD><TITLE>Page</TITLE>
      </HEAD>
      <BODY>
B O N J O U R
<IMG SRC="apache_pb.gif">
<P> ... Le Web !
<A HREF="index.html">cliquer ici</A>
      </BODY>
</HTML>

# cp /home/httpd/icons/apache_pb.gif  .

# httpd –f /home/www/conf/httpd.conf          # on lance le serveur

# netstat  -a  |  grep 8000   #  Vérifie si le serveur est à l'écoute du port 8000

#  lynx http://localhost:8000/index.html   # la page est vue comme une page texte
```

Remarque
Ce site fonctionne très bien avec le navigateur Internet Explorer, qui reconnaît le type des documents transmis sans utiliser obligatoirement MIME. Inversement, les navigateurs Netscape et Lynx ont besoin des types MIME transmis par le serveur. Pour un fonctionnement correct, il faut utiliser les bibliothèques dynamiques référencées dans le fichier *httpd.conf* d'origine.

Les sites virtuels

Un même serveur Apache est capable de gérer plusieurs sites Web. Dans la configuration, on parle de site virtuel (« *virtual host* »). Chaque site possède sa configuration propre en plus de la configuration globale du serveur.

On distingue les différents sites virtuels par le couple « adresse IP/ Port ». A partir de la version 1.1 de HTTP, supportée par les versions récentes d'IE et Netscape, on peut même distinguer les sites simplement par leur nom. Les requêtes HTTP 1.1 contiennent, en effet, le nom du site du serveur. Le service de nom utilisé, a priori DNS, doit bien sûr associer les différents noms du serveur à l'adresse IP de l'ordinateur abritant le serveur Apache.

Exemples

1. Deux sites qui sont associés à deux adresses IP

```
...
Port 80
<VirtualHost 172.16.0.1>
    DocumentRoot /www/site1
    ServerName   www.site1.fr
</VirtualHost>

<VirtualHost 172.16.0.2>
    DocumentRoot /www/site2
    ServerName   www.site2.fr
</VirtualHost>
```

2. Deux sites qui diffèrent par leur numéro de port

```
...
Port 80
Listen 172.16.0.1:80
Listen 172.16.0.1:8000
...
<VirtualHost 172.16.0.1:80>
    DocumentRoot /www/site1
    ServerName      www.site1.fr
</VirtualHost>

<VirtualHost 172.16.0.1:8000>
    DocumentRoot /www/site2
    ServerName      www.site2.fr
</VirtualHost>
```

3. Deux sites qui diffèrent seulement par leur nom

```
Port 80
NameVirtualHost 172.16.0.1
<VirtualHost 172.16.0.1>
    DocumentRoot /www/site1
    ServerName      www.site1.fr
</VirtualHost>

<VirtualHost 172.16.0.1>
    DocumentRoot /www/site2
    ServerName      www.site2.fr
</VirtualHost>
```

Les directives de configuration d'un site virtuel

Les directives suivantes peuvent être présentes dans une balise VirtualHost :

DocumentRoot, ServerName, ServerAdmin, ServerAlias, ScriptAlias, ErrorLog, TransferLog.

Les applications CGI

Une page Web peut être conçue dynamiquement par une application activée par le serveur lors de l'accès à cette page. Une telle application est appelée communément CGI (« *Common Gateways Interface* »). Ce terme désigne, en fait, les conventions d'échange entre le serveur et l'application.

Une application CGI peut être écrite dans n'importe quel langage, y compris le shell. C'est aujourd'hui le langage Perl qui est le plus utilisé.

La configuration par défaut d'Apache permet normalement d'utiliser les CGI.

Les directives de httpd.conf ayant trait aux CGI

Options	Cette directive spécifie des options du site ou d'un site virtuel. Par défaut, la directive a la valeur « all ». Cela signifie que toutes les options sont acceptées, y compris l'option « +ExecCGI », qui autorise l'utilisation des CGI. Inversement, l'option « -ExecCGI » désactive les CGI.
ScriptAlias	Cette directive spécifie l'emplacement des CGI sur le serveur. Elle donne également le chemin des CGI au niveau des URL.

Exemple complet utilisant les CGI

```
# grep ScriptAlias /usr/local/apache/conf/httpd.conf
ScriptAlias /cgi-bin/ "/usr/local/apache/cgi-bin/"
```

Cette directive, présente par défaut, indique que les scripts CGI sont stockés dans le répertoire */usr/local/apache/cgi-bin*. Une requête Web doit inclure */cgi-bin* dans le chemin d'un CGI.

```
# cd /usr/local/apache/cgi-bin

# vi  essai.pl

# cat essai.pl
# !/usr/bin/perl
# essai.pl
print  "Content-Type: text/plain\r\n\r\n" ;
print  "Date et heure : <P>\n" ;
print  "<H1>", scalar( localtime(time)), "</H1>" ;

# chmod +rx  essai .pl

#  lynx "http://localhost/cgi-bin/essai.pl"
```

Les pages PHP

Le module PHP d'Apache (mod_php) permet d'intégrer dans des pages Web des scripts écrits dans le langage PHP, créé par Rasmus Lerdorf en 1994. Les scripts PHP sont interprétés par le serveur et non par le navigateur, cas des scripts écrits en javascript. Le principal avantage de PHP par rapport à Perl/CGI est que le langage PHP est spécialisé pour le Web, notamment pour l'accès aux bases de données. PHP est plus simple que le langage Perl, mais aussi moins puissant.

Les pages Web qui incluent des scripts PHP doivent avoir l'extension « .php3 » ou « .phtml ».

Exemple d'une page Web incluant un programme PHP

```
# cat php.php3
<HTML>
 <HEAD><TITLE>titre</TITLE>
 </HEAD>
 <BODY>
<p> B O N J O U R
<p>
<?php
    // exemple de script PHP
    echo "PHP est <b>tres</b>bien";
    setlocale("LC_TIME","fr_FR");
    $date = strftime("%A %d %B");
    echo "<p>voici la date: $date</p>";
?>
<p> S A L U T
 </BODY>
</HTML>
```

Les pages ASP

Les pages ASP (« *Active Server Pages* ») sont un peu similaires aux pages PHP, en cela qu'elles sont incluses dans les pages Web, mais s'exécutent sur le serveur. La grande différence est que le langage PHP est ouvert et qu'ASP est une technologie propriétaire de Microsoft.

Il existe plusieurs solutions, sous UNIX, pour traduire ou interpréter des pages ASP, mais elles sont partielles du fait de la nature propriétaire d'ASP.

Le module Perl Apache::ASP disponible sous licence GPL (http://www.nodeworks.com/asp).

Le traducteur ASP2PHP qui traduit du ASP en PHP (http://asp2php.naken/cc).

Réaliser un proxy

Apache, ou un de ses sites virtuels, peut jouer le rôle de proxy. Ceci permet aux navigateurs qui ont désigné votre serveur comme proxy, de se servir de lui comme intermédiaire pour accéder aux sites distants. Cette approche a deux intérêts indépendants et complémentaires à la fois :

Un serveur proxy installé sur un pare-feu (*cf. Le chapitre Pare-feu*) autorise l'accès aux sites extérieurs.

Le proxy peut être configuré pour conserver en mémoire et sur disque les différentes pages auxquelles les clients ont accédé. Le serveur joue ainsi un rôle de « cache », ce qui améliore les performances d'accès dès qu'un client accède à une des pages déjà présentes dans ce cache.

Exemple de configuration d'un serveur Apache utilisé comme proxy

Seules sont indiquées les lignes dont on a enlevé le symbole « # » qui les commentait. On modifie éventuellement le numéro de port, 80 par défaut. Il faut aussi dans la directive proxy spécifier le nom du domaine autorisé (Allow). La directive proxy n'est pas obligatoire.

```
# cat httpd.conf

...
Port 8080
...
# Proxy Server directives. Uncomment the following lines to
```

```
# enable the proxy server:
#
<IfModule mod_proxy.c>
ProxyRequests On
#
<Directory proxy:*>
   Order deny,allow
   Deny from all
   Allow from .mon_domaine
</Directory>
## To enable the cache as well, edit and uncomment the following lines:
# (no cacheing without CacheRoot)
#
CacheRoot "/usr/local/apache/proxy"
CacheSize 5
CacheGcInterval 4
CacheMaxExpire 24
CacheLastModifiedFactor 0.1
CacheDefaultExpire 1
#NoCache a_domain.com another_domain.edu joes.garage_sale.com
</IfModule>
...
```

Configuration d'un navigateur

Exemple de configuration d'Internet Explorer :

Choisir [Outils][Options Internet][Connexions][Paramètres LAN].

On coche ensuite « Utiliser un serveur proxy » et grâce au bouton « Avancé », on entre l'adresse et le port du proxy, ici le port 8080.

Les performances

Plusieurs directives permettent d'ajuster les paramètres système du serveur Apache :

MaxClients	Spécifie le nombre maximum de clients gérés simultanément. Les clients en surnombre sont dans l'attente qu'un des processus fils se libère.
MaxRequestPerChild	Spécifie le nombre maximum de requêtes traitées par un processus fils avant qu'il ne meure. Si la valeur de cette directive est 0, les processus fils ne meurent jamais.
StartServers	Nombre de processus httpd fils lancés au démarrage.
MaxSpareServers	Nombre maximum de serveurs inoccupés que l'on conserve, par défaut 10.
MinSpareServers	Nombre minimum de serveurs inoccupés que l'on conserve, par défaut 1. Quand le dernier processus fils devient occupé, le serveur maître lance un nouveau fils.

Les répertoires et leur sécurité d'accès

La directive Directory permet de paramétrer un répertoire. Il est possible, notamment, de restreindre l'accès à un répertoire d'un site Apache à un nombre limité de postes clients ou même d'utilisateurs.

Les principales directives incluses dans Directory sont :

Option	Spécifie des options associées au répertoire. Chaque option peut être précédée d'un « + » ou d'un « - » pour l'activer ou la désactiver. Les principales valeurs sont : None — Aucune option. All — Toutes les options. Indexes — On autorise le client à visualiser le contenu du répertoire si le fichier *index.html* n'existe pas.
FollowSymLinks	On autorise le client à suivre les liens symboliques.
AccessFileName	C'est le nom du fichier de configuration de la sécurité d'accès. Par défaut c'est « *.htpaccess* ». Chaque répertoire peut contenir un fichier portant ce nom et qui configure son accès.
AllowOverride	Cette directive indique au serveur les options qui peuvent être invalidées par un fichier *.htpaccess*. Les valeurs les plus importantes sont « All » et « None » qui respectivement autorisent l'utilisation ou non de .htpaccess.
AuthType	Spécifie le protocole d'identification d'un utilisateur. Le protocole « Basic », qui est le seul actuellement réellement supporté, transmet les mots de passe en clair.
AuthGroupFile	Spécifie le nom du fichier qui contient la définition de groupe d'utilisateurs. Exemple de fichier : groupa : pierre paul groupb : cathy louis
AuthUserFile	Spécifie le nom du fichier qui contient les noms et les mots de passe d'utilisateurs. Ce fichier est créé et mis à jour par la commande **htpasswd**.
Require	Spécifie une liste de contrôle d'accès au répertoire. On donne en argument une liste de noms d'utilisateurs précédés du mot clé « user » ou une liste de groupes précédés du mot clé « group ». Le terme « valid-user » indique que l'on accepte tout utilisateur authentifié. Les utilisateurs mentionnés dans la liste de contrôle doivent être inscrits dans la base définie par la directive AuthUserFile. Ils doivent également fournir un mot de passe (*cf. L'exemple*).

Les directives Order, Allow et Deny autorisent ou interdisent les accès :

order allow, deny	Les accès permis priment sur ceux interdits.
allow from all	Tous les sites clients sont autorisés.
deny from all	Tous les sites clients sont interdits.
allow from 172.16	Les accès provenant du réseau 172.16 sont autorisés.
deny from soc.fr	Les accès provenant de clients du domaine soc.fr sont interdits.

Exemples

La configuration du répertoire racine précise le paramétrage par défaut :

```
<Directory />
    Options FollowSymLinks
    AllowOverride  None
</Directory>
```

La configuration de la racine des documents :

```
<Directory /usr/local/apache/htdocs>
    Options Indexes Includes FollowSymLinks
    AllowOverride  None
    Order allow, deny
    Allow from all
</Directory>
```

On configure l'accès du répertoire */usr/local/apache/htdocs/paul* de telle sorte qu'il ne soit accessible qu'aux utilisateurs « pierre » et « cathy » qui devront, en outre, fournir un mot de passe pour accéder aux pages de ce répertoire.

```
# more /usr/local/apache/conf/httpd.conf
...
<Directory /usr/local/apache/htdocs/paul>
AuthType Basic
AuthName ProjetZ
AuthUserFile /etc/httpd/conf/users
<Limit GET POST>
require valid-user
</Limit>
</Directory>
```

Remarque
Un fichier *.htpaccess* contient la même information qu'une directive Directory excepté la balise elle-même qui n'est pas présente. Pour pouvoir utiliser un fichier *.htpaccess*, il faut que la directive « AllowOveride » du répertoire (ou par défaut des répertoires de plus haut niveau) le permette, par exemple en ayant la valeur « All ».

```
# htpasswd  -c /usr/local/apache/conf/users   pierre
New password:
Re-type new password:
Adding password for user pierre
```

Cette commande, avec l'option « –c », crée le fichier de mot de passe */usr/local/apache/conf/users* et y ajoute une ligne pour l'utilisateur « pierre ». Le mot de passe y est conservé crypté.

Création du mot de passe de « cathy ».

```
# htpasswd /usr/local/apache/conf/users   cathy
```

```
# lynx 'http://localhost/jf/page.html'
```

La requête à une page d'un répertoire protégé déclenche la saisie d'un couple nom/mot de passe au niveau du navigateur.

Les modules

La conception du logiciel Apache est modulaire. Il est tout à fait possible d'ajouter des modules, grâce à une API créée par les concepteurs d'Apache. Les sources étant disponibles, il est possible d'inclure les modules additionnels, dès la compilation, afin d'avoir un logiciel plus performant. La distribution par défaut utilise l'édition de liens statique. Si on utilise l'édition de liens dynamique, alors les modules httpd_core et mod_so sont les seuls présents dans l'exécutable. Les autres sont chargés à la demande en suivant les directives du fichier de configuration.

Les directives associées aux modules sont : Loadmodule, AddModule, ClearModuleList.

Remarques
Le module mod_so permet le chargement des autres modules dynamiquement.

La liste des modules présents dans le fichier de configuration ne peut être modifiée que par un expert qui connaît bien les sources du logiciel.

Les procédures de tests et les fichiers *logs*

Il est important de valider le fonctionnement du serveur et d'examiner les fichiers « *logs* », riches en informations.

Exemples de tests de bon fonctionnement du serveur

ps –ef | grep httpd # les processus Apache sont-ils présents ?

netstat –an | grep 80 # le port 80 est-il actif ?

lynx 'http://localhost' # accès à la page d'accueil via le navigateur Lynx

telnet localhost 80 # on utilise telnet comme client universel
GET /index.html HTTP/1.0

Remarque
La saisie de la requête HTTP précédente (suivie de deux retours chariot) doit permettre de visualiser le source de la page d'accueil.

Les directives associées au log sont :

TransferLog	
CustomLog	Spécifie le nom et le format du fichier *log* qui enregistre les requêtes des clients. Le fichier est normalement */usr/local/apache/logs/access_log* et le format « custom ».
ErrorLog	Spécifie le nom du fichier *log* qui enregistre les erreurs, normalement */usr/local/apache/logs/error_log.*
HostnameLookup	Précise si Apache réalise un « reverse-DNS », c'est-à-dire une recherche du nom du client pour la mise à jour des logs. Par défaut, la valeur est « off ».
LogLevel	Indique le niveau de log, par défaut « warm » (*cf. Module 11 : Le noyau - syslogd*).

Extraits des fichiers de logs

tail access_log
192.168.218.1 - - [10/Dec/2000:22:54:25 +0100] "GET /~jf/toto.txt HTTP/1.1" 200 19
192.168.218.1 - - [10/Dec/2000:23:30:39 +0100] "GET /manual/mod/index.html HTTP/1.1" 304 -
192.168.218.1 - - [10/Dec/2000:23:34:00 +0100] "GET /manual/mod/mod_so.html HTTP/1.1" 200 5976

tail error_log
[Sun Dec 10 22:22:38 2000] [notice] caught SIGTERM, shutting down
[Sun Dec 10 22:22:44 2000] [notice] Apache/1.3.12 (Unix) PHP/3.
0.15 mod_perl/1.21 configured -- resuming normal operations
[Sun Dec 10 23:28:36 2000] [crit] (98)Adresse déjà utilisée: make_sock: could not bind to port 80

Connaître l'état du serveur

On peut connaître l'état du serveur grâce à l'URL http://serveur/server-status.

Il faut, pour que cela fonctionne, enlever les commentaires associés à la directive <Location /server-status>…</Location>. Pour obtenir le maximum de renseignements, on enlève également le commentaire devant la directive « ExtendedStatus On ».

Références pour Apache

Le manuel : httpd(8), htpasswd(1).

Le fichier de configuration, abondamment commenté : httpd.conf.

La documentation HTML en ligne, accessible par un navigateur à partir du site web géré par défaut par le serveur Apache : http://localhost/manual/index.html.

Le site Internet de référence : http://www.apache.org.

Le livre *Apache, The Definitive Guide* (*cf. Bibliographie*).

Samba

```
# smb.conf
[global]
workgroup = WORKGROUP
security = share
null passwords = yes
...
[jeux]
    comment = jeux en freeware
    path = /usr/games/windows
    public = yes
    read only = yes
    browsable = yes
```


Samba est un logiciel libre, sous licence GNU, qui transforme UNIX en un véritable serveur de fichiers et d'imprimantes LAN MANAGER (Windows 3.x, 9x et NT). Il concurrence Windows sur son propre terrain.

Architecture réseau

Samba utilise le protocole SMB (« *Server Message Block* ») de Microsoft, pour accéder aux ressources.

SMB utilise le protocole Netbios RFC pour gérer les noms des ressources et l'échange de données.

Netbios RFC correspond à la version de Netbios pour TCP/IP.

Le protocole Browser, qui repose sur SMB, permet de connaître la liste des serveurs disponibles et les ressources d'un serveur. Le « Master Browser » est l'ordinateur qui centralise les ressources.

Nom réseau et accès à une ressource

Une ressource réseau LAN MANAGER, une imprimante ou un répertoire partagé, est accessible dans le réseau grâce à son nom de partage (« *sharename* »). Le nom de partage « \\mars\jeux » désigne la ressource partagée jeux de l'ordinateur mars.

Le nom de la ressource partagée doit être connu du client pour qu'il l'utilise. Il lui associe alors une lettre de lecteur (Lettre:) local qu'il utilisera ensuite pour la désigner :

```
C:\> NET  USE  U:  \\mars\jeux
C:\>U:
U:\>
```

Les composants du logiciel

Nous mentionnons, dans le tableau qui suit, les principaux composants du logiciel Samba. Nous renvoyons l'utilisateur aux manuels des commandes et des fichiers pour approfondir la connaissance du paquetage.

smbd	Le démon qui fournit les services de partage de fichier set d'imprimantes SMB.
nmbd	Le démon qui fournit le service Netbios et le service Browser. Il peut également servir de serveur wins. Les deux démons, **smbd** et **nmbd**, doivent être exécutés au démarrage d'UNIX.
smbclient	Il permet à UNIX d'accéder à des ressources d'un serveur SMB.
testparms	Ce programme permet de tester la configuration d'un serveur.
testprns	Ce programme permet de tester les imprimantes.
smbstatus	Affiche les connexions en cours.
nmblookup	Ce programme permet d'accéder au service de noms Netbios et de connaître le « Master Browser ».
smbpasswd	Il permet de changer les mots de passe sur un serveur LAN MANAGER.

Le démon **smbd**

```
smbd [ -D ] [ -a ] [ -d niveau_de_debug ] [ -l fichier_log ]
    [ -p numéro_de_port ] [ -O options_socket ]
    [ -s fichier_de_configuration ]
```

-D **smbd** est lancé comme démon détaché.
-a Le fichier *log* est initialisé à chaque démarrage, il est en mode append par défaut.
-d n Définit le niveau de rapport fait dans le fichier *log*. Une valeur de 0 à 10. 0 est utilisée par défaut et seules les erreurs critiques sont rapportées.
-l fic Précise les noms des fichiers *logs*. Les noms sont *log.debug*, *log.in* et *log.out*.
-p N° Indique le numéro de port. La valeur par défaut est 139.
-O soc Indique les options « sockets » (*cf. smb.conf(5)*).
-s fic Indique le fichier de configuration.

Le démon **nmbd**

```
nmbd [ -D ] [ -H netbios hosts file ] [ -d debuglevel ] [ -l log basename ]
     [ -n netbios name ] [ -p port number ] [-s configuration file ]
```

Le démon **nmbd** est un serveur qui sait répondre aux demandes de noms Netbios des clients. Si le nom de l'hôte où il s'exécute est spécifié, à moins que l'option « -n » ait été précisée, il renvoie son adresse IP.
nmbd peut aussi être utilisé comme serveur WINS.

La commande **smbstatus**

```
smbstatus [ -b ] [ -d ] [ -p ] [ -s configuration file ]
```

La commande **smbstatus** affiche les connexions Samba actives.
-b Rapport succinct
-d Rapport détaillé
-p Liste de tous les processus Samba

Lancement et arrêt du service

Le démarrage d'un serveur Samba est réalisé en activant ses deux serveurs, nmbd et smbd. On leur indique le chemin du fichier de configuration grâce à l'option « -s », l'option « -D » précise le mode démon.

```
# /usr/local/samba/sbin/nmbd -D -s /usr/local/samba/lib/smb.conf
# /usr/local/samba/sbin/smbd -D -s /usr/local/samba/lib/smb.conf
```

Pour arrêter le service, il suffit de tuer les deux démons. On peut écrire des scripts qui automatisent ces actions.

La configuration

La configuration de Samba est réalisée à travers le fichier *smb.conf*, normalement situé sous */usr/local/samba/lib*. Après l'installation, on peut créer ce fichier grâce à l'exemple *examples/smb.conf.default* présent dans l'arborescence d'installation.

Ce fichier comporte des sections. Chaque section est identifiée par un nom entre crochets et définit une ressource partagée, par exemple [jeux]. Il existe trois sections spéciales prédéfinies, [global], [homes] et [printers]. Les sections [homes] et [printers] font des répertoires de connexion des utilisateurs et des imprimantes du système des ressources partagées.

On doit spécifier le groupe de travail ou le domaine grâce au champ workgroup :

```
workgroup= WORKGROUP
```

Par ailleurs, la configuration par défaut de ces trois sections est généralement satisfaisante. Si l'on désire ajouter des sections, on édite le fichier *smb.conf* et on y ajoute une section comme dans l'exemple du transparent.

```
[ section ]
argument = valeur ...
```

Remarques
Le nom Netbios du serveur est, par défaut, son nom réseau (**uname –n**). On peut forcer sa valeur grâce à la directive « netbios name= ».

Si l'on veut que Samba joue le rôle de serveur Wins, on utilise la directive « wins support=yes ».

Le début d'une section marque la fin de la précédente. Il n'y a pas de différence entre les minuscules et les majuscules.

Le paramétrage par défaut de la section [printers] qui configure l'impression, est généralement correct et tient compte du système d'impression du système UNIX sur lequel on installe Samba.

La configuration d'une ressource disque

Le transparent du début de chapitre donne un exemple type de paramétrage d'une ressource disque. Le fichier *smb.conf* fournit un grand nombre d'exemples. Il est très simple de s'en inspirer. Voici les principaux paramètres utilisés :

comment = commentaire

Le commentaire qui apparaît lorsque l'on affiche les ressources dans le voisinage réseau ou par la commande **net view \\le_serveur** de Windows.

path = chemin

Le chemin d'accès à la ressource. Le chemin peut utiliser des variables Samba, comme %m (l'ordinateur client), %u (le nom de l'utilisateur).

browseable = yes | no

Si ce paramètre a la valeur « no », la ressource n'est pas visible dans la liste des ressources du voisinage réseau ou quand on utilise la commande **net view \\le_serveur** de Windows.

valid users = Liste d'utilisateurs

Liste d'utilisateurs ou de groupes ayant accès à la ressource. Les groupes sont précédés d'une arobase (@).

invalid users = Liste d'utilisateurs

Liste d'utilisateurs ou de groupes n'ayant pas accès à la ressource.

public = yes | no (« guest ok » est synonyme de « public=yes »)

Si « public=yes », n'importe quel utilisateur (un invité) est autorisé à accéder à la ressource. L'accès se fera sous le compte défini par le paramètre « guest account= » (*cf. Paragraphe sécurité*).

only guest (ou guest only = yes)

Seul un accès en tant qu'invité est autorisé pour accéder à la ressource.

read only = yes | no

writeable = yes | no

Si « read only = yes » ou « writeable = no », la ressource est accessible en lecture seulement. Si « read only = no » ou « writeable = yes », la ressource est accessible en lecture et en écriture.

create mask = 0744

Cette option a la même signification que la commande UNIX **umask**.

La sécurité

Sécurité au niveau des utilisateurs ou des ressources

Pour limiter le partage d'une ressource, SMB offre le choix entre deux techniques, exclusives l'une de l'autre :

- USER-LEVEL
  Chaque utilisateur a des droits propres à chaque ressource qu'il peut utiliser. Une ACL (« *Access Control List* ») est associée à chaque ressource, qui indique les utilisateurs et les groupes qui ont accès à la ressource. Cette stratégie implique que tous les utilisateurs aient un compte sur le serveur.
  Dans le cas d'UNIX, les comptes SMB correspondent logiquement à des comptes UNIX définies dans /etc/passwd. C'est pourquoi un utilisateur qui se connecte sous Windows doit posséder le compte correspondant sous UNIX.
- SHARE-LEVEL
  Les mêmes droits s'appliquent à tous les utilisateurs. Il suffit de connaître le mot de passe associé à la ressource, si elle en possède un.

Dans tous les cas, pour pouvoir accéder à des ressources réseaux, un utilisateur Windows doit se connecter en utilisant un nom et un mot de passe. Ces informations sont ensuite transmises lors de l'accès aux ressources.

Le chiffrement des mots de passe

Par défaut, Windows 95 et les premières versions de Windows NT ne chiffraient pas les mots de passe lors des transferts réseaux. Windows 98 et Windows NT pack 3 et supérieur chiffrent les mots de passe. La configuration par défaut de /etc/smb.conf n'implique pas de chiffrement et n'est donc utilisable, en l'état, qu'avec Windows 95.

Dans le cas où les mots de passe sont transmis en clair, ils peuvent résider dans le fichier */etc/passwd*. Si l'on choisit le chiffrement des mots de passe, il faut les mémoriser dans un fichier, par exemple */usr/local/samba/private/smbpasswd*. Le fichier *smb.conf* indique son chemin. Le fichier conserve les mots de passe cryptés, au format LAN MANAGER et au format Windows NT.

Il faut également créer et modifier les mots de passe SMB. Cette opération est réalisée par la commande **smbpasswd**.

Ajouter un compte au fichier, qui sera créé au besoin.

```
# smbpasswd  -a  alice
New SMB password:
Retype new SMB password:
Password changed for user alice.
```

Remarque
Le script **mksmbpasswd.sh** permet de créer un compte SMB à partir du fichier */etc/passwd*. L'exemple qui suit illustre la création du compte de Pierre (login pierre).

```
# grep pierre /etc/passwd  | mksmbpasswd.sh >> smbpasswd
```

Modifier un compte existant.

```
# smbpasswd  catherine
```

Mettre un mot de passe vide, si cela est autorisé (*cf. La section suivante*).

```
# smbpasswd  -n  thomas
```

L'utilisateur peut modifier son propre mot de passe.

```
$ smbpasswd
```

Remarque
Il est possible, en modifiant les registres du système Windows, d'autoriser la transmission des mots de passe en clair. Par exemple sur un système Windows 98 :
HKEY_LOCAL_MACHINE\System\Current\ControlSet\Services\VxD\VNESETUP\
Edit->New-Dword « New Value#1 ».

Les paramètres de la sécurité (section [global])

Les paramètres généraux qui gèrent la sécurité apparaissent dans la section globale :

security = user | share | server | domain

C'est le paramètre le plus important. Il indique si l'on choisit l'accès en User-level (user), ou en share-level (share). Si l'on choisit User-level, l'authentification peut être réalisée par un autre serveur (server). Le choix « domain » est équivalent en première approximation au choix « user » (*cf. La documentation pour complément*).

passwd server = serveur d'authentification

Ce paramètre contient l'adresse du serveur d'authentification si l'on a choisi la valeur « server » pour le paramètre « security= ». Ce serveur est soit un autre serveur Samba, avec le paramètre security = user, soit un serveur NT primaire de domaine (PDC).

encrypt passwords = yes | no

smb passwd file = /etc/smbpasswd

C'est le chemin d'accès au fichier des mots de passe SMB, si l'on choisit de crypter les mots de passe (« encrypt passwords = yes »).

null passwords = yes | no

Si ce paramètre est égal à « yes », un utilisateur peut avoir un mot de passe vide.

guest account = un_compte_unix

Indique le compte UNIX associé à l'accès d'une ressource publique. Par défaut c'est le compte « nobody ».

map to guest = never | bad user | bad password

Ce paramètre précise ce que fait le serveur Samba si l'utilisateur donne un nom ou un mot de passe erroné. La valeur par défaut « never » implique que le serveur refuse la connexion en cas d'erreur. Si le paramètre a la valeur « bad user », l'utilisateur est connecté sous le compte associé au compte guest dans le cas où le nom d'utilisateur n'existe pas. La valeur « bad password » aboutit au même résultat dans le cas où le compte existe mais que le mot de passe est incorrect.

Exemples

Accès en share-level à un répertoire *pub* accessible à tout le monde.

```
# more smb.conf
        [global]
                workgroup = WORKGROUP
...
                security = share
                null passwords = yes
                ...
        [pub]
        comment =  répertoire accessible à tout le monde
        path = /home/pub
        public = yes
        readonly = no
# mkdir /home/pub ;  chmod 777 /home/pub # on crée le répertoire
```

Accès en user-level, sans chiffrement (la configuration par défaut).
La section prédéfinie [homes] permet l'accès pour chaque utilisateur à un répertoire privé. La section [staff] décrit un répertoire accessible en écriture au groupe staff et à l'utilisateur Paul (login paul).

```
# more smb.conf
[global]
        workgroup = WORKGROUP
        ...
        security = user
[homes]
        comment – Home Directories
        browseable = no
        writable = yes
[staff]
        path = /home/staff
        public = yes
        writeable = yes
        write list = @staff, paul
# mkdir  /home/staff
# useradd  paul
# passwd  paul
# chown  paul  /home/staff
# chgrp  staff  /home/staff
# chmod 775   /home/staff
```

Accès en user-level, avec chiffrement.
La section [rpierre] décrit un répertoire accessible uniquement à Pierre.

```
# more /etc/smb.conf
[global]
        workgroup = WORKGROUP
        ...
        security = user
        encrypt passwords = yes
        smb passwd file = /etc/smbpasswd
        ...
[rpierre]
        path = /usr/pierre
        valid  users = pierre
        public = no
        writeable = yes
        create mask = 0700
# mkdir /usr/pierre
# useradd pierre
# smbpasswd –a pierre
# chown pierre /usr/pierre
# chmod 700 /usr/pierre
```

Samba comme serveur primaire de domaine NT

Les postes de travail Windows peuvent faire partie d'un domaine Windows NT. La gestion centralisée des comptes sur un poste appelé Serveur primaire de domaine (« *primary domain controler* »), le PDC, en représente le principal avantage. Si on utilise cette notion de domaine, les connexions sont validées directement ou indirectement par le PDC.

Samba peut jouer le rôle de serveur primaire de domaine Windows NT. Le paramétrage associé est plus ou moins complexe selon les objectifs. Nous renvoyons le lecteur aux éléments donnés en référence pour une étude complète. Ce qui suit est un petit exemple commenté.

Sur le serveur

```
# more  smb.conf
[global]
        # --- on doit donner le nom du domaine que l'on crée
        workgroup =  DOMAIN
        # --- la sécurité doit être de type user-level
        security = user
        # --- les mots de passe doivent être chiffrés
        encrypt passwords = yes
        smb passwd file = /etc/smbpasswd
        # --- Samba effectue les accès au domaine
        domain logons = yes
        # --- Samba doit jouer le rôle de « Master Browser »
        os level = 34
        local master = yes
        preferred master = yes
        domain master = yes
[netlogon]
        # --- Cette ressource doit être accessible à tous les utilisateurs
        comment = service de connexion au domaine
        path = /export/samba/logon
        public = no
```

```
writeable = no
browsable = no
```

```
# mkdir /export/samba/logon
# chmod 770  /export/samba/logon
```

Sur un poste Windows 95/98

Si l'on veut qu'un poste Windows 95/98 utilise le serveur Samba pour se connecter au domaine, on doit changer la configuration comme suit :

Dans la fenêtre de configuration réseau, obtenue en cliquant avec le bouton droit sur l'icône « Voisinage réseau », on active l'onglet « Configuration ». Dans la liste des composants réseaux, on choisit la ligne « Client pour les réseaux Microsoft ». On clique sur le bouton « Propriétés », une boîte de dialogue apparaît. On coche la case « Ouvrir la session sur un domaine Windows NT » et l'on rentre ensuite le nom du domaine. Après avoir cliqué sur « OK », on redémarre la machine.

Avec l'éditeur de registre, on se positionne sur la rubrique HKEY_LOCAL_MACHINE\System\Current\ControlSet\Services\VxD \VNETSETUP\. En utilisant le menu [Edit][New][Dword], on crée l'entrée EnablePlainTextPassword avec la valeur 1.

Sur un poste Windows NT appartenant au domaine

Pour qu'un ordinateur fonctionnant sous Windows NT fasse partie d'un domaine, il faut d'abord créer, sur le PDC, un utilisateur spécial qui est le nom de l'ordinateur suivi du caractère « $ ».

Si UNIX est utilisé comme PDC, il faut créer un compte UNIX pour chaque client NT, dans la base /etc/passwd, par exemple pour la machine venus :

```
venus$:*:680:100:La machine venus:/dev/null:/dev/null
```

On crée ensuite le mot de passe via smbpasswd :

```
# smbpasswd  -a –m venus    # ne pas mettre le « $ » !
```

Tests et accès aux ressources

Les tests d'accès aux ressources du serveur peuvent être menés à partir d'un poste Windows, d'un poste UNIX ou du serveur lui-même.

Poste Windows

Pour afficher les serveurs disponibles, on clique sur l'icône « Voisinage réseau » ou on lance la commande **net view**. Au moins un poste doit être configuré en « master browser ».

Pour afficher les ressources d'un serveur, on clique sur le serveur dans la fenêtre « Voisinage réseau » ou on lance la commande **net view \\nom_du_serveur**.

Pour accéder à une ressource, on clique sur la ressource dans la fenêtre « Voisinage réseau » ou on lance des commandes :

```
c:\> net  use  H:   \\le_serveur\la_ressource
c:\> H:             on se déplace dans le répertoire distant
```

Poste UNIX

Sur un poste UNIX, on peut utiliser les commandes fournies dans le paquetage Samba, principalement smbclient qui émule un client SMB. En mode interactif cette commande ressemble à la commande ftp de transfert de fichiers, mais elle dialogue avec un serveur SMB. L'utilisation de cette commande est un bon moyen de tester une configuration Samba mais aussi d'accéder en tant que client à un serveur Windows.

Tester si le format de smb.conf est correct

```
$ testparm
```

Afficher les ordinateurs actifs d'un workgroup ou d'un domaine

```
$ nmblookup  WORKGROUP
```

Afficher les ressources d'un serveur, la commande demande un mot de passe, éventuellement vide

```
$ smbclient  -L  le_serveur
Password :
```

L'opération est identique, mais on demande à ne pas entrer le mot de passe. Le serveur est local

```
$ smbclient  -L   localhost   -N
```

On accède à une ressource de type disque (utilisation proche de ftp)

```
$ smbclient  //serveur/ressource  mot_de passe  -U  utilisateur
smb> help
...
```

On accède à une ressource de type imprimante

```
$ smbclient  //serveur/imprimante   -P
smb> print fichier
smb> quit
```

Logs

En plus de l'utilisation des commandes **smbclient** ou **testparm**, un moyen de dépannage de Samba est constitué par la lecture de ses journaux de bord.

Plusieurs paramètres de la section [global] permettent de paramétrer ses journaux.

log file = /usr/local/samba/var/log.%m

Ce paramètre indique le nom du fichier *log* de Samba. En utilisant la variable %m, Samba va constituer un fichier *log* par machine cliente.

max log size = 5000

Ce paramètre fixe la taille maximum du fichier *log* en kilo-octets. Si le maximum est atteint, Samba renomme le fichier avec l'extension .o.

debug level = 3

Spécifie le niveau de détails des informations écrites dans les journaux. Le paramètre peut prendre les valeurs de 0 à 10, par défaut 0, la valeur 3 est la plus utile dans un objectif de dépannage.

syslog = 1

Indique quels sont les messages envoyés au service syslog.

0 Uniquement les erreurs (error)

1 Les avertissements (warning)

2 Remarque (notice)

3 Informations (info)

syslog only = yes | no

Si ce paramètre est égal à « yes », Samba n'utilise pas ses propres journaux, mais uniquement le service syslog.

Références

Le fichier *smb.conf.* Ce fichier est le fichier de configuration de Samba, il est abondamment commenté, et contient de nombreux exemples de configuration mis en commentaire.

Le manuel : samba(7), smb.conf(5), smbclient(1), smbpasswd(1), smbd(8), swat(8) (le logiciel swat permet l'administration d'un serveur Samba à partir d'un navigateur, tel Netscape).

Le sous-répertoire *docs* du répertoire d'installation. Ce répertoire contient une grande masse d'informations. Tout ce qui est nécessaire à l'utilisation de Samba s'y trouve (FAQ, HOWTO, MAN, le livre « *Using Samba* » ...). Le sous-répertoire *examples* du répertoire d'installation contient de nombreux exemples.

Livre : *Using Samba*

Internet :

- Le site officiel de Samba, http://www.samba.org.

- L'archive des listes de diffusion : http://lists.samba.org

- La documentation : http://samba.org/samba

- Les forums : new :comp.protocols.smb

Serveur DNS (named)

- **Modes de fonctionnement de named**
  - « Primary master »
  - « Secondary master »
  - « Caching only »
- **Format d 'un enregistrement de ressources DNS**

  [nom][durée_de_vie] classe type donnée

  venus 86400 IN A 192.0.0.1

  classes: SOA,NS, A, MX, CNAME, ...

TSOFT - UNIX Administration Module 13 : Le réseau - 13.14

Introduction

Rappelons que le service DNS (« *Domain Name Service* ») permet à un hôte qui connaît le nom d'un autre hôte du réseau, mais pas son adresse IP, de l'obtenir en s'adressant à un serveur DNS.

Dans le système UNIX, le démon **named** (ou **in.named**) joue le rôle de serveur DNS. Il peut être configuré de trois manières différentes :

- « caching-only » : un serveur DNS tampon n'a pas autorité pour répondre à une requête, mais il peut, par contre, retransmettre la demande à un autre serveur si la requête est récursive, et répondre ensuite au client. Le serveur mémorise, en mémoire tampon, les réponses pour faire face à dc nouvelles requêtes identiques.
- « primary master » : un serveur DNS maître principal est la source des informations associées à un domaine DNS. Il a autorité pour répondre à une requête.
- « secondary master » : un serveur DNS maître secondaire contient une copie des informations mises à jour au niveau du serveur maître principal. Il a également autorité pour répondre à une requête.

Configuration

La configuration du démon **named** est faite dans les fichiers suivants :

named.conf : ce fichier indique les fonctions de named et les noms des fichiers de configuration. Les noms utilisés dans la suite sont donnés à titre d'exemple.

named.ca : ce fichier contient les adresses IP des serveurs du domaine racine (« root » ou « . »). On peut utiliser le fichier fourni dans le paquetage.

named.local : ce fichier permet de résoudre l'adresse de boucle locale (« localhost »).

named.hosts : ce fichier, qualifié de « zone file », contient les noms DNS et les adresses IP correspondantes des hôtes d'un domaine.

named.rev : ce fichier, également qualifié de « zone file », contient les données inverses du précédent et permet de connaître le nom d'une machine à partir de son adresse IP.

Un serveur DNS principal doit posséder tous ces fichiers. Un serveur DNS secondaire ou un serveur DNS tampon peuvent ne disposer que des fichiers *named.root* et *named.local* en plus du fichier */etc/named.conf.*

Le fichier /etc/named.conf

Les commentaires commencent par // ou # ou bien sont de type C (/* ...*/).

La structure du fichier est la suivante : une suite de sections terminées par « ; ». Chaque section est introduite par un en-tête suivi d'un bloc délimité par des accolades. Le bloc contient une suite d'énoncés terminés par « ; ».

Une section « zone » décrit un domaine DNS.
L'énoncé type précise le rôle du serveur :

```
    type master ;    # serveur maître
    type slave ;     # serveur secondaire
    type  hint ;     # serveur cache
```

L'énoncé « file » précise le nom du fichier qui contient la description du domaine.

Voici un exemple d'une section décrivant un domaine pour laquelle le serveur joue le rôle de serveur principal :

```
zone "societe.com"{
    type master;
    file "societe.com";
};
```

Voici un autre exemple, mais pour un serveur secondaire :

```
zone "societe2.com"{
    type slave;
    file "societe2.com";
    masters {
            192.0.0.4 ; # adresse IP du serveur primaire
    }
};
```

La première section est généralement la section « options », qui décrit des caractéristiques communes à l'ensemble des sections, par exemple le répertoire qui contient les fichiers de configuration. Exemple :

```
options {
    directory "/var/named";
};
```

Remarque
Le nom et le format du fichier de configuration de named ont changé à partir de la version 8 du paquetage bind. L'ancien fichier s'appelait *named.boot.*

Format d'un enregistrement de ressources DNS

Les fichiers *named.ca, named.rev, ...* contiennent des enregistrements de ressources DNS. Nous rappelons que les noms exacts des fichiers d'enregistrement de ressources sont spécifiés dans le fichier *named.conf.* La structure des ressources DNS est la suivante :

```
[nom] [durée-de-vie]       classe type    donnée
```

- nom : c'est le nom d'un objet, par exemple un nom DNS. Si le nom est absent, l'enregistrement référence l'objet précédent.

- durée-de-vie : c'est la durée de vie en secondes de l'objet dans le tampon (« cache »). En son absence, elle est égale à la valeur du champ minimum de l'enregistrement SOA.
- classe : la classe indique le réseau de transport utilisé. Les réseaux TCP/IP sont définis par la classe IN " (Internet).
- type : c'est le type d'enregistrement. Les principaux types sont :

SOA (« *Start Of Authority* »)	Débute un enregistrement général d'un fichier de zone.
NS (« *Name Server* »)	Identifie un serveur de nom.
A (« *Address* »)	Permet la conversion d'un nom DNS en adresse IP.
PTR (« *Pointer* »)	Permet la conversion d'une adresse IP en nom DNS.
MX (« *Mail eXchange* »)	Identifie un serveur de messagerie.
CNAME (« *Canonical Name* »)	Donne un alias à une machine.
HINFO (« *Host Information* »)	Décrit l'architecture matérielle et le système d'exploitation d'un hôte.
WKS (« *Well Known Services* »)	Décrit les services disponibles.

- donnée : c'est la donnée de l'enregistrement, par exemple l'adresse IP pour un enregistrement de type A.

L'enregistrement SOA

Syntaxe

```
@   IN   SOA    nom_du_serveur_principal e-mail de l administrateur (
                numéro_de_série
                rafraîchissement
                nouvel_essai
                expire
                minimum )
    IN   NS     nom_d_un_serveur_maître
    ...
```

Description

Un enregistrement SOA indique les serveurs maîtres d'un domaine et les paramètres généraux qui s'appliquent à l'ensemble des enregistrements. Le numéro de série doit être incrémenté à chaque modification. Le paramètre rafraîchissement, exprimé en secondes, indique à un serveur secondaire le temps au bout duquel il vérifie si le numéro de série a été modifié.

Si c'est le cas, le fichier de zone est téléchargé de nouveau. Le paramètre nouvel_essai, exprimé en secondes, indique à un serveur secondaire le temps au bout duquel il vérifie de nouveau le numéro de série, en cas d'échec. Le paramètre expire, exprimé en secondes, indique la durée de vie des données. Le paramètre minimum, exprimé en secondes, indique le temps minimum durant lequel les données sont conservées dans la mémoire tampon (cache).

Remarques

- Dans l'adresse e-mail de l'administrateur, le caractère « @ » est remplacé par le caractère « . ».
- Le caractère « ; » indique le début d'un commentaire.

Exemples de fichiers de configuration

```
# cat /etc/named.conf
options {
    directory "/var/named";
};
zone "." {
    type hint;
    file "named.ca";
};
zone "societe.com"{
    type master;
    file "societe.com";
};
zone "0.0.127.in-addr.arpa"{
    type master;
    file "named.local";
};
zone "0.0.192.in-addr.arpa"{
    type master;
    file "societe.com.rev";
};
# cat /var/named/societe.com
@           IN    SOA   annuaire.societe.com. pierre.societe.com. (
                  1997022700 ; serial
                  28800 ; refresh
                  14400 ; retry
                  3600000 ; expire
                  86400 ; default_ttl
                  )
@           IN    NS    annuaire.societe.com.
            IN    NS    bottin.societe.com.
localhost   IN    A     127.0.0.1
venus       IN    A     192.0.0.1
saturne     IN    A     192.0.0.2
annuaire    IN    A     192.0.0.3
bottin      IN    A     192.0.0.4
www         IN    CNAME       venus.societe.com.
ftp         IN    CNAME       saturne.societe.com.
societe.com. IN   MX    10    venus.societe.com.
            IN    MX    20    saturne.societe.com.
saturne     IN    HINFO       i586/133 NT4
venus       IN    HINFO       i586/400 UNIX
# cat /var/named/societe.com.rev
@           IN    SOA   annuaire.societe.com. pierre.societe.com. (
                  1997022700 ; serial
                  28800 ; refresh
```

```
                14400 ; retry
                3600000 ; expire
                86400 ; default_ttl
                )
@       IN      NS      annuaire.societe.com.
        IN      NS      bootin.societe.com.
1       IN      PTR     venus.societe.com.
2       IN      PTR     saturne.societe.com.
3       IN      PTR     annuaire.societe.com.
4       IN      PTR     bottin.societe.com.
```

```
# cat /var/named/named.local
@       IN      SOA     localhost.      root.localhost. (
                1997022700 ; serial
                28800 ; refresh
                14400 ; retry
                3600000 ; expire
                86400 ; default_ttl
                )
@       IN      NS      localhost.
1       IN      PTR     localhost.
```

```
# tail /var/named/named.ca
; temporarily housed at ISI (IANA)
;
.                       3600000     NS    L.ROOT-SERVERS.NET.
L.ROOT-SERVERS.NET.     3600000     A     198.32.64.12
;
; housed in Japan, operated by WIDE
;
.                       3600000     NS    M.ROOT-SERVERS.NET.
M.ROOT-SERVERS.NET.     3600000     A     202.12.27.33
; End of File
```

nslookup

La commande **nslookup** est l'outil adéquat pour mettre au point une configuration DNS et obtenir des informations provenant de n'importe quel serveur DNS.

L'exemple qui suit illustre quelques possibilités de la commande **nslookup**.

Aide en ligne.

> > help

Traduit un nom DNS en adresse IP.

> > www.societe.com

Idem, mais on utilise un nom appartenant au domaine courant.

> > www

Change de serveur de nom.

> > server   name.bidon.com

Change le domaine par défaut.

> > set domain=societe.com

Visualise la liste des serveurs de nom d'un domaine.

> > set type=NS

> societe.com

Visualise la liste des serveurs de messagerie d'un domaine.

> set type=MX

> societe.com

Spécifie le type de données recherchées, traduit une adresse IP en nom.

> set type=PTR

> 192.0.0.3

Récupère la description d'une zone et visualise les résultats.

> ls societe.com > fic

> view fic

Met fin à une session.

> exit

Remarques

- La commande **nslookup** ne fonctionne pas si le « reverse-DNS » n'a pas été configuré.
- Généralement un serveur ne répond pas à la requête provoquée par la commande **ls** pour des raisons de sécurité.
- Au lancement de **nslookup**, on peut préciser l'adresse d'un serveur DNS :
  # nslookup - serveur.
  Si on ne le fait pas, nslookup adressera ses requêtes au serveur configuré dans le fichier */etc/resolv.conf*.

Le démon named

Le démon **named** doit être activé sur un serveur.

Syntaxe

named [-d niveau_debogage] [-q] [-r] [-f] [-p port] [-w repertoire]
[-b | -c] fichier de configuration]

Le fichier de configuration est indiqué par les options « –b » ou « –c », par défaut c'est le fichier */etc/named.conf*.

-d niv	Active le débogage en précisant le niveau.
-p port	Indique le port réseau d'écoute.
-f	Le démon s'exécute en avant-plan.
-q	Trace les requêtes.
-r	Supprime la récursivité.
-w rep	Le répertoire de travail (par défaut le répertoire courant).

Les signaux

SIGHUP	Le serveur relie sa base de données.
SIGINT	Le serveur écrit sa base de données dans un fichier (*nameddump.db*).
SIGIOT	Le serveur écrit des statistiques dans un fichier (*named.stats*).
SIGTERM	Met fin proprement au serveur.
SIGUSR1	Active le débogage (s'il est déjà activé, incrémente le niveau).
SIGUSR2	Désactive le débogage.
SIGWINCH	Envoie toutes les requêtes à Syslog.

Les fichiers

/etc/named.conf	Le fichier de configuration principal.
/var/ tmp/named.run	Contient les informations de débogage.
/var/tmp/nameddump.db	La base de données du serveur.
/var/tmp/named.stats	Statistiques du serveur.
/var/tmp/named.pid	Le PID du sreveur.

Références

Man

named(1m)

Livre

DNS and Bind

Internet

http://www.isc.org

Atelier 13 : Le réseau

Objectifs :

- **Savoir configurer un poste pour l'ajouter à un réseau TCP/IP**
- **Savoir ajouter un logiciel réseau**

Durée : 30 minutes.

Exercice n°1

Quel est le nom réseau de votre système ?

Exercice n°2

Quels sont les adresses IP, le netmask et les passerelles connus de votre système ?

Exercice n°3

Est-ce qu'il y a une application serveur FTP, active sur votre système ?

Exercice n°4

Est-ce qu'une application serveur FTP est active sur le système distant ?

Exercice n°5

Est-ce que l'application « inetd » est active sur votre système ? Quels sont les ports TCP (notés symboliquement) gérés par elle ?

Exercice n°6

Changez les adresses IP et les netmasks de votre système et du système distant (qui doivent être sur le même réseau physique et non connectés à Internet), en utilisant les valeurs suivantes :

- Votre système : Adresse IP : 133.45.11.12, Netmask : 255.255.0.0
- Le système distant : Adresse IP : 133.45.44.45, Netmask : 255.255.0.0

Tester la connexion par un ping, et ensuite remettre les anciennes valeurs.

Exercice n°7

Faites en sorte que votre système puisse utiliser les commandes **remote** en local, par exemple :

$ rcp localhost:/etc/group ~/group.old

Exercice n°8

Testez la présence du système distant avec la commande **ping**. La commande est programmée pour s'arrêter au bout de vingt secondes, les résultats sont mémorisés dans un fichier.

Exercice n°9

Affichez la configuration DNS du poste. Testez la connectivité des serveurs DNS. Utilisez la commande **nslookup** pour connaître l'adresse de votre poste. Quel est le nom de votre serveur DNS ?

Exercice n°10 (script)

Ecrivez un script qui permet de tester la présence d'un ensemble de machines données en argument. On peut s'inspirer de l'exercice n°8.

- *X-Window*
- *Les clients X :* ***xterm, xclock****...*
- *Le DISPLAY*
- *Le démon XDM*
- *Le bureau CDE*

14

X-Window

Objectifs

Après l'étude de ce chapitre, le lecteur sait configurer X-Window pour travailler en mode graphique avec le système UNIX.

Contenu

Présentation de X-Window
Les principaux clients
La configuration du service
Le serveur X
Le service de connexion **xdm**
Le bureau CDE

Références

Man

X11(7), xdm(1), xinit(1), xterm(1), twm(1), xhost(1), xrdb(1), kdmconfig(1m), dtlogin(1X), dtwm(1), dtsession(1)

Livres

X-Window System Administrator's Guide

Configuring CDE: The Common Desktop Environment

Internet

http://www.opengroup.org/desktop/cde/
http://www.sun.com/solaris/cde/index.html

Le système X-Window

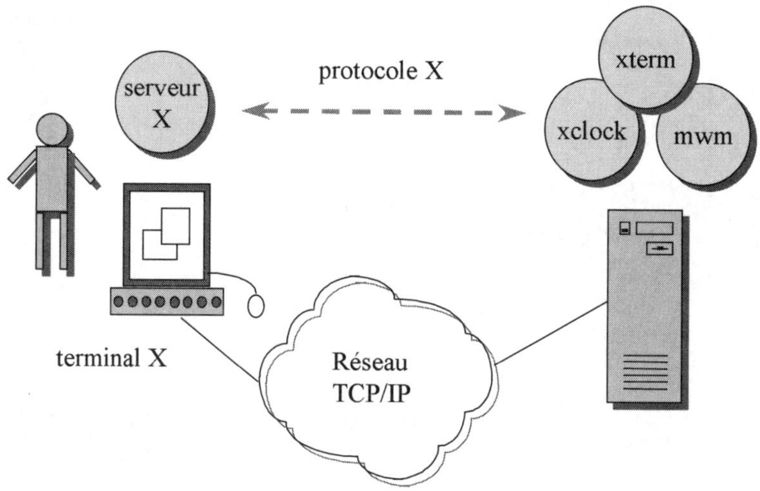

X-Window est un système graphique ouvert et qui fonctionne en client-serveur.

X-Window a été développé au MIT (« *Massachusetts Institute of Technology* »), dans le cadre d'un projet baptisé ATHENA (1984), avec le concours de la société DEC (« *Digital Equipment Corporation* »).

La version initiale est due à Robert Scheifler et Ron Newman du MIT et à Jim Gettys de DEC.

Le protocole X et l'API X11 sont définis par le consortium X. Ils sont publics. Les sources de X11, les sources d'un serveur X standard et les sources des applications clientes de base constituent la distribution X du MIT, disponible librement (« *freeware* »). Elle est incluse dans les distributions de tous les systèmes UNIX.

Le modèle client-serveur

Le système X est composé d'un serveur X et de clients X qui dialoguent selon le protocole X.

L'application serveur X s'exécute sur la console maîtresse du système UNIX utilisée en mode graphique, un terminal X ou un PC fonctionnant avec un logiciel d'émulation de terminal X.

Elle gère le matériel :

- L'écran graphique
- Le clavier
- La souris

Les clients X sont des applications graphiques qui s'affichent dans des fenêtres gérées par le serveur X. Il peut s'agir d'un éditeur de texte, d'un logiciel de dessin, de jeux…

Dans le cas de la console opérateur en mode graphique, il s'agit de clients locaux qui s'exécutent sur le même ordinateur que le serveur.

Comme le protocole X est un protocole réseau supporté par TCP/IP, les clients peuvent être répartis sur plusieurs ordinateurs.

Les composants d'un système X

- Le serveur X

Il est composé du matériel (écran, clavier, souris) et de l'application serveur X. Si le serveur est dédié, on dit qu'il s'agit d'un terminal X. Si l'application serveur est une application qui s'exécute sur un système UNIX, on dit qu'il s'agit d'une station graphique. Enfin, si l'application serveur s'exécute sur un autre système que UNIX, tel Windows, on dit qu'il s'agit d'un émulateur X, comme c'est le cas des logiciels Reflection X et Exceed pour Windows.

- Les clients X

Ce sont les applications graphiques.

- Un gestionnaire de fenêtres

X Window ne permet pas à l'utilisateur de contrôler directement la position et la taille des fenêtres. Il définit les objets graphiques mais pas les outils de contrôle, les boutons de réduction et d'agrandissement, la forme des ascenseurs et du curseur de la souris...

Ce rôle est dévolu à un gestionnaire de fenêtres (« *Window Manager* »). C'est un client X comme les autres, qui dialogue avec le serveur selon un protocole particulier, ICCCM (« *Inter Client Communication Convention Manual* »). UNIX est livré avec deux gestionnaires de fenêtres, twm, le gestionnaire standard du MIT, et dtwm de l'environnement CDE. X-Window supporte de nombreux gestionnaires de fenêtres, parmi lesquels l'utilisateur choisit celui qu'il associe à sa session graphique. Dans une session, on ne peut utiliser qu'un seul gestionnaire.

- xterm

xterm est un client X qui émule un terminal de type texte. Un shell est automatiquement associé au terminal, quand débute son exécution. C'est le moyen pour les utilisateurs qui travaillent en mode graphique de passer des commandes (**cp**, **ls**...).

- Un bureau (« *Desktop* »)

Un bureau est un ensemble cohérent de clients X. Il comprend un gestionnaire de fenêtres, mais aussi un ensemble de clients pour gérer la station ou le serveur UNIX. Un bureau comporte systématiquement un gestionnaire de fichiers et les outils pour configurer le bureau, en premier lieu les polices de caractères et les couleurs, sans avoir besoin de modifier, à la main, les fichiers de configuration.

Le bureau permet d'accéder aux clients sans avoir à en connaître le nom. L'accès aux clients est réalisé par le biais d'icônes ou de menus déroulants.

La richesse des outils dépend des bureaux. L'administration du système UNIX est simplifiée par l'emploi d'un bureau, qui la rend plus conviviale.

Le choix du bureau est un élément important pour l'utilisateur. De l'adaptation à la navigation propre à un bureau vont dépendre la rapidité et l'efficacité de l'utilisateur. Changer de bureau nécessite une période de prise en main, plus ou moins longue, selon la quantité d'outils et leur organisation hiérarchique.

UNIX supporte plusieurs bureaux :

- CDE (« *Common Desktop Environment* »)
  C'est le bureau standard du monde UNIX.. Il offre aux utilisateurs une interface de travail commune à l'ensemble des systèmes UNIX propriétaires. C'est un gain de temps appréciable quand on travaille dans un environnement multi-plateforme.

- KDE (« *K Desktop Environment* »)
  C'est un environnement ouvert, disponible gratuitement. Il s'inspire de CDE.
- Gnome (« *GNU Network Object Model Environment* »)
  C'est également un environnement ouvert, basé sur la programmation objet. C'est un projet du GNU. Il est disponible gratuitement.

Démarrage d'une session X, d'un client X

```
#!/bin/sh
#~/.xinitrc,  ~/.xsession ou ~/.Xclients

xsetroot -solid cyan
xrdb -y merge ~/.Xresources


# On lance les clients en tâche d'arrière-plan
xterm -g 70x35+10+10 &
xclock -g -0-0 &

# On lance le gestionnaire en avant-plan
twm
```

TSOFT - UNIX Administration — Module 14 : X-Window - 14.3

Démarrage d'une session

Une session X peut être démarrée de plusieurs manières :

- En local, à partir des commandes **xinit** ou **startx**.
- A partir d'un terminal X, grâce au service de connexion **xdm**. Le démon affiche une fenêtre de connexion où l'utilisateur doit fournir son nom et son mot de passe pour se connecter. Le démon **xdm** peut aussi être utilisé pour ouvrir une session locale.
- En activant un client X, par exemple la fenêtre terminal **xterm**, à partir d'une session Linux ordinaire ou de la commande **rsh**. Le serveur X doit avoir été activé au préalable.

Démarrage d'une session locale

La commande **xinit** active le serveur X local et exécute ensuite le script *$HOME/.xinitrc*. Si ce fichier n'existe pas, la commande **xinit** exécute alors un client xterm.

Le script **startx** exécute également la commande **xinit**. Si le fichier *$HOME/.xinitrc* n'existe pas, il exécute alors le script **/usr/lib/X11/xinitrc**. Ce fichier peut d'ailleurs servir de modèle aux utilisateurs qui veulent créer leur propre fichier *.xinitrc*.

Le script **xinitrc** essaie d'exécuter *$HOME/.Xclients*. En cas d'échec, il exécute le script **/etc/X11/xinit/Xclients**. Le script **$HOME/.Xclients** est aussi exécuté par le démon **xdm**. Cela permet de n'avoir qu'un seul fichier de démarrage. Il doit être exécutable.

Démarrage personnalisé

On active les clients en tâche d'arrière-plan et on termine le script en exécutant le gestionnaire de fenêtres (twm, ...) en tâche d'avant-plan ou via la commande **exec**.

Le DISPLAY

Le « DISPLAY » désigne l'adresse du serveur X. Cette information doit impérativement être connue par les applications clientes X. A défaut, elles seraient incapables d'identifier le serveur X avec lequel elles dialoguent pendant leur exécution. Si un client X ne connaît pas le « DISPLAY », l'exécution du client échoue dès le démarrage de son exécution.

La désignation du « DISPLAY » a la forme suivante :

[hôte]:terminal.[écran]

L'hôte désigne le nom ou l'adresse IP du serveur X, par défaut le client et le serveur s'exécutent sur la même machine. Terminal désigne le numéro du terminal si le serveur supporte plusieurs terminaux, c'est très souvent 0 et écran, le numéro de l'écran si le terminal possède plusieurs écrans, par défaut 0 s'il n'y a qu'un écran.

Exemples

:0	Le système local.
Saturne:0 Saturne:0.0	Le premier terminal X associé au système Saturne. Saturne est un hôte ou un terminal X.
Saturne:1.0	Le deuxième terminal de la station Saturne. Saturne est un hôte UNIX pour supporter plusieurs terminaux X.
Saturne:0.1	Le deuxième écran du premier terminal X. Cette situation est assez rare.

Le DISPLAY est indiqué au client X grâce à la variable d'environnement DISPLAY ou par l'option « –display » des commandes clientes. La variable DISPLAY est automatiquement mise à jour par **xinit** et **xdm**.

Transformer son système UNIX en terminal X

Il est possible de transformer son système UNIX en terminal X. Le mode graphique ne doit pas être activé directement, on supprime l'exécution du script dtlogin. On a le choix entre plusieurs modes de fonctionnement :

- On désigne le serveur de connexion, venus dans l'exemple, qui doit accepter les requêtes XDMCP, lorsque l'on active le serveur X :
  # /usr/openwin/bin/X -once -query venus
  (-once permet de n'accepter qu'une connexion, sinon on boucle)
- On accepte le premier serveur de connexion qui répond à un message de diffusion XDMCP :
  # /usr/openwin/bin/X -broadcast
- On active une fenêtre d'invite XDMCP qui liste les serveurs de connexion. L'utilisateur peut choisir ainsi son serveur.
  # OPENWINHOME=/usr/openwin ; export OPENWINHOME
  # /usr/openwin/bin/X -indirect venus

- On active le serveur X, et on configure le fichier *Xserver* d'un système distant pour qu'il affiche une fenêtre de connexion.
  # /usr/openwin/bin/X -nobanner

Remarque

Linux, installé sur un PC, est la solution la plus économique pour créer un serveur X éventuellement en dual boot avec Windows. Nous renvoyons le lecteur à notre ouvrage « *Linux Administration* » pour plus amples informations.

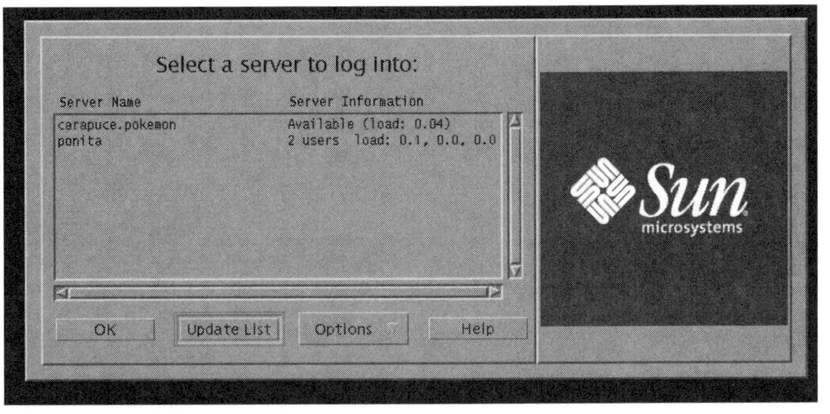

Démarrage d'une session via xdm

Le démon **xdm** permet d'ouvrir une session à partir d'un terminal X. Il affiche une fenêtre de connexion sur le terminal dans laquelle l'utilisateur est invité à saisir son nom et un mot de passe. Quand l'authentification de l'utilisateur est réussie, **xdm** active une session graphique que l'utilisateur peut paramétrer dans le fichier *$HOME/.xsession*, fichier dont la forme est identique à celle de *$HOME/.xinitrc*.

Si le terminal X supporte le protocole XDMCP, il affiche la liste des serveurs UNIX accessibles par **xdm**. L'utilisateur sélectionne alors le serveur sur lequel il souhaite établir une session de travail.

Dans le système Solaris, le démon **xdm** est la commande **/usr/openwin/bin/xdm**. Elle est exécutée par un fichier script RC (*cf. Module 7 : L'arrêt et le démarrage*).

En fonction du paramétrage défini dans les fichiers *Xaccess* et *Xservers*, le démon **xdm** peut répondre aux requêtes des terminaux X et afficher la fenêtre de connexion sur l'ensemble des terminaux X qui l'ont demandé. **xdm** peut également contrôler les terminaux X du système local.

Les fichiers de configuration de xdm

Les fichiers de configuration sont dans le répertoire */usr/openwin/lib/X11/xdm* .

Fichier	Contenu
xdm-config	Il indique le répertoire des autres fichiers de configuration.
Xservers	La liste des serveurs à gérer.
Xsession	Le script de connexion par défaut. Ce script n'est pas exécuté si le script **$HOME/.xsession** existe. Il doit être exécutable.
Startup	Le script exécuté avant la session. Il s'exécute avec les droits de root.
Reset	Le script exécuté après une session.

Xresources	Le fichier des ressources de xdm.
xdm-errors	Le fichier historique (*log*) des messages d'erreurs.
Xaccess	Gère les réponses aux requêtes XDMCP.

Remarque
Le fichier *Xaccess* définit les autorisations d'accès XDMCP. La ressource DisplayManager.requestPort du fichier *xdm-config* indique si les accès sont acceptés par le serveur X sur le port UDP 177.

Exemple de fichier *Xservers*

```
:0 local /usr/openwin/bin/X
venus:0       foreign
mars:0        foreign
```

Débogage

Les fichiers *xdm-errors* et *$HOME/.xsession-errors* contiennent les messages d'erreurs et peuvent être consultés pour déterminer et analyser les erreurs de connexion.

Remarques
Un système UNIX peut activer directement des clients pour ce serveur X en précisant ses coordonnées (*cf. le paragraphe « Démarrage d'un client X »*), par exemple :

```
$ xterm  -display saturne:0
```

Un système UNIX peut également activer directement une connexion graphique via le fichier *Xservers* :

```
saturne :0        foreign
```

Choix du système de connexion graphique (« Display Manager »)

Dans UNIX, outre le service de connexion graphique standard du MIT, il existe d'autres services de connexion graphique, principalement **dtlogin** de l'environnement CDE qui est d'ailleurs le service par défaut *(cf. le chapitre Administrer CDE)*. Ce mode de connexion est établi dès la connexion. Il est associé au niveau 2 d'init par l'intermédiaire d'un script RC, par exemple c'est le script */etc/init.d/dtlogin* qui active **dtlogin**.

Démarrage d'un client X

1. A partir du terminal X, via une fenêtre xterm

On lance le client en arrière-plan. Grâce à la variable DISPLAY, on indique que le client doit s'exécuter sur le même terminal que celui où s'exécute xterm.

```
$ xclock &
```

2. A partir d'une session UNIX, en mode texte

A partir d'une session locale ou distante, via telnet, on peut exécuter un client X sur un terminal X que l'on a identifié au préalable dans la variable DISPLAY.

```
$ export DISPLAY=saturne:0.0
$ xterm &          # xterm s'exécute sur saturne
ou
$ xterm –display saturne:0.0
```

3. Grâce à la commande **rsh**

La commande « remote » **rsh** permet d'exécuter une commande sur une machine distante. Cette commande est souvent connue des terminaux X ou des émulateurs X. Le terminal X saturne demande à exécuter un client xterm sur jupiter.

$ rsh jupiter xterm –display saturne:0.0&

La sécurité

Un terminal X peut refuser l'accès à des clients distants en paramétrant, pour le premier terminal, le fichier */etc/X0.host* ou pendant une session avec la commande **xhost**.

$ xhost + # autorise tous les clients de n'importe quel hôte du réseau
$xhost +mars # autorise les clients de mars

Les options de la ligne de commande d'un client

Il existe de nombreuses options qui, sauf exception, sont supportées par tous les clients standards de X. Le tableau qui suit résume les principales options.

Option	Description
-bg couleur	Définit la couleur de fond.
-fg couleur	Définit la couleur du premier plan.
-bd épaisseur	Définit l'épaisseur du bord.
-g géométrie	Définit la taille et la position du cadre du client. La forme en est –g largeurxhauteur[+|-]abscisse[+|-]ordonnée.
-font (-fn) fonte	Définit la police.
-name nom	Définit le nom de l'instance du client.
-title titre	Définit le titre affiché de la fenêtre.
-rv	Inverse les couleurs de fond et de premier plan.
-iconic	L'application est démarrée sous forme d'icône.
-display terminal	Définit le terminal X.
-xrm	Permet de paramétrer une ressource. La syntaxe est celle utilisée dans le fichier des ressources.

Exemples

$ xclock –fg grey –bg yellow &

$ xterm –g 75x25+10+10 &

$ xterm –xrm 'xterm*ttyModes : erase ^H' &

Remarque
Le fichier */usr/openwin/lib/rgb.txt* donne le nom de toutes les couleurs disponibles et leur décomposition en rouge, vert et bleu (« RVB »).

Panorama des clients X (« MIT »)

- **xterm** **émulation d'un terminal de type texte**
- **xedit** **éditeur de texte**
- **xclock** **horloge**
- **xrdb** **gestion des ressources du serveur**
- **xhost** **contrôle l'accès du serveur**
- **xsetroot** **paramètre la fenêtre racine**
- **twm** **un gestionnaire de fenêtres**

Les clients X de la distribution standard du MIT (« *Massachusetts Institute of Technology* ») sont nombreux. Dans les pages qui suivent, nous les avons répertoriés par catégorie. Nous renvoyons le lecteur au manuel de référence pour avoir plus d'informations et étudier les options spécifiques qui pourraient exister. Le client xterm est décrit plus complètement dans le chapitre qui suit.

Accessoires de bureau

xterm	Un émulateur de terminal texte.
xclock, oclock	Des horloges.
xcalc	Une calculatrice.
xbiff	Un client qui notifie l'arrivée de courrier.
xmh	Le client qui gère le courrier.
xload	Le client qui mesure la charge du système.
xmag	Une loupe.
xman	Le client qui affiche la documentation.
xedit	Un éditeur de texte pleine page et plein écran.
xkill	Un client qui met fin à une application cliente.
xrefresh	Un client qui rafraîchit l'écran, en partie ou en totalité.
xclipboard	Le presse-papier.
xcutsel	Le client qui copie la sélection en cours.
xconsole	Le client qui affiche les messages destinés à la console maîtresse (*/dev/console*).

Sécurité

xhost	Contrôle l'accès des clients au serveur X.

xauth	Contrôle l'accès des utilisateurs au service X.

Outils graphiques

xwd	Stocke l'image d'une fenêtre dans un fichier.
xwud	Affiche un fichier produit par xwd.
bitmap	Un éditeur de fichier « bitmap ».
atobm, bmtoa	Outils de conversion de fichiers « bitmap » en ascii et réciproquement.

Paramétrage du clavier, de l'écran et de la souris

xset	Définit de nombreux paramètres pour la souris, le son, les polices, l'écran et le clavier.
xmodmap	Ce client permet de modifier l'affectation des touches du clavier et des boutons de la souris.
xsetroot	Ce client paramètre la fenêtre racine.

Gestion des ressources

xrdb	Ce client modifie les ressources stockées sur le serveur.
appres	Ce client liste les ressources d'un client.

Gestion des polices

xlsfonts	Liste les polices disponibles.
xfd	Affiche une police de caractères.
xfontsel	Permet de visualiser et de sélectionner une police.
xset	Définit le chemin d'accès aux fichiers des polices.
xprop	Affiche les propriétés des polices utilisées.

Informations

xlsclients	Affiche la liste des clients d'un serveur X.
xdpyinfo	Affiche les caractéristiques d'un serveur X.
xwininfo	Affiche les caractéristiques d'une fenêtre.
xlsatoms	Affiche les « atomes » définis sur le serveur.
xev	Affiche la trace des événements.

Divers

xeyes	Des yeux qui s'affichent sur l'écran.
ico	Une animation en 3D.

xlogo	Affiche le logo X.

Gestionnaire de fenêtres

twm	Le gestionnaire standard de X.

xterm

- **Les options de la ligne de commande**

  $ xterm -g 75x20+10+10 &
  $ xterm -sb -ls &

- **Les menus popup**

CTRL-bouton1	**menu principal**
CTRL-bouton2	**menu options VT**
CTRL-bouton3	**menu polices**

- **Copier/Coller**

glisser (bouton1)	**sélection et copie**
bouton2	**coller**

TSOFT - UNIX Administration — Module 14 : X-Window - 14.5

xterm est un émulateur de terminal. Les fichiers de démarrage des sessions X activent fréquemment un premier client **xterm** pour que l'utilisateur puisse exécuter des commandes, de la même manière que si l'on travaille dans une session locale ou telnet, en mode texte.

Les séquences de contrôle d'un terminal xterm sont proches de celles d'un terminal vt100 de la société Digital Equipment. Le client **xterm** peut également émuler un terminal graphique de la société Tektronics.

Le paramétrage de **xterm** peut être effectué grâce aux fichiers de ressources ou par les options de la ligne de commande ou, encore, par les menus « popup ». **xterm** permet de réaliser du copier/coller.

Le tableau qui suit indique les options de la ligne de commande :

Option	Description
-t	Le mode est Tectronics et non vt.
-132	Le terminal a 132 colonnes, 80 par défaut.
-g géométrie	Définit la géométrie. Contrairement aux autres clients X, la largeur exprime le nombre de colonnes et la hauteur le nombre de lignes.
-sb	Demande l'affichage d'un ascenseur vertical.
-sl #	Demande la mémorisation de « # » lignes qui pourront être visibles grâce à l'ascenseur. La valeur par défaut est de 64.
-e cmd	La commande **cmd** est exécutée dans la fenêtre du client **xterm**.
-ls	Le shell qui est exécuté est un shell de connexion. Le fichier *.profile* ou *.login* est exécuté.

Le copier/coller (via le presse-papier de X)

Le système X-Window a été conçu pour utiliser une souris à trois boutons, gauche, milieu et droite. Si votre ordinateur ne possède qu'une souris à deux boutons, vous pouvez souvent demander, au cours de l'installation d'UNIX, à émuler une souris à trois boutons.

1. **Sélection de la zone et copie**

- On fait glisser la souris sur la zone à copier en maintenant le bouton de gauche enfoncé.
- On clique sur le bouton de gauche en début de zone et sur le bouton de droite en fin de zone.
- On double-clique sur le mot courant.
- On triple-clique pour sélectionner la ligne courante.

2. **Coller**

- On appuie sur le bouton du milieu. Dans le cas d'une souris à deux boutons, on appuie simultanément sur les deux boutons.

twm

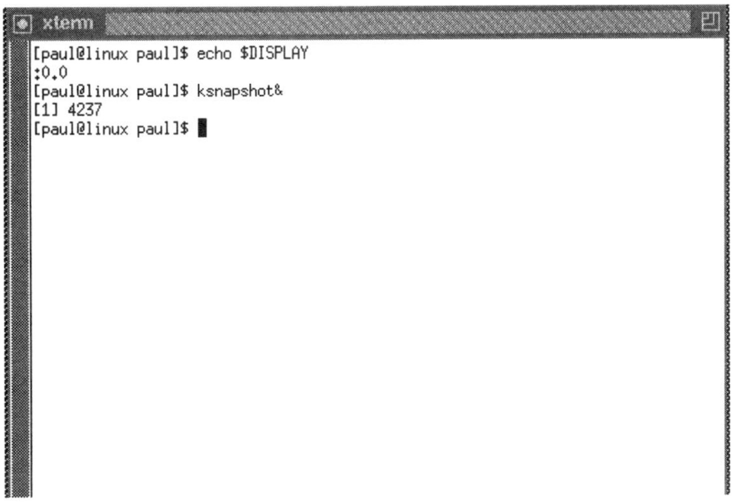

TSOFT - UNIX Administration	Module 14 : X-Window - 14.6

Le gestionnaire de fenêtres **twm** (« *Tab Window Manager* ») est le gestionnaire standard de la distribution X-Window du MIT.

Le gestionnaire **twm** possède les avantages suivants :

- Il est standard, donc disponible sur tous les systèmes UNIX.
- Il est peu gourmand en ressources système, ce qui est intéressant pour un serveur.
- Il est simple d'utilisation.

C'est principalement cette dernière caractéristique qui incite à le présenter. Il représente une bonne introduction à la présentation de gestionnaires de fenêtres plus complexes, tel que **dtwm**.

Utilisation de twm

Chaque fenêtre créée est dotée d'une barre de titre horizontale. En plus du titre, la barre contient deux boutons, le bouton de gauche qui permet d'iconifier la fenêtre et le bouton de droite qui permet de modifier la taille de la fenêtre.

Pour déplacer la fenêtre, il suffit de faire glisser la barre de titre.

Quand le pointeur de la souris est dans la barre de titre, il faut cliquer sur le bouton gauche de la souris pour faire passer la fenêtre en avant-plan et sur le bouton du milieu pour la faire passer en arrière-plan.

Quand le pointeur de la souris est dans la fenêtre racine, un clic sur le bouton gauche de la souris fait apparaître le menu de la fenêtre racine.

Le « focus », qui indique la fenêtre qui a le contrôle à un instant donné, appartient à celle dans lequel se trouve le pointeur de la souris. L'option « focus » du menu racine permet de donner explicitement le « focus » à une fenêtre.

La configuration de twm

La couleur, l'aspect des fenêtres et le menu racine de twm sont paramétrables. Cela se réalise dans un fichier de configuration. Le fichier

/usr/openwin/lib/X11/twm/system.twmrc est utilisé par défaut, si l'utilisateur n'a pas défini de fichier *$HOME/.twmrc*.

Une autre possibilité consiste à indiquer le fichier de configuration, sur la ligne de commande, au moment de l'exécution de twm.

```
$ twm –f fichier_confi &
```

Exemple de fichier de configuration

```
# $HOME/.twmrc
# couleurs

Color
{
  TitleBackground  "red"
  BorderColor      "green"
  IconBackground   "blue"
  MenuBackground "yellow"
  MenuForeground  "blue"
}
# menu racine
Button1=:root:f-menu "Special"
# menu "Special"
menu "Special"
{
 "Racine"  f.title
 "Fermer"  f.iconify
 "Ouvrir"  f.iconify
 "Tuer"     f.destroy
 ""          f.nop
 "Terminal" f.exec "/usr/X11R6/bin/xterm &"
 "Exit"      f.quit
}
```

Les ressources

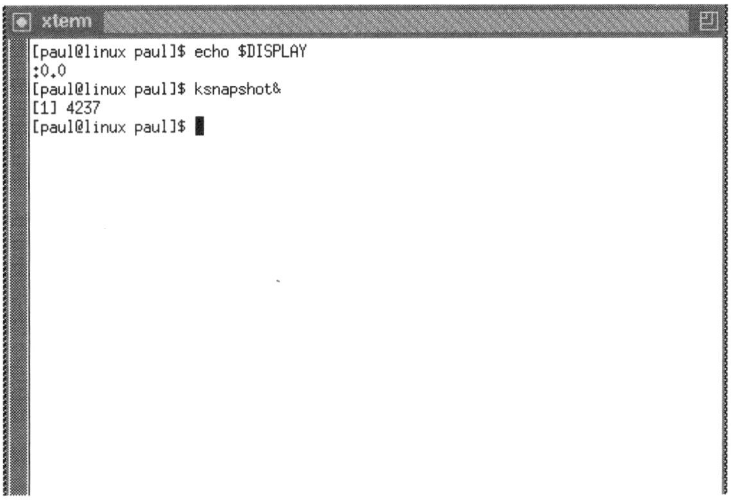

TSOFT - UNIX Administration Module 14 : X-Window - 14.6

Les ressources sont des données qui servent à paramétrer les clients X. Une ressource peut définir un emplacement, une couleur, une chaîne de caractères, une police, une image...

La définition des ressources est dans un fichier texte.

Syntaxe d'un fichier de ressources

Il existe plusieurs syntaxes pour définir une ressource.

1. Syntaxe complète

application.chemin_d'accès_à_l'objet.attribut: valeur

Pour signifier qu'un client xterm a un ascenseur, on dit :

    xterm.VT100.scrollBar: True

2. Syntaxe floue

Le caractère « * » agit comme un joker et permet de définir, en une seule ligne, une ressource valide pour plusieurs objets.

Pour dire que tous les ascenseurs des objets qui sont la propriété d'un xterm doivent être actifs, on écrit :

    xterm*scrollBar: True

Pour dire que tous les clients doivent être munis d'un ascenseur, on écrit :

    *scrollBar: True

3. Instances et classes d'application

Pour dire que tous les objets images d'un client particulier – on dit aussi instance pour désigner l'objet et classe pour désigner le type du client – ont une caractéristique commune, on met l'initiale du client en majuscule, en plus du X.

On obtient ainsi :

    XTerm*scrollBar: True

Il est possible de nommer une instance en particulier, via l'option « -name » et de définir un paramétrage qui lui soit propre :

terminal*scrollBar: True

Comme le nom d'instance est par défaut, le nom de la classe en minuscule, on peut paramétrer toutes les instances qui n'ont pas de nom :

xterm*scrollBar: True

Les polices

Une police X possède la syntaxe suivante :

-fournisseur-type-épaisseur-inclinaison-largeur--taille(en pixels)-résolution_horizontale-résolution_verticale-espacement-largeur_moyenne-jeu_de_caractères

Quelques exemples

-adobe-times-medium-r-normal--18-180-75-75-p-94-iso8859-1

-adobe-helvetica-medium-o-normal--24-240-75-75-p-120-iso8859-1

On peut utiliser des jockers :

-fixed-*-*-*-*--15-140-*-*-*-*-*-*

Chargement de la base de ressources

Pour illustrer la prise en compte d'une base de données de ressources, nous utilisons l'application **xclock**, dont le nom de classe est XClock.

Les fichiers qui sont utilisés pour définir les ressources des objets de type XClock sont successivement :

1. Le fichier */usr/openwin/lib/X11/app-defaults/XClock.*
2. Le fichier *$HOME/XClock*, s'il existe.
3. Le fichier dont le nom est mémorisé dans la variable d'environnement ENVIRONMENT, sinon le fichier *$HOME/.Xdefaults-$(uname –n).*

   Rappelons que le shell remplace $(uname –n) par le résultat. On obtient ici le nom d'hôte $HOME/.Xdefaults-venus.
4. Si la propriété RESOURCE_MANAGER est définie sur le serveur X, résultat de l'exécution de la commande **xrdb**, les ressources qui sont stockées sur le serveur lui-même, sont lues, sinon le fichier *$HOME/.Xdefaults.*
5. Les options de la ligne de commande qui déclenche l'exécution du client sont prises en compte.

La commande xrdb

La commande **xrdb** mémorise des ressources directement sur le serveur X. Elles sont accessibles à tous les clients du serveur. Nous mentionnons à la suite quelques utilisations courantes de la commande **xrdb**.

- Fusion des ressources courantes avec celles définies dans un fichier, ici *$HOME/.Xresources* :

  $ xrdb –merge $HOME/.Xresources
- Initialisation des ressources du serveur avec un fichier, ici *$HOME/.Xresources* :

  $ xrdb –load $HOME/.Xresources
- Suppression des ressources d'un serveur :

$ xrdb –remove

- Visualisation des ressources courantes :

  $ xrdb –query

Administrer CDE

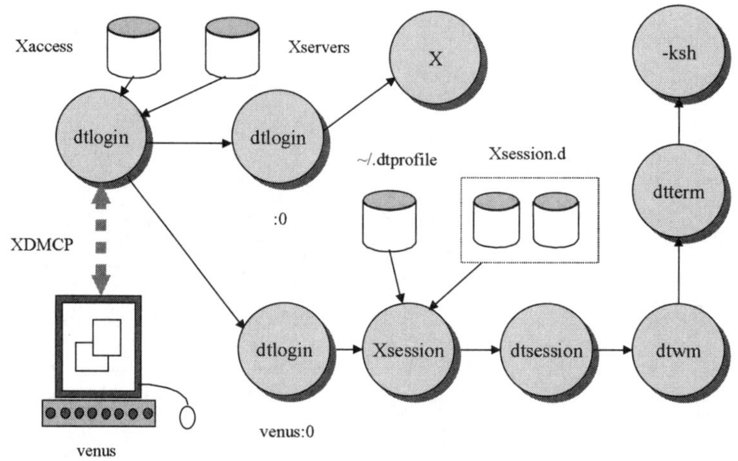

Le bureau CDE

CDE (« *Common Desktop Environment* ») est un environnement graphique de type bureau qui repose sur X-Window et Motif. CDE a été développé par HP, Sun, IBM et Novell sous l'égide de l'Open Group.

Le bureau CDE se pilote essentiellement grâce à un panneau situé en bas de l'écran. Ce panneau contient différentes icônes qui pour la plupart déclenchent des applications :

- Un calendrier (affiche également la date et l'heure)
- Un gestionnaire de fichiers.
- Un éditeur de texte.
- Un gestionnaires de messages électroniques.
- Un outil pour configurer le bureau.
- Un gestionnaire d'impression.
- La charge du système.
- L'aide en ligne.
- La poubelle.

Au-dessus de ces icônes, des menus déroulants donnent accès à d'autres applications : Un gestionnaire d'applications, un terminal en mode texte, un éditeur d'icônes, un visionneur d'image, un navigateur Web, ...

Au centre du panneau, il y a quatre boutons qui permettent de commuter sur les quatre écrans virtuels associés au bureau CDE. Chacun de ces écrans peut contenir plusieurs applications ouvertes distinctes.

Enfin deux petits boutons permettent de verrouiller l'écran, ce qui se fait automatiquement au bout d'un certain temps et de terminer la session.

Références

L'aide en ligne

La documentation « *Solaris Common Desktop Environment : User's Guide* » est disponible au format PDF sur le site docs.sun.com.

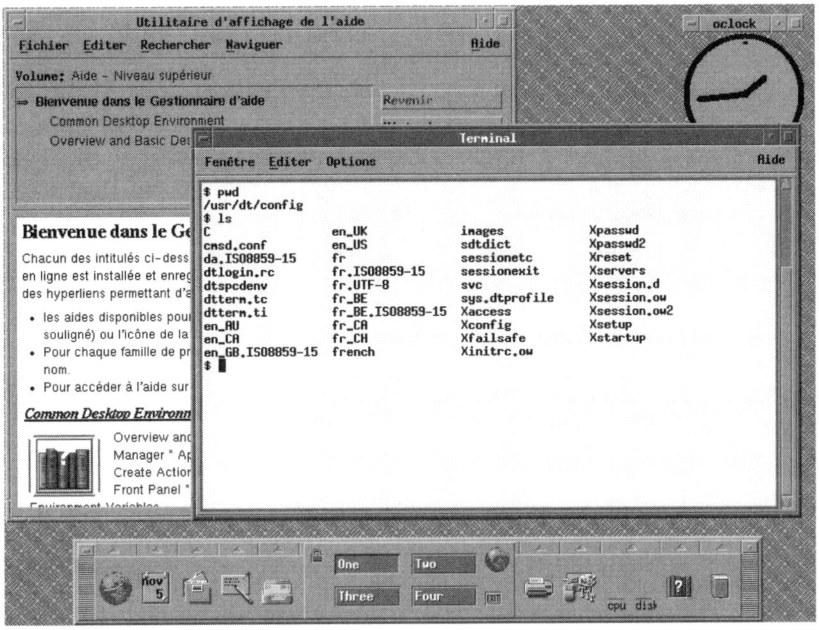

Le gestionnaire de connexion dtlogin

L'application **dtlogin** gère les connexions graphiques, c'est un « Display Manager ». Elle affiche la fenêtre qui permet à un utilisateur de s'authentifier en donnant son nom et son mot de passe. Elle active ensuite les applications associées à la session de l'utilisateur.

L'application serveur **dtlogin** remplace dans CDE la commande **xdm** d'origine. Elle suit la même logique et utilise globalement les mêmes fichiers.

Les principaux fichiers de configuration

Xconfig	C'est le fichier principal de configuration.
Xservers	Contient la liste des serveurs à gérer.
Xstartup	Le script exécuté avant la session. Il s'exécute avec les droits de root.
Xreset	Le script exécuté après une session.
Xaccess	Gère les réponses aux requêtes XDMCP.
C/Xresources	Fichier de ressources qui paramètre la fenêtre de connexion.

Remarque

Ces fichiers de configuration sont dans le répertoire */usr/dt/config*. Il ne faut pas les modifier. Il faut d'abord en faire une copie dans le répertoire */etc/dt/config*. Ce sont ces duplicatas que l'on adapte et qui sont prioritaires s'ils existent.

Exemple de fichier Xconfig

Le fichier *Xconfig* est un fichier de ressources X. Il précise notamment le nom des autres fichiers de configuration et le nom du journal de bord des erreurs.

```
$ more  Xconfig
Dtlogin.errorLogFile:        /var/dt/Xerrors
Dtlogin.pidFile:             /var/dt/Xpid
Dtlogin.accessFile:          Xaccess
Dtlogin.servers:             Xservers
Dtlogin*resources:           %L/Xresources
Dtlogin*startup:             Xstartup
Dtlogin*reset:               Xreset
Dtlogin*setup:               Xsetup
Dtlogin*failsafeClient:      Xfailsafe
```

Exemple de fichier Xservers

Le fichier *Xservers* indique les terminaux X qui vont recevoir une fenêtre de connexion. Par défaut, il n'y a que le terminal local (« :0 ») qui est géré. Le fichier est abondamment commenté et il explique comment ajouter d'autres terminaux. Généralement on préfère utiliser XDMCP, et donc le fichier Xaccess pour gérer les autres terminaux.

```
$ more Xservers
:0  Local local_uid@console root /usr/openwin/bin/Xsun :0 -nobanner
```

Remarque

Si l'on met la ligne « :0 » en commentaire (« # :0... »), le système graphique local n'est pas activé, mais **dtlogin** peut continuer de gérer des connexions sur des systèmes distants.

Exemple de fichier Xaccess

Le fichier *Xaccess* permet d'indiquer la réponse de **dtlogin** à une requête XDMCP provenant d'un terminal X. Le fichier est abondamment commenté. Il permet de sélectionner les clients auxquels on répond. Le fichier suivant répond à toutes les demandes de connexion.

```
$ more Xaccess
*                # grant service to all remote displays
* CHOOSER BROADCAST    #any indirect host can get a chooser
```

La commande dtconfig

La commande **dtconfig** permet d'activer **dtlogin** et de gérer son démarrage.

Ajouter le script RC au niveau 2 :
/usr/dt/bin/dtconfig -e

Supprimer le script RC
/usr/dt/bin/dtconfig -d

Activer le serveur immédiatement
/usr/dt/bin/dtconfig -daemon

Arrêter le serveur
/usr/dt/bin/dtconfig -kill

La fenêtre de connexion

La fenêtre de connexion demande le nom et le mot de passe de l'utilisateur qui peut aussi choisir l'environnement graphique. Dans le cas de Solaris, les choix possibles sont le bureau CDE ou le bureau OpenWindows de Sun. Il est également possible de démarrer une session graphique de dépannage « Failsafe Session ». Dans ce mode, il n'y a que l'application xterm qui est activée sans même un gestionnaire de fenêtres. Si l'on en désire un, on peut exécuter par exemple **twm** (twm &).

Cette fenêtre est paramétrée par le fichier *C/Xresources* qui est abondamment commenté. On peut modifier par exemple le message de bienvenue (« *Dtlogin*greeting*LabelString* »), et le logo (« *Dtlogin*logo*bitmapFile* »).

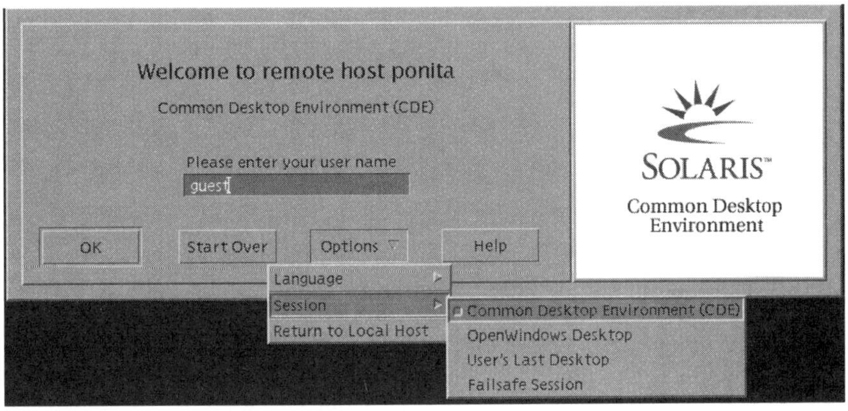

Le gestionnaire de session Xsession

Le gestionnaire de session **Xsession** démarre une session utilisateur, il est lui-même exécuté par **dtlogin**.

Les différentes étapes du démarrage d'une session :

1- Le script ~/.dtprofile est exécuté.

2- Exécution des scripts présents dans */etc/dt/config/Xsession.d* ou dans */usr/dt/config/Xsession.d* si le premier répertoire n'existe pas.

3- Affichage du message de bienvenue. Pour le changer, on crée un script dans */etc/dt/config/Xsession.d* qui définit la variable dtstart_hello[0] et qui contient le message.

4- La commande **dtsearchpath** définit les chemins de recherche du bureau.

5- Recherche des applications disponibles par la commande **dtappgather**.

6- Exécution du script ~/.profile si la variable d'environnement DTSOURCEPROFILE définie dans *.dtprolfile* a la valeur « true ».

7- Démarrage de l'application **ToolTalk** qui permet aux applications de communiquer entre elles.

8- Activation de **dtsession** qui gère les étapes suivantes.

9- Chargement et fusion des ressources X-Window : */usr/dt/config/C/sys.resources*, */etc/dt/config/C/sys.resources* et *~/.Xdefaults*.

10- démarrage du serveur de couleurs.

11- Démarrage du gestionnaire de fenêtres (« Window Manager ») dtwm. Le gestionnaire est paramétré par le fichier */usr/dt/config/C/sys.dtwmrc* par défaut ou bien par le fichier */etc/dt/config/C/sys.dtwmrc*. Le fichier de l'utilisateur s'appelle *~/.dt/dtwmrc*.

12- Démarrage des applications associées à la session : */etc/dt/config/C/sys.session* et */usr/dt/config/C/sys.session*. On peut ajouter des applications en créant le script **~/dt/sessions/sessionetc** qui contient la liste des applications à exécuter. Pour exécuter des applications en fin de session, il faut créer le script **sessionexit**.

Références

Man et documentations en ligne

dtlogin(1X), dtsession(1X), dtwm(1), dtterm(1)

Solaris Common Desktop Environment : Advanced User's ans System Administrator'guide (disponible au format PDF sur le site docs.sun.com)

Livre

Configuring CDE: The Common Desktop Environment

Internet

http://www.laxmi.net/cde.htm

http://www.sun.com/solaris/cde

http://www.cs.arizona.edu/computer.help/policy/DIGITAL_unix/SysAdmin/sysadmin_1.html

Atelier 14 : X-Window

Objectifs :

- **Savoir configurer un poste pour utiliser les outils graphiques**

Durée : 30 minutes.

TSOFT - UNIX Administration | Module 14 : X-Window - 14.9

Exercice n°1

Quel est le fichier de configuration de votre serveur X ?

Exercice n°2

Configurez le compte d'un utilisateur pour **twm** :

1. Créez un nouvel utilisateur
2. Créez le fichier *$HOME/.Xclients* en vous inspirant du fichier *$HOME/.xinitrc* décrit dans le chapitre « Démarrage d'une session X »
3. Après vous être connecté sous le nom de ce nouvel utilisateur, exécutez la commande **startx**
4. Si le nouvel utilisateur souhaite utiliser CDE, que doit-il faire ?

Exercice n°3

A partir d'une fenêtre **xterm** :

1. Exécutez un éditeur de texte (**xedit**, **kedit**…)
2. Affichez la valeur de la variable DISPLAY
3. Exécutez à nouveau le client « éditeur de texte » en utilisant l'option « -display » du client

Exercice n°4

Exécutez le client xclock avec une couleur de fond déterminée :

Spécifiez la couleur de fond pour toutes les horloges de tous les utilisateurs.

Spécifiez la couleur de fond pour toutes les horloges d'un utilisateur.

Exécutez l'horloge en imposant la couleur rouge.

Exercice n°5

Comment l'administrateur peut-il imposer **xdm** comme service de connexion ?

Exercice n°6 (script)

Ecrivez un script qui sauvegarde le profil graphique d'un ou de plusieurs utilisateurs. On donne le nom des utilisateurs en argument.

- *Mot de passe, le « password aging »*
- *Règles de sécurité*
- *Les droits d'endossement*
- *Audit*

15

La sécurité

Objectifs

Après l'étude de ce module, le lecteur connaît les principales règles de sécurité qu'il doit appliquer en tant qu'administrateur et enseigner aux utilisateurs. Il est capable de procéder à un audit simplifié de son système.

Contenu

La sécurité informatique
La cryptologie
La sécurité de connexion
PAM
La sécurité pour les utilisateurs
Les droits d'endossement et la sécurité
L'audit du système
SSH
Kerberos

Références

Man

login(1), shadow(4), pam.conf(4), pam_unix(5), audit(1), ssh(1), kerberos(1)

Livre

Practical UNIX & Internet Security

Internet

http://www.cert.org
http://www.stokely.com/unix.sysadm.resources/security.html

La sécurité informatique

- **Les objectifs**
  - L 'authentification (sécurité de connexion, ...)
  - La confidentialité des données
  - ...
- **Les moyens**
  - L'authentification (mot de passe, biométrie, ...)
  - La cryptographie
  - La sécurité physique
  - Les sauvegardes
  - Les gardes-barrières (« *firewalls* »)
  - ...
- **Les conseils**
  - Avoir des logiciels récents ou mis à jour
  - Ne pas installer les services inutiles
  - ...

TSOFT - UNIX Administration — Module 15 : La sécurité - 15.2

Objectifs

Les objectifs principaux de la sécurité informatique concernent :

- L'authentification
  Il s'agit de contrôler l'identité des utilisateurs qui demandent l'accès à un service. L'élément principal, c'est l'accès au système et donc la sécurité de connexion. Il s'agit de contrôler que les utilisateurs qui se connectent sont bien autorisés à le faire et leur interdire l'accès au système sinon.
- La confidentialité des données.
  L'accès aux données en consultation et en modification doit être limité aux seuls utilisateurs autorisés.
- L'intégrité des données.
  Il s'agit de faire en sorte que les fichiers et les bases de données ne soient pas corrompus et de maintenir la cohérence entre les données.
- La continuité de service.
  Il faut que le système continue son activité. Un pirate peut très bien empêcher un système de travailler sans pour cela réaliser une intrusion.

Les moyens

Les moyens dont disposent les personnes concernées par la sécurité (administrateur du système, administrateur du réseau et des bases de données) sont principalement :

- Les systèmes d'authentification.
  Le système le plus ancien et encore le plus utilisé est l'usage de mot de passe. La biométrie se généralisera peut-être dans l'avenir. En effet, les empreintes digitales, la voix, la forme de l'oreille, l'iris, ... identifient de manière unique un être humain.
- La cryptologie.
  La cryptologie est la technique reine de la sécurité informatique. Elle intervient à presque tous les niveaux. Elle peut être utilisée pour l'authentification (*cf. chapitre*

suivant). Elle est indispensable lorsque l'on transfère des données confidentielles sur le réseau, par exemple les mots de passe. Il ne faut pas utiliser des logiciels comme telnet, ftp ou rlogin s'ils ne sont pas configurés pour utiliser des méthodes cryptologiques. L'usage de produits comme Kerberos ou SSH, étudiés dans ce module, est donc indispensable dès qu'on utilise un réseau, a fortiori Internet.

- La sécurité physique.
  La sécurité physique, comme la cryptologie, est la base de toute sécurité. Les ordinateurs, les disques et les consoles d'accès au système sont particulièrement sensibles et leurs accès doivent être protégés matériellement, par exemple par des portes blindées.
- La prévention, l'information.
  Il faut informer le personnel des risques pénaux encourus en cas d'infraction. Un « braquage » informatique est un délit, pas un jeu. Il faut également les prévenir de respecter les règles élémentaires de sécurité (*cf. La sécurité pour les utilisateurs*).
- Les droits.
  La bonne compréhension et le bon usage des droits sur les fichiers est également un élément vital de la sécurité d'un système. Nous renvoyons le lecteur au chapitre *Les droits* du module 3, ainsi qu'au chapitre concernant les droits d'endossement de ce module.
- Les sommes de contrôle.
  Le contrôle des « *checksum* » des fichiers permet de s'assurer de leur intégrité Encore une fois, la cryptologie intervient et permet de créer des sommes infalsifiables (*cf. le chapitre suivant*).
- La sauvegarde régulière des données.
  Suite à une attaque, on peut perdre des données vitales. La sauvegarde régulière des données est le seul recours.
- L'audit des principaux événements du système.
- Les gardes-barrières
  L'installation de gardes-barrières ou pare-feu, (« *firewall* ») est indispensable pour limiter et contrôler les échanges entre le réseau interne de l'entreprise et le monde extérieur (Internet). Ces pare-feu limitent l'accès à des services externes par des utilisateurs non avertis ou qui n'en ont pas besoin pour, par exemple, limiter le risque de rapatriement de virus.

Les conseils

- Avoir des logiciels récents ou mis à jour.
  La plupart des logiciels possèdent des failles en termes de sécurité. Posséder des logiciels anciens ou pas à jour constitue une des principales faiblesses de votre système. Ceci est également vrai pour UNIX qui, sur ce point, se comporte comme un logiciel (*cf. Module 6 : Les patches*).
- Se renseigner sur les failles des logiciels.
  Nous venons d'affirmer que les logiciels possèdent des failles en termes de sécurité. On peut se renseigner sur ces failles ou sur les attaques les plus récentes. C'est l'objectif du CERT (http://info.cert.org). Il centralise les annonces concernant les failles de sécurité et les attaques (virus, chevaux de Troie, ...).
- Ne pas installer de services inutiles.
  Les logiciels contiennent des failles de sécurité. Il est souvent difficile de les paramétrer correctement. C'est pourquoi il ne faut installer que les logiciels réellement utilisés. Ceci est particulièrement vrai pour les logiciels réseaux. La

commande **netstat -a** donne la liste des ports actifs. L'administrateur doit connaître ces ports et doit savoir s'ils sont nécessaires.

- Tester sa sécurité.
  On ne peut pas dire qu'un système est inattaquable s'il n'a pas subi d'attaque. Des sociétés spécialisées dans la sécurité offrent ce service. Elles se proposent de vous attaquer pour éprouver votre sécurité.
- Il faut s'adresser à des spécialistes.
  La sécurité informatique est devenue très complexe, à cause de l'usage des réseaux. Dès qu'un système informatique devient complexe, il faut s'adresser à des spécialistes pour mettre en place les règles de sécurité. Les grandes entreprises possèdent généralement une cellule sécurité. Les autres doivent faire appel à des sociétés de services ou à des consultants.

Les niveaux de sécurité de l'administration américaine

Le niveau de sécurité atteint par le système UNIX en standard, est le niveau de sécurité C2. Le niveau C2 est une référence définie par l'administration américaine. Ce niveau est le niveau exigé de l'administration américaine et le système doit procurer :

- Une authentification des utilisateurs.
- La protection des ressources, en particulier des fichiers.
- La protection de la mémoire.
- La possibilité de procéder à l'audit du système.

La cryptologie

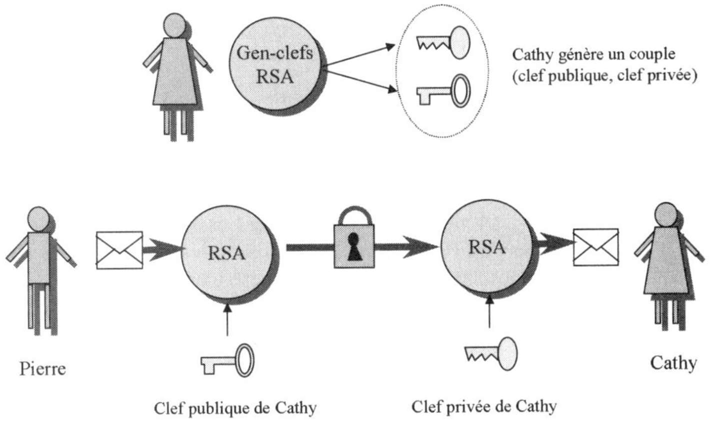

Définition de la cryptologie

La cryptologie comprend un ensemble de techniques qui permettent d'assurer la confidentialité des données et l'authentification de correspondants.

La base de la cryptologie est constituée d'algorithmes de chiffrement, appelé également méthode cryptographique. Ces algorithmes permettent de rendre incompréhensible un message pour toutes les personnes autres que son destinataire.

Les algorithmes de chiffrement sont de deux types :

- Symétriques, à clé secrète.
- Asymétriques, à clé publique.

Les algorithmes de chiffrement ne sont en fait qu'un élément d'un système assurant la confidentialité et l'authentification. C'est la notion de protocole qui constitue l'élément central d'une solution utilisant la cryptologie. Un protocole cryptographique a pour objectif la confidentialité, l'authentification, la signature…, et utilise pour ce faire un ou plusieurs algorithmes. De plus, il règle tous les problèmes de sécurité associés à l'échange des clés.

Algorithme à clé secrète

Le message en clair est chiffré (crypté) en utilisant une méthode cryptographique (algorithme) avant d'être transmis au correspondant. Le chiffrement (cryptage) est réalisé par un logiciel ou par du matériel. L'algorithme n'a pas besoin d'être secret, mais par contre la clé de chiffrement ne doit être connue que des deux correspondants.

Exemple : la méthode de Jules César

Cette méthode, utilisée par les écoliers, n'offre aucune sécurité, mais permet d'illustrer le fonctionnement d'une méthode cryptographique.

Un message en clair, par exemple BONJOUR, est chiffré lettre par lettre. Chaque lettre est décalée dans l'ordre alphabétique d'un nombre de lettres convenu d'avance. Ce nombre constitue la clé secrète qui ne doit être connue que des correspondants. En prenant trois comme décalage, le message en clair BONJOUR devient le cryptogramme ERQMRXU. Le cryptogramme peut circuler sur le réseau, sans danger, car une personne qui intercepte le message ne peut le déchiffrer, ne possédant pas la clé.

Panorama des méthodes à clés privées

Le DES (« *Data Encryption Standard* ») qui utilise une clé de 56 bits. C'est un standard ANSI.

Le triple DES qui utilise une clé de 111 bits. Cette méthode a l'avantage d'utiliser l'algorithme DES (trois fois). Par conséquent, les programmes qui utilisaient le DES n'ont pas besoin de grandes modifications.

RC2 et RC4 sont des algorithmes propriétaires de RSA Data Security, Inc. (RSADSI). Leur clé peut varier de 1 à 1024 bits. Les implémentations que l'on trouve en France, notamment dans Windows NT, utilisent des clés de 40 bits en raison des lois américaines sur l'exportation des méthodes cryptographiques.

IDEA (« *International Data Encryption Algorithm* ») créé par J.L. Massey et Xuejia Lai. Cette méthode utilise des clés de 128 bits.

BlowFish créé par Bruce Schneier. Cet algorithme, libre de droit et très performant, utilise des clés de 64 bits.

Algorithme à clé publique

L'algorithme utilise deux clés, une clé publique et une clé secrète. Ces deux clés sont générées ensemble par un logiciel et elles dépendent mathématiquement l'une de l'autre. Comme son nom l'indique, la clé publique peut être publiée sans risque, mais la clé secrète doit être conservée jalousement secrète par son propriétaire. La clé publique sert habituellement à crypter un message et la clé secrète à le décrypter, mais l'inverse est possible.

Exemple : la méthode RSA

La méthode à clé publique la plus utilisée est le RSA, du nom de ses inventeurs, Rivest, Shamir et Adleman. La société RSA Data Security (RSADSI) en détenait les brevets, qui ont expiré en l'an 2000.

Cathy veut protéger la confidentialité des messages de ses prétendants. Elle génère un couple de clés. Elle distribue sa clé publique à tous ses admirateurs et conserve sa clé secrète. Si Pierre veut envoyer un message chiffré à Cathy, il utilise l'algorithme RSA avec la clé publique de Cathy. Le message chiffré ne peut être lu que par Cathy, grâce à sa clé secrète.

Remarque
Du fait de la lenteur des algorithmes à clés publiques, ils ne sont utilisés que pour chiffrer des messages très courts, par exemple des clés secrètes, appelées alors clefs de session, utilisées par les algorithmes symétriques.

La cryptographie à clé publique offre plusieurs avantages :

- Elle diminue le nombre de clés nécessaires à la communication entre un nombre important de personnes.
- Elle permet la signature d'un document numérique.
- Elle permet l'authentification mutuelle de deux correspondants.

Diminution du nombre de clés

Si quatre personnes veulent communiquer avec des méthodes à clés secrètes, il faut six clés secrètes pour permettre toutes les combinaisons de dialogue secret. Il en faut seulement quatre avec RSA. Avec les méthodes à clés secrètes, le nombre de clés devient exponentiel au fur et à mesure que le nombre de personnes augmente.

La signature numérique

Pierre crée un document, un contrat par exemple, et il calcule une empreinte (via les algorithmes MD5 ou SHA) à partir de ce document. Il utilise ensuite sa clé privée pour chiffrer cette donnée et il associe le résultat au document. Chacun peut recalculer la somme de contrôle du document et vérifier avec la clé publique de Pierre que le document est authentique et que Pierre en est l'auteur.

L'authentification mutuelle

Pierre veut envoyer un message à Cathy, mais il désire que le message reste secret et que seule Cathy puisse le lire et que Cathy soit sûre de son origine.

1. Pierre chiffre son message avec sa clé secrète.
2. Pierre surchiffre le résultat avec la clé publique de Cathy.
3. Pierre transmet le message à Cathy.
4. Cathy utilise sa clé privée pour déchiffrer le message.
5. Cathy utilise ensuite la clé publique de Pierre pour déchiffrer le résultat précédent. Elle obtient le message en clair qui ne peut provenir que de Pierre et elle seule a pu le déchiffrer.

La notion de certificat

Un certificat est un document qui comprend essentiellement une clé publique et des renseignements sur le propriétaire de cette clé , le tout signé avec les clés privées d'organismes reconnus (des autorités). Un certificat permet de dialoguer de manière sûre (chiffrée) avec la société qu'il décrit. Si l'on possède d'autres certificats décrivant les signataires, on a l'assurance de l'identité du propriétaire de la clé. X509 est le format de certificat normalisé par l'ISO. Le logiciel Netscape communicator contient plusieurs certificats, dont celui de la société Verisign.

Panarama des méthodes à clés publiques

- Diffie-Hellman.
- RSA (« Ronald Rivest, Adi Shamir et Leonard Adleman »).
- DSA (« Digital Signature Algorithm ») est un standard américain du NIST (« National Institute of Standards and Technologies »).

Panorama des protocoles cryptographiques

- Kerberos : ce protocole, créé par le MIT, intervient au niveau applicatif, soit par l'utilisation d'applications « Kerberorisées », soit par l'utilisation de RPC-DCE qui utilise le système Kerberos. Kerberos implique l'usage d'un serveur Kerberos qui conserve les clés privées des différents protagonistes. Kerberos est le système privilégié de Windows 2000.
- RPC-Secure : les RPC-Secure est un protocole de Sun qui intervient au niveau des RPC et sécurise ainsi toute application RPC.
- SSL : ce protocole intervient au niveau des sockets et peut ainsi sécuriser toutes les applications TCP/IP. SSL est le protocole actuellement le plus utilisé pour sécuriser les échanges Web sur Internet.

- C-SET : ce protocole de niveau applicatif permet de sécuriser les paiements sur Internet. Il devrait se généraliser dans les prochaines années.
- PEM et PGP sont utilisés pour transmettre du courrier électronique crypté et authentifié.
- Secure Shell (SSH) remplace les commandes remote d'Unix, mais avec cryptage des données et authentification des partenaires.

La sécurité d'un protocole

La sécurité d'un protocole dépend de :

- L'algorithme utilisé : certaines méthodes peuvent être « cassées » par des mathématiciens.
- La longueur de la clé : plus la clé est longue, plus la méthode peut résister à l'attaque brutale qui consiste en l'essai de toutes les clés possibles. Dans le cas de la méthode Jules César, la clé a une longueur de 5 bits. Les clés inférieures à 40 bits n'offrent aucune sécurité. Le DES (à 56 bits) a été cassé par la force brutale de plusieurs milliers d'ordinateurs en 1999. Les clés de plus de 60 bits sont considérées comme sûres. Dans le cas des méthodes à clés publiques, les clés d'au moins 768 bits sont considérées sûres.
- Le protocole lui-même : certains protocoles possèdent des failles qui permettent par exemple la réutilisation d'une clé au moment du changement de date.

Les fonctions de hachage (ou générateurs d'empreinte)

Les fonctions de hachage ont un rôle similaire à celui des calculs de « CRC ». Elles permettent de créer l'empreinte numérique d'un message. Cette empreinte dépend mathématiquement du message, et si l'on modifie un tant soit peu le message, l'empreinte associée est complètement différente. En conséquence les fonctions de hachage permettent de vérifier qu'un message (ou un fichier) n'a pas été altéré. MD5 et SHA sont les deux principaux algorithmes de hachage.

Références cryptographiques

Le man : crypt(1), des(1), pgp(1), gpg(1), ssh(1), kerberos(1).

Les sites Internet

http://www.pgp.com

http://www.gnupg.org

http://www.modssl.org

Le livre suivant :

PGP par Simson Garfinkel. Cet ouvrage est une bonne introduction à la cryptologie et en plus il apprend à se servir du logiciel PGP.

La sécurité de connexion

- **Les commandes**
  - *login, su* — Réalisent la connexion
  - *passwd* — Modifie un mot de passe, gère le « *password aging* »
  - *makekey* — Crée un mot de passe
  - *who* — Liste les utilisateurs connectés
  - *last* — Liste les dernières connexions
  - *Crack* — Détecte les mauvais mots de passe (« *freeware* »)
- **Les fichiers**
  - */etc/shadow, ...* — Contient les mots de passe
  - */etc/default/login* — Paramètre le programme de connexion
  - */var/adm/sulog* — Mémorise les utilisations de **su**

TSOFT - UNIX Administration   Module 15 : La sécurité - 15.4

La sécurité de connexion est assurée par des commandes et des fichiers de données.

login/su

La connexion d'un utilisateur se fait par le biais des commandes **login** et **su**.

Le fichier */etc/default/login* permet de paramétrer la connexion des utilisateurs, dont l'obligation pour eux de définir un mot de passe (PASSREQ=yes).

Le fichier */var/adm/sulog* contient l'historique d'utilisation de la commande **su**.

Le fichier */etc/default/su* contient le paramétrage de la commande **su**. On peut, en positionnant le paramètre CONSOLE, demander l'affichage sur la console maîtresse de toutes les tentatives de connexion **su root**, indépendamment du fichier sulog.

Exemple de fichier sulog

Date heure terminal utilisateur identité demandée

```
SU 07/22 11:44 - pts/2 tcpip4-root
SU 07/22 12:08 - pts/2 tcpip4-root
SU 07/22 12:08 - pts/0 tcpip3-root
SU 07/22 12:08 - pts/0 tcpip3-root
SU 07/22 12:08 - pts/0 tcpip3-root
SU 07/22 14:14 + pts/1 tcpip2-root
SU 07/22 14:32 + pts/2 tcpip4-root
SU 07/25 09:08 + console root-sys
SU 07/25 10:07 + pts/2 tcpip2-sysadm
SU 07/25 17:26 - pts/0 tcpip1-root
SU 07/25 17:26 + pts/0 tcpip1-majid
SU 07/25 17:27 + pts/0 tcpip1-root
SU 07/26 09:11 + console root-sys
SU 07/27 08:46 + console root-sys
SU 07/27 09:00 + pts/0 tcpip2-root
```

passwd

La commande **passwd** permet à l'administrateur de créer, modifier ou supprimer le mot de passe d'un utilisateur. Il lui permet aussi de gérer le « password aging », c'est-à-dire la durée de validité des mots de passe.

En UNIX SVR4, le fichier */etc/shadow*, qui n'est consultable que par « root », contient les informations liées au « password aging ». Comme le fichier */etc/passwd*, les champs sont séparés par le symbole : . Sa structure est la suivante :

Champ1:Champ2:Champ3:Champ4:Champ5:Champ6: Champ7:Champ8:Champ9

Champ	Signification
1	Nom de l'utilisateur.
2	Mot de passe crypté.
3	Nombre de jours écoulés entre le premier janvier 1970 et la dernière modification du mot de passe.
4	Nombre minimum de jours requis entre deux modifications du mot de passe.
5	Nombre maximum de jours au bout duquel une modification est obligatoire.
6	Nombre de jours avant lequel l'utilisateur doit être averti de l'expiration prochaine du mot de passe.
7	Nombre de jours d'inactivité autorisés pour l'utilisateur.
8	Date d'expiration du mot de passe.

```
# more /etc/shadow
root:ibDA7pLVG2JYY:11605::::::
daemon:NP:6445::::::
bin:NP:6445::::::
sys:NP:6445::::::
adm:NP:6445::::::
lp:NP:6445::::::
uucp:NP:6445::::::
nuucp:NP:6445::::::
listen:*LK*:::::::
nobody:NP:6445::::::
noaccess:NP:6445::::::
nobody4:NP:6445::::::
jf:pd5DN./Ri9P/A:11605::::::
bebe:8RSWVZRbQAL4o:11608::::::
pierre:*LK*:::::::
cathy:*LK*:::::::
celine:EOvoysGPLHyI6:11626::::::
```

Remarque
La commande **pwconv** permet de créer le fichier */etc/shadow* s'il n'existe pas.

makekey

La commande **makekey** permet de fabriquer un mot de passe. La commande lit des caractères sur l'entrée standard. Les huit premiers caractères saisis constituent la clef et sont cryptés, les deux suivants, la racine, sont conservés et affichés en tête, devant les caractères cryptés, sur la sortie standard. Ils servent à générer des mots de passe différents même si on utilise la même clef.

```
$ /usr/lib/makekey
GillesGG00
00JJEMpQ4EB9g
```

Remarque

La commande **makekey** n'est souvent pas disponible sur un système UNIX. Il est relativement simple de créer une commande qui l'émule :

```
# cat makekey.c
// makekey.c
// arg1: la clef   (1 a 8 caracteres)
// arg2: la racine (2 caracteres)
# include <unistd.h>
# include <stdio.h>
main(int argc, char ** argv) {
      puts( crypt( argv[1], argv[2] ));
}
# gcc makekey.c
# ./a.out celine LG
LGWZ3KfSflpg2
# grep celine /etc/shadow
celine:LGWZ3KfSflpg2:11632::::::
#
```

---

last

La commande **last** affiche les connexions mémorisées dans le fichier */etc/wtmp*. On peut restreindre l'affichage aux connexions d'un utilisateur.

```
# last root
```

User	Line	Device	PID	Login time	Elapsed Time	Comments
root	c03	tty03	506	Thu Oct 29 17:51	00:32	logged in
root	co	tty03	411	Thu Oct 29 17:42	00:07	
root	c04	tty04	403	Thu Oct 29 16:32	00:48	??
root	c03	tty03	402	Thu Oct 29 16:24	00:55	??

who

La commande **who** affiche la liste des utilisateurs connectés.

crack

Cette commande du domaine public tente de découvrir les mots de passe en utilisant un dictionnaire. Cet outil est disponible sur Internet ou dans les distributions de LINUX.

PAM

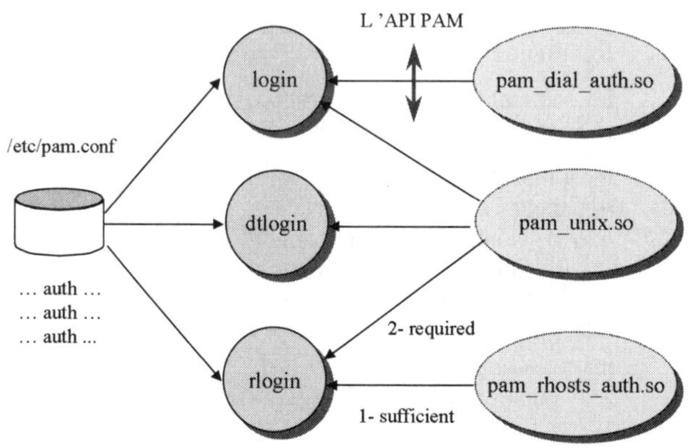

L'authentification des utilisateurs qui se connectent à un système UNIX consiste à demander un nom d'utilisateur et le mot de passe associé. Ce contrôle est réalisé par les commandes **login**, **rlogin**, **su** ou le service de connexion graphique **dtlogin**. Les mots de passe sont conservés dans le fichier */etc/passwd* ou */etc/shadow*, et cryptés en DES.

Le service PAM (« *Pluggable Authentication Module* ») est une API, c'est-à-dire un ensemble de primitives, disponible dans des bibliothèques dynamiques. Une commande peut utiliser cette API pour construire un service d'authentification plus élaboré. L'administrateur adapte et modifie les règles et les méthodes d'authentification, sans avoir besoin de recompiler les commandes.

Les commandes utilisent ainsi, de manière transparente, des moyens cryptographiques supérieurs au DES ou des authentifications basées sur des caractéristiques humaines (iris, lobe de l'oreille…).

Les composants de PAM

Le tableau qui suit donne les principaux composants de PAM :

Composant	Description
/etc/pam.conf	Le fichier de configuration de PAM.
/usr/lib/security/*.so	Les bibliothèques dynamiques de PAM. Rappelons que « .so » est l'extension standard pour ces bibliothèques dans le monde UNIX.
/usr/lib/libpam*.so	Les bibliothèques des applications qui utilisent PAM.
/usr/bin/*, …	Les commandes **login**, **su**, … qui utilisent PAM.

Le fichier de configuration *pam.conf*

Le fichier de configuration de PAM s'appelle */etc/pam.conf*. Chaque ligne commence par le nom du service qu'il sécurise. Chaque ligne du fichier décrit un module. Les modules peuvent être compilés. Le fichier *rlogin* décrit ainsi au moins deux méthodes d'authentification, le fichier */etc/rhosts.equiv* et, en cas d'échec, la demande du mot de passe de l'utilisateur.

Syntaxe d'une ligne

service type stratégie chemin ARGUMENTS

Le service correspond au nom de l'application utilisant des modules PAM. Le nom « other » correspond à la configuration par défaut.

Le type définit la nature du module. On dispose des possibilités suivantes :

auth	Le module qui réalise l'authentification.
account	Le module qui vérifie si l'authentification est autorisée, par exemple que la date d'expiration du compte n'est pas dépassée.
password	Identifie le module qui permet de changer les mots de passe.
session	Le module qui est activé quand l'utilisateur est authentifié.

La stratégie d'authentification

requisite	Le module doit réussir. A défaut PAM met fin à l'authentification sans exécuter les autres modules.
sufficient	Si le module réussit, l'authentification est validée et les autres modules ne sont pas exécutés.
required	L'exécution du module est obligatoire.

Chemin

C'est le chemin d'accès au fichier qui contient le module de PAM, par exemple */usr/lib/security/pam_unix.so*.

Le tableau qui suit donne la liste de quelques modules :

pam_unix	L'authentification traditionnelle d'UNIX.
pam_rhosts_auth	L'authentification basée sur les fichiers */etc/hosts.equiv* et *~/.rhosts*.
pam_dial_auth	L'authentification basée sur les fichiers */etc/dialups* et */etc/d_passwd*.
pam_sample	Permet de tester PAM.

Arguments

Les arguments permettent de configurer le module. L'argument « debug » est générique. Il utilise le service syslog pour générer des messages dans les journaux de bord.

Exemple

```
# more /etc/pam.conf
#ident "@(#)pam.conf 1.19    95/11/30 SMI"
#
# PAM configuration
#
# Authentication management
#
login   auth required   /usr/lib/security/pam_unix.so.1
```

```
login   auth required   /usr/lib/security/pam_dial_auth.so.1
#
rlogin  auth sufficient /usr/lib/security/pam_rhosts_auth.so.1
rlogin  auth required   /usr/lib/security/pam_unix.so.1
#
dtlogin auth required   /usr/lib/security/pam_unix.so.1
#
rsh     auth required   /usr/lib/security/pam_rhosts_auth.so.1
other   auth required   /usr/lib/security/pam_unix.so.1
#
# Account management
#
login   account required        /usr/lib/security/pam_unix.so.1
dtlogin account required        /usr/lib/security/pam_unix.so.1
#
other   account required        /usr/lib/security/pam_unix.so.1
#
# Session management
#
other   session required        /usr/lib/security/pam_unix.so.1
#
# Password management
#
other   password required       /usr/lib/security/pam_unix.so.1
#
```

La sécurité pour les utilisateurs

- **Utiliser un bon mot de passe (passwd)**
- **Protéger ses répertoires et ses fichiers (chmod, umask)**
- **Ne pas abandonner son terminal (TMOUT, lock)**
- **Vérifier à chaque connexion la date de dernière connexion et de dernier essai ayant échoué**
- **Protéger son fichier ~/.profile (chmod)**
- **Paramétrer correctement sa variable PATH**
- **Ne pas communiquer d 'informations sensibles (Adresses IP, systèmes utilisés, logiciels utilisés, ...)**

Les utilisateurs doivent choisir un bon mot de passe. Il faut éviter les noms des enfants, les lieux, les dates de naissance, plus généralement tout ce qui vous tient à cœur et qui est connu de votre entourage professionnel.

- Il faut définir une valeur de **umask** restrictive, quitte à étendre les droits d'accès de certains de vos fichiers.
- Il ne faut pas abandonner son terminal sans se déconnecter. A défaut, il faut positionner la variable TMOUT sur un terminal de type texte ou verrouiller son terminal en utilisant la commande **lock**.
- Il faut prêter attention aux dates de dernière connexion réussie et infructueuse qui sont affichées à chaque connexion.
- Ne pas laisser l'accès, même en lecture, à son fichier *.profile*.
- Faire attention aux répertoires qui sont nommés dans la variable PATH. Il ne faut pas principalement mettre le répertoire « . » en première position.
- Ne pas communiquer d'informations sensibles.
  Dans un lieu public, dans un forum Internet, il faut faire attention à ce que l'on dit. Un pirate peut utiliser des informations a priori anodines : adresses IP, version d'un logiciel système, logiciels réseaux installés, structure du réseau, nom et prénom des responsables système et réseaux, ...

Les droits d'endossement et la sécurité

- **Définitions**
  - SUID — Le processus qui exécute un programme ayant le droit SUID (set-UID) possède les droits du propriétaire du programme
  - SGID — Le processus qui exécute un programme ayant le droit SGID (set-GID) possède les droits du groupe du programme
- **Visualisation**

```
$ ls -l prg
-rwsr-s--x  1 root  bin  2265  Jun 18  14:00  prg
   ↑   ↖
  /     \
SUID    SGID
```


Les droits d'endossement ont déjà été étudiés et comme indiqué, les processus s'exécutent avec les droits du propriétaire et/ou du groupe de la commande.

L'administrateur peut rechercher sur un disque les fichiers qui ont le bit « s » positionné grâce à la commande **ncheck**.

ncheck –s /dev/disque

L'administrateur peut exécuter une première fois cette commande immédiatement après l'installation du système et l'exécuter ensuite périodiquement pour comparer la liste produite avec la liste initiale.

Ces opérations peuvent être automatisées dans un script qui détecte les modifications frauduleuses réalisées sur une commande.

Imaginons, en effet, la situation suivante :

1) L'administrateur est connecté.
   #

2) Il s'absente deux minutes pour chercher un café et oublie de se déconnecter.

3) Le fraudeur passe par là :
   # chmod u+s /bin/cat /bin/od
   # chown root /bin/cat /bin/od

4) Il quitte la pièce.

Plus aucun fichier n'a de secret pour le fraudeur et tous les utilisateurs qui sont au courant de la manœuvre.

L'audit du système

- **last** **Liste les dernières connexions**
- **lastcomm** **Liste les commandes exécutées** (par utilisateur et tty)
- **logger** **Envoie un message à syslogd**
- **tripwire** **Vérifie l'intégrité du système (« *freeware* »)**
- **COPS** **Surveille la sécurité du système (« *freeware* »)**
  - Vérification des droits d'accès
  - Vérification du fichier des mots de passe
  - Vérification de l'environnement de root et de tous les utilisateurs
- **Crack** **Detecte les mauvais mots de passe (« *freeware* »)**

TSOFT - UNIX Administration Module 15 : La sécurité - 15.7

L'audit du système consiste dans le suivi du système pour s'assurer, entre autres, que des opérations n'ont pas été réalisées ou même tentées sur le système.

En dehors de l'examen des fichiers, comme sulog, ou de l'exécution périodique de commandes comme la commande **last** ou **ncheck**, certains systèmes UNIX proposent, via l'outil intégré d'administration, un véritable outil d'audit qui permet de spécifier les événements du système sur lesquels vous souhaitez exercer une surveillance.

Il existe, dans le domaine public et dans les distributions de LINUX, de très nombreuses commandes d'audit. Citons notamment **cops et tripware**.

Des logiciels permettent de détecter les mauvais mots de passe en les devinant : crack, John The Ripper.

Quoi qu'il en soit, nous invitons les administrateurs à définir une stratégie d'audit pour assurer au mieux la sécurité de leur système informatique.

La dimension réseau, qui n'est pas abordée dans ce manuel, accroît encore l'importance de se prémunir contre les opérations frauduleuses.

SSH

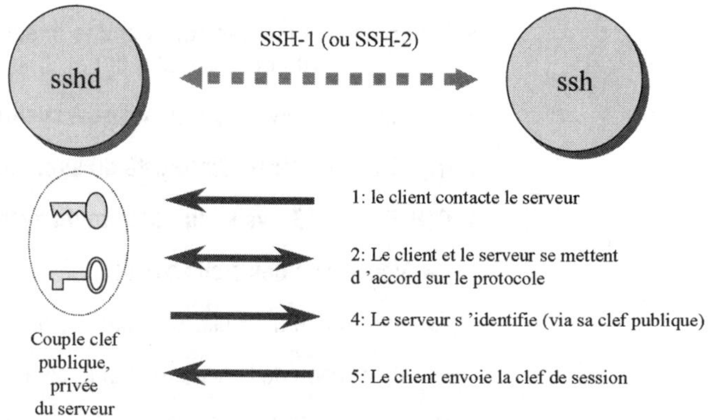

TSOFT - UNIX Administration

Module 15 : La sécurité - 15.8

Description du service SSH

Le terme SSH (*Secure Shell*) désigne un ensemble de commandes et de protocoles qui remplacent les commandes **remote** (rlogin, rsh, rcp), en offrant, en plus, la confidentialité des échanges et l'authentification des correspondants.

SSH a été créé par Tatu Ylonen. Il existe actuellement une version OpenSSH créée par Aaron Campbell & all qui est libre de droit. OpenSSH supporte plusieurs algorithmes symétriques pour le chiffrement, notamment le triple DES et BlowFish. En ce qui concerne l'authentification, il supporte le RSA et le DSA.

Remarques

Il existe des implémentations de SSH pour les environnements Unix, Linux, Windows et Macintosh.
Sous Solaris, l'installation nécessite la bibliothèque OpenSSL et la bibliothèque zlib.
La bibliothèque OpenSSL nécessite Perl 5 pour l'installer à partir des sources (*cf. Références Internet, logiciels libres, sécurité*)

Le protocole SSH

Voici la description de la première phase du protocole : l'établissement de la liaison sécurisée.

1. Le client contacte le serveur.

2. Le client et le serveur se mettent d'accord sur la version du protocole SSH à utiliser (SSH-1 ou SSH-2).

3. Le client et le serveur commutent vers un protocole basé sur un échange de paquets.

4. Le serveur s'identifie : il transmet au client les informations suivantes : sa clef publique en tant qu'hôte (pour prouver son identité), sa clef publique en tant que serveur (pour permettre un échange sécurisé), une séquence aléatoire qui doit être transmise par le client lors de sa prochaine réponse (pour lutter contre l'IP spoofing) et enfin la liste des méthodes cryptologiques qu'il supporte.

5. Le client envoie une clef secrète crypté avec la clef publique du serveur. Cette clef servira pour établir un échange cryptée par une méthode cryptographique symétrique.

6. Les deux côtés basculent en mode crypté.

7. La connexion sécurisé est établie.

Exemple d'utilisation sans configuration du service SSH

Sur le serveur

Sur le serveur il faut activer l'application sshd :

/usr/local/sbin/sshd

Remarque
L'installation du paquetage openssh crée un couple de clés publique/privée qui identifie l'ordinateur serveur.

Sur le client

Sur le client, on utilise la commande **ssh** pour activer une connexion. Dans l'exemple, on se connecte au compte de pierre sur le serveur mars à partir du poste venus, l'utilisateur donne le mot de passe associé au compte de pierre.

```
venus $ ssh -l pierre mars
The authenticity of host 'mars (192.168.218.10)' can't be established.
DSA key fingerprint is 11:78:86:40:f4:51:84:37:fa:2c:15:01:54:69:e1:af.
Are you sure you want to continue connecting (yes/no)? yes
Warning: Permanently added 'mars,192.168.218.10' (DSA) to the list of
known hosts.
pierre@mars's password:
Last login: Fri Oct 12 19:39:19 2001
Have a lot of fun...
mars $
```

Lors de la connexion, le serveur envoie sa clé publique. Cette clé est utilisée pour échanger une clé privée de session et tous les échanges suivants sont chiffrés, notamment le mot de passe de l'utilisateur. Ce type de connexion offre une totale sécurité y compris pour une connexion de root transitant sur Internet.

Remarques
On peut également spécifier le compte de connexion sous une forme email :
venus$ ssh pierre@mars

Si l'on n'indique pas le nom de connexion, on suit la même logique que la commande **rlogin**. La connexion a lieu sous le compte homonyme du compte local. Si pierre est connecté sur venus et désire se connecter sur mars sous le compte pierre, il saisit simplement la commande suivante :
venus$ ssh mars

La demande « voulez-vous continuer la procédure de connexion » affichée dans l'exemple n'est présente qu'à la première connexion. Il précise que SSH enregistre la clé publique du serveur. SSH préviendra d'un éventuel changement de clé ou d'adresse IP du dit serveur.

Les principaux composants de SSH

sshd	Le logiciel serveur, actif sur le port TCP 22, qui ouvre une session à partir d'une connexion d'un client ssh.
ssh	Le logiciel client qui remplace rsh et rlogin.

scp Le logiciel client qui remplace rcp.

ssh-keygen Le logiciel qui permet de créer un couple de clés publique/privée.

La configuration du serveur sshd

La configuration du serveur sshd est réalisée par le fichier */usr/local/etc/ssh/sshd_config*. La configuration par défaut est généralement satisfaisante. Voici quelques-unes des principales directives :

Port

Le port d'écoute du serveur, par défaut 22.

Protocol

La (les) version(s) du protocole SSH supportée(s) par le serveur. Les valeurs possibles sont 1 et 2 et par défaut 1.

Hostkey

Nom d'un fichier qui contient un couple de clefs publique et privée.

Ciphers

Liste les algorithmes à clés privées supportés par le protocole Version 2.
Par défaut : 3des-cbs,blowfish,arcfour,cast128-cbc.

AllowUsers

Ce mot clé est suivi d'une liste de noms d'utilisateurs, séparés par des espaces. Cette directive restreint l'usage de ssh aux seuls utilisateurs mentionnés.

DenyUsers

Cette directive permet d'interdire l'usage de ssh à certains utilisateurs.

AllowGroups, DenyGroups

Ces directives suivent la même logique que les directives AllowUsers et DenyUsers, mais s'appliquent à des groupes d'utilisateurs.

PermitEmptyPAsswords

Autorise ou non des mots de passe vides.

PermitRootLogin

Autorise ou non la connexion à distance de l'administrateur (root).

RhostsAuthentication

Spécifie le mode Rhosts comme mode d'authentification des clients. sshd se comporte alors comme rshd et autorise les connexions en se basant sur les fichiers /etc/hosts.equiv et ~/.rhosts. Ce mode d'authentification n'offre évidemment pas plus de sécurité que rsh. Par défaut la directive est positionnée à no.

RSAAuthentication

Spécifie le mode RSA comme mode d'authentification des clients. Par défaut la directive a la valeur yes.

RhostsRSSAAuthentication

Spécifie si l'authentification RSA est utilisée avec l'authentification Rhosts. Par défaut la directive a la valeur no.

ServerKeyBits

Spécifie la taille des clés publiques. La valeur minimum est de 512 bits, la valeur par défaut est de 768.

DSAAuthentication

Cette directive a pour valeur yes ou no. Elle indique si l'authentification DSA est autorisée. Elle l'est par défaut.

PasswordAuthentication

Cette directive a pour valeur yes ou no. Elle indique si l'authentification par mot de passe est autorisée.

UseLogin

Spécifie si le programme login est utilisé pour les sessions interactives. Par défaut cette directive a la valeur no.

LogLevel

Indique le niveau de log du serveur. Les valeurs possibles sont : QUIET, FATAL, ERROR, INFO, VERBOSE et DEBUG. INFO est le niveau par défaut.

Exemple SSH avec authentification du client en RSA

Première étape : le client génère un couple de clés publique/privée

L'utilisateur qui désire travailler à distance se crée un couple de clés asymétriques grâce à la commande interactive **ssh-keygen**. Cette commande stocke par défaut les clés générées dans les fichiers suivants :

$HOME/.ssh/identity	La clé RSA privée
$HOME/.ssh/identity.pub	La clé RSA publique

Exemple :

```
venus$ ssh-keygen
Generating public/private rsa1 key pair.
Enter file in which to save the key (/home/pierre/.ssh/identity):
Enter passphrase (empty for no passphrase):
Enter same passphrase again:
Your identification has been saved in /home/pierre/.ssh/identity.
Your public key has been saved in /home/pierre.ssh/identity.pub.
The key fingerprint is:
7d:7b:78:d9:b2:07:74:ad:97:c6:b3:fb:6f:0b:02:4b pierre@venus
venus$
```

Remarque
Lors de la génération du couple de clés, **ssh-keygen** demande un mot de passe pour chiffrer la clé privée de l'utilisateur. Si l'utilisateur met un mot de passe vide, l'utilisation de **ssh** sera simplifiée, car elle ne nécessitera pas de mot de passe. Par contre, seuls les droits Linux protégeront la clé privée de l'utilisateur. L'utilisateur peut ultérieurement changer son mot de passe, y compris le supprimer, avec la commande **ssh-keygen –p**.

Deuxième étape : le client transfère une copie de sa clé publique sur le serveur

L'utilisateur crée sous le compte qu'il possède sur le serveur un répertoire $HOME/.ssh et il y copie sa clé publique sous le nom « authorized_keys ».

Il est évident qu'il faut utiliser un canal sûr pour transporter la clé, une disquette par exemple.

Troisième étape : le client se connecte

L'utilisateur peut alors se connecter sur le serveur. Le serveur envoie une information codée avec la clé publique de l'utilisateur et le logiciel client ssh décode celle-ci grâce à la clé privée de l'utilisateur. Il est donc authentifié. Comme précédemment le reste de la session est crypté.

Exemples :

1) Pierre se connecte sur venus. Sa clé privée est protégée par un mot de passe :

```
venus$ ssh mars
Enter passphrase for RSA key 'pierre@venus.soc.fr' : XXXXX
Last login : Fri Dec 22 12:58:33 2000 From 192.168.218.10
Sun Microsystems Inc.   SunOs 5.7    Generic  October 1998
Sun Microsystems Inc.   SunOs 5.7    Generic  October 1998
mars$
```

2) Pierre se connecte sur venus. Sa clé privée n'est pas protégée par un mot de passe :

```
venus$ ssh mars
Last login : Fri Dec 22 13:05:13 2000 From 192.168.218.10
Sun Microsystems Inc.   SunOs 5.7    Generic  October 1998
Sun Microsystems Inc.   SunOs 5.7    Generic  October 1998

mars$
```

3) Pierre exécute une commande à distance :

```
venus$ ssh mars date
```

4) Pierre copie un fichier présent sur l'ordinateur distant :

```
venus$ scp mars:/etc/group /tmp
```

Références pour SSH

Le man :

ssh(1), sshd(8), ssh-keygen(1), scp(1).

Livre :

SSH The Secure shell, The Definitive Guide

Les sites Internet :

http://www.openssh.org http://www.openssh.org/windows.html # Versions clientes pour Windows

Kerberos

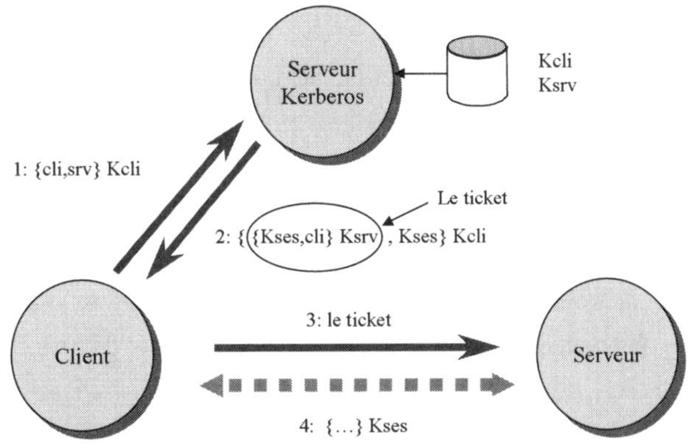

TSOFT - UNIX Administration

Module 15 : La sécurité - 15.9

Introduction

Kerberos est un protocole gérant la confidentialité des données échangées entre une application cliente et une application serveur. Kerberos assure également l'authentification mutuelle du client et du serveur. Kerberos a été créé au MIT dans le cadre du projet Athena. Il est actuellement supporté par l'ensemble des systèmes UNIX, y compris Linux et Windows 2000.

Le système repose sur l'usage d'un arbitre : le serveur Kerberos. Ce serveur détient un exemplaire de chaque clef utilisée dans le réseau. Les applications qui utilisent le système Kerberos doivent être modifiées, on dit " kerberorisées ". La plupart des applications UNIX comme Telnet, FTP, NFS, rlogin sont disponibles en version Kerberorisées.

Les messages échangés entre un client et un serveur et le serveur Kerberos sont cryptés en DES.

Le protocole

1. Le client envoie un message au serveur Kerberos qui contient la référence de l'utilisateur (nom, UID, ...) et la référence du serveur. La demande est envoyée cryptée avec la clef du client Kcli.

2. Le serveur Kerberos reçoit la demande du client et engendre une clef de session Kses qui sera utilisée entre le client et le serveur. Il crée un ticket qui contient la clef de session et les références de l'utilisateur. Le ticket est crypté avec la clef du serveur Ksrv. Le serveur Kerberos envoie au client le ticket avec la clef de session, le tout crypté avec la clef du client Kcli.

3. Le client envoie au serveur d'application (NFS, ...) le ticket et conserve la clef de session Kses. Le serveur d'application reçoit le ticket et le décrypte avec sa clef personnelle Ksrv. Il reçoit les références de l'utilisateur et la clef de session Kses partagée avec le client.

4. Le client et le serveur possèdent tous deux la clef de session Kses et peuvent échanger des données.

Tous les messages sont datés pour empêcher leur réutilisation. Le système protège la confidentialité des données grâce à la clef Kses et authentifie le client et le serveur grâce aux clefs Kcli et Ksrv.

Vocabulaire

TGT	« Ticket-Granted ticket » : un ticket d'authentification Kerberos.
realm	Un domaine d'authentification Kerberos.
KDC	« Kerberos Key Distributer Center » : un serveur Kerberos maître ou esclave d'un realm.
principal	Le nom d'un utilisateur ou d'un service.
instance	Le nom du système où réside un service.
nom	Un nom Kerberos est composé de trois parties : principal, instance et realm.

Les composants d'un système client

Les commandes

telnet, ...	Les versions kerbérorisées des commandes (dans /usr/krb5/lib).
kinit	Provoque une connexion avec le serveur Kerberos.
klist	Liste les tickets.
kdestroy	Détruit un ticket.
ksrvtgt	

Les fichiers

krb.conf	Liste les realms et les KDC associés.
krb.realms	Liste les correspondances entre hôtes et realms.

Remarque

Sous Solaris, le système Kerberos aussi bien client que serveur, n'est pas fourni en standard. Il est disponible en option, mais il fait partie des distributions serveurs.

Références

Man

kerberos(1), kinit(1), krb.conf(4),

Livre

Kerberos : A Network Authentication System

Internet

http://web.mit.edu/kerberos/www/

http://www.sun.com/blueprints/1001/krb.html

Atelier 14 : La sécurité

Objectif :

- **Savoir gérer la sécurité de connexion**

Durée : 15 minutes.

Exercice n°1

Quel est le mot de passe, sous forme cryptée, de l'utilisateur pierre ?

Exercice n°2

Forcez l'utilisateur pierre à changer son mot de passe avant 10 jours.

Exercice n°3

Recherchez les fichiers exécutables par tout le monde, qui possèdent des droits d'endossement.

Exercice n°4

Listez les dernières connexions.

Exercice n°5

Est-ce que l'utilisateur pierre utilise son nom comme mot de passe ?

Exercice n°6 (script)

Ecrivez un script qui permet de changer les mots de passe d'un ensemble d'utilisateurs. Le script utilise un fichier qui contient sur chaque ligne le nom de l'utilisateur et le nouveau mot de passe. Pour que le script accepte de s'exécuter, le fichier qui contient les mots de passe ne doit être lisible que par root.

Particularités des systèmes UNIX : AIX HP-UX IRIX Linux SCO Solaris TRU64 UNIXWARE

Les particularités du système AIX

Remarques

Le système AIX offre de nombreuses particularités d'administration. L'outil intégré **smit** offre un excellent moyen d'administrer le système. La nomenclature des noms de commandes est spécifique et se distingue notablement de celle des autres systèmes UNIX. Pour aider l'utilisateur accoutumé aux commandes AT&T, le tableau qui suit peut apporter une aide pour construire le nom des commandes du système AIX.

Commande AT&T	Commande AIX
ObjetAction (useradd)	ActionObjet (mkuser)

Les actions AIX

Création	mk
Modification	ch
Visualisation	ls
Suppression	rm

Les fichiers de configuration spécifiques sont constitués de strophes. Une strophe a la structure suivante :

```
clé :
    attribut=valeur
    ...
```

Une strophe se termine quand commence une autre strophe ou quand se termine le fichier.

Quand les commandes de modification et de création possèdent les mêmes options, celles-ci sont décrites dans le manuel de la commande de modification. Il faut ainsi consulter le manuel de la commande **chuser** pour trouver les options de création d'un compte utilisateur utilisables dans la commande **mkuser**.

Module 1 : Introduction

<u>Comment administrer</u>

smit

C'est l'outil intégré d'administration d'AIX. Il est très complet.

smit gère deux fichiers :

smit.script	Liste les commandes qui ont été passées.
smit.log	Enregistre la trace complète des opérations effectuées.

smit permet d'accéder directement à un sous-menu :

```
# smit users
```

<u>wsm</u>

L'outil wsm (« Web-based System Management ») est accessible à partir d'un navigateur Web ou bien à partir du bureau.

<u>La documentation</u>

info

Active InfoExplorer qui permet l'accès à toute la documentation AIX. Cette commande supporte l'hypertexte et fonctionne en mode texte.

man

Affiche les pages de manuel, mais accède en fait à la base de données d'InfoExplorer.

Module 2 : La gestion des utilisateurs

Les commandes de gestion des utilisateurs

mkuser

Crée un utilisateur. Elle utilise le fichier */usr/lib/security/mkuser.default* qui mémorise les valeurs par défaut. Ce fichier contient deux strophes, la strophe user pour les utilisateurs qui ont l'attribut « admin=false » et la strophe admin pour les utilisateurs qui ont l'attribut « admin=true ».
La procédure de création exécute le script **/usr/lib/security/mkuser.sys** qui peuple le répertoire de connexion de fichiers de démarrage, en particulier le fichier */etc/security/.profile*.

smit users

Réalise la gestion des utilisateurs (création, modification, suppression).

chuser

Cette commande permet de modifier un compte utilisateur.

lsuser

Cette commande visualise les attributs d'un utilisateur.

rmuser

Cette commande supprime un compte utilisateur. L'option « –p » permet sa suppression complète, y compris des fichiers de sécurité (**rmuser –p pierre**).

Notons aussi les commandes **mkgroup**, **chgroup**, **rmgroup** et **lsgroup** de gestion des groupes.

Module 3 : Les fichiers

Les principaux répertoires

/dev	
/etc	
/etc/objrepo	La base de données ODM
/etc/security	
/export	
/home	
/sbin	
/tmp	
/usr	
/usr/bin	
/usr/etc	
/usr/lpp	Contient les produits optionnels
/usr/share	
/var	

Les droits

Les ACL (« Access Control List »)

AIX possède un mécanisme d'ACL qui compléte les droits d'UNIX. Les ACL permettent de donner des droits d'accès à des fichiers à tel ou tel utilisateur et à tel ou tel groupe.

aclget Affiche l'ACL d'un fichier.

```
$ aclget fic1
base permissions
...
extended permissions
disabled
```

aclput Positionne l'ACL d'un fichier à partir d'un fichier ACL.

$ aclget fic1 | aclput fic2

acledit Edite l'ACL d'un fichier. L'utilisateur modifie un modèle proposé sous **vi**.
On modifie les extended permissions

```
 extended permissions
     enabled
      permit     rw-     u :pierre
```

Remarque
La commande **chmod** avec un argument numérique supprime les ACLs. Les commandes **backup** et **restore** conservent les ACLs mais pas les commandes **tar** et **cpio**.

Les ensembles de groupes

setgroups Permet de modifier l'ensemble des groupes courants et le groupe réel.
groups Liste les groupes d'un utilisateur.

Module 4 : Les systèmes de fichiers

Les différents types de FS

jfs	FS à journalisation, dérivant de FFS
cdrfs	FS des CD-ROM
nfs	NFS de Sun

Panorama des commandes de gestion de FS

crfs	Crée un FS.
chfs	Change les caractéristiques d'un FS, permet d'augmenter sa taille.
lsfs	Liste les caractéristiques d'un FS.
rmfs	Supprime un FS.

Les systèmes de fichiers sous AIX sont créés sur des volumes logiques à l'intérieur d'un groupe de volumes (*cf. Module n°9*). Le système de fichiers jfs est journalisé.

Les systèmes de fichiers de type jfs ont besoin d'un journal. Le journal est stocké sur un volume logique spécifique et plusieurs systèmes de fichiers peuvent partager le même journal.

Les systèmes de fichiers créés à l'installation sont créés dans le groupe de volume de nom rootvg. Les volumes logiques et les systèmes de fichiers associés sont :

Volume logique	Système de fichiers
/dev/hd1	/home
/dev/hd2	/usr
/dev/hd3	/tmp
/dev/hd4	/
/dev/hd9var	/var

Le volume logique /dev/hd5 contient les données nécessaires au démarrage (type boot), le volume logique /dev/hd6 est associé au swap primaire (type paging) et le volume logique /dev/hd8 (type jfslog) au journal.

Les principaux paramètres de jfs.

Le groupe d'allocation, « ag », dont la taille peut être de 4Mo, 16Mo, 32Mo ou 64Mo. Ce groupe joue un rôle analogue à celui du groupe de cylindres d'un système de fichiers BSD.

Le nombre d'octets par inode, « nbpi », qui détermine le nombre d'inodes du système de fichiers et influe, ainsi que l'ag, sur la taille maximum du système de fichiers.

Les tableaux qui suivent illustrent quelques cas.

nbpi	**Taille maximale du jfs en Go**
512	8
1024	16
2048	32
4096	64

Taille de l'ag (« ags ») en Mo	**Valeurs possibles de nbpi**					
8	512	1024	2048	4096	8192	16384
16	1024	2048	4096	8192	16384	32768

Automatiser le montage de FS

filesystems

Le fichier */etc/filesystems* contient les FS qui sont montés automatiquement au démarrage.

Remarque

Il faut impérativement utiliser la commande **crfs** pour créer un système de fichiers. La commande générique d'UNIX **mkfs** existe. Elle ne lie pas automatiquement le système de fichiers au journal et ne renseigne pas le fichier */etc/filesystems*.

Module 5 : La sauvegarde

Les autres outils de sauvegarde

backup, restore

Elles offrent deux modes de fonctionnement. Le mode par inodes permet la sauvegarde et la restauration de systèmes de fichiers. Elles fonctionnent alors en incrémental et cela en fait l'équivalent des commandes **dump** et **restore** d'UNIX BSD. Le mode par fichiers permet une sauvegarde classique de fichiers et les commandes empruntent alors la logique de fonctionnement de la commande **cpio**.

Par inodes :

```
# umount /home
# backup –0ucf /dev/rmt0 –f /home

# mount /home
# cd /home                  # Les fichiers ont été sauvegardés sous le nom ./fichier
# restore –rvf /dev/rmt0
```

Par fichiers :

```
# cd /home
# find . | backup –iqf /dev/rmt0

# restore –xvqf /dev/rmt0
```

La sauvegarde des groupes de volumes

savevg, **restvg**

La commande **savevg** sauvegarde un groupe de volumes et la commande **restvg** le restaure.

Sauvegarder le groupe de volumes vgdata sur bande en créant un fichier *map*
savevg –mf /dev/rmt0 vgdata

Restaurer le groupe de volumes
restvg –f /dev/rmt0

Les bandes
tctl
Cette commande est l'équivalent AIX de la commande **mt**.

Les fichiers spéciaux
/dev/rmt0 Rembobinage
/dev/rmt0.1 Pas de rembobinage
/dev/rmt0.4 Rembobinage et faible densité
/dev/rmt0.5 Pas de rembobinage et faible densité

Module 6 : La gestion des processus

Les processus (2/2) : l'environnement
environ
Les fichiers */etc/environment* et */etc/security/environ* permettent de configurer l'environnement des utilisateurs. Il contient une strophe default qui définit les attributs communs à tous les utilisateurs et, éventuellement, une strophe par utilisateur. Chaque strophe contient un attribut usrenv qui définit les variables de l'environnement utilisateur et un attribut sysenv pour les variables de l'environnement protégé.

pierre :
    usrenv="DBMONEY=£,TMOUT=600"

Internationalisation

La variable LANG, définie dans le fichier */etc/environment* définit la langue utilisée par AIX. On a souvent « LANG=fr_FR », la commande **chlang** permet d'en modifier la valeur et plus généralement d'administrer la langue pour tel ou tel utilisateur.

Panorama des commandes de gestion de processus

Le service SRC (« System Resource Controller »)
Le contrôleur de ressources est démarré, via inittab, par le démon **/usr/bin/srcmstr**. Ce service permet la gestion des sous-systèmes, groupe de sous-systèmes ou sous-serveur.

Un sous-système est associé à un démon, un groupe de sous-systèmes définit un groupe de démons associés à une même application et un sous-serveur est un programme lancé par un sous-système.

startsrc Lance un serveur ou un groupe de serveurs.
stopsrc Arrête un serveur ou un groupe de serveurs.
lssrc Visualise les serveurs et leurs attributs.

Démarrer le groupe de sous-systèmes TCP/IP
startsrc –g tcpip

Démarrer le démon d'impression qdaemon
startscr –s qdaemon

Arrêter le démon d'impression
stopsrc –s qdaemon

Visualiser l'ensemble des services
lssrc –a

Panorama des commandes de gestion de processus

syscalls Trace les appels systèmes d'une commande.

Les bibliothèques dynamiques

LIBPATH Variable qui spécifie les répertoires où sont stockées les bibliothèques.

dump -H /usr/bin/vi # liste les bibliothèques partagées

L'installation d'une application, paquetage

installp, lslpp, lppchl

Installe des logiciels, les liste, vérifie leur installation.

Les patches

Les patches sont appelés PTF (« *Program Temporary Fixes* »). Ils sont identifiés par un nom, par exemple bos.rte.security :4.1.2.1 ou par un nombre, par exemple IX40748. Les PTFs peuvent être obtenus auprès d'un revendeur IBM ou par Internet via un serveur fixdist. Il faut d'abord le client fixdist. Le site aix.boulder.ibm.com permet d'obtenir le logiciel et la liste des serveurs fixdist.

instfix -i # visualise les PTFs installés (AIX4)

smit install_fileset # installe des PTFs (AIX4)

Module 7 : L'arrêt et le démarrage

Le démarrage du système UNIX

Quand un système AIX démarre, il affiche une série de nombres à trois chiffres sur l'écran situé sur le panneau frontal.

200-299	Progression de la première phase de démarrage
500-599	Messages d'état du programme de démarrage
600-625	Démarrage du réseau
700-732	Configuration des périphériques inconnus
800-998	Configuration des périphériques standard

bosboot

Cette commande permet de rendre un périphérique bootable.

bootlist

Cette commande permet de gérer la liste des périphériques de démarrage

bootlist –m mode_de_démarrage périphérique…

Les niveaux d'exécution du système

Les niveaux utilisés par inittab sont moins nombreux que dans un système UNIX.

Le niveau 2 est le mode multi-utilisateur normal, y compris le mode graphique et les montages NFS. Les niveaux 3 à 9 sont disponibles pour une personnalisation du système. Les niveaux s, S, m ou M sont associés au mode maintenance.

Les scripts de démarrage : /etc/*rc* (2/2)

/etc/rc.boot	Vérifie et monte les FS
/etc/rc	Script général
/etc/rc.bsdnet	Activation de la carte réseau
/etc/rc.net	Configuration réseau
/etc/rc.tcpip	Configuration de TCP/IP
/etc/rc.nfs	Configuration de NFS
/etc/rc.ncs	Configuration de NCS
/etc/rc.netls	Gestion des licences
/etc/rc.dt	Démarrage du bureau « CDE »

L'arrêt du système : shutdown

shutdown # arrêt dans 60 secondes

shutdown -m # passage en mode maintenance (niveau s)

```
#  shutdown -h    # arrêt complet du système
#  shutdown -r    # arrêt et redémarrage
```

Le fichier */etc/shutdown.allow* permet de spécifier les utilisateurs autorisés à utiliser shutdown.

Module 8 : L'impression

Les spools d'impression

Le service d'impression du système AIX est un système de gestion de files d'attente et en particulier de files d'attente de requêtes d'impression. Le démon **qdaemon** est démarré via le fichier *inittab* et le service SRC. Le service d'impression reconnaît les commandes d'impression du niveau utilisateur des autres systèmes UNIX (AT&T et BSD). L'impression est prise en charge par un programme, le « backend program », normalement **piobe** pour les imprimantes locales et **remback** pour les imprimantes distantes.

Nous conseillons au lecteur de créer les imprimantes grâce à **smit**.

Le fichier qui contient la définition des imprimantes est le fichier */etc/qconfig*. Il ne faut jamais le modifier « à la main ». Il contient des strophes. La strophe principale définit une « queue ». La queue contient la liste des « queues devices » de la queue. Chaque « queue device » est ensuite décrite dans une strophe qui précise ses attributs et en particulier l'imprimante et le « backend program ». Une queue peut contenir plusieurs queue devices, ce qui correspond à la notion de classe des systèmes UNIX AT&T.

Les commandes de gestion d'impression

smit lprint	Gestion de l'impression.
mkdev	Crée un périphérique (imprimante).
mkque	Crée une file d'attente.
mkquedev	Permet d'ajouter des périphériques à une file d'attente.
lp, lpr, qprt	Demande d'impression.
lpstat, lpq, qstat	Liste les files d'attente.
cancel, lprm, qcan	Détruit une requête d'impression.
enq	Commande générale de gestion des files d'attente.
qdaemon	Le démon gérant les files d'attente.
qadm	Permet de changer l'état d'une file d'attente.
qmov	Déplace une file d'attente.
qpri	Change la priorité d'une requête.
qhld	Permet de maintenir des travaux dans une file.
piobe	Le programme d'interface, activé par qdaemon.

/etc/qconfig — Fichier qui décrit les files d'attente gérées par le système

```
impr :                          # La queue
        device=lp1,lp2          # les queues devices
lp1 :
        file=/dev/lp1
        ...
        backend=/usr/sbin/piobe
lp2 :
        file=/dev/lp2
        ...
        backend=/usr/sbin/piobe
```

```
$ lp –d ascii fichier      # fichier est imprimé sur /dev/lp1 ou /dev/lp2
$ lp –d ascii:lp1          # fichier est imprimé sur /dev/lp1
```

Remarque
Pour créer une imprimante dans un fichier, le fichier doit impérativement être créé dans le répertoire */dev*.

La variable d'environnement LPDEST spécifie l'imprimante par défaut. En son absence, c'est la première imprimante décrits dans le fichier *qconfig* qui est utilisée.

Les impressions déportées
smit mkrque Configure un poste client.

Module 9 : Les disques physiques et logiques

Les disques
/dev/hdisk0 1er disque
/dev/hdisk1 2ème disque
etc...

Liste des disques
lsdev -C -c disk -H

Liste des PV (disques qui peuvent être inclus dans un groupe de volumse)
lspv

Information sur un PV
lpspv hdisk0
lpspv -l hdisk0 # liste des volumes logiques présents sur le PV

L'ajout d'un disque
1. Connecter physiquement le disque.
2. Redémarrer, le fichier spécial (par /dev/hdsisk3) est créé.
3. Rendre le disque accessible.
   # mkdev -l hdisk3
4. Le configurer pour pouvoir l'intégrer à un groupe de volumes
   # chdev -l hdisk3 -a pv=yes
5. L'ajouter à un VG.
   # extendvg rootvg hdsik3

Les groupes de volumes

Les concepts
- Un disque physique est appelé un « PV » (« *Physical Volume* »). - Un groupe de volumes (VG : « *Volume Group* ») est constitué de plusieurs volumes physiques (disques).
- Les VG sont ensuite divisés en volumes logiques (LV : « *Logical Volume* »). Un LV peut résider sur plusieurs disques physiques.
- L'unité d'allocation des LV est la partition logique (LP).
- Une partition logique est égale à un, deux ou trois partitions physiques (PP, de taille de 4 Mo par défaut). L'utilisation de plusieurs PP par LP permet la redondance des données à des fins de tolérance de pannes.
- Les VG doivent être activés (« varyon »). Le VG « rootvg » est activé automatiquement au démarrage.

Les commandes

varyonvg	Active un VG.
mkvg	Crée un VG.
chvg	Modifie les caractéristiques d'un VG.
extendvg	Augmente la taille d'un VG par ajout d'un disque.
reducevg	Retire un disque d'un VG. La suppression de tous les disques d'un VG entraîne la suppression du VG.
lsvg	Liste les VG, affiche les caractéristiques d'un VG.
exportvg	Exporte un VG.

importvg Importe un VG. L'export et l'import d'un VG, qui ne s'appliquent pas au rootvg, permettent le transfert d'un groupe de volumes d'un système AIX à un autre.
1) Démonter les systèmes de fichiers
2) Désactiver le VG (commande **varyoffvg)**
3) Exportation du VG
4) Importation du VG
5) Activation du VG (commande **vayonvg)**
6) Contrôle et montage des systèmes de fichiers.

savevg Sauvegarde un VG.
mklv Crée un LV.
extendlv Etend la taille d'un LV.
lslv Liste les LV, affiche les caractéristiques d'un LV.
chlv Change les caractéristiques d'un LV.
rmlv Supprime un LV.
crfs Crée un FS et le LV associé.
chfs Change les caractéristiques d'un FS, permet d'augmenter sa taille. Cette opération peut être réalisée alors que le système de fichiers est monté.
lsfs Liste les FS, affiche les caractéristiques d'un FS.
rmfs Supprime un FS et le LV associé.

Lister les groupes de volumes
lsvg

Visualiser les caractéristiques d'un groupe de volumes (par exemple rootvg)
lsvg rootvg # caractéristiques générales
lsvg -p rootvg # liste les PV
lsvg -l rootvg # liste les LV

Visualiser les volumes logiques de tous les groupes de volumes
lsvg –o | lsvg –il

Visualiser les caractéristiques du volume logique hd2
lslv hd2

Créer un groupe de volumes vgdata comprenant les disques hdisk2 et hdisk3
mkvg –y vgdata hdisk2 hdisk3

Créer un volume logique datacompta de 40 LP dans le groupe de volumes vgdata. On suppose que la taille du LP est de 4 Mo.
mklv –y datacompta vgdata 40
La commande a créé deux fichiers spéciaux */dev/datacompta* et */dev/rdatacompta.*

Créer un système de fichier sur le volume logique datacompta, l'indication du répertoire de montage est obligatoire.
crfs –v jfs –ddatacompta –m/appli/datacompta

Créer un système de fichiers et le volume logique associé dans le groupe de volumes rootvg. On lui donne une taille de 20000 blocs de 512 octets, son répertoire de montage est /appli2 et il sera monté automatiquement au prochain démarrage.
crfs -v jfs -g rootvg -a size=20000 -m /appli2 -A yes

Agrandissement du volume logique et de son système de fichiers. La valeur de l'attribut « size » précise la nouvelle taille.
chfs -a size=400000 /appli/datacompta

Agrandissement, mais ici on indique seulement l'incrément.
chfs -a size=+10000 /appli2

Suppression du volume logique et de son système de fichiers
rmfs -r /appli/datacompta

Le swap

lsps Affiche les caractéristiques d'une zone de swap, liste les zones de swap.
mkps Permet de créer une zone de swap dans un LV.
chps Permet d'augmenter la taille d'une zone de swap.
swapon Active une zone de swap

/etc/swapspaces Le fichier qui contient la définition des « swaps ».

L'installation et la réinstallation d'un système UNIX

smit mksysb
mkszfile et **mksysb**
Ces commandes permettent de créer un système de sauvegarde « bootable », qui permet une restauration rapide du système.

mksysb -i /dev/rmt0 # crée une archive bootable (AIX4)

Module 10 : La gestion des périphériques

La gestion des périphériques, introduction

AIX, contrairement aux autres systèmes UNIX, possède une base de données pour gérer les objets systèmes, en particulier les périphériques. Il s'agit de l'**ODM** (« *Object Data Manager* »). Cette base est située dans l'arborescence */etc/objrepos*.

L'ODM *gère :*
- Les périphériques.
- Les logiciels installés (LPP).
- Les ressources systèmes.
- Les éléments de SMIT (menus, boîtes de dialogue,...).

Les commandes de l'ODM :
odmcreate Incorpore une base de données à l'ODM à partir d'un fichier ASCII.
odme Editeur qui permet de visualiser/modifier une base.
odmget Permet de visualiser une base.

Etat d'un périphérique
« available » Il est prêt à fonctionner.
« defined » Il est défini, mais il n'est pas opérationnel.

La commande **mkdev** peut être utilisée pour rendre opérationnel un périphérique.

Les fichiers spéciaux

Noms des fichiers spéciaux
/dev/ent0 Carte Ethernet
/dev/hdisk0 Disque
/dev/cd0 CD-ROM
/dev/rmt0 Lecteur DAT
/dev/lp0 Imprimante
/dev/tty0 Terminal série

Les commandes de gestion des périphériques
mkdev Configure un périphérique, le rend opérationnel.
rmdev Supprime un périphérique.
lsdev, **lscfg** Affichent les périphériques.
lsattr Affiche les attributs d'un périphérique.
chdev Modifie les attributs d'un périphériques.
cfgmgr Configure les périphériques, appelé automatiquement au démarrage.
errpt Affiche l'historique des erreurs, affiche le détail d'une erreur.

Liste des périphériques SCSI
lsdev -C -s scsi

Suppression de l'unité de disquette
rmdev –l fd0 –d
ls –l /dev/fd0 # Les fichiers spéciaux n'existent plus
cfgmgr –i fd0 # Les fichiers spéciaux sont créés, le périphérique est
disponible

La console opérateur

Le terminal qui doit être utilisé comme console opérateur au prochain démarrage est défini grâce à la commande **chcons**. La commande **swcons** permet de dupliquer les sorties de la console opérateur vers un périphérique ou un fichier ordinaire.

Les terminaux séries

Si des connexions via des terminaux séries (*/dev/tty0*, */dev/tty1*) sont définies dans le fichier */etc/inittab*, celles-ci peuvent être activées ou désactivées par les commandes **penable** et **pdisable** qui modifient le champ action (« respawn » ou « off ») et exécutent la commande **init q**.

Module 11 : Le noyau

Pourquoi modifier et reconstruire le noyau
Il n'est pas habituel de reconstruire le noyau AIX (le guide de l'administrateur n'en parle même pas). En effet, les pilotes sont chargés dynamiquement et les principaux paramètres système peuvent être également modifiés dynamiquement.

Les paramètres système
lsattr Liste les paramètres, visualise un paramètre.
chdev Modifie un paramètre.
smit chgsys Modification des paramètres du système, prise en compte immédiate.

lsattr -E -l sys0 # affiche les paramètres système (du noyau)

Information sur le système
alog Visualise les fichiers « log », dont les messages du démarrage.

Module 12 : La gestion des performances

Panorama des commandes de surveillance du système
svmon Surveille la mémoire.
iostat Surveille les entrées-sorties.
filemon Analyse les entrées-sorties fichiers.
fileplace Analyse la fragmentation des fichiers.
rmss Simule une diminution de la mémoire centrale.

Module 13 : Le réseau

Mise en réseau d'un poste dans un réseau IP
smit tcpip, menu « Minimum Configuration & Startup »
Cette commande interactive permet de paramétrer l'essentiel : le nom réseau, l'adresse IP, le netmask, la carte réseau associée, la passerelle par défaut, le domaine DNS, l'adresse d'un serveur DNS.

Les services réseaux
Lorsque l'on modifie les fichiers */etc/services* et */etc/inetd.conf*, il faut prévenir le démon inetd.
vi /etc/inetd.conf
inetimp # mise à jour de l'ODM (ce n'est plus nécessaire en AIX 4)
refresh -s inetd # envoie le signal SIGHUP au démon

Module 15 : La sécurité

La sécurité de connexion

/etc/security/passwd	Le fichier des mots de passe
/etc/security/login.cfg	Informations de contrôle des mots de passe
/etc/security/user	Valeurs par défaut du « password aging »

pwadm Modifie le fichier login.cfg.
chuser Modifie un compte utilisateur, spécifie l'expiration de son mot de passe.

L'audit du système

/etc/security/audit	Configure l'audit du système

audit start
Démarre l'audit. On peut mettre cette commande dans */etc/rc.local*.

Les rôles

L'administrateur peut déléguer à des utilisateurs le droit d'exécuter certaines tâches d'administration telles que l'administration des utilisateurs, des mots de passe, des sauvegardes et de l'arrêt du système. Un rôle est principalement caractérisé par un nom, « ManageAllPasswds » par exemple, un ensemble d'autorisations et une liste de groupes auxquels l'utilisateur doit appartenir pour jouer le rôle.

mkrole, chrole, rmrole et lsrole permettent d'administrer les rôles.

Visualiser les rôles existants
\# lsrole ALL

Les particularités du système HP-UX

Module 1 : Introduction

La documentation

lrom Permet l'accès à la documentation HP située sur un CD-ROM

Comment administrer

sam

L'outil HP-UX d'administration s'appelle **sam**, il est très complet. Il comporte un fichier log : */var/sam/log/samlog*. Les fichiers de configuration de **sam** se trouvent dans l'arborescence /usr/sam/lib. L'option « -r » de sam permet de donner des privilèges d'accès à sam aux utilisateurs.

Module 2 : La gestion des utilisateurs

Les commandes de gestion des utilisateurs

sam	Outil idéal pour gérer les utilisateurs.
useradd	Ajout d'un utilisateur.
usermod	Modifie un compte utilisateur.
userdel	Supprime un utilisateur.
groupadd	Ajoute un groupe d'utilisateur.
groupmod	Modifie un groupe d'utilisateur.
groupdel	Supprime un groupe d'utilisateurs.
listusers	Liste les utilisateurs.

Module 3 : Les fichiers

Les principaux répertoires

/bin	Lien sur /usr/bin
/dev	
/etc	
/export	
/home	
/mnt	
/opt	
/sbin	
/stand	Contient le noyau HP-UX
/tmp	
/usr	
/usr/shlib	Les bibliothèques partagées
/var	

Les droits

Les ACL (« Access Control List »)

HP-UX possède un mécanisme d'ACL complémentaire des droits UNIX. Les ACL permettent de donner accès à des fichiers à tel ou tel utilisateur et à tel ou tel groupe.

chacl	Crée, détruit ou modifie des entrées ACL.
lsacl	Visualise les entrées ACL.
getaccess	Permet de connaître ses droits d'accès à un objet.

Module 4 : Les systèmes de fichiers

Les différents types de FS

hfs	High Performance FS, le FS le plus commun, dérive de FFS de BSD
vxfs	Le FS journalisé
nfs	Le FS réseau de Sun

cdfs Le FS pour les CD-ROM
Le FS root doit être de type hfs.

La gestion de l'espace disque : df
bdf
C'est la commande la mieux adaptée pour visualiser l'espace disque restant.

Panorama des commandes de gestion de FS
newfs Création d'un FS.
fsadm Administre un FS (défragmente un FS, augmente la taille d'un FS,...).

Création d'un FS
\# newfs /dev/vg01/rvol1 # On donne en argument un volume logique (*cf. Module N°9*)

Automatiser le montage de FS

/etc/checklist	Fichier qui mémorise les FS qui doivent être montés au démarrage (HP-UX V9)
/etc/fstab	Fichier qui mémorise les FS qui doivent être montés au démarrage (à partir de la révision 10)

Module 5 : La sauvegarde

Les autres outils de sauvegarde
fbackup, frecover
L'équivalent HP-UX des commandes BSD **dump/restore**.

vxdump, vxrstore
Sauvegarde, restauration d'un FS JFS. Equivalent des commandes BSD **dump/restore**.

Les bandes
Les fichiers spéciaux
/dev/rmt/cXtYdZoptions
- X : numéro du contrôleur
- Y : adresse SCSI
- Z : LUN SCSI (normalement 0)
- options : par exemple « n » : pas de rembobinage, on a aussi différents niveaux de densité

Par exemple : /dev/rmt/0m est un lien sur /dev/rmt/c0t2d0m
Lecteur SCSI sur le contrôleur 0, adresse SCSI 2, LUN 0, et densité moyenne avec rembobinage.

Module 6 : La gestion des processus

Les bibliothèques partagées

SHLIB_PATH	Chemin d'accès aux bibliothèques partagées.
dld.sl	Le chargeur des bibliothèques partagées.

Installer une application, les paquetages
swinstall Installe une application.
swlist Affiche les informations concernant les applications.
swremove Supprime une application.

```
# swlist        # liste les paquetages installés
# swlist -v  PVPROXY      # Information sur un paquetage
# swlist -l    # liste des dépôts
# swlist -a @ venus:/depot   # liste des paquetages d'un serveur
```

Les patches

La gestion des patches est intégrée à la gestion des paquetages et on utilise donc les commandes **swlist**, **swinstall** ...

Module 7 : L'arrêt et le démarrage

Le démarrage du système UNIX

Pour plus d'informations : *cf. isl(1M), pdc(1M), boot(1M), hpuxboot(1M).*

ISL

Le rôle d'ISL est de charger le noyau HP-UX, son prompt est « ISL> ». Il propose plusieurs commandes, notamment :

?, help	Liste des commandes.
autoboot	Active, désactive la séquence de démarrage automatique.
primpath	Modifie le chemin de démarrage primaire.
display	Affiche le chemin de démarrage primaire, secondaire et alternatif.
search	Affiche les périphériques de démarrage, exemple : search scsi.

Voici quelques exemples :

ISL> hpux	Active le noyau spécifié par le chemin de démarrage primaire.
ISL> hpux -is	Démarre le système en mode mono-utilisateur sans mot de passe.
ISL> hpux /stand/vmunix.save	Démarre un autre noyau .

L'activation des processus : init (1/2)

Niveau	*Description*
0	Permet l'arrêt du système
S	Mode mono-utilisateur
2	Mode multi-utilisateur
3	Accès aux fichiers distants (défaut sur un serveur)
4	HP-VUE (défaut sur une station)
5,6	Non utilisé

Les scripts de démarrage : /etc/*rc* (2/2)

Les scripts de démarrage sont stockés dans le répertoire /sbin/init.d. Les données utilisées par ces scripts sont dans /etc/rc.config.d. A chaque niveau d'init correspondent des scripts stockés dans le répertoire /sbin/rcN.d où N correspond au niveau, par exemple, /sbin/rc3.d. Ces scripts ne sont que des liens sur les scripts du répertoire /sbin/init.d.

La logique d'exécution des scripts est légèrement différente de celle d'AT&T : le script /sbin/rc scrute tous les niveaux jusqu'au niveau cible. Ainsi, au démarrage, les scripts des répertoires rc1.d, rc2.d puis rc3.d sont exécutés. Si l'on passe à un niveau supérieur, les scripts débutant par « S » sont exécutés. Si l'on passe à un niveau inférieur, les scripts débutant par «K » sont exécutés.

Le fichier */sbin/init.d/template* est un modèle de script de démarrage.

Le fichier */etc/rc.log* mémorise les problèmes survenus lors du démarrage.

Les principaux scripts

bcheckrc	Prépare les VG et les FS.
rc	Script principal *(cf. explications ci-dessus).*
vuerc	Gère le démarrage du système graphique VUE.

Pour plus d'informations sur les scripts de démarrage : *cf. rc(1M).*

L'arrêt du système : shutdown

```
# shutdown          # passe en mode simple utilisateur
# shutdown -h       # arrêt du système
# shutdown -r 180   # redémarre dans 3 minutes (180 secondes)
```

Le fichier */etc/shutdown.allow* définit les utilisateurs autorisés à lancer la commande **shutdown**.

Module 8 : L'impression

Les commandes de gestion d'impression

Les commandes de gestion d'impression sont celles d'AT&T: **lpadmin**, **lpsched**, **lpstat**,...

Les impressions déportées

On paramètre une imprimante déportée via la commande **lpadmin**. Mais il faut que le site distant autorise vos accès par l'intermédiaire du fichier */etc/hosts.equiv*.

Module 9 : Les disques physiques et logiques

Les disques

Le nom des disques SCSI

/dev/dsk/c0t6d0

Disque sur le contrôleur 0, à l'adresse SCSI 6 et de numéro d'unité logique (LUN) égal à 0.

/dev/dsk/c0t6d0s4

Partition n°4 du disque précédent, la partition n°0 désigne le disque complet.

L'ajout d'un disque

1 - On prépare le disque (on le formate), cette opération n'est pas nécessaire pour un disque HP.

```
# medianit /dev/rdsk/c2t2d0
```

2 - On crée un FS sur le disque (s'il n'est pas utilisé dans un VG).

```
# newfs /dev/rdsk/c2t2d0
```

2bis - On intègre le disque à un VG.

```
# pvcreate /dev/rdsk/c2t2d0
# vgextend /dev/vg01 /dev/dsk/c2t2d0
```

Remarques :

- Ces différentes opérations sont plus simples avec sam.
- La version HP-UX V9 nécessitait un fichier */etc/disktab* qui mémorisait la description des disques et de leurs partitions.

Les groupes de volumes

Les concepts

- Un groupe de volumes (VG : « *Volum Group* ») est constitué de plusieurs volumes physiques (disques).
- Les VG sont ensuite divisés en volumes logiques (LV : « *Logical Volum* »). Un LV peut résider sur plusieurs disques physiques.
- L'unité d'allocation des LV est « l'extend » (LE).
- Une partition logique est égale à un, deux ou trois extends physiques (PE, de taille de 4 Mo par défaut). L'utilisation de plusieurs EP par EL permet la redonnance des données à des fins de tolérance de pannes.
- Les VG doivent être activés (« varyon »). Le VG « rootvg » est activé automatiquement au démarrage.

Les commandes

vgcreate	Création d'un VG.
vgremove	Supprime un VG.
vgdisplay	Visualise un VG.
vgextend	Ajoute un disque à un VG.
vgreduce	Retire un disque à un VG.
vgchange	Change les caractéristiques d'un VG.
vgsync	Mises à jour des copies miroirs d'un VG.

vgcfgbackup	Sauvegarde la configuration d'un VG.
vgcfgrestore	Restaure la configuration d'un VG.
pvcreate	Transforme un disque pour qu'il puisse faire partie d'un VG.
pvdisplay	Affiche des informations sur les disques d'un VG.
lvcreate	Création d'un LV.
lvremove	Supprime un LV.
lvchange	Change les caractéristiques d'un LV.
lvdisplay	Affiche les caractéristiques d'un LV.
lvextend	Augmente l'espace disque alloué à un LV.
lvsync	Mise à jour des copies miroirs d'un LV.
newfs	Crée un FS dans un LV.
extendfs	Etend la taille d'un FS.

Exemple, augmenter la taille d'un FS.

```
# umount /dev/vg00/lvol1
# lvextend  -s 5000  /dev/vg00/lvol1
```

Le swap

swapon	Permet d'ajouter une zone de swap en fin d'un FS.
swapinfo	Affiche des informations sur le swap.

L'installation et la réinstallation d'un système UNIX

La gestion des applications

swinstall	Installe une application.
swlist	Affiche les informations concernant les applications.
swremove	Supprime une application.
ignite-ux	Outil qui permet l'installation en réseau, une installation personnalisée, et la sauvegarde du disque système.
mkboot	Crée un disque de démarrage.

Module 10 : La gestion des périphériques

La gestion des périphériques, introduction

Le « Hardware Path »

C'est la séquence d'éléments adressables du CPU vers le périphérique. Chaque élément adressable est représenté par un « *module number* ». Pour le bus HP-IB, le module number correspond au numéro du slot multiplié par quatre. Pour un bus CIO, le module number est directement égal au numéro du slot. Les Hardware Paths peuvent être affichés par la commande **ioscan -f** qui liste les périphériques.

Les fichiers spéciaux

Noms des fichiers spéciaux

/dev/dsk/c0t6d0	Les disques SCSI *(cf. les disques)*
/dev/rmt/c0t2d0m	Lecteur de bande SCSI *(cf. les bandes)*
/dev/console	La console maîtresse
/dev/tty12p3	Terminal sur le port n°3 de la carte n°12

Les commandes de gestion des périphériques

ioscan -f	Liste les périphériques.
ioinit	Initialisation du système des entrées/sorties.
inssf, lssf, mksf, rmsf	Remplacent mknod.
mediainit	Formatage des disques et des bandes.

Module 11 : Le noyau

La reconstruction d'un nouveau noyau

system_prep	Prépare les fichiers de configuration en vue d'une régénération.
mk_kernel	Lance la génération d'un nouveau noyau.
sam	L'outil d'administration est idéal pour reconstruire un nouveau noyau.

/stand/vmunix	Le noyau HP-UX
/stand/system	Le fichier de configuration du noyau
/usr/conf/*	Contient la configuration d'un noyau

Module 12 : La gestion des performances

Panorama des commandes de surveillance du système

top Affiche en temps réel les processus qui consomment le plus de ressources.

Module 13 : Le réseau

Mise en réseau d'un poste dans un réseau IP

On utilise sam. Eventuellement on utilise la commande /sbin/set_parms.

Les fichiers de configuration

/etc/rc.conf.d/netconf	Fichier de configuration d'IP
/etc/nsswitch.conf	Sélectionne le service de noms (DNS, NIS, /etc/hosts) Spécifie les priorités entre ces services

Les commandes

set_parms	Met à jour les paramètres d'IP.
lanscan	Donne des informations sur les cartes réseaux.
landiag, lanadmin	Administration d'une carte réseau.

Module 15 : La sécurité

La sécurité de connexion

/.secure/etc/passwd	Contient les mots de passe cryptés (HP-UX V9)
/tcb/files/auth/p/pierre	Contient le mot de passe de pierre (HP-UX V10)
/tcb/files/auth/system/default	Paramètres par défaut pour les mots de passe
/tcb/files/auth/devassign	Utilisateurs autorisés à se connecter à un terminal
/tcb/files/ttys	Sécurité d'accès par terminal (heures d'accès,...)

sam
Permet de contrôler la sécurité.

pwconv
Active la sécurisation des mots de passe.

Pour plus d'informations : *cf.prpwd(1)*.

Les particularités du système IRIX

Module 1 : Introduction

Comment administrer

sysmgr	Outil d'administration graphique

Le man

IRIX utilise la nomenclature AT&T sauf pour les commandes DCE (section 8).

Module 2 : La gestion des utilisateurs

Les commandes de gestion des utilisateurs

UserManager	Gestion des comptes utilisateurs.
addUserAccount	Ajout d'un utilisateur.
modifyUserAccount	Modifie un compte utilisateur.
deleteUserAccount	Destruction d'un compte utilisateur.

Module 3 : Les fichiers

Les types de fichiers

attrinit	Positionne les attributs de fichiers.
attr	Gère les attributs de fichiers.

Les droits

modifyPermissionsAndOwnership Modifie les droits et le propriétaire d'un fichier.

Module 4 : Les systèmes de fichiers

Les différents types de FS

cdfs, iso9600, cd-rom, rockridge	FS du CD-ROM.
dos, fat	FAT 16.
EFS	FS efs.
XFS	FS xfs.
nfs	NFS de SUN.

Panorama des commandes de gestion de FS

mkfs	Crée un FS.
fsck	Répare un FS efs.
fsdb	Débogue un FS efs.
fsstat	Indique l'état d'un FS.
growfs	Etend un FS.
fsr_efs	Réorganise un FS efs.
fsr_xfs	Réorganise un FS xfs.
mkfs_efs	Crée un FS de type efs.
mkfs_xfs	Crée un FS de type xfs.
xfs_bmap	Affiche les allocations de blocs d'un FS xfs.
xfs_check	Vérifie un FS xfs.
xfs_copy	Copie le contenu d'un FS xfs.
xfs_db	Débogue un FS xfs.
xfs_estimate	Estime l'espace que prendra un FS xfs.
xfs_growfs	Etend un FS xfs.
xfs_logprint	Affiche le log d'un FS xfs.
xfs_ncheck	Génère les chemins à partir des numéros d'inodes pour un FS xfs.
xfs_repair	Répare un FS xfs.
FileSystemManager	Gère les FS.

Automatiser le montage de FS

/etc/fstab	Liste les FS montés au démarrage.

Les cd-rom sont montés automatiquement.

Module 5 : La sauvegarde

Les autres outils de sauvegarde

xfsdump	Sauvegarde incrémentale d'un FS xfs.
xfsrestore	Restauration d'un FS xfs.
dump, **rdump**	Sauvegarde incrémentale d'un FS efs.
restore, **rrestore**	Restauration d'un FS efs.
xfsinvutil	Outil lié aux sauvegardes incrémentales.
backup	Sauvegarde de fichiers et de répertoires.
Restore	Restaure des fichiers sauvegardés avec backup.
BackupAndRestoreManager	Gestionnaire de sauvegarde.
networker	Outil de sauvegarde NetWorker.

Les bandes

/dev/tape et /dev/nrtape

Module 6 : La gestion des processus

Panorama des commandes de gestion de processus

ProcessManager	Gère les processus.

Les bibliothèques dynamiques

ldd	Visualise les bibliothèques d'une commande.

Installer une application, les paquetages

pkgadd, **pkginfo**,...	Les commandes AT&T de gestion de paquetages.
swmgr	Outil de gestion de paquetages.
SoftwareManager	Outil de gestion de paquetages.
inst	Outil permettant l'installation d'application.
versions	Affiche la version d'un produit.
showfiles	Visualise les fichiers appartenant à un produit.
showprods	Affiche les produits installés sur le système.
installf	Ajoute un fichier au gestionnaire de paquetages.

Module 7 : L'arrêt et le démarrage

Le démarrage du système UNIX

nvram	Obtient, modifie les variables de l'eprom

Les scripts de démarrage : /etc/*rc*

IRIX suit la logique AT&T : les fichiers de démarrage sont dans /etc/init.d (cf. rc0(1M), rc2(1M)).

SAF

Le système IRIX utilise le service SAF AT&T.

L'arrêt du système : shutdown

powerdown	Arrêt du système.

Module 8 : L'impression

Les « spools » d'impression AT&T

IRIX utilise l'impression AT&T

Les commandes d'impression AT&T

modelinfo	Génère la liste des imprimantes supportées.
rmprinter	Supprime une imprimante.
setdevperms	Met à jour les droits sur les périphériques d'impression.

Les impressions déportées

addclient	Autorise un client distant.
listPrinters	Liste les imprimantes d'un système distant.
mknetpr	Permet l'accès à une imprimante distante.
mkbsdnetpr	Permet l'accès à une imprimante distante via le protocole BSD.
SharePrinters	Partage des imprimantes.

Module 9 : Les disques physiques et logiques

Ajout d'un disque

prtvtoc	Visualise la table des partitions.
dvhtool	Partitionne un disque.
fx	Outil de gestion de disque.
DiskManager	Gère les disques.
getDiskInfo	Obtient des informations sur les disques.

Les disques RAID et les « striped disks »

Les groupes de volumes

xlvCreateLV	Crée un LV xlv.
xlv_make	Crée un LV xlv.
xlv_mgr	Administre les LV et les disques xlv.
xlvDelete	Détruit un objet xlv.
xlvExtend	Etend un volume xlv.
xlvShow	Affiche des informations sur les objets xlv.
xlv_admin	Modifie les LV et les disques xlv.
xlv_assemble	Initialise un LV.
xlv_set_primary	Positionne le premier plex d'un LV.
xlv_vis	Visualise l'activité des LV xlv.
xlv_shutdown	Arrêt des xlv.
xlv_labd, xlv_plexd, **xlvd**	Les démons xlv.

Le swap

swap	Outil de gestion du swap (AT&T).
SwapManager	Outil de gestion du swap.

Liste les espaces de swap
swap -l

L'installation et la réinstallation d'un système UNIX

mkboottape	Crée une bande bootable.

Module 10 : La gestion des périphériques

Les fichiers spéciaux

hinv	Liste la configuration matérielle.
scsiha	Explore le bus scsi.
ioconfig	Configure les périphériques.
SerialDeviceManager	Gère les liaisons séries.

Module 11 : Le noyau

Le rôle du noyau
Le noyau s'appelle */unix*.

Pourquoi modifier ou reconstruire le noyau

autopush Configure les STREAMs mis en place automatiquement.
lboot Crée un noyau bootable.

Les paramètres système

systune Affiche ou modifie les paramètres du noyau.

Informations sur le système

sysinfo Affiche les informations d'identification du système.

Le service syslog

eventmond Démon de gestion des événements système.

Module 12 : La gestion des performances

Panorama des commandes de surveillance du système

diskperf Mesure l'utilisation des disques.

La comptabilité AT&T

IRIX utilise la comptabilité AT&T.

diskusg Génère l'utilisation des disques par utilisateur.

Module 13 : Le réseau

AppleTalk

atping Teste la connectivité d'un nœud AppleTalk.

Ajouter un système dans un réseau IP

configNetIf Permet de configurer les cartes réseaux.
configResolver Met à jour l'ordre de résolution des noms.

NFS (présentation), RPC

IRIX utilise la logique BSD : le fichier */etc/exports*, la commande **exportfs**.

nfsd, **biod**, **biod3d** Les démons NFS.
addexportsentry Ajoute une entrée au fichier */etc/exports*.
nfsSetup Met en place le système NFS.

NIS, NIS+

/etc/nsswitch.conf Spécifie la résolution des noms.

nisSetup Met en place le système NIS.

Sendmail

configmail Script de configuration de sendmail.

Module 15 : La sécurité

La sécurité de connexion

La sécurité de connexion suit la logique AT&T
/etc/shadow Fichier qui contient les mots de passe et le « password aging ».
/etc/default/login Paramètre l'application login.

securesystem Améliore la sécurité.

Les droits d'endossement et la sécurité

addprivuser Donne à un utilisateur les privilèges de l'administrateur.

L'audit du système

audit Système d'audit du système.

Les particularités du système Linux

Remarque préalable :

Le système Linux est essentiellement disponible en freeware. C'est un système en constante évolution par l'intermédiaire d'Internet. C'est d'ailleurs sur ce réseau que l'on peut obtenir le plus d'informations et de logiciels (y compris avec les sources) pour Linux. Il existe plusieurs distributions de Linux, les principales sont :

- Slackware (http://www.slackware.org)
- Red-Hat (http://www.redhat.com)
- Debian (http://www.debian.org)
- Caldera (http://www.caldera.com)
- Suse (http://www.suse.com)
- Yggdrasil (http://yggdrasil.com)

Les particularités indiquées dans cette annexe ne peuvent pas recouvrir l'ensemble des versions, des plates-formes et des distributions de Linux. Elles permettent tout au plus à un « unixien » de ne pas être trop dépaysé.

Module 1 : Introduction

La documentation

makewhatis
Crée le fichier *whatis* utilisé par la commande **man -k**.

info
Accède à la documentation en hypertexte d'origine GNU.

Les « HOW-TO »
Fourni sous forme de fichier, chaque HOW-TO décrit en détail un point d'administration. La plupart des distributions sur CD-ROM les incluent.

Internet
Le réseau Internet est idéal pour trouver de la documentation sur Linux. En particulier il faut citer les sites suivants :

http://sunsite.unc.edu/Linux ou http://www.linuxdoc.org
http://www.LI.org

Ils contiennent :
- Des FAQs
- Les HOW-TO
- La liste des applications disponibles pour Linux
- Les manuels
- Des livres divers (Linux Install & Getting started, Administrator's Guide,...)

Module 2 : La gestion des utilisateurs

Les commandes de gestion des utilisateurs

useradd, adduser	Créent un utilisateur.
userdel, deluser	Suppriment un utilisateur.
chsh	Change le shell d'un utilisateur.

/etc/skel
Ce répertoire contient les fichiers qui seront ajoutés dans le répertoire de connexion d'un utilisateur nouvellement créé (.profile, .exrc, ...).

Module 3 : Les fichiers

Les principaux répertoires
/bin

/boot	
/cdrom	
/dev	
/etc	
/etc/rc.d	
/home	
/lib	Contient les bibliothèques dynamiques
/lib/modules	Contient les pilotes chargés dynamiquement
/mnt/cdrom	
/proc	
/root	Le répertoire de l'administrateur à la place de « / »
/sbin	
/tmp	
/usr	
/usr/X11R6	ou X386
/usr/bin	
/usr/etc	
/usr/local	
/usr/man	
/usr/src	Les sources de Linux
/usr/tmp	
/var	
/var/adm	
/var/log	
/var/spool	

<u>Les attributs de fichiers</u>

chattr	Modifie les attributs d'un fichier
lsattr	Liste les attributs

Module 4 : Les systèmes de fichiers

<u>Les différents types de FS</u>

ext2	Le FS le plus utilisé
msdos	Le système FAT de MS-DOS
hpfs	Le FS d'OS/2
sysv	Le FS AT&T (utilisé par Xenix et System V/386)
minix	Le premier FS utilisé par Linux
iso9660	FS des CD-ROMs
nfs	Le FS réseau de Sun
vfat	Le système FAT 32 (windows 95)
resiserfs	Le système journalisé de la distribution SuSE
ext3	Le système de fichiers journalisé compatible ext2

<u>Panorama des commandes de gestion de FS</u>

mke2fs	Crée un FS de type ext2
e2fsck	Vérifie un FS de type ext2
tune2fs	Paramètre un FS de type ext2
dumpe2fs	Affiche des informations sur un FS de type ext2
debugfs	Débogue un FS
ext2resize	Modifie la taille d'un FS de type ext2
mkreiserfs	Crée un FS de type reiser
reiserfsck	Vérifie un FS de type reiser
mke3fs	Crée un FS de type ext3
e3fsck	Vérifie un FS de type ext3

*La commande **mount***

L'option -t permet de spécifier le type de FS. Ce principe s'applique aux autres

commandes.
\# mkfs -t ext2 /dev/fd0 1440 # équivalent de la commande **mke2fs**
L'option -c recherche les « Bads Blocks ».

Automatiser le montage de FS
fstab
Le fichier */etc/fstab* contient les FS qui sont montés automatiquement au démarrage.

quota
Les quotas peuvent être fixés par utilisateur comme dans les autres systèmes UNIX, mais ils peuvent également être fixés par groupe d'utilisateurs *(cf. edquota).*

Module 5 : La sauvegarde

tar
Linux utilise la commande **tar** du GNU.

Les autres outils de sauvegarde

gzip	Outil de compression.
gunzip	Permet de décompresser des fichiers.
zcat	Visualise un fichier compressé.

Module 6 : La gestion des processus

Panorama des commandes de gestion de processus

killall	Permet d'envoyer un signal à tous les processus exécutant la même commande.

Crontab
En plus des requêtes présentes dans le répertoire */var/cron/*, le démon **crond** exécute également le fichier */etc/crontab*.

Les bibliothèques dynamiques

ldd	Indique les DLL utilisées par une application.
LD_LIBRARY_PATH	Liste les répertoires contenant les bibliothèques (variable d'environnement).
/etc/ld.so.cache	Fichier qui liste les répertoires contenant les bibliothèques (en plus de */lib* et */usr/lib*).

Installer une application, paquetage

rpm	L'outil RedHat de gestion de paquetage.
dpkg, **dselect**, **apt-get**	Les outils de gestion de paquetage Debian.

```
# rpm -ivh une_application.rpm    # installation d'une application
# rpm -e  une_application          # désinstallation d'une application
# rpm -qa | more   # liste des applications installées
# rpm -qi une_application # obtenir des informations sur une application
# rpm -qf un_fichier # origine d'un fichier
# rpm -ql une_application # liste des fichiers d'une application
```

Module 7 : L'arrêt et le démarrage

Le démarrage du système Linux
Le programme de démarrage principal charge **lilo** à partir du bloc de boot de la partition active Linux. Le chargeur lilo demande à l'utilisateur quel noyau il désire activer, et lance ce dernier, normalement vmlinux. La commande **lilo** installe le chargeur lilo. Le fichier */etc/lilo*.conf paramètre la commande **lilo**.

Création d'une disquette bootable : on copie l'image du noyau sur une disquette :
\# dd if=/zImage of=/dev/fd0

L'activation des processus : init

# runlevel	# affiche le niveau d'init courant.

Les scripts de démarrage : /etc/*rc* (2/2)

/etc/rc.d/rc	Script général (logique BSD)
/etc/rc.d/rc.local	Particularités du site (logique BSD), est exécuté en dernier
/etc/rc.d/rc2.d/*	Les scripts de démarrage associés au niveau 2 d'init (logique AT&T)
/etc/rc.d/rc.sysinit	Script RC exécuté avant les scripts associés aux niveaux.
chkconfig	Définit les niveaux d'activité d'un service.

L'arrêt du système : shutdown

```
# shutdown +3 "single user"    # passage en mode simple utilisateur
                               # dans 3 minutes
# shutdown -h now              # arrêt du système immédiatement
# shutdown -r 20:00            # arrêt/redémarrage à 20h
```

Le fichier */etc/shutdown.allow* permet de spécifier les utilisateurs autorisés à utiliser **shutdown**.

halt
Arrêt immédiat.

CTRL-ALT-DEL
L'appui simultané sur les touches CTRL, ALT et DEL provoque le redémarrage du système (*cf. ctraltdel(8)*).

Module 8 : L'impression

Les commandes de gestion d'impression

lpr	Dépose une requête d'impression.
lprm	Détruit une requête d'impression.
lpc	Administre le service d'impression.
lpd	Le démon d'impression.
lpq	Liste les travaux d'impression en attente.
/etc/printcap	Fichier qui décrit les files d'attente gérées par le système

Remarque
On constate que c'est le service d'impression BSD qui est utilisé par Linux.

Module 9 : Les disques physiques et logiques

Les disques

/dev/hda	1er disque IDE
/dev/hda1	1ère partition MS-DOS (C :)
/dev/hda2	2ème partition MS-DOS (D :)
/dev/hda3	Partition étendue
/dev/hda5	1ère partition logique Linux
/dev/hda6	2ème partition logique Linux
/dev/hdb	2ème disque IDE
/dev/sda	1er disque SCSI
/dev/sda1	1ère partition du 1er disque SCSI
/dev/sdb	2ème disque SCSI
/dev/fd0	1er lecteur de disquettes

Visualiser les disques et la table des partitions.

```
# fdisk -l
# fdisk -l /dev/hdb
# cat /proc/partitions
```

L'ajout d'un disque

fdisk Gère les partitions d'une station PC.
gnu-parted Outil GNU qui permet de retailler les partitions sans perte de données.
badblocks Recherche les « bads blocks ».
hdparm Affiche des informations sur un disque, paramètre un disque IDE
fdformat Formatte une disquette.

Les groupes de volumes

Linux, en particulier la distribution Suse, utilise les commandes HP-UX.

Le swap

mkswap Permet de créer une zone de swap .

Viusaliser les zones de swap :
\# grep swap /etc/fstab

L'installation et la réinstallation d'un système UNIX

Les principales étapes de l'installation de Linux en version CD-ROM
1 - On crée les disquettes « boot » et « root » sous MS-DOS en décompressant l'image de ces disquettes avec GZIP et en les copiant sur disquette avec RAWRITE.
2 - On prépare le disque dur pour avoir de l'espace libre pour créer les partitions Linux. On peut utiliser sous MS-DOS l'outil FIPS qui retaille les partitions et qui est disponible en freeware sur les sites Linux.
3 - On démarre l'installation à partir des disquettes.
4 - On crée les partitions Linux (*cf.fdisk*).
5 - On crée les FS (*cf. mke2fs*), et on utilise une partition pour le swap *(cf.mkswap)*.
6 - On installe les paquetages.
7 - On décide comment le système Linux démarrera :
- à partir du programme **lilo** installé sur le disque dur *(cf.lilo*),
- à partir d'une disquette bootable.

Disquettes de maintenance
Ces disquettes contiennent un système bootable et un FS root minimum *(cf. Bootdisk HOWTO de Graham Chapman).*

setup
Installe des logiciels.

Module 10 : La gestion des périphériques

Les fichiers spéciaux

Nom des fichiers spéciaux

/dev/eth0	Carte Ethernet
/dev/lp0	Imprimante
/dev/ttyS0	COM1
/dev/ttyS1	COM2

Les commandes de gestion des périphériques

scsi_info Affiche des informations sur un périphérique SCSI, liste les périphériques SCSI.
hdparm Affiche des informations sur un périphérique IDE, liste les périphériques IDE.

Les fichiers du répertoire /proc (liés au noyau)

ioports	Les ports d'entrées/sorties.
interrupts	Les interruptions.
dma	Les canaux DMA.
pci	Les périphériques connectés au bus PCI.
partitions	Liste des partitions.

```
# cat /proc/scsi/scsi  # liste les périphériques SCSI reconnus
# ls  /proc/ide/       # liste des périphériques IDE
```

Module 11 : Le noyau

Le rôle du noyau

Linux supporte les pilotes chargés dynamiquement. La commande **lsmod** liste les modules qui peuvent être chargés dynamiquement et la commande **insmod** les charge intéractivement. Le fichier */etc/conf.modules* (ou *modules.conf*) mémorise la configuration des modules et leurs alias. Le fichier */lib/modules/*/modules.dep*, créé par la commande **depmod**, liste les dépendances entre modules.

Information sur le système

free	Affiche l'espace mémoire et l'espace de swap (libre et total).
arch	Affiche l'architecture système.
hostid	Affiche le « Host ID ».

Module 13 : Le réseau

Mise en réseau d'un poste dans un réseau IP

/etc/rc.d/rc.inet1	Configuration d'IP (ifconfig, route)
/etc/rc.d/rc.inet2	Lance les démons
/etc/host.conf	Spécifie les priorités d'utilisation des services de noms (DNS,...)

hostname

Fixe le nom réseau du poste, normalement activé à partir de /etc/rc.d/rc.local.

Module 15 : La sécurité

La sécurité de connexion

Le paquetage **shadow** peut être installé. Il offre plusieurs options de sécurité, notamment il déplace les mots de passe contenus dans /etc/passwd et permet de fixer des délais d'expiration des mots de passe.

PAM

Linux utilise le système PAM. Plutôt que d'utiliser un seul fichier de configuration, *pam.conf*, Linux dispose d'un fichier par service dans le répertoire */etc/pam.d*.

Les particularités du système SCO

Module 1 : Introduction

Comment administrer

scoadmin

L'outil scoadmin remplace l'outil sysadmsh. Il permet de gérer les éléments suivants :
- Les systèmes de fichiers (« *Filesystems* »).
- Les boîtes aux lettres (« *Mail* »).
- Les imprimantes (« *Printers* »).
- Le réseau (« *Network* »).
- Le système (« *System* »).

La documentation

Les sections de référence sont en lettres et non pas en chiffres :

ADM	Commandes d'administration
C	Commandes utilisateur
F	Les fichiers
HW	Les fichiers spéciaux et ce qui concerne le matériel
M	Divers
S	Les fonctions bibliothèque

Module 2 : La gestion des utilisateurs

Les commandes de gestion des utilisateurs

authsh

Le fichier */etc/default/authsh* spécifie les valeurs par défaut lors de la création de nouveaux comptes.

mkuser

Ensemble de scripts qui sont invoqués par scoadmin lors de la création d'utilisateurs. Ils sont stockés dans l'arborescence /usr/lib/mkuser. Il y a un script mkuser.init par shell, et un répertoire par shell. Le fichier */etc/shells* liste les différents shells supportés.

authorize

Le fichier */etc/auth/system/authorize* contient les autorisations données à certains utilisateurs, d'utiliser des commandes système : **audit**, **su**, **passwd**, **backup**, **cron**, **lp**, **asroot**, **ps** (*cf. authorize(F)).*

asroot

Cette commande permet à un utilisateur d'exécuter des commandes d'administration, par exemple **shutdown** (*cf. asroot(ADM)).*

Module 3 : Les fichiers

Les principaux répertoires

/bin	
/dev	
/etc	
/etc/rc.d	
/etc/rc2.d	
/etc/conf	Lien sur /var/opt/K/SCO/Unix/5.0.2Dp/etc/conf
/lib	
/mnt	
/opt	
/shlib	Contient les bibliothèques partagées
/usr	

/usr/bin	
/usr/lib	
/usr/spool	Lien sur /var/spool
/usr/tmp	
/usr/adm	Lien sur /var/adm
/stand	
/tcb	
/tmp	
/var	

Module 4 : Les systèmes de fichiers

Les différents types de FS

fstyp

Cette commande affiche le type d'un FS.

Différents types de FS :

HTFS	« *High Throughput FS* », FS par défaut, dérive de EAFS, supporte la commande **undelete**. Les blocs sont réunis en cluster ce qui diminue la fragmentation. Il comporte un tampon important et un système de journalisation (log).
EAFS	« *Extended Acer FS* » dérive de AFS, gère les noms longs (255 caractères) et les liens symboliques.
AFS	« *Acer Fast FS* », l'ancien FS des systèmes SCO, dérive de FFS de Berkeley.
s51K	FS System V avec bloc de 1 ko.
DTFS	FS similaire à HTFS, mais avec compression (« Desktop FS »).
HS	CD-ROM High-Sierra.
ISO9660	CD-ROM Iso 9600.
Rockridge	CD-ROM Iso 9600 avec les extensions Rockridge.
XENIX	FS du système XENIX (antérieur aux systèmes UNIX SCO).
DOS	DOS FS (FAT).
NFS	« *Network FS* », le système de gestion de FS en réseau de Sun.

Remarques :

1) La commande **undelete** (*cf. undelete(C)*) permet de retrouver un fichier détruit (*cf. rm(C))*.

2) Sous SCO, il est possible d'ajouter de nouveaux pilotes de gestion de FS.

La gestion de l'espace disque : df

$ df -v -k

Cette forme d'invocation est la plus utile.

Panorama des commandes de gestion de FS

mount

Cette commande permet le montage de FS (*cf. mount(ADM*), exemples :

```
# mount -f HS  /dev/cd0  /mnt       # montage d'un cd-rom High Sierra
# mount -f NFS,ro,nosuid   venus:/home/mnt
```

checklist

Le fichier */etc/checklist* indique les FS à vérifier quand la commande **fsck** est lancée sans argument.

Automatiser le montage de FS

filesys

Le fichier */etc/default/filesys* contient les fichiers qui sont montés automatiquement au démarrage (*cf. filesys(ADM)*).

Module 5 : La sauvegarde

Les autres outils de sauvegarde

cbackup

L'équivalent SCO de la commande BSD **dump**.

fsphoto

Cette commande permet de planifier l'usage et l'automatisation des sauvegardes réalisées par **cpio**.

Les bandes

dtype

Cette commande permet de connaître le format d'une disquette (**tar**, **cpio**,...).

tape

Cette commande est l'équivalent SCO de **mt**.

Les fichiers spéciaux

/dev/xct0	Cartridge tape controller
/dev/erct0	Error correcting cartridge tape
/dev/nrct0	No rewind cartridge tape
/dev/rct0	Cartridge tape
/dev/rSt0	SCSI tape ou DAT
/dev/rctmini	Mini cartridge tape
/dev/rft0	QIC 40 floppy tape

Module 6 : La gestion des processus

Crontab

Le fichier log de **cron** (*/usr/lib/cron/log*) est créé si le paramètre CRONLOG a la valeur YES dans le fichier */etc/default/cron*.

Module 7 : L'arrêt et le démarrage

Le démarrage du système UNIX

/etc/default/boot

Ce fichier paramètre le programme /boot qui normalement active le noyau UNIX.

Au boot, on peut démarrer avec un autre noyau :
Boot : unix.old
Boot : /etc/conf/cf.d/unix

Au boot, on peut démarrer avec un autre OS :
Boot : dos

L'activation des processus : init (2/2)

/etc/conf/cf.d/init.base

Contient les entrées du fichier */etc/inittab* qui sera créé à la prochaine génération du système.

Connexion en tant qu'administrateur sans mot de passe dans le mode maintenance

Dans le fichier */etc/auth/system/default*, on change l'attribut u_singleuserpswd, en lui ajoutant un « @ » pour l'invalider :

:u_singleuserpswd@ : ...

Les scripts de démarrage : /etc/*rc* (2/2)

smmck

Ce script est exécuté avant que le système passe en mode mono-utilisateur. Il vérifie les bases de données liées à la sécurité et note tout fichier manquant.

authckrc
Ce script contrôle la sécurité multi-utilisateur.

asktimerc
Ce script demande l'heure au démarrage.

scologin
Script qui initialise le système graphique.

L'arrêt du système : shutdown
shutdown
Provoque l'arrêt du système, exemple :
shutdown -g15 -y -f "arrêt dans 15 minutes"

haltsys
Provoque un arrêt rapide.

Module 8 : L'impression

Les commandes de gestion d'impression
lpusers
Cette commande fixe les priorités d'impression des utilisateurs.

Les impressions déportées
mkdev rlp
Ce script permet d'installer le système d'impression à distance de Berkeley (lpd).

rlpconf
Cette commande permet de mettre à jour le fichier */etc/printcap* (*cf. rlpconf*).

rlpstat
Cette commande permet de suivre l'état des impressions déportées.

Module 9 : Les disques physiques et logiques

Les disques

/dev/hd00 ou /dev/dsk/0s0	1er disque.
/dev/hd01 ou /dev/dsk/0s1	1ère partition du 1er disque
/dev/hd02 ou /dev/dsk/0s2	2ème partition du 1er disque
/dev/hd0a	Partition active
/dev/hd0d	Partition MS-DOS
/dev/hd10 ou /dev/dsk/1s0	2ème disque

L'ajout d'un disque
fdisk
Cette commande permet d'ajouter une partition sur un disque primaire ou secondaire (*cf. fdisk(ADM)*.

divvy
Cette commande permet de diviser une partition disque en « division ». On a au maximum sept divisions par partition, chacune pouvant abriter un FS, un espace de swap ou un raw device (*cf. divvy(ADM))*.

mkdev hd
Ce script lance une procédure interactive d'ajout de disque. Elles utilise les commandes **fdisk**, **divvy**, **mknod**, **mkfs** et **fsck**.

Les « Striped Disks »
Le système UNIX SCO supporte la notion de « Virtual Disk », il y en a huit types :
- Simple Disk

- Concatned Disk
- Striped array (RAID 0)
- Mirrored Disk (RAID 1)
- Block-interleaved undistribued parity array (RAID 4)
- Striped, mirored array (RAID 10)
- Striped array of array (RAID 53)

Le swap

swap

Cette commande gère l'espace de swap.

L'installation et la réinstallation d'un système UNIX

mkdev fd

Cette commande interactive permet de créer un couple de disquettes de démarrage avec un système minimum.

custom, installpkg

Ces commandes permettent d'installer des modules du système d'exploitation ou des applications.

Module 10 : La gestion des périphériques

Les commandes de gestion de périphériques

hwconfig

Cette commande affiche l'état des périphériques. L'option -h donne des informations système.

Module 11 : Le noyau

La reconstruction d'un nouveau noyau

/etc/conf

Ce répertoire contient l'arborescence des fichiers liés à la reconstruction du système.

link_unix

Cette commande recompile le système et sauvegarde l'ancien noyau en /unix.old.

Les paramètres système

mtune et **stune**

Les fichiers */etc/conf/cf.d/mtune* et *stune* (*cf. mtune(F) et stune(F)*) contiennent les paramètres système.

configure

Ce script interactif permet de changer un paramètre système (*cf. configure(ADM)*).

Module 13 : Le réseau

Mise en réseau d'un poste dans un réseau IP

netconfig

Cette commande interactive permet de paramétrer l'empilement des couches de protocoles (tcp/ip, carte Ethernet 3COM N°1,...). Elle permet de configurer également une couche, par exemple, pour TCP/IP, elle permet de fixer l'adresse IP et le netmask associé à une carte réseau. Elle précise également si la machine joue le rôle d'un routeur ou non.

/etc/rc2.d/S85tcp

Ce fichier de démarrage gère l'empilement des couches de protocoles et fixe le domaine DSN à partir du fichier */etc/default/tcp*. Il active ensuite les différentes cartes réseaux et fixe leurs adresses IP. Enfin, il active les démons réseaux (inetd, named, routed, lpd,...).

Les commandes remote

rcmd

Exécution à distance de commandes.

Module 15 : La sécurité

La sécurité de connexion

/tcb/files/auth/p/pierre

Ce fichier contient le mot de passe de l'utilisateur « pierre », ainsi que son « password aging » (*cf. prpw(ADM)).*

/etc/default/passwd

Ce fichier gère les valeurs par défaut du password aging.

goodpw

Cette commande vérifie la qualité des mots de passe. Cette commande est paramétrée par le fichier */etc/default/goodpw*.

Les particularités du système Solaris

Module 1 : Introduction

Les caractéristiques d'UNIX
La version Solaris 2.7 correspond à la version SunOS 5.7.

Comment administrer
admintool
C'est l'outil d'administration des systèmes Solaris, il permet :
- La gestion des utilisateurs.
- La gestion de NIS+.
- La gestion des imprimantes.
- La gestion des applications (*package*).

Pour modifier des paramètres, il faut être membre du groupe "sysadmin"(GID=14).

La documentation
man
Affiche les pages de manuels
$ man intro # informe des différentes sections
$ man –s4 passwd # visualise la page passwd(4)

answerbook
Outil graphique qui permet d'accéder à la documentation en hypertexte.

Le site web de Sun http://docs.sun.com permet également l'accès à la documentation.

Module 2 : La gestion des utilisateurs

Les commandes de gestion des utilisateurs
A priori, on doit utiliser **admintool**, qui gère NIS+. Les commandes **useradd** et **groupadd** ne s'appliquent qu'en local.

/etc/skel/	Répertoire qui contient les fichiers qui sont automatiquement installés dans le répertoire de connexion de l'utilisateur (.profile, ...)

Module 3 : Les fichiers

Les principaux répertoires

/bin	Lien sur /usr/bin
/boot	
/cdrom	
/dev	
/devices	
/etc	
/export	
/home	
/kernel	Contient le noyau et les pilotes
/lib	Lien sur /usr/lib
/Mail	
/opt	
/sbin	
/shlib	
/tmp	
/TT_DB	
/usr	
/usr/bin	
/usr/ccs	Outils de développement
/usr/share/man	

/usr/snadm	Les exécutables d'admintool
/usr/ucb	Les commandes BSD
/usr/openwin	Le système graphique
/usrlib	
/vol	
/var	
/xfm	

Les droits

Les ACL (« *Access Control List* »)

Solaris possède un mécanisme complémentaire des droits UNIX. Les ACL permettent de donner l'accès à tel ou tel utilisateur ou à tel ou tel groupe.

getfacl Affiche l'ACL d'un fichier.

setfacl Positionne l'ACL d'un fichier.

ls –l Liste les attributs d'un fichier, un « + » derrière les droits signale une ACL.

Module 4 : Les systèmes de fichiers

Les différents types de FS

ufs	FS par défaut, dérivant de FFS.
hsfs	FS des CD-ROM, High Sierra, ISO9660, supporte les extensions Rock Ridge.
pcfs	FAT de MS-DOS.
nfs	NFS (« *Network File System* ») FS réseau créé par Sun.
rfs	FS réseau d'AT&T.
tmpfs	FS en mémoire, utilisé pour /tmp.
lofs	FS Loopback, permet d'accéder à des fichiers par un chemin alternatif.
procfs	FS qui correspond à la mémoire virtuelle des applications.

Panorama des commandes de gestion de FS

newfs	Crée un FS.
mkfs –m	Affiche les caractéristiques d'un FS (la commande qui a créé le FS).
fstyp	Détermine le type d'un FS.
devnm	Affiche le fichier spécial associé à un point de montage.
eject	Ejection d'un CD-ROM ou d'une disquette.
fsck –m	Détermine si un FS a besoin d'être vérifié.

Création d'un FS, exemple :

\# newfs /dev/rdsk/c0t3d0s7

Montage manuel d'un CD-ROM

\# cd /etc/init.d

\# ./volmgt stop # arrêt du démon **vold** qui réalise les montages automatiques

\# mount –F hsfs –r /dev/dsk/c1t0d0s2 /mnt

Montage manuel d'une disquette au format MS-DOS (après l'arrêt de vold)

\# mount –F pcfs /dev/fd0 /mnt

Montage manuel d'une disquette que l'on formate UFS (après l'arrêt de vold)

\# fdformat /dev/rfd0

\# newfs /dev/rfd0

\# mount /dev/fd0 /mnt

Automatiser le montage de FS

vfstab

Le fichier */etc/vfstab* contient les FS qui sont montés automatiquement au démarrage.

vold.conf

Le fichier de configuration du démon vold qui permet le montage automatique des disquettes et des CD-ROM (périphériques /cdrom/cdrom0 et /floppy/flopy0).

volcheck
Vérifie si un support est dans un lecteur.

Module 5 : La sauvegarde

Les autres outils de sauvegarde
ufsdump, ufsrestore
L'équivalent Solaris des commandes BSD **dump** et **restore**.

Les bandes
Les fichiers spéciaux
Format général :
/dev/rmt/X[A][n]
- X : le lecteur, de 0 à n
- A : la densité : l,m, h, u, par défaut la plus haute reconnue par le lecteur
- n : pas de rembobinage

Exemple : /dev/rmt/0 : le premier lecteur

Les disquettes, les commandes

fdformat	Formate une disquette.
eject	Ejecte une disquette (ou un CD-ROM).

Les disquettes, les fichiers spéciaux

/dev/diskette	Fichier spécial mode bloc.
/dev/rdiskette	Fichier spécial mode caractère.

Module 6 : La gestion des processus

Les processus

ps	Donne des informations concernant les processus. # ps -j # affiche le PGID : le numéro de groupe de processus # ps –L –p324 # affiche les threads composant un processus
priocntl	Gère les priorités temps réel.

Crontab

/etc/default/cron	Paramètre le démon **cron** (par ex. CRONLOG=YES).
/etc/cron.d/cron.allow, */etc/cron.d/cron.deny*	Gère l'accès au service crontab.
/var/cron/log	Le fichier *log* de cron.
/var/spool/cron/crontabs/	Répertoire contenant les crontabs.

Les bibliothèques dynamiques
ldd Affiche les bibliothèques dynamiques d'un exécutable.

Installer une application, les paquetages
Un paquetage (« *package* ») est un groupe de fichiers contenant une application. Il se présente sous la forme d'une arborescence de fichiers ou bien sous la forme d'un fichier qui peut être traité comme une arborescence de fichiers. Les paquetages sont regroupés en « clusters » qui forment un ensemble cohérent de paquetages.

Les paquetages, les commandes

pkgadd	Ajoute un paquetage.
pkgrm	Supprime un paquetage.
pkgchk	Vérifie un paquetage.
pkginfo	Liste les paquetages installés ou disponibles sur un CD-ROM.
swmtool	Outil graphique de gestion des paquetages

/var/sadm/install/contents Liste des fichiers installés et de leurs caractéristiques *(cf. pkgmap(4))*

```
# pkginfo                   # liste des paquetages
# pkginfo –l SUNWypy        # les caractéristiques d'un paquetage
# pkgadd –d /cdrom/jeux  SUNWzzz        # installe un paquetage
# pkgrm  SUNWzzz            # supprime un paquetage
```

Les patches

Les « patches » s'installent grâce à la commande **patchadd** ou grâce aux scripts **install_cluster**. La liste des patches est donnée par la commande **showrev** avec l'option –p. La commande **patchrm** permet de supprimer un patch.

Module 7 : L'arrêt et le démarrage

Le démarrage du système UNIX

Séquence de démarrage :

1 – La PROM charge le bootblock.
2 – Le bootblock charge le fichier */ufsboot.*
3 – */ufsboot* charge le noyau */kernel/unix.*
4 – Le fichier */etc/system* est lu.
5 – Le noyau charge dynamiquement les modules.
6 – Le noyau lance le premier processus **/sbin/init.**
7 – **init** lit le fichier */etc/inittab.*

Les commandes de l'Open Boot Prom (prompt « ok »)

– Démarrage normal :
    boot
– Démarrage en mode mono-utilisateur :
    boot -s
– Démarrage à partir du CD-ROM :
Syntaxe : boot sd(ctrl, target_SCSI, file)
où file correspond au numéro d'une partition ou au numéro d'un fichier (bande) ou au numéro d'un FS pour un réseau, exemple :
    boot sd(0,6,2)
– Démarrage interactif :
    boot -a
– Créer les fichiers périphériques après l'ajout de pilotes :
    boot -r

Liste des commandes de la PROM

help	Affiche les commandes.
boot	Démarre le système (*cf. exemples précédents*).
banner	Affiche des informations sur le système.
probe-scsi-all	
probe-scsi	Liste les périphériques SCSI.
printenv	Affiche le périphérique de démarrage.
setenv	Modifie le périphérique de démarrage.

eeprom	Cette commande permet d'afficher ou de modifier les paramètres de la PROM.
installboot	Rend un disque bootable.
miniroot	Correspond au mini-système UNIX chargé en mémoire à partir du CD-ROM ou du réseau, il permet la gestion des disques et des paquetages.

Les scripts de démarrage : /etc/*rc* (2/2)

Ils suivent la logique AT&T.

SAF

sacadm	Définit les moniteurs de ports : - locaux (ttymon).

	- réseaux (listen).
pmadm	Associe des services aux moniteurs.
ttyadm	Précise les particularités des ports locaux.
nsladmin	Précise les particularités des ports réseaux.
/etc/saf/<pmtag>/_pmtab	Fichier d'administration d'un moniteur de port.
/etc/share/lib/terminfo	Remplace le fichier */etc/termcap* de SunOS.
/etc/ttydefs	Remplace le fichier */etc/gettytab* de SunOS.

L'arrêt du système : shutdown

Les différentes commandes

shutdown	Arrêt propre du système, prévient les utilisateurs.
poweroff,	
halt	Arrêt immédiat.
reboot	Arrêt/redémarrage.
telinit	Change de niveau d'init : 0 : arrêt, 1: mode maintenance

shutdown

C'est la commande privilégiée pour arrêter le système, elle suit la logique AT&T :
Redémarrer (niveau 6) dans 3 minutes (180 sec.) sans demande de confirmation :
/usr/sbin/shutdown -y -g180 -i6

Remarque

La commande **shutdown** par défaut (/usr/ucb/shutdown) correspond à celle de la version BSD.

Module 8 : L'impression

Les commandes de gestion d'impression

Les commandes de gestion d'impression sont celles d'AT&T : **lpadmin**, **lpsched**, **lpstat**,… La commande **lpusers** gère les priorités des utilisateurs aux files d'impression.

lpfilter Ajoute, supprime, visualise les filtres d'impression.

Création d'une file d'attente d'impression locale

lpadmin –p ps1 –m standard –T PS –v /dev/lp1
accept hp1
enable hp1
Crée la file ps1 associée à l'imprimante physique /dev/lp1 de type Postscript.

Spécifie la file par défaut

lpadmin –d ps1

Supprime une file

lpadmin -x ps1

Affiche des informations concernant une file d'impression

lpstat –p ps1 –l

Liste des files d'impression

cat /etc/printers.conf

Les impressions déportées

Administration d'un serveur

Les impressions déportées mettent en œuvre SAF. Les démons listen et lpNet doivent être activés.

lpusers gère l'accès des utilisateurs locaux et distants aux files d'impression

/etc/lp/printers/<spool>/users.allow

./users.deny Mémorise la configuration réalisée par lpusers

Création d'une file associée à une imprimante distante
lpsystem -t bsd venus # spécifie le protocole réseau pour joindre le serveur
La commande **lpsystem** est obsolète à partir de la révision Solaris 2.7.

lpadmin -p hp2 –s venus!hpdist # hpdist est le nom de la file distante

Les deux commandes qui suivent ne sont plus nécessaires à partir de la révision Solaris 2.7.
accept hp2
enable hp2

Module 9 : Les disques physiques et logiques

<u>Les disques</u>
Le nom des partitions, disque SCSI
/dev/dsk/cNtXdYsZ
– N : numéro du contrôleur
– X : « target address » adresse positionnée par des switches au dos de l'unité
– Y : numéro du disque, normalement 0
– Z : « slice », le numéro de la partition, de 0 à 7, la partition n°2 correspond au disque complet. Dans le cas d'un PC, correspond à la partition Solaris.
Exemple : /dev/dsk/c2t3d0s2

Le nom des partitions, disque IDE
/dev/dsk/cNdYsZ
Exemple : /dev/dsk/c1d0s0

Les partitions primaires (d'un disque appartenant à un PC)
/dev/rdsk/cNtXdYpZ
– N,X,Y : *cf. le paragraphe précédent* (tX n'est présent que pour un disque SCSI)
– Z : la partition primaire (1-4) p0 correspond au disque complet. Le MBR (« Master Boot Record ») contient un programme de boot et la table des partitions primaires. On peut configurer jusqu'à quatre partitions primaires. Solaris occupe une partition primaire par disque, elle doit être active.

/usr/platform/$(uname –i)/lib/fs/ufs/mboot	Le MBR
/etc/fomat.dat	Liste de tous les disques partitionnés

<u>L'ajout d'un disque</u>
format
Cette commande interactive permet :
– De partitionner des disques
– De formater des disques
– De donner un label à un disque
– De réparer un disque
– D'afficher des informations

prtvtoc
Affiche les partitions d'un disque.
prtvtoc /dev/rdsk/c0d0s2

fdisk
Cette commande, normalement activée via la commande format, permet la gestion d'un disque PC : création, destruction, activation d'une partition primaire, réinstallation du MBR, affichage et modification de la géométrie du disque.

drvconfig
Permet de faire reconnaître le disque par le système. Normalement exécuté automatiquement au démarrage.

<u>Les disques RAID</u>
Ils sont disponibles en standard dans la version serveur.

Le swap

swap Gère les zones de swap.
swap -a Ajoute une zone de swap.
swap -d Supprime une zone de swap.
swap -l Liste les zones de swap.
swap -s Affiche le total du swap.
mkfile Crée un fichier contigu qui peut être utilisé pour le swap.

Les zones de swap sont mémorisées dans le fichier */etc/vfstab*.

Ajout d'une partition de swap
swap –a /dev/dsk/c1d1s1 0 163840 # 0: l'offset, 163840: la taille

Ajout d'un fichier de swap de 50 Mo
mkfile 50m /dev/swap
vi /etc/fstab
/dev/swap swap swap rw 0 0
swap -a

L'installation et la réinstallation d'un système UNIX

L'installation et la mise à jour peuvent être automatisées avec **JumpStart**. Le serveur de configuration est indiqué par la commande **add_install_client**. Le fichier *bootparams* contient la description de l'installation. Les règles de configuration sont décrites dans un fichier *rules*.

L'outil **suninstall** permet l'installation du système.

La commande **installboot** rend un disque bootable.

On peut installer Solaris à partir d'un CD-ROM local ou accessible en réseau ou à partir d'un serveur d'installation sur lequel a été chargée une image du CD-ROM par la commande **add_install_server**.

Les informations nécessaires pour réaliser une installation
– Le nom de la machine.
– L'adresse IP et le masque réseau (ou bien on utilise DHCP).
– Le type de service de nom : DNS, NIS+, NIS, aucun (*/etc/hosts*). Dans le cas de DNS il faut préciser le nom du domaine et l'adresse IP d'un serveur.
– Les références NIS, si on choisit d'utiliser NIS : nom du domaine NIS, nom du serveur NIS (ou NIS+) et adresse IP du serveur.
– Le fuseau horaire (pour paramétrer la variable TZ), la date et l'heure.
– La fonction du système : standalone, boot server, dataless.
– Le type d'installation : quick-install ou custom install.
– Le nombre de clients diskless et leur architecture pour un serveur de démarrage.
– Les logiciels à installer : entire distribution, core, developper, end-user.
– La configuration des disques : les partitions, leur taille et la taille du swap.

Module 10 : La gestion des périphériques

Les fichiers spéciaux

Sous Solaris, les périphériques possèdent un nom physique mémorisé dans le répertoire */devices* en plus du nom mémorisé dans le répertoire */dev*. Ces derniers sont utilisés par les applications utilisateurs. L'Open Boot Prom utilise les noms du répertoire */devices*. Les commandes système acceptent les deux formes.

Nom physique d'un périphérique (« device pathname »)
/nœud/nœud/…/nœud
nœud : pilote@adesse:arguments
esp = Bus SCSI, sd = disque, st = lecteur de bande, fd = disquette
Exemple : /devices/sbus@1,f8000000/esp@0,800000/sd@0,0:a

Nom des fichiers spéciaux

/dev/dsk/*	Disques, mode bloc (*cf. Module n°9*)
/dev/rdsk/*	Disques, mode caractère
/dev/rmt/*	Bandes (*cf.Module N°5*)
/dev/cua/*	Modems
/dev/term/*	Terminaux
/dev/pts/*	Pseudo-terminaux

Noms des fichiers spéciaux de comptabilité SunOS 4.x

/dev/ttya -> /dev/term/a
/dev/sd0a -> /dev/dsk/c0t3d0s0
/dev/nrst0 -> /dev/rmt/0bn

Les commandes de gestion des périphériques

prtconf	Liste les périphériques reconnus par le système.
drvconfig	Configure le répertoire */devices* (ou boot -r).
disks	Crée les entrées /dev à partir de /devices pour les disques.
tapes	Crée les entrées /dev à partir de /devices pour les bandes.
ports	Crée les entrées /dev à partir de /devices pour les lignes séries.
devlinks	Crée les entrées /dev à partir de /devices pour les autres pilotes.

Module 11 : Le noyau

Pourquoi modifier ou reconstruire le noyau

Il n'est pas nécessaire de reconstruire le noyau. En effet les pilotes sont chargés dynamiquement et les principaux paramètres système peuvent être également modifiés dynamiquement.

modload	Chargement d'un module.
add_drv	Ajout d'un périphérique
modunload	Déchargement d'un module.
rem_drv	Déchargement d'un périphérique.
modinfo	Information sur les modules chargés.

Les paramètres système

/etc/system

Ce fichier permet de changer la configuration du système, notamment il indique :

- Les modules qui sont chargés dynamiquement, au lieu de ceux par défaut.
- L'emplacement des FS root et swap, au lieu du défaut.
- Les valeurs des variables du noyau au lieu des valeurs par défaut.

Informations sur le système

dmesg	Affiche les messages du démarrage.
sysdef –i	Affiche la configuration du noyau courant.
sysdef –h	Affiche le « Host ID Number ».
uname –p	Affiche le type de processeur.
uname –m	Affiche le type de machine.
uname –r	Affiche la version de l'OS.
ptrconf, **sysdef**	Affiche la configuration du système et la mémoire centrale.
uptime, **who –b**	Affiche depuis quand le système a démarré.
showrev	Affiche les caractéristiques de la machine.
showrev –p	Affiche la liste des patches.
crash	Permet l'analyse, le débogage du noyau actif ou d'un dump.

/var/adm/messages Fichier qui mémorise les messages du démarrage

Module 13 : Le réseau

Mise en réseau d'un poste dans un réseau IP

sys-unconfig

Cette commande provoque le redémarrage du système, et propose de modifier les éléments suivants :

- Nom et adresse de la machine.
- L'usage de NIS ou non.
- Le service de nom utilisé (NIS, DNS, fichier /etc/hosts).
- Mot de passe de root.
- Date, heure et lieu.

Configuration manuelle du réseau, adresse IP en dur

1. Mettre le nom de l'hôte dans */etc/nodename*, par exemple venus.
2. Créer un fichier associé à l'interface : */etc/hostname.prb0.*

Ce fichier contient le nom de l'hôte ou son adresse IP.

Remarque

Le nom de l'interface peut être connu par la commande **netstat –i**.

3. Editer le fichier */etc/inet/hosts* et y inclure au minimum l'adresse IP et le nom de l'hôte.
4. Editer le fichier */etd/defaultdomain* et le renseigner avec le nom complet du système, par exemple venus.societe.fr.
5. Mettre le nom ou l'adresse IP du routeur par défaut dans le fichier */etc/defaultrouter.*
6. Mettre à jour le fichier */etc/inet/netmasks* si le masque réseau est différent du masque par défaut (déduit de la classe).

Configuration manuelle du réseau, adresse initialisée par DHCP

1. On détruit le fichier */etc/nodename*. En effet, si ce fichier n'existe pas, le système lance au démarrage la commande **hostconfig** pour obtenir le hostname, le domainname, l'adresse IP, le netmask et le routeur par défaut à partir d'un serveur DHCP.
2. Créer le fichier */etc/hostname.prt0* (*cf. paragraphe précédent*) et le laisser vide.
3. Ne laisser que l'adresse loopback dans le fichier */etc/inet/hosts.*
4. Détruire le fichier */etc/defaultdomain.*

Remarque

Si le fichier */etc/defaultrouter* est vide, le démon **in.routed** utilise RIP pour mettre à jour les tables de routage.

Les fichiers de configuration

/etc/init.d/rootusr	Configure les interfaces réseaux, fixe le nom de la machine.
/etc/init.d/inetint	Routage IP, affectation du domaine NIS.
/etc/init.d/inetsvc	Opérations NIS/NIS+, lancement des démons.
/etc/init.d/sendmail	La messagerie.
/etc/init.d/rpc	Les démons RPC.
/etc/init.d/nfs.client	Client NFS.
/etc/init.d/nfs.server	Serveur NFS.
/etc/netconfig	Paramètre l'empilement des couches de protocoles.
/etc/nsswitch.conf	Spécifie quel est le service de noms (NIS, DSN, le fichier local */etc/hosts*) utilisé et leur ordre de préséance.
/etc/defaultrouter	Spécifie le routeur par défaut.
/etc/notrouter	Si ce fichier existe, la machine ne sera pas routeur.
/etc/inet/hosts	Le fichier */etc/hosts* est un lien sur ce fichier.
/etc/hostname.le0	Nom associé à la carte le0.
/etc/nodename	Nom de la machine.
/etc/defaultdomain	Nom du domaine NIS/NIS+
/etc/resolv.conf	Fichier de configuration DNS (domaine, serveur).

Les commandes

ifconfig	Configure l'interface IP d'une carte réseau (adresse IP, netmask).
ifconfig -a	Affiche la configuration IP.
route	Ajoute une route.
in.routed	Le démon **routed**.
netstat	Affiche des statistiques réseaux.
ping	Teste la présence d'un système distant.
dhcpinfo	Affiche les données reçues par DHCP.
ndd	Récupère/modifie les paramètres d'un pilote TCP/IP.
snoop	Analyseur de trames.

NFS, RPC

Quelques particularités de Solaris

- Les démons **biod** sont remplacés par des « threads » du noyau.
- NFS s'appuie sur TIRPD (« *Transport Independant RPC* »), c'est-à-dire indépendant de la couche transport.
- Les FS nfs à monter sont répertoriés dans /etc/vfstab.
- Les arborescences que l'on exporte sont dans /etc/dfs/dfstab.

Quelques commandes

showmount	
dfmounts	Liste des ressources montées.
exportfs	
dfshares	Liste des ressources partagées.
share	Exporte les ressources partagées.
rpcinfo	Liste des services RPC locaux ou distants.
rpcbind	Démon qui active un serveur RPC (remplace **portmap**).

Partage d'une arborescence

\# share –F nfs /export

Montage d'un Fs nfs

\# mount –F nfs venus:/games /jeux

Montage d'un FS nfs qui utilise la version 2 des RPC

\# mount –F nfs –o vers=2 mars:/games /jeux

NIS, NIS+

admintool	Permet graphiquement de mettre à jour les principales tables NIS associées à l'administration d'un domaine NIS/NIS+.
nistbladm	Permet de mettre à jour n'importe quelle table NIS+.
nistcat	Visualise les données d'une table NIS+.
nisls	Liste le contenu d'un répertoire NIS+, par défaut le premier.
nisgrep, **nismatch**	Recherche des informations dans une table NIS+.
nisinit	Initialise NIS+ sur une machine.
nissetup	Crée les tables NIS+.
rpc.nisd	Démon qui doit être présent sur chaque serveur NIS+.
domainname	Affiche le nom du domaine NIS.
nischown, **nischmod**, **nischgrp**	Modifie le propriétaire, les droits, le groupe de tables NIS+.

Module 15 : La sécurité

La sécurité de connexion (*cf. login(1M)*)

/etc/shadow	Le fichier des mots de passe et du « password aging ».
/etc/default/login	Paramètre le logiciel de connexion (login), permet d'inhiber les connexions de root à distance (*cf. login(4)*).

/etc/default/passwd	Valeurs par défaut du « password aging ».
/var/adm/lastlog	Journal de bord des connexions.
/var/adm/sulog	Journal de bord des connexions via su.
/var/adm/loginlog	Journal de bord des tentatives infructueuses de connexion.
/etc/default/su	Gère l'utilisation de su.

NIS+ peut être utilisé en version sécurisée. Dans ce cas, les messages réseaux liés à la connexion sont cryptés et authentifiés.

L'audit

L'utilitaire ASET (« *Automated Security Enhancement Tool* ») permet de contrôler les fichiers importants de la machine.

Les rôles

Solaris permet des utilisateurs privilégiés d'exécuter des commandes d'administration. Les comptes des utlisateurs autorisés à jouer des rôles sont créés par la commande **roleadd**. Ils possèdent une entrée dans */etc/passwd* et */etc/shadow* et sont opérationnels quand un mot de passe a été créé.

roleadd	Crée le compte d'un utilisateur qui peut jouer des rôles.
roledel	Supprime le compte d'un utlisateur qui peut jouer des rôles.
rolemod	Modifie le compte d'un utlisateur qui peut jouer des rôles.
roles	Affiche les rôles d'un utilisateur.

/etc/user_attr/	Mémorise la configuration des rôles.

Les particularités du système Tru64

Remarque :

Les anciennes versions du système Digital/Compaq s'appelaient DG-UX (Digital UNIX).

Module 1 : Introduction

Comment administrer

sysman Outil d'administration utilisable en mode caractère, X et Web.

Le man

C'est la nomenclature BSD qui est utilisée sauf pour les commandes DCE.

Module 2 : La gestion des utilisateurs

Les commandes de gestion des utilisateurs

useradd, useradel, usermod	Gestion des utilisateurs (ajout, ...).
groupadd, ...	Gestion des groupes.

Module 3 : Les fichiers

Les droits

getacl	Visualise les ACLs d'un fichier.
dop	Donne à des utilisateurs l'accès à des commandes privilégiées.

Module 4 : Les systèmes de fichiers

Les différents types de FS

UFS	Le FS d'origine BSD.
AdvFS	Le FS maison *(cf. Les groupes de volumes, module 9).*
pcfs	FAT 16.
cdfs	ISO 9660 (CD-ROM).
nfs	NFS.
dfs	DCE FS.

Panorama des commandes de gestion de FS

newfs, mfs Création d'un UFS.

Automatiser le montage de FS

/etc/fstab Liste les FS montés au démarrage.

Module 5 : La sauvegarde

Les autres outils de sauvegarde

dump, restore	Les outils BSD de sauvegarde incrémentale.
rdump,rrestore	Les outils BSD de sauvegarde incrémentale en réseau.
vdump,vrestore	Les commandes de sauvegarde et de restauration des file-sets.

Les bandes

/dev/tape et /dev/ntape

Module 6 : La gestion des processus

Panorama des commandes de gestion de processus

truss Trace les appels système.

Les bibliothèques dynamiques

ldd Visualise les bibliothèques d'une commande.

Installer une application, les paquetages
setld Gestion des paquetages.

Les patches
La gestion des patches est incluse dans la gestion des paquetages, et donc utilise la commande **setld.**

Module 7 : L'arrêt et le démarrage

Le démarrage du système UNIX
consvar Outil de gestion des paramètres de l'eprom.

Démarrer avec un noyau générique
>>> boot -fi "genvmunix"

L'activation des processus : init
On peut avoir les niveaux de 0 à 9 et S. Seuls les niveaux 0, S, 2 et 3 sont configurés.

Les scripts de démarrage : /etc/*rc*
Les fichiers du répertoire */sbin/init.d* sont liés aux fichiers des répertoires */sbin/rc?.d* (*cf. rc0(8), rc2(8), rc3(8)*).

La logique d'activation des RC ressemble à celle de HP-UX. Ainsi le script /sbin/rc2.d/K00lpd n'est activé que quand on baisse de niveau.

L'arrêt du système : shutdown
C'est l'arrêt BSD qui est utilisé.

Arrêt immédiat du système
shutdown -h now

Redémarrage dans 3 minutes
shutdown -r +3

Module 8 : L'impression

Les spools d'impression BSD
Le système Tru64 utilise le système BSD : le fichier */etc/print*cap pour décrire les spools et la commande de gestion **lpc**.

printconfig Gestion des spools.

Module 9 : Les disques physiques et logiques

Les disques
Tru64 utilise la nomenclature BSD : /dev/disk/dsk1c

Ajout d'un disque
disklabel Partitionne un disque.

Visualiser les partitions d'un disque
disklabel -r rz6

Les disques RAID et les « striped disks »
(*cf. LSM dans le chapitre suivant : Les groupes de volumes*).

Les groupes de volumes
Tru64 peut utiliser deux systèmes LVM : AdvFS et LSM.

AdvFS (« Advanced File System »)
Un « domain » correspond à un VG.
Un « file-set » correspond à un LV.

mkfdmn Crée un domaine AdvFS.
mkfset Crée un file-set dans un domaine AdvFS.

addvol Ajoute un volume à un domaine AdvFS.
chvol Change les attributs d'un volume.
addvscan Recherche les partitions AdvFS.
showfdmn Affiche les caractéristiques d'un AdvFS.

/etc/fdmns Description des AdvFs.

Exemples :
\# mkfdmn /dev/disk/dsk1c compta_dmn # un seul disque pour le moment
\# mkfset compta_dm credit_fs
\# mkfset compta_dm debit_fs
\# mount -t advfs compta_dm#credit_fs /mnt/credit

LSM (« Logical Storage Manager »)
Gestion de LVM qui apporte en plus une gestion de type RAID (*cf. volintro(8)*).

Les principales commandes :
volasssist, volsetup, vold, volmake, volume, volplex, volprint, volwatch, ...

Le swap
swapon Gestion du swap

Lister les espaces de swap
\# swapon -s

L'installation et la réinstallation d'un système UNIX
btcreate Crée une sauvegarde bootable.
btextract Réinstalle à partir d'une sauvegarde bootable.

Module 10 : La gestion des périphériques

Les fichiers spéciaux
hwmgr Information sur les périphériques.

Visualiser les périphériques
\# hwmgr -view devices

Visualiser l'« Hardware Path »
\# hwmgr -view hierarchy

Liste les périphériques SCSI
\# hwmgr -show scsi

Module 11 : Le noyau

Pourquoi modifier ou reconstruire le noyau
Le noyau Tru64 /vmunix est dynamique, mais on peut le recompiler.

La construction d'un nouveau noyau
doconfig Construit un nouveau noyau.

Les paramètres système
dxkerneltuner Outil graphique qui permet de modifier les paramètres du noyau.
sysconfig Gestion de la configuration du noyau.

Exécutez **man 5 sys_attrs** pour connaître les attributs configurables du noyau.

Afficher les sous-systèmes configurés du noyau
\# sysconfig -s

Le service syslog
uerf Demande l'enregistrement des événements système.
evmviewer Visualise les événements.

Module 12 : La gestion des performances

Panorama des commandes de surveillance du système

vmstat	Surveille la mémoire.
iostat	Surveille les entrées/sorties.

Module 13 : Le réseau

Ajouter un système dans un réseau IP

sysman	L'outil général d'administration
netconfig	Raccourci donnant l'accès au paramétrage du réseau.
/etc/svc.conf	Ordre de résolution des noms.

NFS (présentation), RPC

Utilise le système BSD, par exemple le fichier */etc/exports*.

Module 15 : La sécurité

La sécurité de connexion

/etc/passwd	Par défaut, contient les mots de passe.
./auth.db/*	Les mots de passe dans le mode sécurisé (*cf. prpasswd(4)*). Selon les cas, cette arborescence est dans le répertoire : /var/tcb/files/ Si uid > AUTM_MIN_GEN_UID. /tcb/files/ Si uid < AUTM_MIN_GEN_UID. AUTM_MIN_GEN_UID est défini par défaut à 100.
/etc/securettys	Les consoles sûres accessibles à root.
/etc/auth/system/default	Paramètres globaux.
secconfig	Positionne les niveaux de sécurité.

Les particularités du système Unixware

Module 1 : Introduction

Comment administrer

scoadmin

C'est l'outil d'administration des systèmes Unixware.
Il peut être utilisé en mode texte en positionnant la variable CHARM:
CHARM=true; export CHARM
En plus de root, il peut être utilisé par le « system-owner » d'UID 101. La commande **make-owner** permet de transférer les privilèges associés à ce compte.
Il est possible d'accéder directement à un sous-menu:

# scoadmin -t	# liste des sous-menus
# scoadmin account	# gestion des utilisateurs

La documentation

scohelp

Outil graphique qui permet d'accéder à la documentation en hypertexte. Il est composé du guide de l'administrateur et des pages de manuels.

Il est possible d'accéder à scohelp à partir d'un navigateur Web :
http://un_serveur_sco:457

Le site Web de Sco http://www.sco.com permet également l'accès à scohelp.

Module 2 : La gestion des utilisateurs

Les commandes de gestion des utilisateurs

On peut utiliser les commandes classiques **useradd, usermod, userdel, groupadd, groupmod** et **groupdel**. La commande **creatiadb** permet de mettre à jour les fichiers de sécurité si l'on crée un utilisateur par **vi**.

/etc/default/useradd	Fixe les valeurs par défaut de la commande **useradd**.
/etc/skel/	Répertoire qui contient les fichiers qui sont automatiquement installés dans le répertoire de connexion de l'utilisateur (.profile, ...).

Module 3 : Les fichiers

Les principaux répertoires

/bck	
/bin	Lien sur /usr/bin
/cdrom	
/CD-ROM_1	Permet le montage d'un CD-ROM
/dev	
/Disk_A	Permet le montage d'une disquette
/etc	
/export	
/home	
/install	
/lib	Lien sur /usr/lib
/OpenServer	
/opt	
/pmd	Utilisé par le démon qui vérifie les licences (cf. ifor_pmd(1M))
/sbin	
/tmp	
/usr	
/usr/bin	
/usr/ccs	Les outils de développement

/usr/gnu	Les outils GNU
/usr/lib	
/usr/lib/scoadmin	Les composants de scoadmin
/usr/share/man	
/usr/X	X-Window
/var	

Les droits

Les ACL (« Access Control List »)

Unixware possède un mécanisme d'ACL complémentaire des droits UNIX. Les ACL permettent de donner l'accès à des fichiers à tel ou tel utilisateur ou à tel groupe.

getacl	Affiche l'ACL d'un fichier.
setacl	Positionne l'ACL d'un fichier.
ls –l	Liste les attributs d'un fichier, un « + » derrière les droits signale une ACL.

Module 4 : Les systèmes de fichiers

Les différents types de FS

s5	Le seul FS compatible avec Open Server.
ufs	FS UNIX, dérivant de FFS.
sfs	Secure FS, variante de ufs.
vxfs	FS Veritas. Ce FS à journalisation est le FS par défaut.
cdfs	FS des CD-ROM, ISO9660.
dosfs	FAT de MS-DOS.
nfs	NFS (« *Network File System* ») FS réseau créé par Sun.
memfs	FS en mémoire, utilisé pour /tmp.
bfs	FS simplifié, utilisé pour le démarrage.
nucfs	Netware UNIX FS.
profs	FS qui correspond à la mémoire virtuelle des applications.

Particularités de Vxfs

Système de fichiers à journalisation d'une taille maximale de 1 To. La taille des blocs est de 1Ko (par défaut), 2Ko, 4Ko ou 8Ko. Par défaut le nombre d'inodes est illimité. Au montage, on peut préciser si la journalisation est complète ou non. A la création on peut indiquer la taille utilisée pour la journalisation. Les vxfs utilisent la notion d'extend qui est une unité d'allocation constituée d'une suite contiguë de blocs. Il existe des extends de différentes tailles. Référence : mkfs_vxfs(1M), mount_vxfs(1M), fsadm_vxfs(1M), fs_vxfs(1M).

Le VVM (« Veritas Volume Manager ») et l'ODM (« Online Data Manager »)

Le gestionnaire de volumes Veritas permet de gérer plusieurs tranches (« *slice* ») comme une seule partition gérée en RAID 0, 1 ou 5 (*cf. vxdg(1M)*). L'ODM permet une gestion avancée des vxfs, par exemple la défragmentation en ligne, la gestion des quotas, la sauvegarde en temps réel et l'accroissement en ligne des FS. Le VVM et l'ODM sont disponibles dans la version Entreprise. Seul le « Disk Spanning », qui permet de concaténer plusieurs tranches, est disponible dans la version de base.

Panorama des commandes de gestion de FS

mkfs	Crée un FS.
mkfs –m	Affiche les caractéristiques d'un FS (la commande qui a créé le FS).
fstyp	Détermine le type d'un FS.
devnm	Affiche le fichier spécial associé à un point de montage.
fsadm	Administre un FS Veritas.
vxupgrade	Mise à jour des FS Veritas.
getext	Affiche l'organisation des extends d'un fichier d'un FS Veritas.
setext	Modifie l'organisation des extends d'un fichier d'un FS Veritas.
fsck –m	Détermine si un FS a besoin d'être vérifié.

Création d'un FS, exemple :
mkfs –F vxfs /dev/rdsk/c0b0t0d0sc 280000 # blocs de 512o

Montage d'un CD-ROM :
mount –F cdfs –r /dev/cdrom/cdrom1 /mnt

Afficher la fragmentation d'un FS Veritas :
fsadm –E /home

Automatiser le montage de FS
/etc/vfstab Contient les FS qui sont montés automatiquement au démarrage.

Module 5 : La sauvegarde

Les autres outils de sauvegarde
ufsdump, ufsrestore
L'équivalent Unixware des commandes BSD **dump** et **restore** pour le FS ufs.

vxdump, vxrestore
L'équivalent Unixware des commandes BSD **dump** et **restore** pour les FS Veritas.

Les bandes
Les fichiers spéciaux (cf. tape(7))
Format général :
/dev/rmt/XtapeY
- X: les options du pilote : c: rewind, n: no-rewind, ...
- Y: le numéro de l'unité

Exemple : /dev/rmt/ctape1 : le premier lecteur, avec rembobinage

Les commandes pour gérer les lecteurs de bandes
mt, tape, tapecntl Gèrent les fichiers d'une cartouche (sauter un fichier, ...).

Les disquettes

format	Formate une disquette.
/dev/fd0	1er lecteur de disquette.
/dev/dsk/f03ht	Idem.

Module 6 : La gestion des processus

Les processus
Un processus peut être composé d'une ou plusieurs unités d'exécution appelées « Thread » ou LWP (« *Light Weight Process* »). Plusieurs procesus peuvent partager des bibliothèques dynamiques appelées DLL (« *Dynamic Link Library* ») ou SO (« *Shared Object* »).

Les commandes de gestion de processus

/proc	Répertoire associé à la mémoire virtuelle des processus.
priocntl	Gère les priorités Temps Réel.
ps	Donne des informations sur les processus. # ps –L –p324 # liste les LWP du processus 324 # ps -j # affiche le PGID : le numéro de groupe de processus

Crontab

/etc/default/cron	Paramètre le démon **cron** (par ex.: CRONLOG=YES)
/etc/cron.d/cron.allow, */etc/cron.d/cron.deny*	Gère l'accès au service crontab
/var/cron/log	Le fichier log de cron
/var/spool/cron/crontabs/	Répertoire contenant les crontabs

Les bibliothèques partagées
ldd Affiche les bibliothèques dynamiques d'un exécutable.

Installer une application, les paquetages

Un paquetage (« package ») est un groupe de fichiers et de répertoires contenant une application. Ils sont regroupés en « set » qui forment un ensemble cohérent de paquetages.

/var/sadm/install/contents La base de données des fichiers installés (pkgmap(4)).

pkgadd Ajoute un paquetage.
pkgrm Supprime un paquetage.
pkgchk Vérifie un paquetage.
pkginfo Liste les paquetages installés ou disponibles sur un CD-ROM.

Module 7 : L'arrêt et le démarrage

Le démarrage du système UNIX

Séquence de démarrage : (cf. boot(1M), boot(4) et fdisk(1M))
1 – La PROM charge le MBR du disque de démarrage *(cf. Modules 9 : Les disques).*
2 – Le MBR charge la tranche de boot (« *boot slice* ») de la partition Unixware.
3 – La tranche de boot accède aux fichiers du FS bfs /stand, elle active stage3.blm.
4 – stage3.blm, le programme de boot, configuré par /stand/boot, charge le noyau.
5 – Le noyau charge dynamiquement les modules.
6 – Le noyau lance le premier processus init.
7 – init lit le fichier */etc/inittab.*

Le contenu du répertoire /stand
*.blm Les modules chargeables.
stage3.blm Le programme de boot.
boot Le fichier de configuration du programme de boot.
unix Le noyau actif.
unix.old L'ancien noyau.
bootmsgs Les messages affichés au démarrage.
resmgr La base de données de configuration des pilotes.
resmgr.sav Sauvegarde de resmgr.
login.img Le logo Unixware.

Les commandes du programme de boot
Pour interrompre la séquence normale de démarrage, on appuie sur la barre d'espace.
– Aide en ligne
  [boot] help
– Démarrage normal
  [boot] boot
– Démarrage en mode mono-utilisateur
  [boot] INITSTATE=S
  [boot] boot
– Démarrage à partir d'un disque, partition ou tranche quelconque :
 Syntaxe : boot hd(disque[,partition][,tranche])
  [boot] boot hd(0,DOS)
– Démarrage en utilisant un autre noyau
  [boot] BOOTPROG=unix.old
  [boot] go

Les scripts de démarrage : /etc/*rc* (2/2)

Ils suivent la logique AT&T. La commande **dinit** dans les niveaux 2 et 3 exécute également les scripts du répertoire */etc/dinit.d/* après l'affichage du login.

SAF

sac Le démon qui active les moniteurs de ports.
sacadm Gère les moniteurs de ports
- locaux (ttymon).

	- réseaux (listen, inetd).
	# sacadm -l # liste les moniteurs de ports
pmadm	Associe des services aux moniteurs.
ttyadm	Administre le moniteur ttymon.
nsladmin	Administre le moniteur listen.
/etc/saf/_sysconfig,	
/etc/saf/_sactab	Configurent le démon **sac**.
/etc/share/lib/terminfo/	Paramètre les caractères de contrôle d'un terminal.
/etc/ttydefs	Paramètres des ports séries.

L'arrêt du système : shutdown

Les différentes commandes

shutdown	Arrêt propre du système, prévient les utilisateurs
halt	Arrêt immédiat
reboot	Arrêt/redémarrage
CTRL-ALT-DEL	idem
telinit	Change de niveau d'init.

shutdown

C'est la commande privilégiée pour arrêter le système, elle suit la logique AT&T :

shutdown -y -g180 -i6 # redémarrage (niveau 6) dans 180 secondes sans confirmation

shutdown –iS # passage en mode maintenance.

shutdown –y –g0 –i0 # arrêt immédiat du système (on peut éteindre ensuite).

Module 8 : L'impression

Les commandes de gestion d'impression

Les commandes de gestion d'impression sont celles d'AT&T: **lpadmin**, **lpsched**, **lpstat**,... La commande **lpusers** gère l'accès des utilisateurs aux files d'impression.

Création d'une file d'attente d'impression locale

lpadmin –p hp1 –T hplaser –I pcl –m standard –v /dev/lp0

accept hp1

enable hp1

Crée la file hp1 associée à l'imprimante physique /dev/lp0 de type PCL.

Spécifie une file par défaut

lpadmin –d hp1

Supprime une file

lpadmin –x hp1

Liste des files

ls /var/lp/printers # (ou lpstat –t)

Les impressions déportées

Administration d'un serveur

Les impressions déportées mettent en œuvre SAF. Le démon **listen** doit être activé.

lpusers Gère l'accès des utilisateurs locaux et distants aux files d'impression

/etc/lp/printers/<spool>/users.allow

./users.deny Ces fichiers mémorisent l'action de **lpusers** pour un spool donné

Création d'une file associée à une imprimante distante

lpsystem –t bsd venus # spécifie le protocole réseau pour joindre le serveur

lpadmin –p hp2 –s venus!hpdist # hpdist est le nom de la file distante

accept hp2

enable hp2

Module 9 : Les disques physiques et logiques

Les disques

Structure (cf. vtoc(7), disk(7))

Un disque d'un PC débute par un MBR (« Master Boot Record ») qui contient un programme de boot et la table des partitions primaires. On peut configurer jusqu'à quatre partitions primaires qui normalement peuvent contenir chacune un système d'exploitation. Une partition primaire possède un nom, un début et une taille. Le MBR active le programme de boot qui se trouve dans les premiers secteurs de la partition active du disque de démarrage. Dans le cas d'Unixware, chaque disque doit contenir une partition Unixware active. Chaque partition Unixware est ensuite divisée en tranches (« slices ») qui peuvent contenir un FS, du swap ou un « raw-device ».

Le nom des partitions primaires

/dev/dsk/cNbMtXdYpP et /dev/rdsk/...

– N,M,X,Y cf. le nom des tranches.

– P Le numéro de la partition primaire, de 1 à 4. La valeur 0 correspond au disque complet.

Le nom des tranches (« slices »)

/dev/dsk/cNbMtXdYsZ et /dev/rdsk/...

– N : numéro du contrôleur

– M : numéro du bus (HBA) pour un disque SCSI, 0 pour un disque IDE.

– X : « target address » adresse SCSI positionnée par des switches au dos de l'unité ou bien n° du disque dans le cas d'un disque IDE.

– Y : numéro du disque, le LUN (« Logical Unit Number ») pour un disque SCSI, normalement 0, et 0 pour un disque IDE.

– Z : « slice », le numéro de la tranche, de 0 à 7, la tranche n°0 correspond à la partition UNIX complète.

Exemple : /dev/dsk/c2b0t3d0s2

La VTOC d'un disque de démarrage

– slice 1 le FS Root.

– slice 2 le swap primaire.

– slice 10 FS bfs normalement monté sur /stand, et qui contient le noyau.

– slice 7 la partition de boot activée par le MBR, elle occupe les 32 premiers secteurs de la partition UNIX.

les autres tranches peuvent être utilisées pour les FS /usr, /home, /var, ...

L'ajout d'un disque

diskadd

Cette commande interactive permet :

– Le partitionnement primaire des disques (**fdisk**).

– L'analyse de la surface et la création des tranches (**disksetup**).

– La création des FS et leur montage (**mkfs**, **mount**, /etc/vfstab).

sdiadd

Permet l'ajout à chaud d'un périphérique SCSI.

prtvtoc

Affiche les tranches d'une partition Unixware, définies dans la VTOC.

edvtoc

Permet de modifier le partitionnement secondaire (les tranches) .

diskrm

Supprime une entrée de /etc/vfstab.

sdimkosr5

Convertit une partition OpenServer en une partition Unixware.

Le swap

swap Gère les zones de swap.
swap -a Ajoute une zone de swap.
swap –c Ajoute les zones de swap définies dans un fichier.
swap -d Supprime une zone de swap.
swap -l Liste les zones de swap.
swap -s Affiche le total du swap.
Les zones de swap sont mémorisées dans le fichier */etc/swaptab*

L'installation et la réinstallation d'un système UNIX

L'installation

– Il faut créer les disques de démarrage
On peut les créer avec le CD-ROM n°1 d'installation en utilisant la commande **dd**. Les images des disquettes se trouvent dans le répertoire */info/images*, il faut copier les fichiers *boot1.img*, *boot2.img* et *hba.img*.
– On démarre avec les disquettes boot1 et boot2, on sélectionne la langue, la zone géographique, le clavier. Ensuite, il est demandé le n° de licence, on peut différer pour choisir une licence d'évaluation. La touche « F10 » permet de passer à l'écran suivant, la touche « F9 » à l'écran précédent et la touche « F8 », de différer un choix.
– La configuration physique nécessite la disquette hba. On peut en introduire d'autres, spécifiques à un périphérique. Il est possible de configurer les pilotes (IRQ, adresses d'I/O, ...). Il est ensuite demandé le nom du système. Il existe une astuce, on peut suspendre l'installation et utiliser un shell d'administration en tapant CTRL-ALT-ESC.
– On choisit le type d'installation : CD-ROM, Réseaux (TCP ou Netware).
– Configuration des disques. On choisit tout le disque ou on crée les partitions et les tranches (*cf. Module 9 : Les disques*). On configure le swap. On peut changer la géométrie du disque (Attention, cette opération détruit toutes les données du disque).
– Le choix des produits installés : licence de base (364Mo), small (95Mo), full ou customize.
– La configuration réseau, elle peut être différée (*cf. Module 13*).
– Informations générales : date, heure, niveau de sécurité (*cf. Module 14*), le nom du propriétaire du système (*cf. Module 1*) et son mot de passe ainsi que celui de root. A cette étape on peut enregistrer sur disquette les réponses pour une nouvelle installation.
– L'installation proprement dite démarre. A la fin, il faut enlever les disquettes et le CD-ROM et redémarrer.

Système de dépannage

emergency_disk Permet de créer des disquettes bootables de réparation.
emergency_rec Crée une cartouche contenant une sauvegarde du FS root.

Module 10 : La gestion des périphériques

Les fichiers spéciaux

Le manuel (*cf. intro(7)*) fournit les principales conventions concernant le nom des périphériques.
Les fichiers spéciaux sont créés automatiquement au démarrage.
Le site web de Sco (http://www.sco.com) liste les périphériques compatibles avec Unixware.

Nom des fichiers spéciaux

/dev/dsk/* Disques, disquettes, mode bloc (*cf. Module 9 et Module 5*).
/dev/rdsk/* Disques, mode caractère.
/dev/rmt/* Bandes (*cf.Module 5*).
/dev/cdrom/*CD-ROM.
/dev/term/* Terminaux.

/dev/ttyN Terminaux et modems (cf. ttymon(1M)).
/dev/netN Liaison RNIS (cf. isdnmon(1M)).
/dev/pts/* Pseudo-terminaux.

Les lecteurs de bandes
– Nom conventionnel : /dev/rmt/ctape1 *(cf. Module 5).*
– Nom SCSI : /dev/rmt/c1b0t2l0 *(cf. Modules 9 : Les disques – chapitre le nom des disques*).
Le nombre qui suit le « l », précise le LUN (« *Logical Unit Number* »).

Les CD-ROM
– Nom conventionnel : /dev/cdrom/cdrom1
– Nom SCSI : /dev/cdrom/c1b0t5l0 (identiques aux lecteurs de bandes)

Les commandes de gestion des périphériques
prtconf Liste les périphériques reconnus par le système.
resmgr Liste des pilotes.
sdiconfig –l Liste les périphériques SDI (disques, CD-ROM, lecteurs de cartouches).
devattr –v Affiche les attributs d'un périphérique listé dans /etc/device.tab.
/usr/bin/devattr –v disk1

Module 11 : Le noyau

Pourquoi modifier ou reconstruire le noyau
Il n'est pas souvent nécessaire de reconstruire le noyau. Les pilotes sont chargés dynamiquement et les principaux paramètres système peuvent être autoconfigurés en fonction de la mémoire disponible.

modadmin Gère les modules dynamiques du noyau.
modamdin -s # liste les modules actuellement chargés.
idtune Modifie un paramètre du noyau (nécessite de recompiler le noyau).
idtune MAXUP 50
idtune -g MAXUP # visualise un paramètre.
idbuild Recompile le noyau
idbuild -B # recompilation immédiate (par défaut au prochain boot)

Les paramètres système
/etd/conf/cf.d/config.h Paramètres du noyau avec les valeurs courantes.
/etc/conf/autotune.d/ Répertoire contenant les paramètres autoconfigurés.

Informations sur le système
sysdef –i Affiche les paramètres du noyau courant.
uname –a Affiche les informations générales du système (OS, version, ...).
prtconf Affiche la configuration du système et la mémoire centrale.
psrinfo Affiche des informations concernant les processeurs.
uptime Affiche depuis quand le système a démarré.
getconf Affiche les paramètres de configuration.
crash Outil de debugging du noyau.

Le service syslog
/etc/syslog.conf Configure le démon **syslogd**.
/usr/adm/syslog Fichier log mis à jour par **syslogd**
/var/adm/log/osmlog Enregistre tous les messages destinés à la console, y compris les messages du démarrage

Module 12 : La gestion des performances

Unixware utilise la commande sar pour mesurer l'utilisation des ressources.

Module 13 : Le réseau

Mise en réseau d'un poste dans un réseau IP

netcfg

Cette commande est utilisée pour configurer le réseau, elle permet :
- D'ajouter une carte réseau et de la configurer.
- D'ajouter un protocole à une carte réseau et de le configurer.
- Dans le cas d'une carte utilisée pour TCP/IP, on spécifie :

le nom réseau, le domaine, l'adresse IP, le masque réseau, l'adresse de diffusion, le routeur par défaut. Les options avancées permettent de configurer le système comme routeur, d'augmenter le nombre de pseudo-tty, le format des trames (IEEE ou Ethernet II), et la description du système pour le service SNMP.

/etc/hosts	Fichier qui permet de traduire un nom en adresse IP.
/etc/inet/config	Configure des démons réseaux (named, ...).
/etc/services	Liste les ports réseaux serveurs.
/etc/inetd.conf	Configure le démon inetd.
/etc/resolv.conf	Fichier de configuration DNS (domaine, serveur)

ifconfig	Configure l'interface IP d'une carte réseau (adresse IP, netmask).
ifconfig -a	Affiche la configuration IP.
uname –n	Nom réseau du système.
route	Ajoute une route.
netstat	Affiche des statistiques réseaux.
ping	Teste la présence d'un système distant.
nslookup	Traduit un nom DNS en adresse IP (teste le service DNS).

NFS, RPC

/etc/dfs/dfstab	Liste des commandes **share** lancées au démarrage.

dfmounts	Liste des ressources montées.
dfshares	Liste des ressources partagées d'un système.
showmount	Liste des clients NFS.
share	Exporte les ressources.
rpcinfo	Liste des services RPC locaux ou distants.
rpcbind	Démon qui active un serveur RPC (remplace **portmap**).

Partage d'un répertoire en NFS

share -F nfs /home

Montage d'un répertoire NFS

mount –F nfs venus:/home /home2

Module 15 : La sécurité

La sécurité informatique

Unixware utilise la notion de « *Profile* » pour configurer globalement le niveau de sécurité du système. Par défaut, il existe quatre profils : faible, traditionnel, amélioré et haut.

secdefs	Affiche le profil courant
secdefs –a	Affiche les profils disponibles
relax	Change le profil
/etc/securety/seclevel/	Mémorise les profils

La sécurité de connexion (cf. login(1M))

creatiadb	Met à jour les fichiers de sécurité si on crée un utilisateur par vi.
pwconv	Crée le fichier */etc/shadow*.
passwd	Modifie un mot de passe, verrouille un compte, met à jour le « password aging » d'un compte.

/etc/shadow	Le fichier des mots de passe et paramètres du « password aging ».
/etc/default/login	Paramètre le logiciel de connexion (login).
/etc/default/passwd	Valeur par défaut du « password aging ».
/var/adm/loginlog	Enregistre les connexions qui ont échoué.
/etc/default/su	Contient le paramétrage de la commande **su**, par exemple : SULOG=/usr/adm/sulog.
/usr/adm/sulog	Enregistre les connexions via la commande **su**.

Les droits d'endossement et la sécurité

Les rôles

Unixware permet à des utilisateurs privilégiés d'exécuter des commandes d'administration.

adminrole	Crée un rôle, auquel on peut associer des commandes d'administration.
adminuser	Affecte un rôle à un utilisateur.
tfadmin	Permet à un utilisateur d'exécuter des commandes définies dans un rôle.
/etc/securety/tfm/	Mémorise la configuration des rôles.

Les privilèges

Les commandes qui possèdent des droits d'endossement offrent des privilèges aux utilisateurs qui y ont accès. Unixware permet de les surveiller :

initprivs	Contrôle la base de données des privilèges.
setpriv –x	Corrige les erreurs signalées par initprivs.
/etc/security/tcb/privs	Base de données des privilèges.

Annexes

ANNEXE A : Les commandes POSIX 2

awk - *Langage qui traite du texte.*
awk [-Fx] [-v affec] program fichier ...
awk [-Fx] [-v affec] -f prg fichier ...

-Fx	Spécifie le séparateur de champs.
-v affec	Permet d'affecter des variables, variable=valeur.
program	Le programme AWK en argument, généralement quoté.
-f prg	Le programme AWK stocké dans le fichier prg.

basename - *Extrait le nom d'un fichier à partir d'un chemin.*
basename chemin [suffixe]

suffixe Le suffixe sera retiré du nom du fichier.

bc - *Calculatrice.*
bc [-l] [fichier ...]

-l	Inclut la bibliothèque mathématique.
fichier	Fichier qui contient des fonctions.

cat - *Concatène et affiche le contenu de fichiers texte.*
cat [-u] [fichier ...]

-u Les caractères sont affichés sans attendre (pas de tampons).

cd - *Change de répertoire.*
cd [chemin]

chgrp - *Change le groupe d'un fichier.*
chgrp [-R] groupe fichier ...

-R Agit sur une arborescence de fichiers (action récursive).

chmod - *Change les droits d'un fichier.*
chmod [-R] mode fichier ...

-R	Agit sur une arborescence de fichiers (action récursive).
mode	Indique la modification des droits.

chown - *Change le propriétaire d'un fichier.*
chmod [-R] util[:groupe] fichier ...

-R	Agit sur une arborescence de fichiers (action récursive).
util	Le propriétaire du fichier.
groupe	Le groupe du fichier.

chksum - *Calcule un total de contrôle.*
chksum [fichier ...]

cmp - *Compare deux fichiers octet par octet.*
cmp [-l | -s] fichier1 fichier2

-l	Affiche toutes les différences rencontrées.
-s	Mode silencieux, affecte seulement le code retour.

comm - *Compare deux fichiers ligne à ligne.*
comm [-123] fichier1 fichier2

-1	Supprime la colonne 1 (lignes trouvées seulement dans fichier1).
-2	Supprime la colonne 2 (lignes trouvées seulement dans fichier2).
-3	Supprime la colonne 3 (lignes communes aux deux fichiers).

command - *Exécute une commande.*
command [-p] cmd [arg ...]

-p	Utilise la valeur par défaut de la variable PATH, pour rechercher une commande standard.
cmd	Le nom du fichier qui contient la commande à exécuter, surchage éventuellement le nom d'une commande interne ou d'une fonction.

cp - *Copie de fichier.*
cp [-fip] fichier1 fichier2
cp [-R | -r] [-fip] fichier ... rep

-f	Force la destruction du fichier cible si ce dernier est protégé en écriture.
-i	Demande confirmation de l'éventuel remplacement d'un fichier.
-p	Conserve les droits, le propriétaire, le groupe, la date de dernière modification et de dernier accès.
-R	Copie d'une arborescence de fichiers.
-r	Idem.

cut - *Sélectionne des caractères ou des champs.*
cut -b liste [-n] [fichier ...]
cut -c liste [fichier ...]
cut -f liste [-d del [-s] [fichier ...]

-b liste	La liste qui suit contient les octets sélectionnés.
-n	N'affiche pas les octets spécifiés (avec l'option -b).
-c liste	La liste qui suit contient les caractères sélectionnés.
-f liste	La liste qui suit contient les champs sélectionnés.
-d del	Spécifie le délimiteur de champs.
-s	Supprime les lignes qui ne possèdent pas le séparateur de champs.

date - *Affiche la date et l'heure.*
date [-u] [+format]

-u	N'utilise pas la variable TZ, et renvoie donc l'heure universelle au lieu de l'heure locale.
+format	Spécifie un format d'affichage, ex : +"%H".

dd - *Sauvegarde physique de périphérique à périphérique.*
dd [opérande ...]

opérande	Opérande de la forme nom=valeur, ex : bs=100k. Liste des opérandes supportés : if, of, ibs, obs, bs, cbs, skip, seek, count, conv. Liste des valeurs de l'opérande conv : block, unblock, lcase, ucase, swab, noerror, notrunc, sync.

diff - *Compare deux fichiers.*
diff [-c | -e | -Cn] [-br] fichier1 fichier2

-c	Affiche trois lignes du contexte pour chaque différence.
-Cn	Affiche « n » lignes du contexte pour chaque différence.
-e	Produit un fichier de commande pour ed.
-b	Ignore les espaces supplémentaires.
-r	Exécute la commande récursivement sur les répertoires de même nom, fichier1et fichier2.

dirname - *Renvoie le répertoire d'un chemin.*
dirname chemin

echo - *Affiche un message à l'écran.*
echo [chaîne ...]

ed - *Edite un texte.*
ed [-p ch] [-s] [fichier]

-p ch	Fixe la chaîne d'invite à la valeur ch.
-s	Supprime l'affichage du nombre d'octets lors de l'utilisation des commandes d'écriture.

env - *Affiche l'environnement, exécute une commande avec un environnement spécifique.*
env [-i] [nom=valeur ...] [cmd [arg ...]]

-i	Utilise l'environnement spécifié pour exécuter la commande **cmd** au lieu d'utiliser l'environnement hérité.

expr - *Calcule des expressions.*
expr opérande ...

Liste des symboles utilisés : (,), |, &, = , >, >=, <, <=, !=, +, -, *, /, %, :.

false - *Renvoie la valeur fausse.*
false

find - *Recherche de fichiers dans une arborescence.*
find chemin ... [opérande ...]

-name fichier	Vrai si fichier a le nom indiqué.
-perm droits	Vrai si les droits correspondent.
-type x	Vrai si le type (b,c,d,f) correspond.
-links n	Vrai si le fichier a exactement n liens.
-user nom	Vrai si le nom de l'utilisateur correspond.
-group nom	Vrai si le nom du groupe correspond.
-size n	Vrai si le fichier a une taille de n blocs.
-atime n	Vrai si le dernier accès remonte à n jours.
-mtime n	Vrai si la dernière modification remonte à n jours.
-ctime n	Vrai si la date de création remonte à n jours.
-nouser	Vrai si le compte utilisateur du fichier n'existe pas.

-nogroup	Vrai si le groupe du fichier n'existe pas.
-depth	Cherche d'abord dans les sous-répertoires.
-newer f	Vrai si le fichier a été modifié plus récemment que le fichier f.
-prune	Explore les répertoires, la recherche n'est pas arborescente.
-xdev	Arrête l'exploration quand on change de périphérique.
-print	Affiche le nom du fichier.
-exec cmd {} \;	Exécute la commande **cmd**.
-ok cmd {} \;	Exécute la commande **cmd** avec demande de confirmation.

fold - *Affiche les lignes d'un fichier avec une limite de la longueur de ligne.*
fold [-bs] [-w larg] [fichier ...]

-w larg	Fixe la largueur maximale d'une ligne à larg caractères, par défaut 80.
-b	L'unité de larg est en octet (« byte »).
-s	Si la coupure a lieu au niveau d'un blanc, les blancs suivants sont ignorés.

getconf - *Renvoie les valeurs de configuration.*
getconf var
getconf var chemin

var	Variable système dont on veut obtenir la valeur.
chemin	La valeur de la variable dépend du répertoire, on le spécifie en conséquence.

getopts - *Utilitaire d'analyse des options d'une commande*
getopts options cmd [arg ...]

grep - *Recherche de chaînes dans un fichier.*
grep [-E|-F] [-c|-l|-q] [-insvx] [[-e] list | [-f fic]] ... [fichier ...]

-E	Utilise les expressions régulières étendues (anciennement celles de egrep).
-F	Utilise des chaînes de recherche au lieu d'expressions régulières.
-c	Compte le nombre de lignes qui correspondent.
-l	Affiche le nom des fichiers qui contiennent la chaîne.
-q	N'affiche rien, retourne le code 0 si des lignes ont été sélectionnées.
-i	Ignore les différences majuscules, minuscules.
-n	Affiche les numéros et les lignes qui correspondent.
-s	Supprime les messages d'erreur associés aux fichiers non accessibles.
-v	Affiche toutes les lignes qui ne correspondent pas.
-x	Affiche toutes les lignes qui correspondent exactement.
-e list	Utilise une liste d'expressions régulières.
-f fic	Utilise les expressions régulières stockées dans le fichier *fic*.

head - *Affiche le début d'un fichier.*
head [-n nb] [fichier ...]

-n nb	Affiche les n premières lignes, par défaut n est égal à 10.

id - *Donne l'identité d'un utilisateur.*

id [util]
id -G [-n] [util]
id -g [-nr] [util]
id -u [-nr] [util]

-G	Affiche tous les groupes de l'utilisateur util.
-g	Affiche seulement le groupe effectif.
-n	Affiche les noms de groupes au lieu des valeurs numériques.
-r	Affiche l'UID réel, au lieu de l'UID effectif de l'utilisateur.
-u	Affiche seulement l'UID effectif.

join - *Opérateur de jointure de base de données.*

join [-a nb | -v nb] [-e ch] [-o liste] [-t car] [-1 ch] [-2 ch] fichier1 fichiers

-a nb	Produit une ligne pour chaque ligne non appariée du fichier numéro nb.
-v nb	Produit seulement une sortie pour les lignes non appariées du fichier numéro 1.
-e ch	Remplace une sortie vide par la chaîne ch.
-o liste	Spécifie les champs présents en sortie.
-t car	Spécifie le délimiteur de champ.
-1 ch	Spécifie le champ de jointure du fichier 1.
-2 ch	Spécifie le champ de jointure du fichier 2.

kill - *Supprime un processus ou lui envoie un signal.*

kill -s sig pid ...
kill -l [code]

-s sig	Spécifie le nom sig du signal envoyé.
-l	Liste les signaux supportés par l'implémentation.
pid	Numéro du processus recevant le signal.
code	Valeur numérique d'un signal, la commande renvoie le nom du signal.

ln - *Crée un lien.*

ln [-f] fichier1 fichier2
ln [-f] fichier ... chemin

-f	Force la destruction de la cible, si elle existe.

locale - *Affiche les paramètres POSIX locaux.*

locale [-a | -m]
locale [-ck] nom ...

-a	Affiche la liste de tous les paramètres.
-m	Ecrit les noms des « charmaps » disponibles.
-c	Affiche les paramètres des catégories spécifiées.
-k	Affiche les valeurs des paramètres spécifiés.

localedef - *Définit un environnement de paramètres POSIX local.*

localdef [-c][-f fic] [-i fic] nom

-c	Force la création du résultat.
-f fic	Spécifie le fichier contenant le codage des caractères.
-i fic	Spécifie le fichier contenant les paramètres.

logger - *Enregistre un message dans le journal des événements.*
logger chaîne ...

logname - *Affiche le nom de l'utilisateur.*
logname

lp - *Imprime un fichier.*
lp [-c] [-d dest] [-n nb] [fichier ...]

-c	Fait une copie du fichier avant de le mettre dans la file d'attente d'impression.
-d dest	Envoie l'impression sur dest.
-n nb	Impression en nb copies.

ls - *Liste les caractéristiques des fichiers.*
ls [-CFRacdilqrtu1] [fichier ...]

-C	Affiche les noms sur plusieurs colonnes.
-F	Affiche un « / » après chaque répertoire, un « * » après chaque fichier exécutable et un « | » après chaque tube nommé.
-R	Affiche le contenu des arborescences dont on a donné les chemins.
-a	Affiche toutes les entrées.
-c	Affiche (-l) les dates de création ou trie (-t) par dates de création.
-d	Affiche les attributs des répertoires, non leur contenu.
-i	Affiche les numéros d'inode.
-l	Affiche les principaux attributs, dont les droits.
-q	Affiche les caractères non imprimables sous forme de « ? ».
-r	Inverse l'ordre du tri.
-t	Entrées triées, par défaut selon la date de dernière modification.
-u	Affiche (-l) les dates de dernier accès ou trie (-t) par dates de dernier accès.
-1	(1=un) Provoque une sortie par ligne.

mailx - *Envoie un courrier électronique à un utilisateur.*
mailx [-s sujet] adresse ...

-s sujet	Précise le sujet du message.

mkdir - *Crée un répertoire.*
mkdir [-p] [-m mode] chemin ...

-p	Crée éventuellement les répertoires intermédiaires.
-m mode	Fixe les droits des répertoires créés.

mkfifo - *Crée un tube nommé.*
mkfifo [-m mode] fichier ...

-m mode	Fixe les droits des tubes nommés créés.

mv - *Déplace un lien.*
mv [-fi] fichier1 fichier2
mv [-fi] fichier ... chemin

-f	Force la destruction du fichier cible si ce dernier est protégé en écriture.
-i	Demande confirmation de l'éventuel remplacement d'un fichier.

nohup - *Empêche la mort d'un processus à la déconnexion.*
nohup cmd [arg ...]

od - *Affiche le contenu d'un fichier en octal, en hexadécimal.*
od [-v] [-A form] [-j saut] [-N nb] [-t form] [fichier ...]

-v	Affiche toutes les données, y compris les données dupliquées.
A form	Spécifie le format des adresses (d,o,x).
-j saut	Saute « saut » octets en entrée.
-N nb	Traite seulement nb octets.
-t form	Spécifie le format des données, notamment l'utilisation de l'octal, de l'hexadécimal,... (a,c,d,f,o,u,x).

paste - *Fusionne des fichiers par ligne.*
paste [-s] [-d liste] fichier ...

-s	Utilise le caractère tab au lieu du séparateur de ligne, comme délimiteur des éléments à fusionner.
-d liste	Utilise les caractères de la liste, au lieu du séparateur de ligne, comme délimiteur des éléments à fusionner.

pathchk - *Vérifie un chemin, en termes d'accessibilité et de portabilité.*
pathchk [-p] chemin ...

-p	Effectue des tests de portabilité plus approfondis.

pax - *Sauvegarde un fichier.*
(1) pax -w [-dituvX] [-b bs] [-a [-f ar]] [-o opt] ... [-s sub][-x form] ... [fichier ...]
(2) pax [-cdnv] [-f ar] [-s sub] [modèle ...]
(3) pax -r [-cdiknuv] [-f ar] [-o opt] [-p ch] ...[-s sub]...[modèle ...]
(4) pax -r -w [-diklntuvX] [-p ch] ... [-s sub] ... [fichier ...] chemin

(1)	Sauvegarde.
(2)	Liste le contenu de l'archive.
(3)	Restauration.
(4)	Copie d'arborescence.
-d	Les répertoires sont sauvegardés ou restaurés.
-i	Permet de renommer interactivement les fichiers.
-u	Restauration inconditionnelle (-r), sauvegarde inconditionnelle (-w -a).
-v	(«verbose») Une ligne est affichée pour chaque fichier sauvé/restauré.
-X	L'exploration arborescente s'arrête lorsque l'on change de périphérique.
-b bs	Spécifie la taille des blocs.
-a	Ajout des fichiers en fin d'archive.
-f ar	Le fichier *ar* est le support d'archive, par défaut, les entrées/sorties standard.
-o opt	Permet de spécifier des options non standard.
-s sub	Modifie le nom des fichiers en se basant sur la chaîne sub.
-x form	Spécifie le format de l'archive : cpio ou ustar, par défaut ustar.
-c	Prend en compte tous les fichiers, exceptés ceux spécifiés par les modèles.
-n	Ne prend en compte que le premier fichier correspondant au modèle.
-k	Empêche la restauration d'effacer des fichiers.
-p ch	Spécifie grâce à la chaîne ch, les caractéristiques conservées ou non des fichiers restaurés.
-l	Des liens sont créés si possible.

pr - *Produit une sortie formatée.*

pr [+page] [-col] [-adFmrt] [-e[car][gap]][-h entete] [-i[car][gap]][-l lig][-n[car][larg]] [-o decal] [-s[car]][-w larg] [fichier ...]

+page	Numéro de la première page.
-col	Nombre de colonnes.
-a	Avec l'option précédente, modifie l'ordre de remplissage des colonnes.
-d	Sortie avec espacement double.
-F	Utilise des « Form Feed » au lieu de « New Line » pour sauter des pages.
-m	Produit une sortie multi-colonne, avec une colonne par fichier.
-r	Ne produit pas de messages d'erreur si les fichiers ne sont pas accessibles.
-t	Supprime l'en-tête.
-e[car][gap]	Transforme les tabulations en une suite d'espaces. Les tabulations sont par défaut toutes les huit colonnes, gap remplace la valeur par défaut. Le caractère car précise le caractère de tabulation.
-h entête	Spécifie le message d'en-tête.
-i[car][gap]	Option inverse de l'option « e », remplace une suite d'espaces par des tabulations.
-l lig	Spécifie le nombre de lignes par page, par défaut soixante-six.
-n[car][larg]	Les lignes sont numérotées, la numérotation occupe larg caractères et est séparée du texte par une tabulation ou par le caractère car.
-o decal	Chaque ligne est précédée de « decal » espaces, par défaut decal vaut 0.
-s car	Spécifie le caractère car comme séparateur de colonnes.
-w larg	Spécifie la largeur de la sortie dans le cas de l'utilisation du multi-colonne.

printf - *Ecrit une sortie formatée.*

printf format [arg ...]

pwd - *Affiche le répertoire courant.*

pwd

read - *Lit une ligne sur l'entrée standard.*

read [-r] var ...

-r	Le caractère \ ne joue pas son rôle d'échappement.
var	Le nom d'une variable du shell, existante ou non.

rm - *Détruit un fichier.*

rm [-fiRr] fichier ...

-f	Force la destruction des fichiers.
-i	Demande confirmation de la destruction de chaque fichier.
-R	Destruction récursive des fichiers et des répertoires.
-r	Idem.

rmdir - *Supprime un répertoire vide.*

rmdir [-p] chemin ...

-p	Supprime toutes les composantes du chemin.

sed - *Editeur en mode flot.*
sed [-n] script [fichier ...]
sed [-n] [-e script] ... [-f prg] ... [fichier ...]

-n	Supprime la sortie par défaut : normalement chaque ligne non modifiée est recopiée sur la sortie standard.
script	Une instruction sed.
-e script	Une instruction sed.
-f prg	Le fichier *prg* contient une suite d'instructions sed.

sh - *Exécute un shell interactif ou un script.*
sh [-aCefinuvx] [script [arg ...]]
sh -c [-aCefinuvx] [cmd [arg ...]]
sh -s [-aCefinuvx] [arg ...]

-a,-C,-e,-f,-i,-n,-u,-v,-x Voir la description de la sous-commande **set** de la commande **sh**.

script	Le script exécuté par le shell.
-c	Le shell exécute la commande **cmd**.
-s	Lit les commandes à partir de l'entrée standard.

sleep - *Temporisation.*
sleep secondes

sort - *Tri, fusion de fichiers.*
sort [-m][-o fic][-bdfinru][-t car][-k clef] ... [fichier ...]
sort -c [-bdfinru][-t car][-k clef] ... [fichier]

-m	On réalise la fusion des fichiers.
-o fic	Le résultat du tri est dans le fichier *fic*.
-b	Ignore les blancs pour déterminer le début et la fin d'une clef de tri.
-f	On ignore la différence majuscules et minuscules.
-i	Ignore les caractères non imprimables.
-n	Tri numérique et non alphabétique.
-r	Tri inverse.
-u	Ne produit qu'une ligne pour un ensemble de lignes identiques.
-t car	Le caractère car est le séparateur de champs.
-k clef	Le critère de tri : début[type][,fin[type]]. Le critère de tri commence au champ « début » (les champs sont numérotés à partir de 1). Le reste de la ligne après le champ « fin » n'est plus utilisé comme critère de tri. « type » correspond à une des options b, d, f, i ou n.
-c	Ne fait que vérifier si les fichiers sont déjà triés, ne produit pas de sortie, simplement renvoie un code retour.

stty - *Configure le terminal.*
stty [-a | -g]
stty opérande ...

-a	Affiche toutes les caractéristiques du terminal.
-g	Affiche les caractéristiques dans le format utilisé pour modifier ces caractéristiques.

tail - *Affiche la fin d'un fichier.*
tail [-f] [-c nb] [-n nb] [fichier]

-f	Reste en lecture après la fin du fichier.
-n nb	Indique le point de départ de la copie, exprimé en caractères.
	+nb Par rapport au début du fichier.
	-nb Par rapport à la fin du fichier (par défaut).
-c nb	Idem, mais exprimé en octets.

tee - *Duplique la sortie standard.*
tee [-ai] [fichier ...]

-a	Ajout de la sortie à la fin des fichiers, au lieu de les écraser.
-i	Ignore le signal SIGINT.

test - *Evalue une expression.*
test [exp]
« [» [exp] «] »

-b Fichier	Fichier spécial par blocs.
-c Fichier	Fichier spécial par caractères.
-d Fichier	C'est un répertoire.
-e Fichier	Vrai si Fichier existe.
-f Fichier	Fichier ordinaire.
-g Fichier	Bit setgid est activé.
-n Chaîne	La longueur de la chaîne est différente de zéro.
-p Fichier	C'est un fichier spécial, FIFO ou un tube.
-r Fichier	Accessible en lecture.
-s Fichier	La taille est supérieure à zéro.
-t [fd]	fd est un descripteur associé à un terminal.
-u Fichier	Le bit setuid est activé.
-w Fichier	Accessible en écriture.
-x Fichier	Fichier exécutable.
-z Chaîne	La longueur de Chaîne est égale à zéro.

Chaîne	Vrai si Chaîne n'est pas la chaîne nulle.
Ch1 = Ch2	Vrai si Ch1 correspond à Ch2.
Ch1 != Ch2	Vrai si Ch1 ne correspond pas à Ch2.

E1 -eq E2	E1 est égale à E2 (numériquement parlant).
E1 -ne E2	E1 est différente de E2.
E1 -lt E2	E1 est inférieure à E2.
E1 -gt E2	E1 est supérieure à E2.
E1 -le E2	E1 est inférieure ou égale à E2.
E1 -ge E2	E1 est supérieure ou égale à E2.

(E)	Vrai si E est vraie.
! E	Vrai si E est fausse.
E1 -a E2	Vrai si E1 et E2 sont vraies.
E1 -o E2	Vrai si E1 ou E2 est vraie.

touch - *Crée un fichier vide ou met à jour la date de modification d'un fichier.*
touch [-acm] [-r fic | -t tmp] fichier ...

-a	Modifie la date de dernier accès du fichier.
-c	Ne crée pas le fichier s'il n'existe pas.
-m	Modifie la date de dernière modification du fichier.
-r fic	Utilise les dates du fichier *fic* pour les options -a et -m.
-t tmp	Spécifie la date tmp pour les options -a et -m.

tr - *Modifie les caractères d'un fichier.*
tr [-cs] chaîne1 chaîne2
tr -s [-c] chaîne1
tr -d [-c] chaîne1
tr -ds [-c] chaîne1 chaîne2

-c	Tous les caractères qui ne se trouvent pas dans la première chaîne, sont remplacés par le dernier caractère de la deuxième chaîne.
-s	Remplace la répétition d'un caractère par un seul.
-d	Détruit tous les caractères qui se trouvent dans la chaîne 1.

true - *Retourne la valeur vrai.*
true

tty - *Affiche le terminal courant.*
tty

umask - *Positionne ou affiche les droits par défaut.*
umask [-S] [masque]

-S	Utilise un format symbolique pour afficher les droits par défaut.

uname - *Affiche le nom et les caractéristiques du système.*
uname [-amnrsv]

-a	Affiche toutes les caractéristiques du système.
-m	Affiche le type de matériel.
-n	Affiche le nom réseau du système.
-r	Affiche la « Release » du système d'exploitation.
-s	Affiche le nom du système d'exploitation.
-v	Affiche la version du système d'exploitation.

uniq - *Elimine les doublons d'un fichier trié.*
uniq [-c|-d|-u] [-f nb][-s nb] [fichier1 [fichier2]]

-c	Affiche chaque ligne précédée du nombre d'occurrences.
-d	Supprime les lignes qui ne sont pas répétées.
-u	Supprime les lignes répétées.
-f nb	Ignore les nb premiers champs lors des comparaisons.
-s nb	Ignore les nb premiers caractères lors des comparaisons.
fichier1	Le fichier d'entrée, par défaut l'entrée standard.
fichier2	Le fichier de sortie, par défaut la sortie standard.

wait - *Attend la fin des tâches d'arrière-plan.*
wait [pid ...]

wc - *Compte les lignes, les mots et les caractères d'un fichier.*
wc [-clw] [fichier ...]

-l Affiche le nombre de lignes.
-w Affiche le nombre de mots.
-c Affiche le nombre de caractères.

xargs - *Génère une commande et l'exécute.*
xargs [-t] [-n nb [-x]] [-s taille] [cmd [arg ...]]

-t Active le mode trace.
-n nb Limite le nombre d'arguments de la commande générée.
-x Termine la commande si la valeur nb est atteinte.
-s taille Limite la longueur de la commande générée en termes d'octets.

ANNEXE B : sh - Le shell POSIX

Fonction

sh - Appelle le shell standard (shell POSIX).

Syntaxe

sh [-aCefinuvx] [script [arg ...]]
sh -c [-aCefinuvx] [cmd [arg ...]]
sh -s [-aCefinuvx] [arg ...]

-a,-C,-e,-f,-n,-u,-v,-x
Voir la description de la commande interne **set**.

script	Le script exécuté par le shell.
-c	Le shell exécute la commande **cmd**.
-i	Shell interactif.
-s	Lit les commandes à partir de l'entrée standard.

La commande interne set

set [-aCefnuvx] [arg ...]
set [+aCefnuvx] [arg ...]
set -- [arg ...]

-a	Les variables sont exportées.
-C	Empêche la redirection > de détruire les fichiers.
-e	Sort du shell si la commande se termine en erreur.
-f	Désactive la substitution de nom de fichier.
-n	Lit les commandes sans les exécuter.
-u	Traite les paramètres non définis en tant qu'erreurs.
-v	Mode verbose.
-x	Trace les commandes.
--	Débute la liste d'arguments, même si le premier argument commence par « + » ou « -».

Remplacer le signe - par + désactive l'option.

Le groupement de commandes

! cmd Inverse le code retour.
cmd1 newline cmd2
cmd1 ; cmd2
cmd1 | cmd2
cmd &
cmd1 || cmd2
cmd1 && cmd2
(Liste)
{ Liste; }

Les structures de contrôle

if Liste ;then Liste [elif Liste ;then Liste] ... [;else Liste] ;fi
for Identificateur [in Mot ...] ;do Liste ;done
while Liste ;do Liste ;done
until Liste ;do Liste ;done

case Mot in [[( ] Forme [| Forme] ...) Liste ;;] ... esac

Les commentaires

....<New Line>

Les fonctions

Identificateur () {Liste ;}

Substitution de répertoires

~	Le répertoire de connexion.
~jean	Le répertoire de connexion de jean.

Les caractères de protection (d'échappement)

\	Annule la signification du caractère suivant.
'...'	Annule tous les caractères.
"..."	Annule tous les caractères, sauf `, \, et $.

Remplacement de noms de fichiers

*	Correspond à une chaîne quelconque, même vide.
?	Correspond à un caractère quelconque.
[[domaine]...]	Un des caractères du domaine.
[![domaine]...]	Aucun des caractères du domaine.

Substitution de commandes

`commande` ou $(commande)

Les redirections

[n]<mot	Redirection de l'entrée standard.
[n]>mot	Redirection de la sortie standard.
[n]>| mot	Idem, mais ne tient pas compte de noclobber.
[n]>> mot	Redirection de la sortie standard en ajout à mot.
[n]<> mot	Mot devient l'entrée et la sortie standard.
[n]<<[-] ch	L'entrée du shell est lue jusqu'à la ligne correspondant à ch. Si - est ajouté à <<, les tabulations de début sont supprimées.
[n]<&m	L'entrée standard est dupliquée dans le descripteur m.
[n]>&m	La sortie standard est dupliquée dans le descripteur m.
[n]<&-	L'entrée standard est fermée.
[n]>&-	La sortie standard est fermée.

Dans toutes les redirections qui précèdent, n représente le descripteur du fichier redirigé. Par défaut les redirections portent sur l'entrée ou la sortie standard. Mot représente un fichier ou bien un descripteur dans le cas où mot est numérique.

Les expressions de variables

$nom	La valeur de la variable.
${nom}	Idem.
${nom[:]-mot}	Mot si nulle ou non définie.
${nom[:]=mot}	Affecte mot si nulle ou non définie.
${nom[:]?mot}	Affiche mot et exit si non définie.
${nom[:]+mot}	Mot si non nulle.

${#nom}	La longueur de la variable.
${nom#modèle}	Supprime le petit modèle à gauche.
${nom##modèle}	Supprime le grand modèle à gauche.
${nom%modèle}	Supprime le petit modèle à droite.
${nom%%modèle}	Supprime le grand modèle à droite.

Les variables internes du shell

$0	Nom du script.
$1-$9	Paramètres du shell (1 à 9).
$*	Tous les paramètres.
$@	Idem (mais "$@" eq. à "$1" "$2"...).
$#	Nombre de paramètres.
$-	Options du shell.
$?	Code retour de la dernière commande.
$$	PID du shell.
$!	PID du dernier processus shell lancé en arrière-plan.

Les variables - les variables prédéfinies

HOME	Le répertoire de connexion.
LANG	Spécifie la langue, et donc spécifie les valeurs par défaut des variables LC_...
LC_ALL	Interagit avec les autres variables LC (*cf. le manuel*).
LC_COLLATE	Interagit dans les comparaisons de chaînes (*cf. le manuel*).
LC_CTYPE	Détermine l'interprétation d'une suite d'octets comme caractères.
LC_MESSAGES	Indique la langue utilisée pour les messages.
IFS	Séparateur de champs.
PATH	Chemin de recherche des commandes.

Les expressions arithmétiques

$((expression))

Opérateurs unaires

-	moins
!	non
~	complément à un

Opérateurs binaires

*	multiplication
/	division entière
%	modulo
+	addition
-	soustraction
<<	décalage à gauche
>>	décalage à droite
<	inférieur à
<=	inférieur ou égal à
>	supérieur à
>=	supérieur ou égal à
==	égal à
!=	différent
&	et binaire
^	ou binaire exclusif
|	ou binaire
&&	et logique

|| ou logique
= affectation
op= exp = exp op exp
*= /= %= ~= <<= >>= &= ^= |=

Les commandes internes

: [Arg ...]	Etend les arguments, retourne vrai.
. Fichier [Arg...]	Le shell courant exécute le fichier.
break [n]	Sort de n niveaux de boucle.
continue [n]	Passe à l'itération suivante, n indique le nombre d'imbrications.
eval [Arg ...]	Les arguments sont lus comme entrée du shell et ensuite exécutés.
exec [Arg ...]	La commande donnée en argument se substitue au shell.
exit [n]	Provoque la sortie du shell avec l'état de sortie n.
export [Nom[=Valeur]] ... export –p	Les noms spécifiés sont exportés, l'option -p permet de lister les variables exportées.
readonly [Nom[=Valeur]] ... readonly –p	Les noms sont marqués en lecture seule, l'option -p liste ces variables.
return [n]	Retour d'une fonction shell, avec le code n.
set	(*cf. début du chapitre*)
shift [n]	Décale les paramètres.
trap [[Commande] [Signal ...]]	Lit et exécute la commande spécifiée lorsque le shell reçoit le ou les signaux spécifiés.
unset [-fv] Nom ...	-v Les variables spécifiées sont supprimées (par défaut). -f Les fonctions sont supprimées.

ANNEXE C : ksh – Le Korn shell

Fonction

ksh - Appelle le Korn shell.

Syntaxe

ksh [-i] [+|-aefhkntuvx] [-o Option][-c Chaîne | -s | Fichier [Paramètre]]

Options

-i	Shell interactif.
-c cmd	Exécute la commande **cmd**.
-p	Permet aux IDs réel et effectif d'être différents.
-r	Shell restreint.
-s	Commandes lues à partir de l'entrée standard.

*Pour les autres options, voir la commande **set**.*

La commande interne set

-a	Les variables sont exportées.
-e	Sort du shell si la commande se termine en erreur.
-f	Désactive la substitution de nom de fichier.
-h	Mémorise les fonctions.
-k	Met dans l'environnement chaque variable affectée.
-m	Les travaux en arrière-plan sont exécutés dans un groupe de processus distincts.
-n	Lit les commandes sans les exécuter.
-o	(*cf. paragraphe suivant*)
-t	Sort après l'exécution d'une commande.
-u	Traite les paramètres non définis en tant qu'erreurs.
-v	Mode verbose.
-x	Trace les commandes.
-	Désactive les options -x et –v.
--	Débute la liste d'arguments, même si le premier argument commence par « + » ou « -».

Remplacer le signe - par + désactive l'option.

La commande set -o

allexport	Equivalent à -a.
errexit	Equivalent à -e.
bgnice	Faible priorité pour les travaux en arrière-plan.
emacs	Utilise emacs pour l'édition des commandes.
gmacs	Utilise gmacs pour l'édition des commandes.
ignoreeof	Ignore la fin de fichier.
keyword	Equivalent à -k.
markdirs	Ajoute « / » à tous les noms de répertoires générés.
monitor	Equivalent à -m.
noclobber	Empêche la redirection > de détruire les fichiers.
noexec	Equivalent à -n.
noglob	Equivalent à -f.
nolog	Ne pas sauvegarder les fonctions dans l'historique.

nounset	Equivalent à -u.
privileged	Equivalent à -p.
verbosc	Equivalent à -v.
trackall	Equivalent à –h.
vi	Active l'édition vi des commandes.
viraw	Traite chaque caractère tel qu'il est entré.
xtrace	Equivalent à –x.

Le groupement de commandes

cmd1 newline cmd2
cmd1 ; cmd2
cmd1 | cmd2
cmd &
cmd |&
cmd1 || cmd2
cmd1 && cmd2
(Liste)
{ Liste; }

Les structures de contrôle

if Liste ;then Liste [elif Liste ;then Liste] ... [;else Liste] ;fi
for Identificateur [in Mot ...] ;do Liste ;done
while Liste ;do Liste ;done
until Liste ;do Liste ;done
case Mot in [[( ] Forme [| Forme] ...) Liste ;;] ... esac
select Identificateur [in Mot ...] ;do Liste ;done

Les fonctions

function Identificateur {Liste ;}
Identificateur () {Liste ;}

Substitution de répertoires

~	Le répertoire de connexion.
~nom	Idem mais de l'utilisateur nom.
~+	Répertoire précédent.
~+	Chemin absolu du répertoire courant.

Les caractères de protection (d'échappement)

\	Annule la signification du caractère suivant.
'...'	Annule tous les caractères.
"..."	Annule tous les caractères, sauf `, \, et $.

Remplacement de noms de fichiers

*	Correspond à une chaîne quelconque, même vide.
?	Correspond à un caractère quelconque.
[[domaine]...]	Un des caractères du domaine.
[![domaine]...]	Aucun des caractères du domaine.
?(modèle[|modèle]...)	Correspond à n'importe quel modèle.
*(modèle[|modèle]...)	Correspond à zéro ou plusieurs occurrences.
+(modèle[|modèle]...)	Correspond à une ou plusieurs occurrences.
!(modèle[|modèle]...)	Correspond à aucun modèle.
@(modèle[|modèle]...)	Correspond exactement à un modèle.

Substitution de commandes

`` `commande` `` ou `$(commande)`

Les redirections

- `<Fichier` Redirection de l'entrée standard.
- `>Fichier` Redirection de la sortie standard.
- `>| Fichier` Idem, mais ne tient pas compte de noclobber.
- `>> Fichier` Redirection de la sortie standard en ajout au fichier.
- `<> Fichier` Le fichier devient l'entrée et la sortie standard.
- `<<[-] Mot` L'entrée du shell est lue jusqu'à la ligne correspondant à Mot. Si - est ajouté à <<, les tabulations de début sont supprimées.
- `<&n` L'entrée standard est dupliquée dans le descripteur n.
- `>&n` La sortie standard est dupliquée dans le descripteur n.
- `<&-` L'entrée standard est fermée.
- `>&-` La sortie standard est fermée.
- `<&p` L'entrée du coprocessus est déplacée vers l'entrée standard.
- `>&p` La sortie du coprocessus est déplacée vers la sortie standard.
- `n>&m` Duplique le descripteur n dans m.

Les expressions de variables

- `$nom` La valeur de la variable.
- `${nom}` Idem.
- `${#nom[*]}` Le nombre d'éléments du tableau.
- `${nom[*]}` Tous les éléments du tableau.
- `${nom[0]}` Le premier élément du tableau.
- `${nom[:]-mot}` Mot si nulle ou non définie.
- `${nom[:]=mot}` Affecte mot si nulle ou non définie.
- `${nom[:]?mot}` Affiche mot et exit si non définie.
- `${nom[:]+mot}` Mot si non nulle.
- `${nom#modèle}` Supprime le petit modèle à gauche.
- `${nom##modèle}` Supprime le grand modèle à gauche.
- `${nom%modèle}` Supprime le petit modèle à droite.
- `${nom%%modèle}` Supprime le grand modèle à droite.

Les variables internes du shell

- `$0` Nom du script.
- `$1-$9` Paramètres du shell (1 à 9).
- `$*` Tous les paramètres.
- `$@` Idem (mais "$@" eq. à "$1" "$2"...).
- `$#` Nombre de paramètres.
- `$-` Options du shell.
- `$?` Code retour de la dernière commande.
- `$$` PID du shell.
- `$!` PID du dernier processus shell lancé en arrière-plan.

Les variables - les variables prédéfinies

ERRNO	Code erreur du dernier appel système.
LINENO	Ligne courante du script.
OLDPWD	Répertoire précédent.
OPTARG	(*cf. getopts*)
OPTIND	(*cf. getopts*)
PPID	PID du processus père.
PWD	Répertoire courant.

RANDOM	Nombre aléatoire.
REPLY	Réponse à un select.
SECONDS	Temps écoulé depuis le lancement du shell.
CDPATH	Répertoires explorés par cd.
COLUMNS	Largeur de l'écran.
EDITOR	Editeur préféré.
ENV	Le script d'initialisation.
FCEDIT	Editeur d'édition de commandes.
FPATH	Répertoires des fonctions.
IFS	Séparateur de champs.
HISTFILE	Le fichier historique.
HISTSIZE	Taille du fichier historique.
HOME	Le répertoire de connexion.
LINES	Utilisé par select.
MAIL	Fichier contenant le courrier.
MAILCHECK	Fréquence de vérification du courrier.
MAILPATH	Liste des fichiers de courrier.
PATH	Chemin de recherche des commandes.
PS1	Invite de commande, par défaut « $ ».
PS2	Invite secondaire, par défaut « > ».
PS3	Invite de boucle select, par défaut « #? ».
PS4	Invite de trace, par défaut « + ».
SHELL	Le shell de préférence.
TMOUT	Temps maximum d'inactivité.
VISUAL	L'éditeur de commandes.

Alias prédéfinis

autoload='typeset -fu'
false='let 0'
functions='typeset -f'
hash='alias -t'
history='fc -l'
integer='typeset -i'
nohup='nohup '
r='fc -e -'
true=':'
type='whence -v'

Les tests

[[Expression]]

-a Fichier	Vrai si Fichier existe.
-b Fichier	Fichier spécial par blocs.
-c Fichier	Fichier spécial par caractères.
-d Fichier	C'est un répertoire.
-f Fichier	Fichier ordinaire.
-g Fichier	Bit setgid est activé.
-k Fichier	Le sticky bit est activé.
-n Chaîne	La longueur de la chaîne est différente de zéro.
-o Option	L'option est active.
-p Fichier	C'est un fichier spécial, FIFO ou un tube.
-r Fichier	Accessible en lecture.
-s Fichier	La taille est supérieure à zéro.
-t [fd]	fd est un descripteur associé à un terminal.
-u Fichier	Le bit setuid est activé.
-w Fichier	Accessible en écriture.

-x Fichier	Fichier exécutable.
-z Chaîne	La longueur de Chaîne est égale à zéro.
-L Fichier	Lien symbolique.
-O Fichier	Appartient à l'ID utilisateur effectif du processus.
-G Fichier	Le groupe auquel il appartient correspond à l'ID de groupe du processus.
-S Fichier	C'est une socket.
f1 -nt f2	Fichier f1 est plus récent que f2.
f1 -ot f2	Fichier f1 est moins récent que f2.
f1 -ef f2	Fichiers f1 et f2 font référence au même fichier.
Chaîne = Forme	Vrai si Chaîne correspond à Forme.
Chaîne != Forme	Vrai si Chaîne ne correspond pas à Forme.
Chaîne1 < Chaîne2	Vrai si Chaîne1 précède Chaîne2.
Chaîne1 > Chaîne2	Vrai si Chaîne1 suit Chaîne2.
E1 -eq E2	E1 est égale à E2.
E1 -ne E2	E1 est différente de E2.
E1 -lt E2	E1 est inférieure à E2.
E1 -gt E2	E1 est supérieure à E2.
E1 -le E2	E1 est inférieure ou égale à E2.
E1 -ge E2	E1 est supérieure ou égale à E2.

Expression composée :

(E) Vrai si E est vraie.
! E Vrai si E est fausse.
E1 && E2 Vrai si E1 et E2 sont vraies.
E1 || E2 Vrai si E1 ou E2 est vraie.

Les expressions arithmétiques

expression
terme
(expression)
exp_avec_opérateur_unaire
exp_avec_opérateur_binaire

Terme

variable_entière
[base#]constant

Opérateurs unaires

- moins
! non
~ complément à un

Opérateurs binaires

*	multiplication
/	division entière
%	modulo
+	addition
-	soustraction
<<	décalage à gauche
>>	décalage à droite
<	inférieur à
<=	inférieur ou égal à
>	supérieur à
>=	supérieur ou égal à
==	égal à

!= différent
& et binaire
^ ou binaire exclusif
| ou binaire
&& et logique
|| ou logique
= affectation
op= exp = exp op exp
*= /= %= ~= <<= >>= &= ^= |=

Les commandes internes

: [Arg ...]	Etend les arguments, retourne vrai.
. Fichier [Arg...]	Le shell courant exécute le fichier.
alias [-tx] Nom[=Valeur]] ...	
	Crée ou liste les alias.
	-x Exporte l'alias.
	-t Crée un alias « repéré » par le chemin absolu.
bg [Travail ...]	Place les travaux en arrière-plan.
break [n]	Sort de n niveaux de boucle.
cd [Arg]	Change de répertoire.
continue [n]	Passe à l'itération suivante, n indique le nombre d'imbrications.
echo [Arg ...]	(*cf. la commande **echo***)
eval [Arg ...]	Les arguments sont lus comme entrée du shell et ensuite exécutés.
exec [Arg ...]	La commande donnée en argument se substitue au shell.
exit [n]	Provoque la sortie du shell avec l'état de sortie n.
export [Nom[=Valeur]] ...	Les noms spécifiés sont exportés.
fc [-e Nom_éditeur] [-nlr] [Première [Dernière]]	
	Liste les commandes ou les édite.
fg [travail ...]	Place le travail spécifié au premier plan.
getopts Chaîne_options Nom [Arg ...]	
	Extrait les options (*cf. paragraphe suivant*).
jobs [-lnp] [travail ...]	Liste les travaux spécifiés.
kill -l	Liste des signaux.
kill [-Signal] Travail ...	Transmet un signal (par défaut TERM) aux travaux spécifiés.
	Désigne un travail :
	PID
	%Numéro_Travail
	%Chaîne Travail qui commence par Chaîne.
	%?Chaîne Travail qui contient Chaîne.
	%% Travail en cours.
	%+ Equivalent à %%.
	%- Travail précédent.
let Exp ...	Evalue les expressions.
newgrp [-] [group]	Change le groupe courant.
print [-Rnpreu[n]] [Arg...]	Affiche les arguments.
	-R Ecrit en mode brut.
	-n Empêche d'ajouter une ligne sur la sortie.
	-p Envoie les arguments vers le tube généré par l'intermédiaire de |&.
	-r Ecrit en mode brut.
	-e Envoie les arguments vers le fichier historique.
	-u Ecrit la sortie vers le fichier de descripteur u.
pwd	Affiche le répertoire courant.

read [-preu[n]] [Nom?Invite] [Nom ...]
: Une ligne est lue et divisée en plusieurs zones, les caractères de IFS étant utilisés comme séparateurs.
  - -p Extrait la ligne d'entrée du tube d'entrée d'un processus généré par le shell en utilisant |&.
  - -r Sauvegarde l'entrée dans l'historique.
  - -u Lecture à partir du fichier de descripteur u.

readonly [Nom[=Valeur]] ...
: Les noms sont marqués en lecture seule.

return [n]
: Retour d'une fonction shell, avec le code n.

set [+|-aefhkmnopstuvx] [+|-o Option]...[+|-A Nom] [Argument ...]
: -A Affectation de tableau.

shift [n]
: Décale les paramètres.

test exp ou [exp]
: L'équivalent de [[exp]] sauf les opérateurs && et ||.

time Séquence_commandes

times
: Ecrit le temps utilisateur et le temps système du shell et des processus lancés par le shell.

trap [Commande] [Signal] ...
: Lit et exécute la commande spécifiée lorsque le shell reçoit le ou les signaux spécifiés.

type Nom
: Identifie une commande.

typeset [+HLRZfilrtux[n]] [Nom[=Valeur]] ...
: Définit les attributs et les valeurs des paramètres du shell.
  - -L Justifier à gauche.
  - -R Justifier à droite.
  - -Z Justifier à droite avec des zéros en début de ligne.
  - -f Les noms sont des fonctions.
  - -x Active la trace pour cette fonction.
  - -i Le paramètre est un entier.
  - -l Convertir les majuscules en minuscules.
  - -r Noms en lecture seule.
  - -t Marque les paramètres nommés.
  - -u Convertit les minuscules en majuscules.

  Remplacer le signe - par + désactive ces options.

ulimit [-HSacdfmst] [Limite]
: Définit ou affiche une limite.
  - -H Spécifie la limite permanente.
  - -S Spécifie la limite temporaire.
  - -a Les limites en cours.
  - -c Nombre de blocs pour les fichiers « core ».
  - -d Nombre de blocs de la zone de données.
  - -f Nombre de blocs des fichiers écrits.
  - -m Nombre de Ko de la mémoire physique.
  - -p Nombre de Ko pour la pile.
  - -t Nombre de secondes attribuées à chaque processus.

umask [Masque]
: Spécifie le masque, ou l'affiche.

unalias Nom ...
: Supprime des alias.

unset [-f] Nom ...
: Les variables sont supprimées.
  - -f Les fonctions sont supprimées.

wait [Travail]
: Suspend le shell, et attend le travail spécifié ou par défaut tous les travaux.

whence [-v] Nom ...
: Décrit l'interprétation d'une commande.
  - -v Mode verbose.

getopts

getopts Chaîne_options Nom [Argument ...]

Vérifie les options d'un argument. Si aucun argument n'est spécifié, le paramètre Chaîne_options contient les lettres reconnues par la commande **getopts**. Si une lettre est suivie d'un signe deux-points (:), l'option doit comporter un argument. Un espace peut séparer l'option et l'argument. La commande **getopts** place la lettre correspondant à l'option suivante dans la variable Nom lorsque le signe + précède l'argument. L'index de l'argument suivant est enregistré dans OPTIND. L'argument d'option, s'il existe, est placé dans OPTARG. Si un signe deux-points (:) est placé au début du paramètre Chaîne_options, la commande **getopts** enregistre la lettre correspondant à une option incorrecte dans OPTARG, et attribue la valeur ? à la variable Nom d'une option inconnue, ou la valeur : lorsqu'une option requise n'est pas spécifiée. L'état de sortie est différent de zéro lorsqu'il n'y a plus d'option.

ANNEXE D : awk – Le processeur de texte

Syntaxe

awk [-Fx] [-v affec] program fichier ...
awk [-Fx] [-v affec] -f prg fichier ...

-Fx	Spécifie le séparateur de champs.
-v affec	Permet d'affecter des variables, variable=valeur.
program	Le programme AWK en argument, généralement quoté.
-f prg	Le programme AWK stocké dans le fichier *prg*.

Structure d'un programme AWK

[section BEGIN]	# exécuté avant la lecture du fichier de données
[section principale]	# exécuté pour chaque ligne du fichier
[section END]	# exécuté après la lecture du fichier

Remarque :
Les commentaires sont précédés du caractère #.

Structure de la section BEGIN
BEGIN action
action ::= { énoncé ... }

Les énoncés sont des ordres AWK séparés par des « ; » ou des sauts de ligne.

Structure de la section END
END action

Structure de la section principale
clause ...
clause ::= [critère] [action]

Les expressions régulières

.	Un caractère quelconque.
^	Le début de la ligne.
$	La fin de la ligne.
\x	Le caractère x, x étant un caractère spécial qui perd ainsi sa signification.
[liste]	Un caractère de la liste, ex : [abc].
[^liste]	Un caractère qui n'est pas dans la liste.
[x-y]	Un caractère appartenant au domaine précisé.
exp1|exp2	Correspond à l'une ou l'autre des expressions régulières.
exp ?	Zéro ou une occurrence de exp.
exp*	Zéro ou plusieurs occurrences de exp.
exp+	Au moins une occurrence de exp.

Les caractères spéciaux

\b	Le retour arrière.
\f	Un saut de page.
\n	Un saut de ligne.

\r	Un retour chariot.
\t	Une tabulation.
\0xxx	Un caractère ASCII exprimé en octal.

Les critères

Les critères sont utilisés par AWK pour sélectionner les lignes d'entrée qui déclenchent l'action qui suit.

/exp/	Contient l'expression régulière exp. Ex : /sh/ { print $1 }
ch ~ exp	La chaîne ch contient l'expression régulière exp. Ex : $2 ~ /^$/ { print $1 }
ch !~ exp	La chaîne ch ne contient pas l'expression régulière exp. Ex : $2 !~ /^$/ { print $1 }
v1 == v2	La valeur v1 est égale à v2. Ex : $2 == "" { print $1 }
v1 != v2	La valeur v1 est différente de v2. Ex : $2 != "oui" { print $1 }
v1 < v2	La valeur v1 est inférieure à v2, numériquement ou alphabétiquement parlant. Ex : $5 < "50" { print $1 }
v1 <= v2	La valeur v1 est inférieure ou égale à v2. Ex : $5 <= "M" { print $1 }
v1 > v2	La valeur v1 est supérieure à v2. Ex : $5 > "50" { print $1 }
v1 >= v2	La valeur v1 est supérieure ou égale à v2. Ex : $5 >= "M" { print $1 }
c1 && c2	Le critère c1 et le critère c2. Ex : $2 ~ /^$/ && $7 ~ /sh/ { print $1 }
c1 || c2	Le critère c1 ou le critère c2. Ex : $5 == "50" || $5 == "100" { print $1 }
(critère)	Groupement de critères. Ex : ($5 == "50" || $5 == "100") && $7 ~ /sh/ { print $1 }
! critère	La négation d'un critère. Ex : !($2 == "") { print $1 }
/exp1/,/exp2/	Un domaine de lignes. Ex : /^root/,/^bin/ { print $1 }

Les variables

$0	L'enregistrement (ligne) courant.
$1, $2, ...	Les champs de l'enregistrement courant.
ARGC	Le nombre d'éléments du tableau des arguments de la ligne de commandes.
ARGV	Le tableau des arguments de la ligne de commandes.
CONVFMT	Le format pour convertir des nombres en chaînes par la commande **printf**.
ENVIRON	Tableau associatif contenant l'environnement, le nom d'une variable d'environnement est utilisé comme indice.
FILENAME	Le nom du fichier d'entrée courant.
FNR	Nombre d'enregistrements lus (du fichier courant).
FS	Séparateur de champs en entrée.
NR	Nombre d'enregistrements lus (tous les fichiers confondus).
NF	Nombre de champs de l'enregistrement courant.
OFMT	Le format pour les nombres de la commande **printf** dans les instructions de sortie.
OFS	Le séparateur de champs de la commande **print**, l'espace par défaut.
ORS	Le séparateur d'enregistrements de la commande **print**, le « new line » par défaut.
RLENGTH	Longueur de la chaîne traitée par la fonction match.
RS	Séparateur d'enregistrements en entrée.
RSTART	Le point de départ de la chaîne trouvée par la fonction match.
SUBSEP	Séparateur d'indices d'un élément de tableaux.

Les expressions

Les opérateurs mathématiques
Les opérateurs unaires - (moins) et + (plus).
Les opérateurs binaires :
+, -, /, ^, *, %
Remarque :
^ correspond à l'exponentiation et % au modulo.

Les opérateurs de pré- ou post-incrémentation
++Variable ou --Variable
Variable++ ou Variable--

Les opérateurs d'affectation
=, +=, -=, /=, *=, ^=, %=

La concaténation de chaînes
Il suffit d'indiquer les chaînes les unes derrière les autres, ex : $3 = $1$2.

Les opérateurs de comparaison
<, <=, ==, !=, >=, >

Les opérateurs booléens
&&, ||, !

Les tableaux

Un élément d'un tableau
tb[i]
Un élément d'un tableau à deux dimensions
tab[i,j]
Un élément d'un tableau associatif
table["pierre"]
Supprimer un élément de tableau
delete tb[i]
Tester l'existence d'un élément de tableau (*indice in tableau*)
"pierre" in table

Les fonctions définies par l'utilisateur

function *nom*(*arg1*,*arg2*,...) { *énoncé* ... }

Les instructions

if (condition) énoncé [else énoncé]
while (condition) énoncé
do énoncé while (condition)
for (exp ; condition ; exp) énoncé
for (variable in tableau) énoncé
delete tableau[domaine]
print [liste_d_expression] [> exp]
printf format [, liste_d_expression]
break
continue
next
exit [expression]
return [expression]
expression

Les fonctions prédéfinies

atan2(y,x)	La tangente de y/x.
cos(x)	Le cosinus de x, x étant exprimé en radian.
sin(x)	Le sinus de x, x étant exprimé en radian.
exp(x)	La fonction exponentielle de x.
log(x)	Le logarithme de x.
sqrt(x)	La racine carrée de x.
int(x)	Renvoie la partie entière de x.
rand( )	Renvoie un nombre aléatoire n, avec 0 <= n < 1.
srand([exp])	Utilise exp pour initialiser la génération des nombres aléatoires, par défaut utilise l'heure.
gsub(exp,ch,[In])	Identique à la fonction sub, mais toutes les occurrences de l'expression régulière exp sont remplacées.
sub(exp,ch,[In])	Remplace la première occurrence de l'expression régulière exp, par la chaîne ch dans la chaîne In. Si In n'est pas précisé, on utilise $0.
length(x)	Renvoie la longueur de la chaîne x.
index(x,y)	Renvoie la position de la chaîne x dans la chaîne y, sinon renvoie 0.
match(ch1,ch2)	Recherche la chaîne ch1 dans la chaîne ch2, renvoie la position de départ ou 0 si la chaîne n'a pas été trouvée.

substr(x,i,l)	Renvoie la sous-chaîne de x, qui commence à la position et de longueur l.
split(x,tb[,fs])	Met chaque champ de x dans un élément du tableau tb, fs sert de séparateur.
sprintf(f,exp,...)	Renvoie les expressions exp données en argument en utilisant le format f.
tolower(ch)	Renvoie la chaîne ch convertie en minuscules.
toupper(ch)	Renvoie la chaîne ch convertie en majuscules.
system(cmd)	Exécute la commande **cmd** et renvoie son code retour.
close(exp)	Ferme un fichier ouvert par une instruction **print**, **printf** ou **getline**.
exp|getline [var]	Lit un enregistrement dans la variable var à partir d'un tube créé par une commande, par défaut var correspond à $0.
getline	Lit le prochain enregistrement dans la variable $0.
getline var	Idem, mais dans la variable var.
getline [var]<exp	Idem, mais lit l'enregistrement à partir du fichier indiqué par exp.

ANNEXE E : sed – Editeur en mode flot

Syntaxe

sed [-n] script [fichier ...]
sed [-n] [-e script] ... [-f prg] ... [fichier ...]

-n	Supprime la sortie par défaut : normalement chaque ligne non modifiée est recopiée sur la sortie standard.
-e script	Une instruction sed.
-f prg	Le fichier *prg* contient une suite d'instructions sed.

Syntaxe d'une commande sed

```
[adresse[,adresse]]commande[argument ...]
[adresse[,adresse]]{
    commande ...
}
```

Les adresses correspondent à des lignes du texte, elles peuvent s'exprimer selon les expressions suivantes :

num	Le numéro num de la ligne.
$	La dernière ligne.
/exp/	La première ligne qui satisfait l'expression régulière exp. Le caractère / peut être remplacé par un caractère quelconque.

Si aucune adresse n'est précisée, la commande agit sur chaque ligne du texte.
Dans la description des commandes, la syntaxe :
[2] signifie que la commande peut être précédée d'un domaine d'adresse : adresse,adresse.
[1] signifie que la commande ne peut être précédée que d'une seule adresse.

Le caractère # débute un commentaire qui se termine par la fin de ligne.

Les tampons

La commande **sed** dispose de deux tampons permettant de stocker les lignes en cours de modification : l'espace des modèles (« *pattern space* »), où les lignes sélectionnées sont maintenues pendant la durée du traitement, et l'espace annexe (« *hold space* »), où une ligne peut être stockée temporairement.

Les commandes

[1]a\
text — Ajoute le texte text, et le place sur la sortie avant la lecture de la prochaine ligne. « text » correspond à une seule ligne de texte qui peut contenir des sauts de ligne précédés d'un backslash (« \ »).

[2]b [étiq] — On se branche à l'étiquette etiq ; si l'on ne précise pas d'étiquette, on se branche à la fin du programme.

[2]c\
text — Substitue le texte courant par text.

[2]d	Détruit la ligne.
[2]D	Détruit la première ligne du domaine sélectionné.
[2]g	Remplace le contenu de l'espace des modèles par le contenu de l'espace annexe.
[2]G	Ajoute le contenu de l'espace annexe à celui des modèles.
[2]h	Remplace le contenu de l'espace annexe par celui des modèles.
[2]H	Ajoute le contenu de l'espace annexe à celui des modèles.
[1]i\ text	Insère le texte text avant la prochaine sortie.
[2]l	Imprime la ligne, en visualisant tous les caractères.
[2]n	Imprime la ligne.
[2]N	Ajoute les lignes sélectionnées à l'espace des modèles en les séparant d'un saut de ligne. On peut utiliser cette commande pour rechercher des modèles s'étendant sur plusieurs lignes.
[2]p	Imprime la ligne.
[2]P	Imprime la première ligne du texte sélectionné.
[1]q	Quitte sed.
[1]r fichier	Lit le fichier, et copie son contenu sur la sortie.

[2]s/exp_reg/ch_sub/[drapeaux]

La commande substitue la chaîne correspondant à l'expression régulière exp_reg par la chaîne ch_sub.
Le séparateur / peut être remplacé par un séparateur quelconque.
Dans la chaîne ch_sub, le caractère & correspond à la chaîne trouvée.
Dans la chaîne ch_sub, l'expression \n correspond à la nième sous-expression \(...\) de l'expression régulière exp_reg.
Les drapeaux suivants sont supportés :

n	Le remplacement porte seulement sur la nième occurrence.
g	Remplace toutes les occurrences de la ligne.
p	Toutes les occurrences sont affichées.
w fic	Ecrit dans le fichier *fic* les lignes substituées.

[2]t [etiq]	Saute à l'étiquette etiq si une substitution a été faite dans la ligne courante.
[2]w fic	Ecrit la ligne dans le fichier *fic*.
[2]x	Permute l'espace des modèles et l'espace annexe.
y/ch1/ch2/	Remplace chaque caractère de ch1 par le caractère correspondant de ch2.
[1]=	Affiche le numéro de la ligne courante.

[2]!cmd	Exécute cmd si la ligne n'est pas sélectionnée.
:etiq	Définit une étiquette.

ANNEXE F : Les principaux fichiers d'administration

/etc/passwd	Description des comptes utilisateurs.
/etc/shadow	Paramètre le « password aging », contient les mots de passe.
/etc/group	Description des comptes de groupes d'utilisateurs.
/etc/inittab	Liste des applications lancées au démarrage par init.
/etc/init.d/	Le répertoire des scripts de démarrage et d'arrêt des services, appelés par les scripts */etc/*rc**.
/etc/*rc*	Scripts lancés au démarrage par init via */etc/inittab*. Ils activent les scripts des répertoires /etc/rc ?.d/*.
/etc/rc?.d/*	Des liens sur les scripts de */etc/init.d.*
/etc/profile	Script exécuté en début de chaque session d'utilisateur.
/etc/vfstab	Liste des FS qui doivent être montés au démarrage (AT&T).
/etc/fstab	Liste des FS qui doivent être montés au démarrage (BSD).
/var/spool/cron/crontabs/*	Les fichiers de requêtes des travaux périodiques.
/etc/services,/etc/inetd.conf	Fichiers de configuration du super démon réseau inetd.
/etc/issue	Fichier affiché avant une connexion.
/etc/motd	Fichier affiché après une connexion.
/etc/dumpdates	Fichier log des sauvegardes incrémentales (BSD).
~/.profile	Script exécuté automatiquement au début d'une session d'un utilisateur.
/.profile	Script exécuté automatiquement en début d'une session d'administration.
/etc/gettydefs	Fichier qui paramètre les terminaux.
/etc/saf/*, /var/saf/*	Configuration du service SAF.
/etc/conf/cf.d/*	Fichiers contenant les paramètres de configuration du noyau.
/var/adm/messages	Les messages affichés normalement sur la console maîtresse.
/etc/hosts	Table de correspondance entre un nom et une adresse IP.
/etc/hosts.equiv	Liste des ordinateurs en relation de confiance pour l'exécution des « r-commande ».
/etc/default/login	Paramètre les connexions.

ANNEXE G : Solutions des exercices

Remarque générale

Les corrigés ont été réalisés en Korn shell sur un système Solaris. Ils ne sont donnés qu'à titre indicatif. En effet, les corrigés peuvent varier d'un système à un autre, d'une version à une autre et d'une configuration matérielle à une autre. Les libellés et les commentaires des scripts n'utilisent pas de caractères accentués. Ils fonctionnent ainsi sur n'importe quel système.

Atelier 1 : Introduction

Exercice N° 1

su bin

Exercice N° 2

Lorsque l'on utilise la commande **su** (sans l'option « - »), le shell d'administration qui est exécuté hérite de l'environnement de l'utilisateur courant.

Exercice N° 3

man date
date 0815093099 # par exemple pour le 15/08/99 à 9h30, format : MMDDhhmm[yy]

Exercice N° 4

$ man man
$ man intro

Exercice N° 5

$ man -k login

Exercice N° 6

Démonstration

Exercice N° 7

wall
=== Déjeuner à 12h30 ====
CTRL-D

Exercice N° 8

find /var/news -ctime +30 -exec rm -f {} \;

Exercice N° 9 (script)

```
#!/bin/sh
# imp_man : imprime une section du man
LE_MAN=/usr/share/man
PREFIXE=sman
BIDON=/tmp/bidon$$

if [ "$#" -lt 1 ]; then
      echo "Nombre incorrect d'arguments" 1>&2
      exit 1;
fi
SEC=$1
cd "${LE_MAN}/${PREFIXE}${SEC}"
for fichier in `ls`
do
      page_man=`echo $fichier | sed 's/\.[^.]*$//'`
```

```
    echo "<$page_man>" 1>&2
    if [ "$page_man" = "Intro" ]; then continue; fi
    man -s$SEC "$page_man" | col -b >> $BIDON
done

# lp $BIDON
# rm -f $BIDON
```

Atelier 2 : La gestion des utilisateurs

Exercice N° 1

```
$ grep '^bin:' /etc/passwd
$ id bin
```

Exercice N° 2

```
$ grep '^[^:]*:[^:]*:0:' /etc/passwd
```

Exercice N° 3

```
$ grep '^bin:' /etc/passwd ; grep bin /etc/group
$ id -a bin
```

Exercice N° 4

```
# man useradd
# useradd pierre
# useradd -d /usr/pierre -m pierre # solution explicite
```

Remarque :
Grâce aux options, on peut spécifier les caractéristiques du compte, si l'on ne veut pas utiliser les valeurs par défaut.

Exercice N° 5

```
# passwd pierre
```

Exercice N° 6

```
# grep staff /etc/group
# tail -1 /etc/group
group::50:user1,user2
# cp /etc/group /etc/group.old
# echo "staff:51:pierre" >> /etc/group
# grpck
```

Remarque :
Il est préférable d'utiliser l'outil d'administration **admintool** ou les commandes **groupadd**, **usermod** pour créer ou modifier un groupe.

```
# groupadd staff # on essaye de créer le groupe staff, mais il existe déjà
UX: groupadd: ERROR: staff is already in use. Choose another.
# usermod -Gstaff pierre
```

Exercice N° 7
Démonstration.

Exercice N°8

```
# useradd -u 0 -o -d / operator
# passwd operator
```

Exercice N°9
Démonstration.

Exercice N°10

```
#!/bin/sh
# cree_user : cree un utilisateur
gid_par_defaut=staff
```

```
home_par_defaut=/home
shell_par_defaut=ksh

echo "Nom de l'utilisateur ? \c"
read nom

echo "UID ? (valider pour l'uid par defaut) \c"
read uid
if [ "x$uid" = "x" ];then uid=""; else uid="-u $uid"; fi

echo "GID ? (valider pour le gid par defaut:$gid_par_defaut) \c"
read gid
if [ "x$gid" = "x" ];then gid=$gid_par_defaut; fi

echo "Commentaire ? \c"
read comm

echo "Repertoire de connexion ? (par defaut : ${home_par_defaut}/${nom}) \c"
read home
if [ "x$home" = "x" ];then home=${home_par_defaut}/${nom} ;fi

echo "Shell ? (par defaut ${shell_par_defaut}) \c"
read shell
if [ "x$shell" = "x" ];then
	shell=/usr/bin/$shell_par_defaut;
else
	shell=/usr/bin/$shell;
fi

# retirer le mot echo pour declencher reellement la commande
echo useradd $uid -g $gid -c "$comm" -d $home -m -s $shell $nom

# passwd $nom   # retirer le diese pour la demande du mot de passe
```

Atelier 3 : Les fichiers

Exercice N° 1

`# find / -type d -name cron -print`

Exercice N° 2

`# find / -type p -print`

Exercice N° 3

`# find / -type d -perm -2 -print`

Exercice N° 4

```
$ ls -lR ~
$ du -a ~ #  sans l'option -a, on n'a que les répertoires
$ find ~ -print
```

Exercice N° 5

Si l'on se restreint à l'arborescence de pierre :

`# chmod -R 700 ~pierre`

Si l'on veut être le plus général possible :

`# find / -user pierre -exec chmod 700 {} \;`

Exercice N° 6

`$ man chmod`

Exercice N°7

```
# mkdir /export/home/staff
# chgrp staff /export/home/staff
# chmod 770  /export/home/staff
# chmod g+s  /export/home/staff
# cal > /export/home/staff/cal
# ls -l /export/home/staff
total 2
-rw-r--r--   1 root     staff       141 Nov 12 18:06 cal
# ls -ld /export/home/staff
drwxrws---   2 root     staff       512 Nov 12 18:06 /export/home/staff
```

Exercice N°8

```
# echo  "ceci est un secret" > /tmp/secret
# chown pierre /tmp/secret
# chmod 400 /tmp/secret
# cp /usr/bin/more /tmp/affiche
# chown pierre /tmp/affiche
# chmod 4111 /tmp/affiche
# su bin
$ more /tmp/secret
/tmp/secret: Permission denied
$ /tmp/affiche /tmp/secret
ceci est un secret
$
```

Exercice N°9

```
#!/bin/ksh
# mod_perm

if [ "$#" -ne 4 ]; then
    echo "usage: mod_perm user group perm rep "
    exit 1
fi

user=$1
group=$2
perm=$3
rep=$4

if ! id $user 2> /dev/null 1>&2 ;then
    echo "L'utilisateur $user n'existe pas "
    exit 1
fi
if awk -F: '{ print $1}' /etc/group | grep "^$group\$" 2> /dev/null 1>&2
then :;else
    echo "Le groupe $group n'existe pas"
    exit 1
fi
touch /tmp/bidon$$
if ! chmod "$perm" /tmp/bidon$$ 2> /dev/null;then
    echo "Droits incorrects"
    rm /tmp/bidon$$
    exit 1
fi
rm /tmp/bidon$$
if [ ! -d $rep ];then
    echo "Le repertoire $rep n'existe pas "
```

```
    exit 1
fi

echochown -R "$user" $rep
echochgrp -R "$group" $rep
echochmod -R "$perm" $rep
```

Atelier 4 : Les systèmes de fichiers

Exercice N° 1

$ df   # sous Solaris « df -k » donne plus d'informations
$ /etc/mount

Exercice N° 2

$ df -k

Exercice N° 3

Le fichier */var/spool/mail/pierre* se trouve dans le FS /var, par exemple /dev/dsk/c0d0s6.
df /var/spool/mail/pierre
Le fichier */etc/default/login* se trouve dans le FS /, par exemple /dev/dsk/c0d0s0.
df /etc/default/login

Exercice N° 4

cd /etc/init.d
./volmgt stop   # arrêt du démon vold qui réalise les montages automatiques
mount –F hsfs –r /dev/dsk/c1t0d0s2 /mnt
find /mnt -print | more
umount /mnt

Exercice N° 5

$ man mount # dans les “see also”

Exercice N° 6

$ man -k filesystem
$ man -k 'file systems'

Exercice N° 7

Il n'est pas possible d'installer le logiciel de jeu dans le répertoire /home/pierre/games/blackjack qui se trouve dans le FS /home, lequel ne possède plus que 4 Mo de libre. Par contre, il est possible de l'installer par exemple dans le répertoire /usr/games/blackjack que l'on peut créer dans le FS /usr qui, lui, a encore 17 Mo de libre.

Exercice N° 8

L'utilisateur pierre se trouve dans le FS /home. Le démontage de /home n'est pas possible car on ne peut pas démonter un FS qui est en cours d'utilisation.
L'administrateur peut tuer les applications qui utilisent un fichier grâce à la commande **fuser**, par exemple :
fuser -k /dev/hd1
umount /dev/hd1

Exercice N° 9

Pour donner le FS à pierre, il suffit que le répertoire racine du FS appartienne à pierre. En pratique, on monte le FS et on change le propriétaire du répertoire de montage.
mount /dev/hd1 /games
chown pierre /games

Exercice N° 10

$ ls -i .profile

```
3542   .profile
$  find  /home  -xdev  -exec ls -i {} \ ; |  grep  3542
```

<u>Exercice N° 11</u>

```
#  find  /   -type  f   -name  core  -exec  rm  -f  {}  \ ;
```

<u>Exercice N° 12</u>

```
#  find  /  -size + 2000  -mtime 0  -print
```

<u>Exercice N° 13</u>

```
$  man  -k  quota
```

<u>Exercice N°14</u>

```
# /etc/init.d/volmgt stop

# fdformat  /dev/rfd0
Formatting 1.44 MB in /dev/rfd0
Press return to start formatting floppy.
………………..........................................
# newfs /dev/rfd0
newfs: construct a new file system /dev/rfd0: (y/n)? y
/dev/rfd0:      2880 sectors in 80 cylinders of 2 tracks, 18 sectors
        1.4MB in 5 cyl groups (16 c/g, 0.28MB/g, 128 i/g)
super-block backups (for fsck -F ufs -o b=#) at:
 32, 640, 1184, 1792, 2336,
# mount /dev/fd0 /mnt
# cp /etc/passwd /etc/group /mnt
# df -k |grep mnt
/dev/fd0              1263      11     1126      1%     /mnt
# umount /mnt
# fsck /dev/rfd0
** /dev/rfd0
** Last Mounted on /mnt
** Phase 1 - Check Blocks and Sizes
** Phase 2 - Check Pathnames
** Phase 3 - Check Connectivity
** Phase 4 - Check Reference Counts
** Phase 5 - Check Cyl groups
4 files, 11 used, 1252 free (12 frags, 155 blocks,  0.9% fragmentation)
#
```

<u>Exercice N° 15</u>

Exécuter les opérations suivantes. Il est préférable de les exécuter en mode maintenance (*cf. module 7 : arrêt/démarrage*) pour ne pas être gêné par les utilisateurs.

1 - Etudier la faisabilité du transfert, en calculant la taille de l'arborescence à transférer.

```
#  du   -k  -s   /home/pierre
```

2 - Sauvegarder l'arborescence par précaution (*cf. chapitre suivant*).

3 - Créer un FS sur la disquette, tester sa cohérence et afficher l'espace libre.

```
# newfs /dev/rfd0
#  fsck   /dev/rfd0
#  df  -k   /dev/fd0
```

4 - Le monter sur un répertoire transitoire.

```
#  mount   /dev/fd0  /mnt
```

5 - Déplacer les fichiers dans ce répertoire.

```
#  mv   /home/pierre/*    /home/pierre/.[!.]*   /mnt
ou
#  cp  -Rp  /home/pierre/*   /home/pierre/.[!.]*   /mnt
```

```
# rm -Rf /home/pierre/*
```
6 - Donner la racine du FS à pierre.
```
# chown pierre /mnt
```
7 - Activer le FS au démarrage.
```
# echo "/dev/fd0 /dev/rfd0 /home/pierre ufs 1 yes -" >> /etc/vfstab
```
8 – Tester.
```
# umount /mnt
# mount /home/pierre
# su - pierre
```
Remarque :
Il est préférable de remettre le compte dans les conditions initiales pour le reste du cours.

Exercice N°16

```
#!/bin/sh
# df.sh : surveille le remplissage des disques
SEUIL=80   # on peut mettre un faible seuil pour les tests
message=/tmp/bidon$$

df -k | grep -v '^Filesystem' | sed 's/%//' |
	while read fs total used avail capa mount
do
	if echo $mount | grep '^/cdrom/' > /dev/null ;then continue; fi
	if [ $capa -gt $SEUIL ];then
		printf "%-20s %5d%%\n" $mount $capa >> $message
	fi
done
if [ -r $message ];then
	mailx -s "LES DISQUES SONT PLEINS!" root < $message
	rm -f $message
fi
```

Atelier 5 : La sauvegarde

Exercice N° 1

a) `$ tar cvf /tmp/pierre.sauve /home/pierre`

Remarque :
On peut utiliser ~ ou $HOME pour /home/pierre

b) `$ tar tvf /tmp/pierre.sauve`

c) `$ cd ; rm passwd`
`$ tar xvf /tmp/pierre.sauve /home/pierre/passwd`

d) `$ rm -Rf ~/* ~/.[!.]*`
`$ tar xvf /tmp/pierre.sauve`

e) Il faut réaliser une sauvegarde « relative » :
`$ cd ; tar cvf /tmp/pierre.sauve .  # « . » : le répertoire courant`
`$ tar tvf /tmp/pierre.sauve`

Exercice N° 2

`$ man cpio`

Exercice N° 3

a) `$ find ~ -print | cpio -ovB -H ustar > /tmp/pierre.sauve`

b) `$ cpio -ivBt -H ustar < /tmp/pierre.sauve`
`$ tar tvf /tmp/pierre.sauve`

c) `$ cd ; rm boot/profile`
`$ cpio -ivdumB -H ustar /home/pierre/boot/profile < /tmp/pierre.sauve`

d) `$ rm -Rf ~/* ~/.[!.]*`
`$ cpio -ivdumB -H ustar < /tmp/pierre.sauve`

e) Il faut réaliser une sauvegarde « relative » :
$ cd ; find . -print | cpio -ovB -H ustar > /tmp/pierre.sauve # « . » : le répertoire courant
$ cpio -ivBt -H ustar < /tmp/pierre.sauve

Exercice N° 4
dd if=/tmp/pierre.sauve of=/dev/fd0
cd ~pierre; rm boot/profile
cpio -ivdumB -H ustar boot/profile < /dev/fd0

Exercice N° 5
a) On met la disquette au format MS-DOS dans le lecteur :
$ dd if=/dev/fd0 of=/tmp/disquette
b) On met une disquette vierge.
$ dd if=/tmp/disquette of=/dev/fd0

Exercice N° 6
$ dd if=/dev/fd0 of=/dev/null
2880+0 records in
2880+0 records out

Exercice N° 7
```
$ man -k tape | grep '(1'
mt          mt (1)       - magnetic tape control
rmt         rmt (1m)     - remote magtape protocol module
tapes       tapes (1m)   - creates /dev entries for tape drives attached to the system
tar         tar (1)      - create tape archives and add or extract files
tcopy       tcopy (1)    - copy a magnetic tape
```

Exercice N°8
```
# dd if=/dev/fd0 of=/tmp/un_bloc bs=1k count=1
1+0 records in
1+0 records out
# file /tmp/un_bloc
/tmp/un_bloc:   USTAR tar archive
```

Exercice N°9
Démonstration

Exercice N°10

```
#!/bin/sh
# sauve : sauvegarde les fichiers d'un utilisateur
TAPE=/tmp/sauve.tar ; export TAPE    # pour les tests
cd

while : ; do
    echo "1 - Sauvegarde"
    echo "2 - Liste"
    echo "3 - Restaure"
    echo "4 - FIN"
    echo "Choix ? \c"
    read choix

    case "$choix" in
    1)
        tar cv $HOME
        ;;
    2)
        tar tv | more
```

```
                ;;
        3)
                echo "Fichier ou repertoire a restaurer (rien=tout)"
                read fichier
                if [ "x$fichier" = "x" ];then
                        tar xv
                elif tar tv | grep $fichier >/dev/null;then
                        tar xv `tar tv | grep $fichier | awk '{ print $8 }'`
                fi
                ;;
        4)      break
                ;;
        esac
done
```

Atelier 6 : La gestion des processus

<u>Exercice N° 1</u>
$ ps -ef | grep cron

<u>Exercice N° 2</u>
$ sleep 200&
[1] 523
a)) $ ps -f # on regarde le champ PPID
b)) $ kill 523

<u>Exercice N° 3</u>
ps -ef | grep pierre | grep sh
pierre 414 406 0 15 :19 :02 tty03 0 :00 -sh
kill -9 414

<u>Exercice N° 4</u>
man crontab
cd /usr/lib/cron
test -f cron.allow && mv cron.allow cron.allow.old
test -f cron.deny && mv cron.allow cron.deny.old
cp /dev/null cron.deny

<u>Exercice N° 5</u>
echo paul >> cron.deny

<u>Exercice N° 6</u>
man cron
Sous Solaris, le fichier log */var/cron/log* est créé si, dans le fichier */etc/default/cron*, la variable « CRONLOG » a la valeur « YES ».

<u>Exercice N° 7</u>
$ echo "* * * * * { echo Bonjour ; date ; } >> /tmp/log " > moncron
$ echo "0,15,30,45 8-17 * * 1-5 ps -ef >> /tmp/processus " >> moncron
$ crontab moncron
<u>$ crontab -l</u>

<u>Exercice N° 8</u>
crontab -l > /var/adm/crontab.sav
crontab -l > /tmp/moncron
echo "0,20,40 * * * * su pierre -c date >> /tmp/log " >> /tmp/moncron
crontab /tmp/moncron
Remarque :
Il est préférable d'utiliser la commande **crontab -e** pour éditer son crontab. Il ne faut

pas oublier de positionner la variable d'environnement EDITOR par exemple à /usr/bin/vi.

<u>Exercice N° 9</u>

```
# cd /var/spool/cron/crontabs
# tar cvf /var/adm/les_crontabs.tar *
```

<u>Exercice N° 10</u>

```
#  cp  /etc/profile  /etc/profile.old
#  echo  "# ajout de pierre a titre d'exercice"  >> /etc/profile
#  echo  "PAYS=France  ;  export  PAYS"  >> /etc/profile
#  su -  pierre
$  env  |  grep  PAYS
```

<u>Exercice N° 11</u>

```
$ ps -j
  PID  PGID  SID TTY      TIME CMD
  529   306   306 pts/0   0:00 sh
$ kill  -9  -306
```

<u>Exercice N° 12</u>

```
$ man -k package
...
pkgadd        pkgadd (1m)    - transfer software packages to the system
pkgchk        pkgchk (1m)    - check package installation accuracy
pkginfo       pkginfo (1)    - display software package information
...
$ man pkginfo
$ pkginfo
...
system     SUNWypr      NIS Server for Solaris (root)
system     SUNWypu      NIS Server for Solaris (usr)
system     SYMhisl      Symbios 8XX Hi-Performance SCSI HBA
$ pkginfo -l SYMhisl
```

<u>Exercice N°13</u>

```
#!/bin/sh

# descendants : liste les descendants d'un processus

if [ $# -ne 1 ];then
      echo nombre incorrects de parametres
      exit 1
fi
ANCETRE=$1
ps -p $1 -o pid,ppid,comm
if [ $? != 0 ];then exit 1;fi

ps -o pid,ppid,comm  -e | sed '1d' | sort -n| while read pid ppid cmd ;do
      for proc in $ANCETRE
      do
            if [ $proc = $ppid ];then
                  ANCETRE="$ANCETRE $pid"
                  printf "%5d %5d %-20s\n" $pid $ppid $cmd
                  break
            fi
      done
done
```

Exercice N° 14
```
# pkginfo | grep ftp
system    SUNWftpr    FTP Server, (Root)
system    SUNWftpu    FTP Server, (Usr)

# pkgrm SUNWftpr SUNWftpu

# cd /cdrom/sol_7_1199_x86/s2/Solaris_2.7/Product/

# pkgadd SUNWftpr SUNWftpu
```

Exercice N° 15
Démonstration du support

Atelier 7 : L'arrêt et le démarrage

Exercice N° 1
```
$ who -r
```

Exercice N°2
```
$ /usr/xpg4/bin/grep -e '^[^:]*:[^:]*2' -e '^[^:]*::' /etc/inittab
```

Exercice N° 3
```
# cd /etc/rc2.d
# ls
```

Exercice N° 4
```
$ man init
```

Exercice N°5
```
# cp /etc/inittab /etc/inittab.old
# echo "dl:2:once:date >> /home/pierre/date.log 2>&1" >> /etc/inittab
# shutdown -y -g0 -i6
```

Exercice N° 6
```
# sed 's/^dl:2:once/dl:2:off/' /etc/inittab > /tmp/tempo
# cp /etc/inittab /etc/inittab.sav
# mv /tmp/tempo /etc/inittab
```

Exercice N° 7
```
# cd /etc/rc2.d
# grep cron *
```

Exercice N° 8
```
# # === première solution (simplifiée)
# cd /etc/rc2.d
# echo "ps -ef > /home/pierre/ps.log 2>&1" > S99essai
# chmod 700 S99essai
# # === deuxième solution
# cd /etc/init.d
# vi essai
# cat essai
#!/bin/sh
# essai : active ps au démarrage
case "$1" in
start)
    ps -ef > /home/pierre/ps.log 2>&1
    ;;
esac
# chmod 700 essai
```

```
# ln  essai  /etc/rc2.d/S99essai
# shutdown  -y  -g0  -i6
```

Exercice N°9

```
# man  shutdown
# shutdown  -y  -g3  -i0  "arrêt pour maintenance"
```

Exercice N° 10

```
#  dmesg
ou
#  more  /var/adm/messages
```

Exercice N° 11

```
#  shutdown  -iS  -g0  -y
#  date 0815093099  #  par exemple pour le 15/08/99 à 9h30
#  init  2
```

Exercice N° 12

```
# cd  /etc/init.d
# echo  "date >> /home/pierre/arret  2>&1" > arret
# # === ou bien :
# vi arret
# !/bin/sh
case "$1" in
start)
      date >> /home/pierre/arret 2>&1
      ;;
esac
# chmod 700  arret
# ln  essai  /etc/rc0.d/S01arret
# shutdown  -y  -g0  -i6
```

Exercice N° 13

```
#  cp  /etc/passwd  /etc/passwd.old
#  sed  '/^pierre/s/:[^:]*sh$/:\/usr\/bin\/vi/'  /etc/passwd > /tmp/tempo
#  mv  /tmp/tempo  /etc/passwd
#  su  -  pierre
#  mv  /etc/passwd.old /etc/passwd
```

Atelier 8 : L'impression

Exercice N° 1

```
$  lpstat  -t
```

Exercice N° 2

```
$  lpstat  -t  |  grep  scheduler
ou
$  ps  -ef  |  grep lpsched
```

Exercice N° 3

```
#  man  lpadmin
#  touch  /home/pierre/imp
#  /usr/lib/lpadmin  -p imp  -m standard  -v /home/pierre/imp
#  chmod  600  /home/pierre/imp
#  accept  imp
#  enable  imp
#  su  pierre
$  lp  -dimp  /etc/group
```

```
$ ls -l | lp -dimp
$ lpstat
$ exit
# more /home/pierre/imp
# lpadmin -d imp # imp devient l'imprimante par défaut
```

Exercice N° 4

```
$ man -k printer
```

Exercice N°5

```
#!/usr/bin/ksh

# cree_spool : cree un nouveau spool

echo "Nom du spool ? \c"
read spool

echo "Peripherique d'impression ? \c"
read device

if [ -e "${device}" ];then
	chown lp "${device}"
	chmod 600 "${device}"
else
	exit 1
fi

if /usr/lib/lpadmin -p "${spool}" -v "${device}" -m standard ;then
	echo "la commande se termine avec succes"
fi
```

Atelier 9 : Les disques physiques et logiques

Exercice N° 1

Un « stripped disk » ne peut pas, contrairement à un groupe de volumes, être étendu dynamiquement. S'il est trop petit, on sauvegarde son contenu, et on en reconstruit un autre.

Exercice N° 2

Les disques RAIDs sont extérieurs au système, ils sont vus comme un seul disque SCSI, ils ne nécessitent donc pas de pilote particulier. Les disques constituant un « stripped disk » peuvent être gérés par des contrôleurs différents, ce qui améliore les performances, mais comme ils sont gérés par le système, ils nécessitent des pilotes spécifiques.

Exercice N° 3

fsck, fsdb, dd

Exercice N° 4

a)
```
# /etc/init.d/volmgt stop
# fdformat /dev/rfd0
```
b)
```
# newfs /dev/rfd0
```
c)
```
# fsck /dev/rfd0
```
d)
```
# man df
# df -F ufs -o i /dev/fd0
Filesystem        iused  ifree  %iused  Mounted on
/dev/fd0              4    636     1%
# df -F ufs /dev/fd0
Filesystem        kbytes    used   avail capacity  Mounted on
```

```
      /dev/fd0              1263       9    1071      1%
e) # dd if=/dev/fd0 of=/dev/null
   2880+0 records in
   2880+0 records out
   # # 2880 blocs de 512 octets = 1440 Ko
f) # mkdir /mnt/fd
   # mount /dev/fd0  /mnt/fd
g) # df
   # mount
```

Exercice N° 5

```
$ man -k swap
```

Exercice N° 6

```
# swap -l
swapfile            dev  swaplo blocks   free
/dev/dsk/c1d0s1     102,65      8 169336 136088
```

Exercice N° 7

```
# # Sous Solaris, les entrées de peripheriques sont crées au démarage:
# ls -lL /dev/dsk/c?d?s2          # pour les disques IDE
# ls -lL /dev/dsk/c?t?d?s2        # pour les disques SCSI
# # Sous Solaris, la commande intéractive format liste les disques disponibles:
# format < /dev/null
Searching for disks...done
AVAILABLE DISK SELECTIONS:
    0. c0d0 <drive type unknown>
       /pci@0,0/pci-ide@1,1/ata@0/cmdk@0,0
    1. c1d0 <DEFAULT cyl 775 alt 2 hd 128 sec 63>
       /pci@0,0/pci-ide@1,1/ata@1/cmdk@0,0
Specify disk (enter its number):
# prtvtoc /dev/dsk/c0d0s2
# prtvtoc /dev/dsk/c1d0s2
```

Exercice N° 8

Pour trouver les différentes commandes ayant trait à un sujet quelconque, on part d'une commande que l'on connaît, et ensuite on explore le reste de la documentation en suivant les renvois effectués dans les rubriques « See also ». Dans le cas de l'ajout d'un disque, on peut partir par exemple du chapitre « prtvtoc » :

```
a) $ man prtvtoc |col -b | sed -n '/^SEE ALSO/,$p' |head -4
   Reformatting page. Wait... done
   SEE ALSO
       devinfo(1M), fmthard(1M), format(1M), mount(1M), attributes(5)
b) $ man -s1m format
```

Une autre approche est de rechercher un chapitre qui traite du sujet dans le guide de l'administrateur.

L'approche la plus fréquemment utilisée est d'exécuter la commande **man –k** :

```
$ man -k disk | grep '(1m)'
```

Exercice N° 9

```
$ man -k install | /usr/xpg4/bin/grep -e package -e software
```

Exercice N°10

Démonstration.

Exercice N°11

```
#!/bin/sh
# lst_part : liste les partitions qui ne sont pas des FS montés
```

```
prtvtoc /dev/dsk/${1}s2 | grep -v '^\*' |
    while read  part tag flag first sectors last mount
do
    if [ "$part" -eq 2  ];then continue ;fi
    if [ "$sectors" -eq 0 ];then continue ;fi
    if df -k | awk '{ print $6 }' |grep "$mount" >/dev/null 2>&1 ;then
        continue
    fi
    printf "Partition: %3d, Taille(en secteurs): %10d %s\n" \
        $part $sectors $mount
done
```

Atelier 10 : La gestion des périphériques

Exercice N° 1

```
$ ls -l /dev/fd0
lrwxrwxrwx   1 root     root          4 Oct 10 11:46 /dev/fd0 -> fd0c
$ ls -lL /dev/fd0
brw-rw-rw-   1 root     sys      36,  2 Nov 13 09:58 /dev/fd0
```

Exercice N° 2

```
# ls -lL /dev/fd0
brw-rw-rw-   1 root     sys      36,  2 Nov 13 09:58 /dev/fd0
# find /dev -exec ls -lL {} \; | grep '^b.* 36,'
```

Exercice N° 3

```
$ man -k floppy | grep '(7d)'
$ man -s7d fd
```

Exercice N° 4

Le guide de l'administrateur nous renseigne :

1 - Ajoutez, si besoin, le pilote du périphérique. L'installation du pilote est effectuée comme une application ordinaire, en utilisant **pkgadd**. Sur un système comme Solaris, les pilotes sont dynamiques, ils sont normalement chargés au démarrage.

2 - Arrêtez le système et installez le périphérique.

3 - Redémarrez le système et recréez la liste des périphériques. Pour forcer le système à créer cette liste, on crée le fichier */reconfigure*, vide, avant d'arrêter le système, ou bien on utilise la commande "**boot -r**" sous l'Open Boot Prom.

4 - On vérifie que les fichiers périphériques ont bien été créés et que le périphérique est accessible.

Exercice N° 5

```
#!/bin/sh

# lst_doc_perif : liste les documentations sur les  peripheriques
LE_MAN=/usr/share/man
PREFIXE=sman
SEC=7d

cd "${LE_MAN}/${PREFIXE}${SEC}"
exec 2> /dev/null

for fichier in `ls`
do
    page_man=`echo $fichier | sed 's/\.[^.]*$//'`
    echo "<$page_man>" 1>&2
    if [ "$page_man" = "Intro" ]; then continue; fi
    FLAG=no
```

```
        man -s$SEC "$page_man" | col -b  | while read ligne ;do
            if [ $FLAG = oui ];then
                echo $ligne
                continue 2
            fi
    if echo $ligne |grep '^NAME' > /dev/null ; then
                FLAG=oui
            fi
        done
    done
```

Atelier 11 : Le noyau

Exercice N° 1

Non, car un noyau UNIX est associé à un FS « root ». Si l'on copie le noyau actif sur le disque bootable, il continuera de vouloir monter le FS d'origine. Si l'on désire avoir un disque autonome, il faut régénérer un nouveau noyau qui référence le FS « root » du disque.

Exercice N° 2

Dans le chapitre concernant les périphériques du guide de l'administrateur, il est mentionné la commande **prtconf** comme permettant d'obtenir la liste des périphériques.

```
# prtconf
```

Exercice N° 3

```
# man -k device  |grep 1m | more
add_drv        add_drv (1m)    - add a new device driver to the system
allocate       allocate (1m)   - device allocation
cg14config     cg14config (1m) - configure the cgfourteen device
...
# man add_drv
# man modinfo
# modinfo
...
202 fe9b1bb0  1209  15   1  telmod (telnet module)
203 fe9922c0   40c  51   1  sysacct (acct(2) syscall)
204 fe9f06e0   cfc  16   1  bufmod (streams buffer mod)
```

Exercice N° 4

```
# man -k memory |grep 1m
cfgadm_ac      cfgadm_ac (1m)  - EXX00 memory system administration
sxconfig       sxconfig (1m)   - configure contiguous memory for the SX video s...
vmstat         vmstat (1m)     - report virtual memory statistics
# man vmstat
# vmstat
 procs     memory           page            disk          faults      cpu
 r b w   swap  free  re  mf pi po fr de sr cd cd f0 s0   in   sy   cs us sy id
 0 0 0 105860 14908   0   5  1  0  0  0  0  0  0  0    5   51   43  0  0 99
# # le manuel de vmstat nous indique que les chiffres sont en Ko.
#  man -k swap
# swap -l
swapfile             dev  swaplo blocks   free
/dev/dsk/c1d0s1     102,65     8 169336 135752
#  dmesg | grep  mem
Nov 12 17:27:53 ponita unix: mem = 65152K (0x3fa0000)
```

Nov 12 17:27:53 ponita unix: avail mem = 52649984
grep mem /var/adm/messages

Exercice N° 5

L'outil d'information "answerbook" ou simplement le guide de l'administrateur, nous renseigne sur les paramètres modifiables du noyau Solaris. C'est la variable max_nprocs qui correspond au nombre maximum de processus. Par défaut sa valeur est calculée à partir de maxusers (10+(16*maxusers).

```
# adb -k /dev/ksyms /dev/mem
physmem 38d3
max_nprocs/D
max_nprocs:
max_nprocs:     906
^D
# sysdef -i | more   # autre façon de connaître la valeur de max_nprocs
```

Exercice N° 6

(cf. exercice précédent)

```
# cp /etc/system  /etc/system.old
# echo "set max_nprocs=911" >> /etc/system
#  reboot
```

Exercice N° 7

```
# uname -r
5.7
# # la version SunOs 5.7 correspond à la version Solaris 2.7
# ls -l /kernel/genunix
-rwxr-xr-x   1 root     sys       913592 Oct 14  1999 /kernel/genunix
# uname -a
SunOS ponita 5.7 Generic_106542-08 i86pc i386 i86pc
# /usr/ccs/bin/what  /kernel/genunix
/kernel/genunix:
        SunOS 5.7 Generic 106542-08 October 1999
```

Exercice N°8

```
# man logger
# logger -p daemon.notice "L'application XXX demarre"
# tail /var/adm/messages
...
Nov 13 16:20:57 ponita root: L'application XXX demarre
```

Exercice N°9

```
#!/bin/sh
#  rotate_log : rotation des fichiers logs
LOG=messages
cd  /var/adm
mv  $LOG  $LOG.old
cp  /dev/null   $LOG
chmod  644   $LOG
kill   -HUP  `cat  /etc/syslog.pid`
```

Remarque

Le script précédent est une simplification du script /usr/lib/newsyslog qui est activé par le crontab de root. Son principe est le suivant : on renomme d'abord le fichier *log* courant. Cette opération n'a pas d'influence sur les écritures qui continuent de s'ajouter au fichier. On recrée le fichier *log*, vide, avec des droits corrects. On demande ensuite au processus syslogd de relire son fichier de configuration, ce qui provoque l'ouverture du fichier */var/adm/messages* qui correspond au fichier que l'on vient de créer. Suggestion supplémentaire, on peut compresser les copies pour qu'elles prennent moins de place.

Atelier 12 : La gestion des performances

Exercice N° 1

```
$ man sar
$ sar -uqrd 30 4
ou
$ sar  -o brut 30 4   # enregistre les données
$ sar -u  -f brut     # exploite les données
$ sar -q  -f brut
$ sar -r  -f brut
$ sar -d  -f brut
```

Exercice N° 2
idem exercice n°1

Exercice N° 3
idem exercice n°1

Exercice N° 4
idem exercice n°1
Remarque :
En lançant suffisamment de commandes, on peut réussir à faire démarrer le swapping.

Exercice N° 5
idem exercice n°1

Exercice N°6

```
#!/bin/sh
# top : simule la commande top
bidon=/tmp/bidon$$
#trap "rm $bidon;clear"  TERM INT
clear

while : ;do
     > $bidon
     uptime >> $bidon
     vmstat >> $bidon
     echo  >> $bidon
     /usr/ucb/ps aux | head -15 >> $bidon
     tput cup 1 1
     cat $bidon
     sleep 5
done
```

Atelier 13 : Le réseau

Exercice N° 1

```
$ uname -n
```

Exercice N° 2

```
# ifconfig -a
$ netstat -nr
```

Exercice N° 3

```
$ netstat -a | grep ftp
```

Exercice N° 4

```
$ telnet distant 21
Trying 192.168.218.20...
Connected to distant.
Escape character is '^]'.
220 distant FTP server (SunOS 5.7) ready.
QUIT
221 Goodbye.
Connection closed by foreign host.
$
```

Exercice N° 5

```
# ps -ef | grep inetd
$ grep '^[^#].*stream[^a-z]*tcp' /etc/inetd.conf
```

Exercice N° 6

Manipulations effectuées sur le système local (idem sur le système distant) :

```
# ifconfig -a
lo0: flags=849<UP,LOOPBACK,RUNNING,MULTICAST> mtu 8232
     inet 127.0.0.1 netmask ff000000
nei0: flags=863<UP,BROADCAST,NOTRAILERS,RUNNING,MULTICAST> mtu
500
     inet 192.168.218.20 netmask ffffff00 broadcast 192.168.218.255
     ether 0:40:5:5c:b6:5e
# ifconfig nei0 133.45.11.12 netmask 255.255.0.0
# ping 133.45.11.12   # on teste le système local
# ping 133.45.44.45 # on teste le système distant
```

Remarque

Si l'on désire mémoriser la configuration, on exécute la commande **sys-unconfig**.

Exercice N° 7

```
# echo 'localhost' >> /etc/hosts.equiv
# su - pierre
$ rcp localhost:/etc/group ~/group.old
```

Remarque

Il faut exécuter la commande rcp avec un compte ordinaire. Pour des raisons de sécurité, la commande ne fonctionne pas sous le compte de root.

Exercice N° 8

```
$ /usr/sbin/ping -s distant > result & { sleep 20 ; kill -INT $! ; } &
```

Exercice N°9

```
$ cat /etc/resolv.conf
domain pokemon
nameserver 192.168.218.10
$ /usr/sbin/ping 192.168.218.10
192.168.218.10 is alive
$ uname -n
ponita
$ /usr/sbin/nslookup ponita
Server:  bulbizarre.pokemon
Address:  192.168.218.10

Name:    ponita.pokemon
Address:  192.168.218.20
$ /usr/sbin/nslookup 192.168.218.10
```

Exercice N°10

```
#!/bin/sh
# ping_mult : ping plusieurs machines

if [ $# = 0 ];then
    echo "usage: ping_mult machine ..."
    exit 1
fi
exec 2> /dev/null
mknod /tmp/tube$$ p
trap "rm -f /tmp/tube$$" INT TERM

for machine
do
    /usr/sbin/ping  $machine >/tmp/tube$$ 2>&1  &
    ( PIDPING=$!; sleep 5; kill $PIDPING 2>/dev/null)&
    if cat /tmp/tube$$ | grep alive > /dev/null 2>&1; then
        echo "$machine repond"
    else
        echo "----->$machine ne repond pas"
    fi
done
rm -f /tmp/tube$$
```

Atelier 14 : X-Window

Exercice N°1

Comme d'habitude, la première idée est d'utiliser la commande **man -k**, en donnant en argument Window ou Server ou en combinant les deux via une commande **grep**. Cette approche n'aboutit pas.

En se connectant au site docs.sun.com et en utilisant son moteur de recherche, on trouve enfin la documentation où est décrit le serveur X : "Solaris X Window System Reference Manual". On y trouve le manuel des commandes **Xsun**(1) et **Xserver**(1). Le serveur X de Sun s'appelle Xsun. Il découle du système Xserver.

Dans ces pages de manuels, on apprend que le serveur X n'a pas, au sens traditionnel, de fichiers de configuration. Par contre, il explore un certain nombre de répertoires pour initialiser ses polices ("fontes") : */usr/openwin/lib/X11/fonts*.

Exercice N°2

```
1) #  useradd  paul
   # passwd  paul
2) #  su -  paul
   $ cat  > .xinitrc
   xsetroot  -solid cyan
   xterm  -g 70x20+0+0 &
   twm
   CTRL-D
   $  chmod u+x  .xinitrc
3)  $  PATH="$PATH:/usr/openwin/bin"; export PATH
   $   xinit
4) $ echo  "/usr/dt/bin/Xsession"  >  .xinitrc
   $  xinit   # Démarre une session CDE
```

Remarque

Contrairement aux systèmes X traditionnels, Solaris ne permet pas d'activer une session X locale grâce à startx. Seule la commande **xinit** est fournie.

Exercice N°3

```
$ xedit &
6158
$ echo $DISPLAY
bulbizarre.pokemon:0.0
$ xedit -display "bulbizarre.pokemon:0.0" &
6159
$
```

Exercice N°4

```
1) # cd /usr/openwin/lib/app-defaults
   # cp XClock  XClock.old
   # echo "XClock*background: red"
  $ xclock & # on teste (dans la fenêtre xterm d'un utilisateur)
   #  mv XClock.old XClock  # on remet les choses dans l'ordre
2) $ cd
   $ echo "XClock*background: green" > XClock
   $ xclock &
3) $ xclock -bg yellow &
   $ xclock -xrm "XClock*background: yellow" &
```

Exercice N°5

Au démarrage du système le script /etc/init.d/dtlogin active CDE. Il suffit de désactiver ce script (par exemple en renommant /etc/rc2.d/S99dtlogin en s99dtlogin) et de créer un script qui active la commande **xdm**.

Exercice N°6

```
#!/usr/bin/ksh
# save_profile : sauve les profils, y compris grahiques d'une
# liste d'utilisateurs donnée en paramètre

for user
do
	if ps -u "$user" | grep 'wm$' > /dev/null ;then
		echo "l'utilisateur $user est connecté sous X"
		continue
	fi
	cd ~$user
	if tar cvf /var/adm/profile.${user}.tar .[!.]* >/dev/null 2>&1 ;then
		echo "Sauvegarde du profil de $user accomplie"
	fi
done
```

Atelier 15 : La sécurité

Exercice N° 1

```
$ man -k passwd
...
passwd      passwd (1)    - change login password and password attributes
passwd      passwd (4)    - password file
...
$ man -s4 passwd
$ # on trouve dans les "see also" le nom du fichier des mots de passe
# man -s4 shadow
# grep pierre /etc/shadow
pierre:xnzrjeTlM5Ql.:11632::::::
```

Exercice N° 2

```
$ man passwd
# passwd -x 10 pierre
```

Exercice N° 3

```
# find / -perm -4001 -exec ls -ld {} \;
# find / -perm -2001 -exec ls -ld {} \;
-r-xr-sr-x  1 bin   sys    10380 Sep  1  1998 /usr/bin/i86/ipcs
-r-x--s--x  1 bin   mail    69420 Oct  6  1998 /usr/bin/mail
-r-x--s--x  1 bin   mail   117128 Apr  1  1999 /usr/bin/mailx
...
```

Exercice N° 4

```
# last | tail
```

Exercice N° 5

On utilise le petit programme que l'on a créé dans le chapitre "Sécurité de connexion", au paragraphe concernant la commande **makekey**.

```
# grep pierre /etc/shadow
pierre:xnzrjeTlM5Ql.:11639:0:10::::
# ./a.out pierre xn
xnzrjeTlM5Ql.
# # les valeurs sont identiques, pierre utilise bien son nom comme mot de passe !
```

Exercice N°6

Comme dans l'exercice précédent, on utilise le programme a.out exposé dans le chapitre "Sécurité de connexion, paragraphe makekey".

```
# cat nouveau.pass
pierre,alpha
paul,beta
cathy,gamma
celine,iota
# cat mod_pass
#!/usr/bin/ksh

# mod_pass : change les mots de passe
car="0123456789ABCDEFGHIJKLMNOPQRSTUVWXYZabcdefghijklmnopqrstuv
wxyz"
lg_car=`echo ${#car}`
echo $lg_car

# cd /etc  # pour les tests, on utilise une copie de /etc/shadow qui est dans un
# répertoire de travail.
cp -f shadow shadow.old
cp -f shadow shadow.tmp1
chmod u+w shadow.tmp1
> toto
for ligne in `cat nouveau.pass` ;do
    user=`echo $ligne |sed 's/,.*//'`
    pass_clair=`echo $ligne |sed 's/.*,//'`
    if ! id $user >/dev/null 2>&1 ; then
        echo "utilisateur $user inconnu"
        continue
    fi
    i=`expr \( $RANDOM % $lg_car \) + 1`
    j=`expr \( $RANDOM % $lg_car \) + 1`
    racine=`echo $car | cut -c$i,$i`
    racine=$racine`echo $car | cut -c$j,$j`
    pass_crypt=`./a.out $pass_clair $racine`
```

```
    echo "<$user>=<$pass_crypt>" >> toto
    sed "/^$user:/s!^[^:]*:[^:]*:!$user:$pass_crypt:!" \
        shadow.tmp1 > shadow.tmp2
    mv -f shadow.tmp2 shadow.tmp1
done
mv -f shadow.tmp1 shadow
```

ANNEXE H : Dépannage (« *Troubleshooting* »)

L'objet de cette annexe est de donner un certain nombre de conseils, de méthodes et d'heuristiques à l'administrateur pour l'aider dans le cas où « ça ne marche pas ».

Les problèmes

Les causes de dysfonctionnement sont très diverses. Il peut se produire qu'une application ne démarre pas ou bien que la procédure de lancement de Linux s'arrête. Voici une liste de problèmes parmi les plus importants :

- Le système ne démarre pas.
- Le système est planté (CRASH ou panic).
- Une application ne démarre pas.
- Une application serveur ne démarre pas.
- Le réseau ne fonctionne plus.
- Une application ne réagit plus.
- Une sauvegarde paraît corrompue.
- Un utilisateur a perdu son mot de passe.
- Vous avez perdu le mot de passe de root.
- Vous n'avez plus d'espace disque.
- Vous avez trop de zombies sur le système.
- Le système de fichiers root est corrompu.
- Le clavier ne fonctionne plus très bien.

Cette liste n'est pas exhaustive. En fonction de votre expérience, vous pouvez rajouter des items.

Solutions globales

Quel que soit le problème, il existe une approche globale :

Anticipation

« Gouverner c'est prévoir », si l'on est conscient des problèmes avant qu'ils ne surviennent, il est possible de préparer une riposte a priori.

Voici quelques conseils :

Mémoriser (sur papier, sur disquette, …) les fichiers de configuration et le résultat des commandes d'information.

Comprendre comment le système fonctionne, comment les applications fonctionnent, comment le réseau fonctionne. Plus vous connaîtrez votre système, plus vous serez capable de comprendre les messages d'erreur et les raisons des dysfonctionnements. Vous serez capable également de prévoir vous-même les problèmes et de leur donner une solution ad hoc :

- Activer les journaux de bord du système et des applications.
- Tenir un journal de bord pour enregistrer vos actions d'administrateur, les problèmes qui surviennent et les solutions que vous appliquez.

- Lire le présent chapitre et connaître les problèmes et les solutions associées liés au mauvais fonctionnement du système. Tester les solutions présentées.

Quand le problème survient, le décrire et essayer de le résoudre.

- En quelques phrases, décrire clairement le problème. Indiquer également la date et l'heure, et le message d'erreur complet. Si le problème est lié à un logiciel, on recherche la version du logiciel et les bibliothèques dynamiques (ldd). On précise les arguments de lancement et le script d'activation. Enfin, on reproduit les fichiers de configuration. On inscrit le tout dans le cahier d'administration.
- Essayez de lister les éléments extérieurs qui ont pu jouer un rôle dans l'apparition du problème : la version du système (**uname –a**), les différents pilotes présents, les processus présents (**ps –ef**), les crontabs, le niveau d'init (**who -r**), l'environnement (**env**), l'identité de l'utilisateur (**id**)... Encore une fois, la connaissance du fonctionnement du système permet de créer une liste réaliste et utile.
- Lisez les journaux de bord pour avoir de plus amples informations, en particulier */var/adm/messages*.
- Lisez la documentation qui relève du problème (le man, le guide de l'administrateur, ...). Consulter les FAQs des forums Internet.
- En un mot, essayez de comprendre le problème. Ecrire noir sur blanc ces hypothèses et les commandes de tests ou de réparation à effectuer.

Essayez de reproduire le problème. Bien sûr, si c'est possible et si cela n'entraîne pas de situation désastreuse. Si on peut reproduire le problème, c'est la preuve que l'on a déterminé ses causes.

Demandez de l'aide. Si l'on ne sait pas résoudre le problème, on doit demander de l'aide à un collègue, à la cellule prévue à cet effet dans votre société, à une « HOT LINE » ou adresser un message à un forum Internet. Dans tous les cas, vous devez décrire le problème, comme indiqué précédemment. Vous devez aussi indiquer vos démarches pour le comprendre et le corriger, notamment les pages de manuels que vous avez lues. Vous risquez, sinon, de recevoir en réponse un cinglant RTFB (« *Read The F... Books* »), que l'on pourrait traduire par : lire cette P... de documentation.

Astuce

Gardez en permanence une connexion à root sur la console maîtresse. Ainsi l'administrateur peut toujours intervenir.

Heuristiques

- Redémarrez le système et les applications.
- Réinstallez le système et les applications.
- Réinstallez une version stable du système et des applications (plus anciennes ou plus récentes).
- Réinstallez le système et les applications sur un autre ordinateur.

Problèmes liés au démarrage

Les problèmes liés au démarrage du système sont fréquents, il faut absolument les prévoir.

Anticipation

- Enregistrez les paramètres stockés dans l'Eprom de votre ordinateur : la géométrie de vos disques, la configuration de la mémoire, « L'hardware path »...

- Mémorisez les caractéristiques physiques et logiques de vos disques.
- Réalisez régulièrement des sauvegardes de vos fichiers et/ou de vos FS.
- Conservez les supports d'installation (disquettes, CD-ROM, notices …).
- Mémorisez le bloc de boot de votre disque de démarrage :
- Créez un support de démarrage ou une sauvegarde bootable (*cf. Paragraphe suivant*).
- Conservez une copie du fichier */etc/inittab* et des scripts de démarrage (les RC).
- Utilisez si possible un onduleur.

Eléments à vérifier si un système ne démarre pas et ne donne aucun message

- La prise de courant est-elle branchée ?
- La prise de courant est-elle alimentée ?
- L'écran est-il allumé ? Le contraste et la luminosité sont-ils corrects ?
- Les périphériques (disques, contrôleurs, …) sont-ils correctement enfichés ?

Utilisation du support d'installation

Le support d'installation, traditionnellement un CD-ROM, permet bien sûr de réaliser l'installation, mais permet également de réparer le système.

Par exemple, sous l'Open Boot Prom d'un système Sparc sous Solaris, on démarre le système présent sur le cd-rom en mode maintenance :

```
Ok  boot cdrom  -s
```

Créer d'une sauvegarde bootable

C'est une opération essentielle que tout administrateur doit accomplir. Cette opération est décrite dans le chapitre « L'installation et la réinstallation d'un système Unix » du module 9. Dans ce chapitre, le système Solaris est pris comme exemple. En ce qui concerne le système Linux, nous renvoyons le lecteur à notre ouvrage « Linux Administration ».

La plupart des systèmes Unix propose un outil pour créer ce type de sauvegarde :

Unix	Outil
AIX	mksysb
HP-UX	ignite-ux
Irix	makeboottape
Tru64	btcreate
Unixware	emergency_rec

Démarrer le système avec un fichier *inittab* incorrect

Si le fichier */etc/inittab* est incorrect, il est toujours possible de démarrer en mode maintenance. On réinstalle le fichier /etc/inittab à partir d'une sauvegarde.

Problèmes liés aux applications

Approche globale aux problèmes liés à des applications

La principale méthode pour déboguer une application est de lire les journaux de bord de l'application. Si ces journaux ne sont pas créés ou si les messages sont insuffisants, on commence par configurer l'application pour que ces journaux soient générés avec un niveau suffisant de commentaire.

La commande **ps** permet de surveiller la présence de l'application :

```
# ps -ef | grep httpd
```

Une application ne démarre pas

Si une application ne démarre pas, on peut essayer les tests suivants :

- La variable PATH est-elle correcte ?

```
# echo $PATH # affiche le PATH
# whereis httpd # affiche l'emplacement de la commande (ici httpd)
```

- Les droits sur les fichiers sont incorrects. On peut le vérifier en lançant l'application sous le compte de root. Si l'application fonctionne, c'est un problème de droit. Le plus simple, dans ce cas, est de réinstaller l'application.
- Les arguments utilisés lors du lancement sont-ils corrects ? Essayer d'utiliser d'autres options (*cf. Le man de l'application*).
- L'environnement est-il correct ? La commande **env** permet de connaître l'environnement du shell courant. Encore une fois, le manuel de l'application décrit tout ce que l'administrateur a à connaître, notamment les variables d'environnement qui influent sur le comportement de l'application.
- Avez-vous récemment modifié la configuration de l'application ? Si oui, réinstallez l'ancienne configuration, que vous avez évidemment sauvegardée, et essayez à nouveau de lancer l'application.
- Vérifiez s'il n'existe pas un fichier verrou créé par l'exécution précédente de l'application et qui n'aurait pas été supprimé, suite à un crash, par exemple.

Une application fonctionne incorrectement, ou ne démarre pas

En l'absence d'une explication des raisons des dysfonctionnements, on peut essayer les heuristiques suivantes, transmises de bouche de druide à oreille de druide depuis des générations d'administrateurs :

- Arrêter l'application et la relancer.
- Redémarrer le système et relancer l'application.
- Désinstaller et réinstaller l'application.
- Désinstaller et réinstaller une version stable de l'application (plus ancienne ou plus récente).
- Installer les « Patches », c'est à dire faire une mise à jour du système (noyau, bibliothèque C, …).

Une application ne réagit plus

Il faut, dans ce cas, l'arrêter.

Si l'application est complexe, on doit l'arrêter via son script :

```
# cd /etc/rc.d/init.d
# ./httpd stop
```

Dans les autres cas, on utilise la commande **kill**.

```
# ps -ef | grep httpd
483 ? 00 :00 :00 httpd
...
```

kill 483

Ou, si l'application ne réagit toujours pas :

kill -9 483

Vous avez trop de zombies sur le système

Vous constatez qu'il y a un nombre de plus en plus grand de zombies. Ces zombies apparaissent sous l'appellation « *defunct* » lorsqu'on liste les processus avec la commande **ps –ef**. Vous ne pouvez pas les tuer, y compris avec le signal 9. C'est normal, ce sont des applications qui sont déjà mortes. Vous pouvez, par contre, tuer l'application qui les a créées. Les zombies disparaîtront aussi. La solution définitive est d'installer une version plus récente de l'application qui génère ces zombies. En effet leur présence est toujours liée à un bug applicatif.

Votre application présente un bug applicatif

Envoyez un e-mail au développeur de l'application. L'adresse e-mail du développeur est généralement indiquée dans le man. On ne se résout à cette mesure qu'en dernière analyse et pour des applications qui sont encore en phase de tests.

Problèmes liés au réseau et aux applications réseaux

Approche globale des problèmes réseaux

La commande **ping** se révèle être l'outil le plus important pour diagnostiquer les problèmes réseaux. Cette commande teste l'accessibilité d'un poste distant. Si le ping fonctionne, les pilotes TCP/IP du client et du serveur, ainsi que le réseau physique (cartes, connecteurs, câbles, hubs, routeurs, modems, ...) sont opérationnels. La commande est capable de montrer également de légers dysfonctionnements physiques si on la laisse s'exécuter pendant plusieurs minutes. Si le réseau est hors de cause, ce sont les applications réseaux elles-mêmes qui fonctionnent incorrectement. Dans ce cas, on peut réaliser les actions présentées dans le paragraphe précédent.

Une application réseau ne fonctionne pas

Si une application réseau ne fonctionne pas, on teste les éléments suivants (exemple Apache) :

ping venus # on teste l'accessibilité du serveur

ps -e | grep httpd # l'application serveur fonctionne-t-elle ?

netstat –an | grep 80 # on examine si le port serveur est actif

lynx 'http://localhost' # activer un client local

lynx 'http://venus' # activer un client distant

Erreur DNS (« *DNS lookup failure* »)

C'est la résolution de nom qui s'effectue de manière incorrecte. Pour le confirmer, on utilise la commande **nslookup**, qui est un client DNS :

nslookup venus # demande l'adresse IP du poste venus

ping ns # on teste la présence du serveur DNS de nom ns.

Si le diagnostic se confirme, il faut relancer le serveur DNS.

Le système, configuré en DHCP, n'obtient pas d'adresse IP

On relance le serveur DHCP.

La connexion telnet est très longue

Le DNS n'est pas utilisé ou n'est pas actif. En effet, le système utilise le « reverse DNS » pour inscrire dans les journaux de bord le nom du poste client. La solution est d'activer le DNS ou d'inscrire les postes clients dans le fichier */etc/hosts*.

Problèmes liés aux systèmes de fichiers

Il n'y a plus d'espace disque

Anticipation

Il est vital de surveiller l'espace disque avec la commande **df**. La commande nous indique, entre autres, l'espace qui reste libre. Elle doit être la commande la plus utilisée par l'administrateur.

Il est possible d'instaurer des quotas (*cf. Module 4 : Les systèmes de fichiers*).

Solutions

Lorsque l'espace vient à manquer, il existe diverses solutions :

- Détruire les fichiers *core* et, de manière générale, tous les fichiers inutiles.
- Sauvegarder et détruire ensuite les fichiers qui n'ont pas été utilisés depuis longtemps. La commande **find** permet de les rechercher.
- Transférer des fichiers dans un autre système de fichiers et, éventuellement, établir des liens symboliques, pour ne pas détruire les accès existants.
- Transférer des données dans un nouveau système de fichiers, éventuellement créé sur un nouveau disque. Si le point de montage correspond à l'ancien emplacement des données, ce transfert est transparent pour les applications.

Remarque
Il faut remarquer que l'administrateur dispose toujours d'un peu de place dans un FS même si ce dernier est plein.

Un système de fichiers est corrompu, mais ce n'est pas le système de fichiers root

Si un système de fichiers est corrompu, on peut essayer de le réparer.

```
# telinit s   # on passe en mode maintenance
# fsck /dev/hda5
```

Si la réparation n'est pas possible, il faut recréer le système de fichiers et le restaurer à partir des sauvegardes (*cf. Module 5 : La sauvegarde*).

```
# umount /home
# mkfs /dev/hda5
# mount /home
# tar xvPf /dev/rft0
```

Problèmes liés au noyau et aux périphériques

Les « panics »

Les « *kernel panics* » sont le résultat d'un plantage du système. Le noyau s'arrête de fonctionner. C'est équivalent aux célèbres écrans bleus de Windows. Plus aucune application ne peut évidemment fonctionner. Il n'y a plus qu'à rebooter. Les panics Unix sont excessivement rares sur un noyau stable qui ne comporte pas de pilotes ou de périphériques exotiques.

Anticipation

La précaution la plus importante est de lire le fichier */var/adm/messages* fréquemment, en recherchant les messages provenant du noyau (« kernel »).

Surveiller les performances de votre système (**vmstat**, **free**, …). Un crash système est souvent annoncé par des problèmes de performances.

Exemple

Trace dans le fichier /var/adm/messages d'un panic sous Solaris :

Feb 26 12:55:26 venus unix: SUNW,fdtwo0 is /obio/SUNW,fdtwo@0,700000
Feb 26 13:03:38 venus unix: panic: ufs_ifree: freeing free inode, mode= 0,ino = 30443, fs = /var
Feb 26 13:03:38 venus unix: syncing file systems...BAD TRAP: type=9 rp=f07b675c addr=10 mmu_fsr=3a6 rw=2
Feb 26 13:03:38 venus unix: httpd: Data fault
Feb 26 13:03:38 venus unix: kernel write fault at addr=0x10, pme=0x0
Feb 26 13:03:38 venus unix: MMU sfsr=3a6: Invalid Address on supv data store at level 3

Divers

Un utilisateur a perdu son mot de passe

L'administrateur lui attribue un nouveau mot de passe :

```
# passwd pierre
```

L'administrateur a perdu son propre mot de passe

L'administrateur démarre le système en mode maintenance, sans avoir à fournir de mot de passe. L'administrateur a aussi tout intérêt à créer un autre compte ayant les droits de root, c'est-à-dire l'UID 0, avec un mot de passe spécifique. Ce compte est un compte de secours.

```
# useradd -u 0 -o operateur
# passwd operateur
```

Le clavier fonctionne incorrectement

Si le clavier d'un terminal ou de la console maîtresse ne fonctionne pas correctement, on peut essayer les actions suivantes :

- Exécuter la commande <ctrl-j> stty sane<ctrl-j> qui réinitialise le clavier.
- Se déconnecter et se reconnecter. La procédure de connexion réinitialise le clavier.
- Si l'on ne peut plus se connecter sur la console maîtresse, redémarrer le système.

Une sauvegarde paraît corrompue

- La restauration d'une sauvegarde peut ne pas fonctionner, que faire ?
- Insister ! On ne doit pas juger la qualité d'une sauvegarde sur un seul essai, on doit essayer plusieurs fois de restaurer.
- On peut utiliser un autre lecteur, éventuellement sur un autre système et rapatrier les fichiers via le réseau.

Remarque
Bien que cela ait déjà été dit dans le module concernant les sauvegardes, répétons-le : il faut réaliser les sauvegardes en plusieurs exemplaires et en conserver un dans un lieu géographiquement différent du site d'exploitation.

Index

$HOME/.xsession 14-7
& 6-14
.xinitrc 14-5
~/.rhosts 13-15

/

/etc/auto_master 4-25
/etc/bcheckrc 7-10
/etc/default/login 2-8, 15-9
/etc/default/passwd 2-8
/etc/default/su 15-9
/etc/dfs/dfstab 13-19
/etc/dumpdates 5-17
/etc/fstab 4-24
/etc/gettydefs 7-15
/etc/group 2-4
/etc/hhtpd 13-49
/etc/host.lpd 8-18
/etc/hosts.allow - /etc/hosts.deny 13-11
/etc/hosts.equiv 13-15
/etc/hosts.lpd .... *8-18*, *Voir* impression déportée
/etc/inetd.conf 13-8
/etc/initttab 7-6
/etc/issue 1-11
/etc/motd 1-11
/etc/named.ca 13-71
/etc/named.conf 13-71
/etc/named.hosts 13-71
/etc/named.local 13-71
/etc/nsswitch.conf 13-6, 13-25
/etc/passwd 2-2
/etc/printcap 8-16, 8-18
/etc/profile 6-10
/etc/sendmail.cf 13-41
/etc/services 13-8, 13-9
/etc/shadow 15-10
/etc/smb.conf 13-63
/etc/syslog.conf 11-17
/etc/termcap 7-18
/etc/vfstab 4-23
/usr/adm/sulog 15-9
/usr/share/terminfo 7-19
/var/cron/log 6-17
/var/log/messages A-59
/var/yp/makefile 13-25
/var/yp/securenets 13-29

A

accept 8-8
accton 12-15
ACL 3-11, U-3, U-14, U-52
adesse e-mail 13-36
admintool 1-8
adresse IP 13-4
adresse virtuelle 12-2
AIX U-2
  acl U-3
  backup, restore U-5
  bosboot U-7
  chuser U-3
  environment U-6
  groupe de volumes U-9
  impression U-8
  jfs U-4
  mkuser U-3
  sécurité de connexion U-13
  smit U-2
  tctl U-6
ajouter un pilote 11-4
alias A-23
allexport A-18
Apache 13-48
API *6-2*, 10-2, 11-2
arborescence de fichiers 3-2
arp 13-6
ARPANET 13-2
arrêt du système .... *Voir* shutdown
arrière-plan 6-5
ASP 13-55
at *6-13*, 6-19
authentification 15-2
autofs 4-24
autoload A-21
automount 4-24
avant-plan 6-5
awk A-2, A-26

B

basename A-2
batch 6-20
bc A-2

bg ... A-23
bgnice ... A-18
bibliothèque dynamique ... 6-21
biod ... 13-20
break ... A-23
BSD ... 8-16
bureau ... 14-3

C

cadmin ... 1-8
cancel ... 8-3
cat ... A-2
catman ... 1-17
cc ... 6-22
cd ... A-2, A-23
CDE ... 14-3, 14-20
cdfs ... *4-8*
CDPATH ... A-21
CGI ... 13-54
chargement dynamique d'un pilote ... 11-5
chfs ... 9-13
chgrp ... A-2
chksum ... A-2
chmod ... 3-10, A-2
chown ... A-2
classe de réseau
    classe A ... 13-4
    classe B ... 13-4
    classe C ... 13-4
client - démarrage ... 14-8
client - options ... 14-9
client serveur ... 13-8
client X - les ressources ... 14-17
clients - panorama ... 14-10
clients X ... 14-2
cmp ... A-3
COLUMNS ... A-21
comm ... A-3
command ... A-3
commande remote ... 13-13
commandes NIS ... 13-30
commandes POSIX ... A-2
compilation - édition de liens ... *Voir* commande cc
compress ... 5-4
comptabilité AT&T ... 12-18
    les commandes ... 12-19
    les fichiers ... 12-18
comptabilité BSD ... 12-15
Configuration de xinetd
    /etc/xinetd.d ... 13-11
Configuration du serveur maître ... 13-25
Configuration d'un client NIS ... 13-24
connaître le niveau ... *Voir* who -r
continue ... A-23
contrôleur de périphériques ... 10-2
core ... *4-13*
cp ... A-3
cpio ... 5-10
crack ... 15-11
cron ... 6-16, 12-9
crontab ... 6-13, 6-16
cryptage ... 15-2
CUPS ... 8-4
cut ... A-3
CVS ... *6-40*

D

DA
    commande procmail ... 13-37
DA (« *Deliver Agent* ») ... 13-37
daemon ... *Voir* démon
DARPA ... *Voir* ARPANET
date ... A-3
dd ... 5-13, A-4
défaut de page ... 12-3
démon ... 7-10
dépannage ... A-58
DES ... 15-6
df ... 4-12
DHCP ... 13-5, 13-46
DHCP
    fichiers de configuration ... 13-47
DHCP - principes de fonctionnement ... 13-46
dhcp.conf ... 13-47
diff ... A-4
dirname ... A-4
disable ... 8-9
DISPLAY ... 14-6, 14-8
disque (ajout d'un disque SCSI) ... 9-6
disque (ajout) ... 9-4
disque (définition) ... 9-2
disque (noms en mode caractère et bloc) ... 9-2
disque (utilisation) ... 9-3
disque RAID ... *9-9*
distfile ... 13-16
dmesg ... 11-15
DNS ... 13-2, 13-6, 13-71
DNS - enregistrement SOA ... 13-73
DNS - fichiers de configuration ... 13-71
DNS - format d'une ressource ... 13-72
domaine NIS
    esclave ... 13-22
    maître ... 13-22
domainname ... 13-24, 13-25
driver ... *Voir* pilote
droit d'endossement ... 15-16
droits ... 3-8
droits d'endossement ... 3-9
dtlogin ... 14-8
dump ... 5-17, *6-14*
Dynamic Link Library ... *Voir* bibliothèque dynamique

E

e2fsadm ... 9-13
echo ... A-4, A-23
ed ... A-4
EDITOR ... A-21
edquota ... 4-27
emacs ... A-18

e-mail ... 13-3
enable ... 8-9
env ... 6-13, A-4
ENV ... A-21
environnement ... 6-10
errexit ... A-18
ERRNO ... A-20
ESMTP ... 13-37
eval ... A-23
exec ... 6-15, A-23
exit ... A-23
export ... A-23
exportfs ... 13-19
expr ... A-4
extent ... *9-11*

F

false ... A-4, A-21
FAQ ... 1-19
FAQs ... A-59
fc ... A-23
FCEDIT ... A-21
fetchmail ... 13-40
ff ... 4-22
ffs ... *4-8*
fg ... A-23
fichier au format crontab ... 6-18
fichier spécial ... 10-3
fichier spécial - nomenclature ... 10-4
fichiers d'administration ... A-34
fichiers log ... *4-13*
file ... 3-7
file d'attente de messages ... 11-11
File system ... *Voir* système de fichiers
find ... 3-12, A-4
firewall ... 15-3
fold ... A-5
fork ... 6-5
FPATH ... A-21
fsadm ... 4-21
fsck ... *4-18*
fsdb ... *4-21*
FSF ... *6-28*
FTP ... 13-2, 13-34
ftp anonyme ... 13-34
function ... A-21
fuser ... 4-22, 6-13

G

gestionnaire de fenêtre ... 14-3
getconf ... A-5
getopts ... A-5, A-23, A-25
getty ... 7-15
GID ... 2-3
gmacs ... A-18
Gnome ... 14-4
GNU ... 6-28, 6-29
GPL ... *Voir* licence GPL
grep ... A-5
groupadd ... 2-6
groupe ... 3-8
groupe de volumes ... *9-11*
GUID ... *Voir* droits d'endossement
gzip ... 5-7

H

hash ... A-21
head ... A-5
HISTFILE ... A-21
history ... A-21
HISTSIZE ... A-21
HOME ... A-16, A-21
hostname ... 13-6
HOWTO ... 1-19
HP-UX ... U-14
  acl ... U-14
  fbackup, frecover ... U-15
  groupe de volumes ... U-17
  HFS, JFS ... U-14
  ISL ... U-16
  sécurité de connexion ... U-19
  useradd ... U-14
  usermod ... U-14
HTTP ... 13-48
httpd ... 13-50

I

IAB ... 13-2
id ... 2-4, A-6
idbuild ... 11-8
ident ... *6-13*, 11-15
Identification d'un processus ... *Voir* PID
IETF ... 13-2
ifconfig ... 13-6
IFS ... A-21
ignoreeof ... A-18
IMAP ... 13-37
impression (fichiers utilisés) ... 8-5
impression déportée
  AT&T ... 8-21
  BSD ... 8-21
inetd ... 13-8
init ... 7-2
inode ... 4-5
installation de UNIX ... *9-18*
integer ... A-21
Internationalisation ... 2-10
iostat ... 12-5
IPC ... 6-24, 11-10
ipcrm ... 6-26
ipcs ... 6-25
IRIX ... U-20
IRIX Les groupes de volumes ... U-22
IRTF ... 13-2

J

jobs ... A-23
join ... A-6
journaux de bord ... A-58

K

KDE ... 14-4
Kerberos ... 15-23
keyword ... A-18
kill ... 6-13, A-6, A-23
ksh ... A-18

L

LAN MANAGER ... 13-61
LANG ... A-16, *Voir* Internationalisation
last ... 12-16, 15-11
lastcomm ... 12-15
LC_ALL ... 2-10, A-16
LC_COLLATE ... 2-10, A-16
LC_CTYPE ... A-16
LC_MESSAGES ... A-16
LC_MONETARY ... 2-10
LC_NUMERIC ... 2-10
LC_TIME ... 2-10
LC-CTYPE ... 2-10
LD_LIBRARY_PATH ... 6-22
ldd ... 6-22
ldd ... 6-14
les paramètres des IPC ... 11-10
les paramètres des processus ... 11-10
les paramètres des streams ... 11-10
let ... A-23
licence GPL ... *6-28*
LINENO ... A-20
LINES ... A-21
LINUX ... U-24
  adduser ... U-24
  ext2 ... U-25
  HOW TO ... U-24
  impression ... U-27
  lilo ... U-26
  lsmod ... U-29
ln ... A-6
locale ... A-6
localedef ... A-6
locate ... 3-13
lock ... 15-15
log ... 1-9, *Voir* fichiers log
logger ... 11-19, A-7
logiciel libre ... *6-27*
login ... 15-9
logname ... A-7
lp ... 8-2, A-7
lpadmin ... 8-7
lpc ... 8-18
lpd ... 8-17, *Voir* impression déportée
LPD ... 8-16
lpmove ... 8-9
lpq ... 8-14
lpr ... 8-13
lprm ... 8-14
LPRng ... 8-4
lpsched ... 8-5, 8-8
lpshut ... 8-8
lpstat ... 8-2, 8-9
lpusers ... 8-9
ls ... A-7
lsof ... 6-13
lvcreate ... 9-12, 9-13
lvdisplay ... 9-12, 9-13
lvextend ... 9-13
lvremove ... 9-13

M

MAIL ... A-21
MAILCHECK ... A-21
MAILPATH ... A-21
mailx ... A-7
majeur ... 10-3
make ... *6-33*
Makefile ... *Voir* make
makekey ... 15-10
man ... 1-13
map NIS ... 13-23
markdirs ... A-18
MD5 ... 15-7
MIME ... 13-37
mineur ... 10-3
miroir (disque) ... 9-9
MIT ... 14-2
mkdir ... A-7
mkfifo ... A-7
mkfs ... *4-14*
mknod ... 10-6
mode bloc ... 10-3
mode caractère ... 10-3
Modifier les run commands ... 7-13
monitor ... A-18
montage ... *Voir* mount
mount ... *4-4*, *4-16*, 13-20
mountall ... 4-23
mt ... 5-20
MTA (« Message Transfer Agent ») ... 13-36
mv ... A-7

N

named ... 13-76, *Voir* DNS
ncheck ... 4-21, 15-16
netmask ... 13-5
netstat ... 13-6
netstat ... 12-7
netstat ... 13-6
netstat ... 13-10
newfs ... 4-15
newgrp ... 2-4, A-23

news 1-12, 1-19
NFS 13-2, 13-18
nfsd 13-20
NIS 13-22
NIS map 13-22
NIS, NIS+ 13-22
NIS+ 13-23
niveau de fonctionnement pour init 7-4
niveaux de sévérité 11-18
nmbd 13-62
nmblookup 13-62
noclobber A-18
noexec A-18
noglob A-18
nohup A-7, A-21
nolog A-18
nounset A-19
noyau UNIX 11-2
nslookup 13-75
nslookup 13-7

O

objdump 6-22
objdump *6-14*
od A-8
ODM U-11
OLDPWD A-20
Open Group 1-3
OPTARG A-20
OPTIND A-20

P

package .... *Voir* paquetage
page 12-2
PAM 15-12
PAM - composants 15-12
PAM - configuration 15-12
paquetage *6-33, 6-34*
paquetage Solaris *6-35*
paramètres du noyau 11-5, 11-9
partition BSD 9-4
partition SVR4 9-5
passwd 2-7, *15-10*
password aging 15-10
paste A-8
patche *6-4, 6-39*
PATH A-21
pathchk A-8
pax 5-15, A-8
périphérique 10-2
PHP 13-54
PID 6-5
pilote 10-2
ping A-62
ping 13-5, 13-7
plan de sauvegarde 5-3
POP 13-37
port 13-8
POSIX 10-2
PPID A-20
pr A-9
presse-papier 14-10
primitive 10-2, 11-2
print A-23
printf A-9
privileged A-19
processus 6-2
PROM 7-2
propriétaire 3-8
proxy 13-55
ps 6-12, 12-6
PS1 .... A-21
PS2 .... A-21
PS3 .... A-21
PS4 .... A-21
pvcreate 9-12
pwd A-9, A-23
PWD A-20

Q

quotacheck 4-27
quotaon 4-27
quotas 4-26

R

r A-21
RAID .... *Voir* disque RAID
RANDOM A-21
raw device 9-3, *9-17*
RC 6-3
rc<n>.d 7-12
rcp 13-13
rdist 13-15
read A-9, A-24
readonly A-24
réinstallation d'un système 9-19
reject 8-8
remsh 13-14
répertoire 3-5
REPLY A-21
repquota 4-27
ressources 12-2, 14-17
ressources - configuration 14-18
restore 5-17
return A-24
RFC 13-2
rlogin 13-14
rm A-9
rmdir A-9
rôle de l'administrateur 1-4
root 1-6
RPC 13-17
rpcinfo 13-20
RSA 15-6
run commands 7-10
rwho 13-14

S

s5 .... *4-8*
sa 12-16
sa1 12-9
sa2 12-9
sadc 12-9
SAF 7-17
sam 1-8
samba 13-61
SAMBA - chiffrement des mots de passe 13-64
samba - composants 13-62
samba - configuration 13-63
sar 12-4, 12-10
Sauvegarde
    les outils du commerce 5-3
sauvegarde incrémentale 5-2, 5-17
SCO
    /etc/default/boot U-32
    auth U-30
    authsh U-30
    cbackup U-32
    divvy U-33
    HTFS U-31
    impression U-33
    mkuser U-30
    netconfig U-34
    scoadmin U-30
    sécurité U-35
    smmck U-33
    tape U-32
scoadmin 1-8
script Knnxxx .... *Voir* Modifier les run commands
script Snnxxx .... *Voir* Modifier les run commands
scripts de /etc/init.d .... *Voir* Modifier les run commands
SECONDS A-21
sécurité
    de connexion 15-9
    informatique 15-2
    niveau C2 15-4
sed A-10, A-31
segment de mémoire partagée 11-11
sémaphore 11-11
sendmail 13-41
serveur primaire de domaine Windows NT 13-67
serveur X 14-2, 14-3
service de connexion graphique 14-8
service d'impression 8-4
session X 14-5
session X locale 14-5
set A-24
setup 1-8
sh A-10, A-14
share 13-18
Shared library .... *Voir* bibliothèque dynamique
SHELL A-21
shell POSIX A-14
shift A-24
showmount 13-20
shutdown 7-20
shutdown AT&T 7-20
shutdown BSD 7-21
signal 6-6
site virtuel 13-53
sleep A-10
SMB 13-61
smbclient 13-62
smbd 13-62
smbpasswd 13-62
smbstatus 13-62
smit 1-8
SMTP 13-37, 13-39
socket 13-2
socket locale 3-5
SOLARIS U-36
    admintool U-36
    boot U-39
    impression U-40, U-55
    noyau U-43, U-49
    sécurité U-45
    ufs U-37
    ufsdump, ufsrestore U-38, U-53
    useradd U-36, U-47
sort A-10
sous système - syslog 11-18
spool d'impression 8-5
SSH 15-18
startx 14-5
sticky bit 3-9
strace *6-14*
stream 11-10
streams 13-4
strings *6-14*
striped disk 9-9
stty A-10
su 1-6, 6-13, 15-9
sudo 3-10
SUID .... *Voir* droits d'endossement
swap *9-15*
swapinfo 12-5
swapon *9-16*
swapping 12-3
syslogd 11-17
système de fichiers 4-2

T

table des inodes .... *Voir* inode
tail A-11
tar 5-5
tar
    format de l'archive 5-9
tar GNU 5-6
tarball *6-33*
TCP/IP 13-2
tcpd .... *Voir* wrapper tcpd
tee A-11
telnet 13-3
test A-11, A-24
testparms 13-62
testprns 13-62
thread 6-2
time 12-7, A-24
times A-24

timex ... 12-7
TMOUT ... 15-15, A-21
top ... 12-6
touch ... A-12
tr ... A-12
trackall ... A-19
trap ... A-24
Tru64 ... U-47
true ... A-12, A-21
True 64 - groupe de volumes ... U-48
True 64 - sysman ... U-47
truss ... 6-14, 11-3
tty ... A-12
ttymon ... 7-17
tube nommé ... 3-5
tunable parameters ... *Voir* paramètres du noyau
tunefs ... 4-21
twm - gestionnaire de fenêtre ... 14-15
type ... A-21, A-24
types de système de fichiers ... *4-8*
typeset ... A-24
TZ ... 6-10

U

UA
  commande kmail ... 13-37
UA (« *User Agent* ») ... 13-36
ufs ... 4-8, 4-17
UID ... 2-3
ulimit ... 6-9, A-24
umask ... A-12, A-24
umount ... *4-18*
unalias ... A-24
uname ... 11-14, A-12
uncompress ... 5-4
uniq ... A-12
UNIXWARE ... U-51
  scoadmin ... U-51
  ufs ... U-52
  useradd ... U-51
unset ... A-24
uptime ... 12-5
USENET ... *6-28*
useradd ... 2-5

V

Variables LC_* ... *Voir* Internationalisation
verbose ... A-19
vfs ... *4-8*
vgcreate ... 9-12, 9-13
vgdisplay ... 9-12, 9-13
vgextend ... 9-12, 9-13
vgremove ... 9-13
vi ... A-19
viraw ... A-19
VISUAL ... A-21
vmstat ... 12-4
volcopy ... 5-16
volume logique ... *9-11*
vremove ... 9-13
VTOC ... 5-17
vxfs ... 4-9, U-52

W

w ... 12-7
wait ... 6-14, A-12, A-24
wall ... 1-11
wc ... A-12
web ... 13-3
webmin ... 1-8
what ... 6-13, 11-15
whence ... A-24
who ... 15-11
who -r ... 7-9
Window manager ... *Voir* gestionnaire de fenêtre
wrapper tcpd ... 13-10

X

X11 ... 14-2
xargs ... A-13
xdm ... 14-7
xdm - configuration ... 14-7
XDMCP ... 14-6, 14-22
XDR ... 13-17
xhost ... 14-9
xinetd ... *Voir* Configuration de xinetd
xinit ... 14-5
xinitrc ... 14-5
xrdb ... 14-18
Xresources ... 14-8
Xservers ... 14-7
Xsession ... 14-7
xterm ... 14-3, 14-13
xtrace ... A-19
X-Window ... 14-2
  police de caractères ... 14-18

Y

ypbind ... 13-24
ypinit ... 13-28
yppush ... 13-29
ypxfr ... 13-29

Z

zombie ... *6-6*, A-62

Références Internet et bibliographiques

Références Internet

Apprentissage de l'administration système (« tutorial »)

- Unix System Administration Independent Learning (USAIL), Université de l'Indiana
http://uwsg.iu.edu/usail

- University Technology Services (UTS), The Ohio State University
http://wks.uts.ohio-state.edu/sysadm_course/html/sysadm-1.html

Introduction (Module 1)

- Open group (Unix 98, historique d'Unix, ...)
http://www.unix-systems.org

- AFU (Association Française des Utilisateurs d'Unix)
http://www.afuu.fr/

- Unix Guru Universe, la page des administrateurs système
http://www.ugu.com

- La revue *Unix Review*
http://www.unixreview.com

- La revue *Network Computing*
http://www.networkcomputing.com

- Comparaison d'Unix et de NT
http://www.unix-vs-nt.org

- Le site officiel de l'ouvrage *Unix System Administration Handbook*
http://www.admin.com

- La « FAQ » Unix
ftp://rtfm.mit.edu/pub/usenet/news.answers/unix-faq

- Internet FAQ Archive
http://www.faqs.org/

- Standford Linear Accelerator Center (SLAC)
http://www.slac.standford.edu/comp/unix

- Unix System Administrator's Resources, Stokeley Consulting
http://www.stokely.com/unix.sysadm.resources/

Librairies, éditeurs d'ouvrages informatiques

- Eyrolles
http://www.eyrolles.fr

- Le monde en « tique »
http://www.lmet.fr

- O'Reilly
http://www.oreilly.fr

Systèmes Unix spécifiques

- La documentation Solaris
http://docs.sun.com

- Autres sites Solaris

http://www.sun.com	Le site officiel de Sun
http://sunsolve.sun.com	Patches, annonces de sécurité
http://sunsolve.sun.com:8888	l'answerbook

http://acces1.sun.com/solaris Sun Support
http://suned.sun.com Certifications
http://www.science.uva.nl/pub/solaris/solaris2.html FAQ
http://sun.pmbc.com/faq/s86faq.html FAQ pour x86

- HP-UX
http://docs.hp.com La documentation
http://www.faqs.org/faqs/hp/hpux-faq/ FAQ
http://hpwww.epfl.ch/ Support à l'EPFL
http://consult.cern.ch/writeup/hpux/main.html Installation, mise en service
http://aa11.cjb.net/hpux_admin/ hpux-admin Archive
http://forums.itrc.hp.com/ Forums HP

- AIX
http://www-1.ibm.com/servers/aix/library/index.html La documentation
http://www.faqs.org/faqs/aix-faq/ FAQ
ftp://coast.cs.purdue.edu/pub/patches/aix-patches/ Patches

- Tru64
http://www.tru64unix.compaq.com/docs/ La documentation
http://www2.tru64.org/faq/tru64_faq.php FAQ
http://search.support.compaq.com/ Support
http://ftp.support.compaq.com/public/ Support Compaq
http://www.operatingsystems.net/oses/decunix.htm

- Mac OS X
http://www.apple.com/developer/macosx/ La documentation
http://www.info.apple.com/usen/macosxserver/ Support (server)
http://www.osxfaq.com/ FAQ

- La documentation d'IRIX
http://techpubs.sgi.com/ La documentation
http://www.sgi.com/developers/technology/index.html
http://www.osdata.com/oses/irix.htm

- Free BSD
http://www.freebsd.org/docs.html

- Le support QNX
http://support.qnx.com/support/docs
http://www.passageway.com/camz/qnx/qnx4.html FAQ

- SCO Open server, Unixware, Linux Caldera
http://www.caldera.com/support/docs
http://www.faqs.org/faqs/sco/newsgroups-faq/ FAQ SCO

- Linux
http://www.linuxdoc.org
http://www.linuxdoc.org/FAQ/Linux-FAQ/ FAQ Linux
http://www.linuxdoc.org/HOWTO/HOWTO-INDEX/ HOWTO
http://www.redhat.com RedHat
http://www.suse.com SUSE
http://www.debian.org Debian
http://www.caldera.com Caldera
http://www.turbolinux.com TurboLinux
http://www.linux-mandrake.com/fr Mandrake
http://www.slackware.com Slackware

La gestion des utilisateurs (Module 2)

- USAIL
http://uwsg.iu.edu/usail/index/tasks.html

Les fichiers (Module 3)

- USAIL
http://uwsg.iu.edu/usail/index/tasks.html

Les systèmes de fichiers (Module 4)

- UTS
http://wks.uts.ohio-state.edu/sysadm_course/html/sysadm-75.html

La sauvegarde (Module 5)

- Site officiel du livre *Unix Backup & recovery*
http://www.backupcentral.com

- USAIL
http://uwsg.iu.edu/usail/index/backup.html

Les produits commerciaux

- Networker (Legato)
http://www.legato.com/products/networker/

- Netbackup (Veritas)
http://www.veritas.com/us/products/netbackup/

- Arcserve (Computers and Associates)
http://www.cai.com/arcserve/

- Time Navigator ou TINA (Atempo anciennement Quadratec)
http://www.atempo.com/

- Tivoli Storage Manager, anciennement ADSM (IBM)
http://www.tivoli.com/products/index/storage_mgr/

- Arkeia (Knox)
http://www.arkeia.com/

- Omniback II (HP)
http://www.openview.hp.com/products/omniback/index.asp

Produit Libre

- Amanda
http://www.amanda.org

La gestion des processus (Module 6)

- USAIL
http://uwsg.iu.edu/usail/index/software.html
http://usws.iu.edu/usail/index/automate.html

- Le GNU
http://www.gnu.org

-Free Software (open source)
http://www.free-soft.org/

- Unix System Administrator's Resources, Stokeley Consulting
http://www.stokely.com/unix.sysadm.resources/shareware.www.html

- Accès aux patches de Solaris
http://sunsolve.sun.com
ftp://sunsolve1.sun.com
ftp://sunsite.unc.edu

- Accès aux logiciels, aux pilotes, aux patches HP-UX
http://www.software.hp.com/
http://devresource.hp.com/STK/hpuxpatch.html Comment patcher

- Accès aux paquetages Linux
http://rmpfind.net

- Logiciels pour Tru64 accessibles en téléchargement
http://www.tru64unix.compaq.com/demos/
http://tpegsrvr.zk3.dec.com/freeware/tbl_packages.html

- CVS
http://www.gnu.org/software/cvs/cvs.html
ftp://dowload.cyclic.com/pub

L'arrêt et le démarrage (Module 7)

- USAIL
http://uwsg.iu.edu/usail/index/install.html

L'impression (Module 8)

- Unix System Administrator's Resources, Stokeley Consulting
http://www.stokely.com/unix.sysadm.resources/printing.html

- Common UNIX Printing System (CUPS)
http://www.cups.org

- LPRng
http://www.lprng.com
http://www.astart.com/lprng/LPRng.html

Les disques physiques et logiques (Module 9)

- Unix System Administrator's Resources, Stokeley Consulting
http://www.stokely.com/unix.sysadm.resources/disk.printing.html

- USAIL
http://uwsg.iu.edu/usail/index/install.html

La gestion des périphériques (Module 10)

- USAIL
http://www.uwsg.indiana.edu/usail/index/peripherals.html

Le noyau (Module 11)

- Solaris, les paramètres modifiables (« tunable parameters »)
http://www.sean.de/Solaris/tune.html
http://www.princeton.edu/~unix/Solaris/troubleshoot/kerntune.html

La gestion des performances (Module 12)

- USAIL
http://uwsg.iu.edu/usail/index/tuning.html

- Enabling High Performance Data Transfers on Hosts:
(Pittsburg Supercompting Center)
http://www.psc.edu/networking/perf_tune.html

- Solaris
http://www.sun.com/sun-on-net/performance.html

- Cluster Computing: A Survey and Tutorial
http://www.sdsc.edu/projects/production/NQE/SysAdmin/SysAdmin_Batch.html

Le réseau (Module 13)

- Unix Admin Centre (Intronet computers)
http://www.introcomp.co.uk/networking/

- USAIL
http://uwsg.iu.edu/usail/index/network.html
http://uwsg.iu.edu/usail/index/mail.html

- Index of /pub/unix/networking
http://www.funet.fi/pub/unix/networking/

- Unix and Networking Technical Resource Index
http://www.unidata.ucar.edu/projects/unix/

- Techtutorials
http://www.techtutorials.com/UNIX/Networking/

L'environnement graphique (Module 14)

- Technical X Window System and Motif WWW Sites
http://www.rahul.net/kenton/xsites.html

- Window Managers for X
http://www.plig.org/xwinman/

- X11
http://www.x11.org

- La page d'accueil de CDE
http://www.opengroup.org/desktop/cde/
http://www.opengroup.org/cde

- FAQ de CDE
http://www.laxmi.net/cde.htm

- Solaris et CDE
http://www.sun.com/solaris/cde

- AIX et CDE
http://www.rs6000.ibm.com/software/OS/CDE/

- Utilisation de CDE
http://www.cats.wright.edu/catsweb/cs/docroom/unix/CDE_Desktop_Guide.html

- Administration de CDE
http://www.cs.arizona.edu/computer.help/policy/DIGITAL_unix/SysAdmin/
sysadmin_1.html

La sécurité (Module 15)

- Le CERT
http://www.cert.org
http://info.cert.org

- Practical UNIX Security, Université de l'Illinois
http://www.acm.uiuc.edu/workshops/security/

- Computer Security Information
http://www.alw.nih.gov/Security/security.html

- Unix Computer Security
http://www.unixtools.com/security.html

- USAIL
http://uwsg.iu.edu/usail/index/tasks.html

- Unix System Administrator's Resources, Stokeley Consulting
http://www.stokely.com/unix.sysadm.resources/security.html

- Network security for Unix
http://www.eeng.brad.ac.uk/Network/Security.html

- Internet/Network Security
http://netsecurity.about.com/library/weekly/aa062899.htm

- La FAQ sur la sécurité Solaris
http://www.itworld.com/Comp/2377/security-faq/

- Sécuriser un serveur Solaris, checklist
http://www.usenix.org/sage/sysadmins/solaris/index.html#intro

- Les « news »
news:comp.security.unix

- SSH (cf. logiciels libres, sécurité)

- Kerberos, le site officiel au MIT
http://web.mit.edu/kerberos/www/

- Kerberos et Solaris
http://www.sun.com/blueprints/1001/krb.html

Le shell

- Heiner's SHELLdorado - your UNIX shell scripting resource
http://oase-shareware.org/shell/
http://oase-shareware.org/shell/links/ Liens

Logiciels libres

- GNU, sources d'applications sous forme de paquetages GNU
(autoconf, bash, bison, emacs, gawk, gcc, gdb, ghostscript, ghostview, gimp,gnome, gperf, grep, make, patch, RCS, smail, GNU tar, gzip, Gnu PG, ...)
http://www.gnu.org/order/ftp.html
ftp://ftp.gnu.org/gnu
http://www.gnu.org Le site web d'accueil

- GNU, le compilateur GCC sous forme binaire (AIX, Solaris, HP-UX, Irix, SCO, ...)
http://gcc.gnu.org/install/binaries.html

- Sunfreeware.com - Freeware for Solaris
(disponibles au format PKG et gzippés, gzip est disponible non zippé)
http://sunfreeware.com/

- Open Source Directory
http://www.opensourcedirectory.org/

Logiciels serveurs

- Apache
http://www.apache.org

- SQUID (logiciel proxy)
http://squid.nlanr.net

- Sendmail
http://www.sendmail.org

- qmail
http://www.qmail.org

- Smail
http://www.gnu.org/software/smail/smail.html

- Postfix
http://www.postfix.org/

- Samba
http://www.samba.org

- MySQL
http://www.mysql.com

- PostgreSQL
http://www.postgresql.org

- wu-ftpd
ftp://wuarchive.wustl.edu/packages/wuarchive-ftpd/

Outils d'administration

- Webmin
http://www.webmin.com

- CUPS
http://www.cups.org/

- LPRng
http://www.lprng.com

- PERL
http://www.gnu.org/software/perl/perl.html

- lsof
ftp://vic.cc.purdue.edu/pub/tools/unix/lsof/

- ncftp
http://www.ncftp.com/

- star
ftp://ftp.fokus.gmd.de/pub/unix/star

- sudo
http://www.courtesan.com/sudo/

- top
http://www.groupsys.com/top/

- CVS
http://www.gnu.org/software/cvs/cvs.html
ftp://dowload.cyclic.com/pub

- Open-SSH (cf. le paragraphe sécurité)

- mtools
http://www.artwork.com/eesof/mtools/

- AMANDA
http://www.amanda.org/

Outils web

- Apache
http://www.apache.org

- Mozilla (Netscape)
http://www.mozilla.org/

- Netscape Navigator
http://home.netscape.com/download/archive/client_archive47x.html

- SQUID (logiciel proxy)
http://squid.nlanr.net

- SWISH-E
http://sunsite.berkeley.edu/SWISH-E

- http://Dig
http://www.htdig.org/

- Excite
http://www.excite.com/navigate/

- Apache::ASP
http://www.nodeworks.com/asp/index.html

- Extension FrontPage
http://www.rtr.com/fpsupport/

- PHP
http://www.php.net/

- Open-SSL (nécessite Perl 5)
http://www.openssl.org/source/

- lynx
http://lynx.browser.org/

Outils bureautiques

- Open Office
http://www.openoffice.org/

- K Office
http://www.koffice.org/

- AbiWord
http://www.abisource.com/

Outils réseaux

- wu-ftpd
ftp://wuarchive.wustl.edu/packages/wuarchive-ftpd/

- ISC BIND
http://www.isc.org/products/BIND/

- ISC DHCP
ftp://ftp.isc.org/isc/dhcp/dhcp-latest.tar.gz

- uw-IMAP (serveur IMAP et POP)
http://www.washington.edu/imap/

- UCD-SNMP
http://ucd-snmp.ucdavis.edu/

- tcpdump
http://www.tcpdump.org

Sécurité

- Open-SSH (nécessite Open-SSL et la bibliothèque zlib)
http://www.openssh.com/
http://www.gzip.org/zlib La bibliothèque zlib

- Open-SSL (nécessite Perl 5)
http://www.openssl.org/source/

- Gnu PG
http://www.gnu.org/order/ftp.html

- TCP Wrapper (tcpd)
ftp://ftp.porcupine.org/pub/security/index.htm

- CRACK
http://www.cyber.com/downloads/unix/downloads/crack5.0.tar.Z

- John The Ripper
http://www.openwall.com/john

- COPS
http://www.cyber.com/downloads/unix/downloads/cops104.tar.Z

- SATAN
ftp://ftp.porcupine.org/pub/security/index.htm

- Tripwire
http://www.tripwire.com/
ftp://coast.cs.purdue.edu/pub/COAST/Tripwire

- Tiger
http://www.cyber.com/downloads/unix/downloads/tiger2.2.3.tar.Z

Environnement graphique

- Le système X Window
http://www.x.org/

- XFree86
http://www.xfree86.org/

- GNOME
http://www.gnome.org/

- KDE
http://www.kde.org/

Langages informatiques

- GCC : GNU C/C++, Objective C et Fortran
http://www.fsf.org/software/gcc/gcc.html

- PERL
http://www.perl.org/

- Python
http://www.python.org/

- Tcl
http://www.sco.com/Technology/tcl/Tcl.html

- PHP
http://www.php.net/

- Simula
http://www.gnu.org/software/cim/cim.html

- Forth
http://www.gnu.org/software/gforth/gforth.html

- Smalltalk
http://www.gnu.org/software/smalltalk/smalltalk.html

-Free Pascal
http://www.freepascal.org/

- YaBasic : une implémentation du BASIC
http://www.yabasic.de/

- COBOL for GCC (projet)
http://www.gnu.org/software/cobol/cobol.html

- ADA 95
http://www.gnu.org/software/gnat/gnat.html

- CLISP : implémentation du langage LISP
http://clisp.cons.org/

- GNU Prolog
http://www.gnu.org/software/gprolog/gprolog.html

- Small Effel : une implémentation du langage Effel
http://www.loria.fr/projets/SmallEiffel/

- GNU Java (projet)
http://www.gnu.org/software/java/java.html

Systèmes d'exploitation

- LINUX
http://www.linux.org/

- Fre BSD
http://www.freebsd.org/

- Open BSD
http://www.openbsd.org/

- Net BSD
http://www.netbsd.org/

- GNU HURD (projet)
http://www.fsf.org/software/hurd/hurd.html

Outils divers

- SANE
http://www.mostang.com/sane/

- Gimp
http://www.gimp.org/

- HylaFax
http://www.hylafax.org/

- mkisofs
http://www.andante.org/mkisofs.html

Jeux

- Chess (GNU)
http://www.gnu.org/order/ftp.html

- QUAKE
http://www.idsoftware.com/archives/sourcearc.html

- DUMB : moteur pour mondes de type « DOOM »
http://samba.anu.edu.au/dumb/

- Backgammon
http://www.gnu.org/software/gnubg/gnubg.html

- Go
http://www.gnu.org/software/gnugo/gnugo.html

- Wumpus
http://www.ccil.org/retro/wumpus-1.3.tar.gz

Bibliographie

Ouvrages généraux sur UNIX

UNIX
par Michael Wielsch, 1994, aux éditions Micro Application.

Learning the UNIX Operating System
par Jerry Peek, Grace Todino & John Strang, aux éditions O'Reilly.

Ouvrage traitant des commandes UNIX

UNIX Utilisateur
par Abdelmadjid Berlat, Jean-François Bouchaudy et Gilles Goubet, 1999, aux éditions Eyrolles, Tsoft

Ouvrages généraux d'administration UNIX

Les Bases de l'administration système
par Aeleen Frisch, aux éditions O'Reilly International Thomson.
Traduction de l'ouvrage :
Essential System Administration
par Aeleen Frisch, 1996, aux éditions O'Reilly & Associates.

Unix System Administration Handbook
par Evi Nemeth et all, 3ème édition, aux éditions Prentice Hall.

Administration sous UNIX
par Jacques Philipp, aux éditions Presse des Ponts et Chaussées.

What You Need to Know : When You Can't Find Your UNIX System Administrator
par Linda Mui, 1995, aux éditions O'Reilly & Associates.

Ouvrages d'administration d'un système UNIX particulier

AIX

The AIX Survival Guide
par Andreas Siegert, 1996, aux éditions Addison-Wesley.

Simply AIX 4.3
Par Casey Cannon & all, 1999, aux éditions Prentice Hall

Guide d'utilisation et d'administration des stations RS/6000 et Bull DPX 20
par Michel Gabassi, aux éditions Laser.

AIX Version 4 : System and Administration Guide
par James W. Deroest, 1997, aux éditions Mc Graw-Hill.

SCO Open Server

Essential Sco System Administration
par Keith Vann, 1995, aux éditions Prentice Hall.

Sco System Administration
par Tim Parker, 1999, aux éditions Prentice Hall.

HP-UX

Hp-Ux 10.X System Administration : 'How To' Book
par Marty Poniatowski, 1995, aux éditions Prentice Hall.

Hp-Ux 11i : System Administration Handbook and Toolkit
par Marty Poniatowski, 2001, aux éditions Prentice Hall.

HP-UX Tuning and Performance Concepts, Tools and Methods
par Robert Sauers & all, 2000, aux éditions Prentice Hall.

Guide d'utilisation et d'administration des stations HP
par Michel Gabassi, aux éditions Laser.

Hp-Ux System and Administration Guide
par Jay Shah, 1996, Mc Graw-Hill.

Unixware

Unixware System Administration
par Gene Henriksen & Melissa Henriksen, aux éditions MacMillan Technology Series

Tru64

Tru64 UNIX File System Administration Handbook
by Steven M. Hancock, 2001, aux éditions Digital Press

QNX

The QNX 4 Real-time Operating System
par Frank Kolnick, 2000, aux éditions Basis Computer Systems Inc

Linux

Linux Administration
par Abdelmadjid Berlat, Jean-François Bouchaudy et Gilles Goubet, 2001
aux éditions Eyrolles, Tsoft

Red Hat Linux System Administration
par Thomas Schenk & all, 2000, aux éditions SAMS.

Running Linux
par Welsh, 1999, aux éditions O'Reilly & Associates.
Système Linux
traduction française du précédent, 2000, aux éditions O'Reilly France.

Solaris

Solaris 8 Administrator's Guide
par Paul Watters, 2001, aux éditions O'Reilly.

Solaris 7 System Administration
par Darell L. Ambro, 2000, aux éditions Coriolis
(prépare aux certifications Solaris)

Guide d'utilisation et d'administration des stations Sun
par Michel Gabassi, aux éditions Laser.

Solaris Performance Administration
par H. Frank Cervone, 1998, aux éditions

Configuration and Capacity Planning for Solaris Server
par Brian Wong, 1997, aux éditions Prentice Hall

Automating Solaris Installations : A custom JumpStart Guide
par Paul Anthony Kasper & Alan McClellan, 1995, Sun Microsystems Press

Solaris System Administrator's guide
par Janice Winsor, 1993, aux éditions Ziff Davis Press.

Mac OS X

Mac OS X : The Missing Manual
par David Pogue, 2001, aux éditions O'Reilly

Introduction (Module 1)

Life with Unix - A Guide for Everyone
par Don Libes and Sandy Ressler, aux éditions Prentice Hall

La sauvegarde (Module 5)

Unix Backup & Recovery
par W. Curtis Preston, 1999, aux éditions O'Reilly.

La gestion des processus (Module 6)

Programmation système

UNIX Systems Programming for SVR4
par David A. Curry, 1996, aux éditions O'Reilly.

Les logiciels libres

Open Sources: Voices from the Open Source Revolution
édité par Chris DiBona & all, 1999, aux éditions O'Reilly.

Logiciels libres : de l'utopie au marché
par Desbois, 2000, aux éditions L'Harmattan.

L'impression (Module 8)

Network Printing
par Radermacher, aux éditions O'Reilly.

Les périphériques (Module 10)

Computer Peripherals
par Doyle, 1999, aux éditions Prentice Hall.

Linux Hardware Handbook
par Roderick W. Smith, 2000, aux éditions SAMS.

Le noyau (Module 11)

The Design of the UNIX Operating System
par Maurice J. Bach, 1986, aux éditions Prentice Hall
(les algorithmes du noyau System V, par son concepteur).

Les systèmes d'exploitation
par Andrew Tanenbaum, 1987, aux éditions InterEditions
(en annexe, le code source du noyau Minix, l'ancêtre de Linux).

The Design and Implementation of the 4.3 BSD Unix Operating System
par S. Leffler, & all aux éditions Addison-Wesley.

Unix Internals, the new frontiers
par Uresh Vahalia, aux éditions Prentice Hall.

Pilotes de périphériques sous Unix
par Rubini, aux éditions O'Reilly.

La gestion des performances (Module 12)

System Performance Tuning
par Mike Loukides, aux éditions O'Reilly & Associates.

Server Load Balancing
par Tony Bourke, 2001, aux éditions O'Reilly & Associates

Cluster

Sun Cluster Environment : Sun Cluster 22
par Vargar, aux éditions Prentive Hall.

High Performance Cluster Computing : Architectures and Systems (2 vol.)
par Buyya, aux éditions Prentice Hall.

Le réseau (Module 13)

Ouvrage général

TCP/IP Network Administration
par Graig Hunt, aux éditions O'Reilly & Associates.

NFS et NIS

Managing NFS and NIS
par Hal Stern, aux éditions O'Reilly & Associates.

All About Administering NIS+
par Rick Ramser, 1999, Sun Microsystems Press.

E-mail

Sendmail
par Bryan Costales & all, 1993, aux éditions O'Reilly & Associates.

Divers

Using & Managing PPP
par Andrew Sun, aux éditions O'Reilly.

DNS and Bind
par Liu, 1998, aux éditions O'Reilly & Associates.

Managing AFS : The Andrew File System
par Richard Campbell, 1998, aux éditions Addisson-Wesley.

Managing uucp and Usernet
par Tim O'Reilly et Grace Todino, 1990, aux éditions O'Reilly.

L'environnement graphique (Module 14)

X Window System Administrator's Guide
par Linda Mui and Eric Pearce, 1992, aux éditions O'Reilly.

Configuring CDE: The Common Desktop Environment
par Charles Fernandez, 1996, aux éditions Hewlett-Packard Professional Books.

Objectif X Window
par M. Lambouli, aux éditions Masson.

La sécurité (Module 15)

Practical UNIX & Internet Security
par Simson Garfinkel et Gene Spafford, 1996, aux éditions O'Reilly & Associates.

SSH, The Secure Shell : The Definitive Guide
par D.J. Barrett et Richerd Silverman, 2001, aux éditions O'Reilly.

Kerberos : A Network Authentification System
par Tung, chez Addison-Wesley.

Maximum Linux Security
Anonymous, 2000, aux éditions SAMS.

Building Internet Firewalls (2nd Edition)
par Chapman, 2000, aux éditions O'Reilly.

PGP
par Simson Garfinkel, aux éditions O'Reilly.

Ouvrages traitant du shell

Unix Shell
par Abdelmadjid Berlat, Jean-François Bouchaudy et Gilles Goubet, 1999
aux éditions Eyrolles, Tsoft.

Learning the bash
par Cameron Newbam & Bill Rosenblatt, 1995, aux éditions O'Reilly & Associates.

Ouvrages traitant de perl

Introduction à Perl
par Randal L. Swartz & Tom Christiansen, 1997, aux éditions O'Reilly & Associates.

Programming Perl
par Larry Wall, Tom Christiansen & Randal L. Schwartz, 1996, aux éditions O'Reilly.

Perl for System Administration
par David N. Blank-Edelman, 2000, aux éditions O'Reilly.

Ouvrages traitant d'autres outils système.

Effective awk Programming
par Arnold RObbins, 2001, aux éditions O'Reilly.

Applying RCS and SCCS
par Don Bolinger & Tan Bronson, 1995, aux éditions O'Reilly.

CVS Pocket Reference
par Gregor N. Purdy, 2000, aux éditions O'Reilly.

Unix Power Tools
par Jerry Peek, Tim O'Reilly and Mike Loukides , 1993, aux éditions O'Reilly (contient une introduction au shell, à Perl, aux outils GNU, et plein d'astuces et de scripts).

Sed & awk
par Dale Dougherty, 1997, aux éditions O'Reilly.

Learning GNU Emacs
par Debra Cameron & Eric Raymond, 1996, aux éditions O'Reilly.

Learning the vi Editor
par Linda Lam & Arnold Robbins, 6ème édition, 1998, aux éditions O'Reilly.

Logiciels du marché

Oracle Database Administration on Unix Systems
par Lynnwood Brown, 1997.

Lotus Domino Administration in a nutshell
par Neilson, 2000, aux éditions O'Reilly.

Les logiciels libres

Apache et le web

Apache, The Definitive Guide
par Ben Laurie & Peter Laurie, 1997, aux éditions O'Reilly & Associates.
Apache, Installation et mise en œuvre
traduction du précédent, 1999, aux éditions O'Reilly & Associates.

Professional Apache
par Peter Waincuright, 2000, aux éditions Wrox.
Apache Professionnel
traduction du précédent, 2000, aux éditions Wrox et Eyrolles.

Unix Web Server Administration
par John Leavitt, 1997, aux éditions O'Reilly & Associates.

Samba

Using Samba
par Peter Kelly & all, 1999, aux éditions O'Reilly.

Les bases de données du monde libre

Practical PostresSQL
par Command Prompt, Inc, 2001, aux éditions O'Reilly.

MySQL & mSQL
par Randy Jay Yarger & all, 1999, aux éditions O'Reilly.

Divers

SAMS teach yourself Gimp in 24 hours
par Pruitt, 1999, aux éditions SAMS.

Programmation

Practical C Programming
par Steve Oualline, 1997, aux éditions O'Reilly.

UNIX Systems Programming for SVR4
par David A. Curry, 1996, aux éditions O'Reilly.

Programmer avec les outils GNU
par Mike Loukides & Andy Oram, 1997, aux éditions O'Reilly
(emacs, gcc, gdb, make, rcs, gprof, , licence GPL, ...).

Porting UNIX Software
par Greg Lehey, 1995, aux éditions O'Reilly.

CVS Pocket Reference
par Gregor N. Purdy, 2000, aux éditions O'Reilly.

Ouvrages concernant d'autres sujets

Distributed UNIX System Administration
par John R. Wetsch, 1998, aux éditions R&D Books.

Windows NT & Unix : Administration, Coexistence, Integration & Migration
par G. Robert Williams et Ellen Beck Gardner, 1998, aux éditions Addison-Wesley.

Vos critiques et suggestions sont indispensables !

TSOFT fait la mise à jour de ses ouvrages tous les trimestres et même plus si l'exigence s'en fait sentir. Nous comptons sur vous pour nous faire part de toute correction à effectuer ou de toute amélioration à apporter.

Vous avez choisi les ouvrages TSOFT pour vous former ou former d'autres personnes. Vous êtes donc les premiers concernés pour qu'à votre prochaine commande, le guide de formation ait été rectifié si nécessaire ou complété s'il le faut.

Titre de l'ouvrage : ....

Date d'achat ou d'entrée en possession de l'ouvrage : ....

Erreurs relevées (notez les pages concernées)

Sujets à ajouter (précisez éventuellement le chapitre)

Critiques et suggestions

M. Mme Mlle .... Prénom ....
Société.. Profession.......................................
Adresse ....
....
Code postal................Ville...Pays ....

A photocopier ou découper et à envoyer à :
TSOFT – Service lecteurs – 16 avenue Marc Sangnier 75014 Paris

Guide TSOFT
Unix Administration
Version 2
Référence : TS0019
Janvier 2002

Imprimé en france. - JOUVE, 18, rue Saint-Denis, 75001 PARIS
N° 305462C. - Dépôt légal : Février 2002